古典文獻研究輯刊

二一編

潘美月・杜潔祥 主編

第 **12** 冊

《唐國史補》校箋

常　鵬　著

國家圖書館出版品預行編目資料

《唐國史補》校箋／常鵬 著 -- 初版 -- 新北市：花木蘭文化出版社，2015〔民 104〕

目 10+326 面；19×26 公分

（古典文獻研究輯刊 二一編；第 12 冊）

ISBN 978-986-404-350-7（精裝）

1. 唐國史補 2. 注釋

011.08　　　　　　　　　　　　　　　　　104014547

ISBN- 978-986-404-350-7

9 789864 043507

古典文獻研究輯刊
二一編　第十二冊　　　　　　ISBN：978-986-404-350-7

《唐國史補》校箋

作　　者　常鵬

主　　編　潘美月　杜潔祥

總 編 輯　杜潔祥

副總編輯　楊嘉樂

編　　輯　許郁翎

企劃出版　北京大學文化資源研究中心

出　　版　花木蘭文化出版社

社　　長　高小娟

聯絡地址　235 新北市中和區中安街七二號十三樓

　　　　　電話：02-2923-1455 ／傳真：02-2923-1452

網　　址　http://www.huamulan.tw 信箱 hml810518@gmail.com

印　　刷　普羅文化出版廣告事業

初　　版　2015 年 9 月

全書字數　290539 字

定　　價　二一編 16 冊（精裝）新台幣 30,000 元

《唐國史補》校箋

常　鵬　著

作者簡介

常鵬，祖籍江蘇南京，1972 年 7 月出生於九江。1998 年畢業於中國科技大學研究生院獲英語語言學碩士學位，2009 年畢業於廈門大學人文學院獲史學博士學位。2009 年 9 月至次年 9 月，美國范德寶大學（Vanderbilt Univeristy）歷史系訪問學者。現為廈門大學外文學院副教授，主要興趣與研究方向為中西文化比較及應用語言學。

提　　要

　　《唐國史補》三卷，唐尚書左司郎中李肇撰，書中皆載開元至長慶間事，分為上中下三卷。上卷、中卷各一百三條，下卷一百二條，每條以五字標作題目。李肇於自序中謂：「言報應、敘鬼神、徵夢卜、近帷箔，則去之，紀事實、探物理、辨疑惑、示勸戒、采風俗、助談笑，則書之。」今讀其本，雖仍不免有曲筆、怪異荒誕之說，然排比貫串，洪纖悉具，梗枏杞梓，萃於鄧林，披沙簡金，時有可采，可以羽翼經史，裨益治道，故終不能以其一眚而掩其大德，不以一二瑕疵累其全帙也。

　　本文為《唐國史補》作校箋，以明崇禎毛晉所刻汲古閣《津逮秘書》本為底本，校以文淵閣四庫本，清嘉慶張海鵬所刻《學津討源》本，並參考其他如《說郛》、《太平廣記》、《唐語林》等類書，逐條逐字對其進行校對與箋注。論文分緒論、正文兩部分。緒論則又分為三，其一，作者生平；其二，版本考略；其三則略論其書於學界之影響。正文內容為校箋，其校之部分，對其書中魯魚亥豕、舛訛脫漏之處予以訂正修補；其箋注部分則對其書各條節所及關鍵人名、地名、事件、服飾、器物、典章制度等，或據史乘典籍，或據出土文物，或據古墓壁畫，或據論文文獻，予以解釋箋注，以述其本事，考其掌故，辨其源流。

目

次

緒　論

　　《唐國史補》乃唐李肇踵武劉餗《小說》之作（見《四庫全書提要》）。《小說》乃今本《隋唐嘉話》之異名，亦稱《國史異纂》。劉餗於其書自序中嘗云：「余自髫卯之年，便多聞往說，不足備之大典，故繫之小說之末。」李肇之《唐國史補》乃欣然有所同感於劉餗之書而作，其於該書自序中引《公羊》曰：「所見異辭，所聞異辭，未有不因見聞而備故實者。」又曰：「昔劉餗集《小說》，涉南北朝至開元著爲傳記。予自開元至長慶撰《國史補》。」（見《唐國史補》自序）《天祿琳琅書目》卷五引《晁公武郡齋讀書志》云：「唐李肇，撰國史補，起開元，止長慶間事。初劉餗記元魏迄唐開元事，名曰《國朝傳記》，故肇續之。」然李肇實青出於藍而勝於藍者，其識見高於劉餗之處在於其撰寫此書之鵠的乃是補史家之闕漏，以備後人學史參考之用，此則顧其書名即可窺知其苦心孤詣矣。源流既正，識度自超，不失史家矩矱，有別於其他野史稗官之類。李肇於其自序中闡其宗旨云：「言報應、敘鬼神、徵夢卜，近帷箔悉去之；紀事實、探物理、辨疑惑、示勸戒、採風俗、助談笑則書之。」懷此鵠的，其書價值自然不菲；有此態度，其所敘史事可信度自然極高。該書體例井然，記錄開元至長慶間 100 多年間的軼事瑣聞，凡 308 條，分上、中、下三卷，最早著錄於《新唐書‧藝文志》。晁公武《郡齋讀書志》、馬端臨《文獻通考》俱著錄爲二卷。清周中孚《鄭堂讀書記》以爲「二」字乃「三」字之誤。前兩卷各一百零三條，下卷一百零二條，每條以五字標題，使人一目了然，怡然理順，且盎然成趣。作者學問淹雅賅博，凡人物、風俗、異聞、詩歌、音樂、戲劇、職官、制度、民族、貢賦、生產、水利、卜醫、伎術，名物象數之細，靡不採掇捃摭，翦裁鎔鑄，簡澹雋雅，體例秩然，首

尾貫串，無諸家叢冗猥雜、割裂搊搿之病，且持論公允，考古詳核，讀之則唐人之舉止言行、社會風情、典章名物栩栩呈現於目前。此書一出，仿傚者甚夥，開後來歷代此類筆記之濫觴。據《欽定天祿琳琅書目》卷五考《崇文總目》謂：「於肇《國史補》外又載林恩《補國史》六卷，高若拙《後史補》三卷，而晁氏《讀書志》中皆不載，是當時所重者惟肇所補之書。」歐陽修作《歸田錄》亦奉此書爲圭臬。

一、李肇考

　　李肇生卒年月尚不可考，里貫、始末不詳。據《四庫全書》考證，李肇《唐國史補》篇首題「尚書左司郎李肇作」，而李肇《翰林志》又標明其官銜爲翰林學士左補闕，此二處於李肇身份官職所記似有齟齬牴牾之處，然亦不難理解。《四庫全書》依據唐官制考證，以爲蓋乃李肇自左司改補闕入翰林，後爲中書舍人，坐事左遷，而此書則其官左司時所作也。又據《舊唐書》卷十六《穆宗本紀》載，元和十五年五月庚子憲宗皇帝晏駕、穆宗皇帝登基之時，作爲翰林學士之一之李肇，於思政殿面見剛即位之穆宗，並被賜予金紫。按此可推知憲宗元和十五年，李肇作爲翰林學士乃確定無疑之事實。又據《舊唐書‧穆宗本紀》（《舊唐書》卷十六）以及同書卷一七一《李景儉傳》記載，長慶元年（821），李景儉嘗與司勳員外郎李肇等同謁史官獨孤朗，於史館飮酒。後因李景儉酒後失態，凌慢宰相而被貶爲漳州刺史，李肇因此受到牽連，同遭貶謫，被放爲灃州刺史。《新唐書》卷五十八《藝文志》亦云：「（李肇）翰林學士，坐薦栢者，自中書舍人左遷將作少監。」

　　岑仲勉《跋〈唐摭言〉》有「李肇著《國史補》之朝代」專條（見《史語所集刊》第九本），其略云：「李肇貞元十八年（802年）後嘗從事華州，元和七年（812年）爲江西觀察從事，元和十三年（818年）七月十六日自監察御史遷翰林學士，十四年（819年）七月，遷右補闕，十五年（820年）正月，加司勳員外郎。長慶元年（821年）十二月，坐與李景儉等同於史館飮酒，乘醉謾罵宰相，貶爲澄州刺史。大和三年（829年），坐薦柏者，自中書舍人左遷將作少監，開成元年（836年）以前卒。」然據曹小莉、謝忠明《國史補作者李肇卒年考證》（《湖南教育學院學報》，1994年第1期），李肇卒年至少在懿宗咸通元年或稍後，而非岑仲勉所言「開成元年（836年）以前卒」。岑先生考證所據出自李德裕《李文饒集》。其書卷七《懷樓樓記》：「元和庚子歲，

予獲在內庭，同僚九人，錄弼者五，數十年間，零落將近，今所存者唯三川守李公而已，已殘者西川杜公、武昌元公、中書韋公、鎮海路公、吏部沈公、左丞庾公、舍人李公。」末署「丙辰歲守滁州刺史李德裕記」。岑先生考證，「三川守」爲李紳，「舍人李公」則爲李肇，曾任中書舍人。其中「丙辰歲」即爲開成元年，因此斷定李肇卒於開成元年（836 年）李德裕爲滁州刺史以前。曹小莉關於李肇卒年之論斷則出自《國史補》本書，其中有兩條記載可佐曹氏之說。其一爲《國史補》卷中「李氏公慚卿」條，亦涉及李德裕，曰「吉甫生德裕，爲相十年，正拜太尉，清直無黨。」按李德裕首度任相在大和八年（834 年）十一月，「以兵部尚書檢校右僕射」（見《舊唐書・文宗本紀》）算起，任相十年，當在西元 844 年，即唐武宗會昌四年，則至少於此時李肇尚存。證據之二《國史補》卷下「杜邠公下峽」條，云：「近代杜邠公自西川除江陵。」考杜悰事蹟，其自西川遷淮南的時間，約在宣宗大中年間（847～859 年），遠在開成元年之後。（見《舊唐書・杜悰傳》）。又《舊唐書・宣宗紀》載：「（大中三年）九月辛亥，西川節度使杜悰奏收復維州」。則見大中三年九月杜悰仍在西川任上。又據《舊唐書・宣宗本紀》，大中十一年（857 年）六月，杜悰遷爲東都留守等官時，其官銜稱「特進、檢校司空、兼太子太傅分司東都、上柱國、扶風郡開國公」，則此時尚未封邠國公。又《新唐書・杜悰傳》稱杜悰因擁立懿宗，「未幾，拜司空，封邠國公」。則邠國公之封當在懿宗咸通通元年（860 年）或稍後。

二、《唐國史補》版本略述

　　《唐國史補》的版本，《欽定天祿琳琅書目》記錄該書嘗有元刻善版，被推爲元槧本之冠，謂「此本密行小字，製甚工整，雖然墨光稍遜色，而刊手印工咸出上選，目錄後有董氏萬卷堂本篆書木記」，乾隆還於此本上留有「御識鈐寶」二印璽，一曰：「幾暇臨池」，一曰：「稽古右文」。《欽定天祿琳琅書目》又云此元刻本只收錄三百零六條軼事，較現通行版本少二節，且無從考證其中哪兩節軼事爲後來增補。《欽定天祿琳琅書目》尚提及錢謙益《國史補》藏本有「牧翁蒙叟」與「如來眞子、天子門生」二印。只可惜，我們現在已見不到這兩個乾隆時代的元槧刻本了。目前存世《唐國史補》版本中最早的本子應算明末虞山毛氏汲古閣影宋鈔本，此外尚有明汲古閣刻《津逮秘書》本、《四庫全書》本、《學津討原》本等版本，其傳世版本大略如下所列：

1. 明末虞山毛氏汲古閣影宋鈔本，分三卷二冊，現藏中國國家圖書館。
2. 元陶宗儀摘編《說郛》節錄本，收《乳兒子》、《獻文》等共三十五條軼事。
3. 明鍾人傑、張遂辰輯《唐宋叢書》，收書 103 種，體例仿照《漢魏叢書》。《唐宋叢書》本《唐國史補》，節錄爲 1 卷。
4. 明崇禎毛晉汲古閣《津逮秘書》本，民國十一年博古齋影印《津逮秘書》本。現中國國家圖書館和美國哈佛大學燕京圖書館分別藏有三卷《津逮秘書》本。以下簡稱《津逮》本。
5. 《文淵閣四庫全書》本，大致成書於乾隆四十八年，現藏於臺北故宮博物院。
6. 民國十一年商務印書館影印清嘉慶張海鵬所刻《學津討源》本。
7. 1957 年上海古籍出版社版本，該版本以《學津討源》本爲藍本，用《太平廣記》校勘，加標點，1979 年又有重印本，內容有所添補。

　　存世版本中，明末崇禎壬申毛晉汲古閣《津逮秘書》本較之略優於其他版本，可謂善本。《津逮秘書》乃是毛晉所刻叢書之中一部綜合性叢書，聲譽隆遠。取酈道元《水經注》「積石之石室外有積卷焉，世士罕津逮者。今而後問津不遠，當不怪入其窟按其簡者之爲唐述矣」之意，而定其叢書之名。《津逮》本《國史補》分三卷三冊，版心中書名在魚尾之上，下邊刻有「汲古閣」字樣。《津逮》本《唐國史補》刊刻年代最早，訛誤篡改之處極少，基本保持原本風貌。其次文淵閣《四庫全書》本。《四庫》本《唐國史補》版口有「欽定四庫全書」六字，目錄後有序及李肇自序。此本亦可稱善本，錯訛之處極少，且其避諱皆採用缺筆。其次是清嘉慶張海鵬所刻《學津討源》本。按「學津討原」之名，乃從劉勰《新論》「道象之妙，非言不津，津言之妙，非翠不傳」之旨，故名爲「學津討原」。《學津討源》的本子多據明毛晉《津逮秘書》加以增刪，重新編訂，皆爲《四庫》著錄明代以前有關經史實學、朝章典故、遺聞軼事或書畫譜錄可備考證之書。《學津》本《唐國史補》版心下偏右有「照曠閣」三字，本自毛晉《津逮秘書》本。然該版本不足之處在於其避諱方式採用改字，故而有損於該書原貌，且易誤導後學。其他如《說郛》節錄本、《唐宋叢書》節錄本以及《太平廣記》節錄本，雖非全本，然皆可作校勘之資，於校對不無助益。

　　本文以毛晉汲古閣《津逮秘書》本爲底本，校以《文淵閣四庫全書》本

以及《學津討原》本，且參酌新、舊《唐書》、《說郛》、《太平廣記》等書，對底本作必要之校勘，並加新式標點，其中錯訛之處加以校正，並附校勘記。

三、《唐國史補》於唐研究之影響

　　《唐國史補》重要價值之一在於其成書年代早，所記遺聞軼事，典故沿革，多為史傳所未詳。李肇以唐元和、長慶時人寫開元至長慶間事，許多軼事人物皆為本人親眼所睹，親耳所聞，書中所載人物中多有與李肇同朝為官者，有些可能還與其過從甚密，關係非同一般。故而寫入此書之內容多為第一手材料。如記述唐代歷史、文學與社會風俗等各種史料，均十分珍貴難得。雖然其中亦難免因為作者個人主觀原因或見聞局限，而不無曲筆，或語涉荒唐之處。如《四庫全書總目提要》云：「（李肇）謂王維竊取李嘉祐『水田白鷺』之聯，今考李集無之，又『霓裳羽衣曲』一條，沈括亦辨其妄。又謂李德裕清直無黨，謂陸贄誣於公異，皆為『曲筆』。」然此不過是白璧微瑕罷了。《四庫全書總目提要》亦充分肯定了此書的史料價值，云：「李舟天堂地獄之說，楊氏穆氏兄弟賓客之辨，皆有名理；末卷所說諸典故及下馬陵、相府蓮義，亦資考據；餘如拏蒱盧雉之訓可以解劉裕事，劍南燒春之名可以解李商隱詩，可採者不一而足。」瑕不掩瑜，這絲毫無損於其作為史料之重要價值。該書成書時間大約是長慶末、大和初，較五代後晉之《舊唐書》早一百多年，比北宋《新唐書》早二百多年，比更晚一點的《資治通鑑》早兩百多年。正如《唐國史補》自序中所言，此書乃「慮史氏或闕則補之意」，其中很多條內容都被後來寫史者摭拾採納，寫入正史。

　　此書價值之二在於，其書作者李肇態度謹嚴，以史筆記事，不失史家矩矱，非其他稗官野史可比。李肇自序云：「言報應、敘鬼神、徵夢卜，近帷箔悉去之；紀事實、探物理、辨疑惑、示勸戒、採風俗、助談笑則書之。」故人物臧否，大抵皆考稽典故，究悉物情，持論亦算平允，無激烈偏僻之見，亦無恩怨毀譽之私。其簡汰頗為精審，其採掇舊聞，剪裁鎔鑄，具有簡澹雋雅之高致。後世多以《國史補》所載為信史，加以採信。筆者於廈大圖書館網路系統檢索期刊文獻時，其中引用《國史補》的論文多達五、六千篇，其文獻研究領域涉及人物、風俗、異聞、詩歌、服飾、飲食、器物、音樂、戲劇、職官、制度、民族、貢賦、生產、水利、卜醫、伎術等，可謂五花八門、眩人眼目。且其中絕大多數條目所記皆為最早、最原始之記錄，足以存掌故，

資考證，備讀史者之參稽，而非其他割裂餖飣、輾轉稗販之書可比。《天祿琳琅書目》云：「考《崇文總目》於肇《國史補》外，又載林恩《補國史》六卷，高若拙《後史補》三卷。而晁氏《讀書志》中皆不載，是當時所重者惟肇所補之書。」晁公武如此重視國史補，多半是因為它的史料價值。《新唐書》、《宋史》著錄此書時均將其歸入史書類，可謂名實相符。平心而論，《四庫全書》將其歸入小說類，未免失於太過苛刻。後世研究者多以此書與其他史料相互佐證，以資考證參校之用。《國史補》之於後來官方所修正史影響深遠，其中《新唐書》、《資治通鑒》多摭取《國史補》史料，納入正史之中，其他各種類書筆記亦率多採錄。然而筆者研究發現，《舊唐書》似未採錄此書。究其緣由，當從《舊唐書》等官方史書編寫時間及當時修史條件背景說起。

　　《舊唐書》完成於約五代後晉時期，原名《唐書》，為後晉劉昫等奉敕所撰。此書始修自高祖天福五年（940）二月，至少帝開運二年（945）六月表上之，歷時五年又四個月。與《唐國史補》成書時間相比較，《舊唐書》要晚大約一百多年，後者在編修過程中理應對前者有所借鑒。

　　然而，《舊唐書‧藝文志》並未著錄李肇此書。李肇其名在《舊唐書》中只出現三次，分別在卷十六《穆宗本紀》、及卷一百七十一《李景儉傳》，可謂吉光片羽，寥寥數字記述了其當時職銜及連坐遭貶之事。按此可以推斷，後晉時劉昫等人編寫《舊唐書》時，並未見到李肇此書，故而《藝文志》亦未將其著錄。按《舊唐書》史料，以唐代前期較多。唐朝初興之時，令狐德棻等始撰武德、貞觀兩朝國史八十卷。吳兢撰《唐史》一百卷。其後韋述根據吳兢舊本，刪去《酷吏傳》一篇，成書一百一十二卷。此後，史官于休烈又增入《肅宗本紀》五卷。史官令狐垣等又於紀志傳外，隨篇編輯，成《唐書》一百三十卷，以及唐高祖及唐文宗各朝實錄。紀傳體國史則僅至肅宗，故後梁、後唐二代皆詔求武宗以後史料。至後晉劉昫等修史時，武宗以前皆據唐代國史及實錄，武宗以後只有《武宗實錄》一卷及其他零星材料，而對唐中後期史料掌握不多，往往缺漏不詳。

　　李肇此書既未被劉昫採用，後世研究者則正好可將此二書用來參照互證。《舊唐書》、《國史補》二書所載史實有時往往從不同角度記錄同一內容，且詳略不同，可以相互佐證考校，相互發明，《國史補》之名，實乃作者本心初衷。可以設想，當年李肇撰寫此書前，已遍閱官方歷史檔案，故能於此書編寫時，重心置於國史補充上，故而資料往往為官史所未載、或載之不詳、

或國史不屑載之之史料。如唐時巫醫樂師百官之人或商賈、俠客、和尚、道士三教九流之輩。如王四舅、俞大娘、雇人妾、苗夫人、李八郎等等，是研究中、晚唐社會、政治、經濟、風俗等最為珍貴之史料。

《新唐書》是北宋時歐陽修、宋祁等奉敕所修，曾公亮為監修。慶曆四年（1044）五月，仁宗詔王堯臣、張方平、宋祁等重修《唐書》，直到嘉祐三年（1058）才由宋祁完成一百五十卷列傳。至和元年（1054）八月，歐陽修奉敕重新主修《新唐書》，嘉祐五年（1060）七月完成，此時已距當年仁宗頒敕過去了 17 年，而距李肇撰成《唐國史補》約達 200 多年之久。《資治通鑑》亦完成於北宋，作者是司馬光，治平三年（1066）始發軔操觚，直至元豐七年（1084）擱筆告成，前後歷時十九年，其成書時間較《新唐書》完稿又過去了 24 年。顯然，《唐國史補》於此三部正史編寫之影響甚巨，尤其是《資治通鑑》，多處史料皆引自此書，且幾乎是原文抄錄，或者文字上略有增減而已。司馬光在編修《資治通鑑》時，援用史料極其豐富，據宋高似孫《緯略》卷十二記載，「《通鑑》採正史之外，其用雜史諸書凡二百二十二家。」一說三百二十二種之多。廣為摭拾，而當他編寫唐史部分時，頗採用《唐國史補》入於本傳，以良史目之。

不同於《舊唐書》，《新唐書・藝文志》對李肇此書有了明確的著錄，曰：「李肇國史補三卷」，此外《藝文志》還著錄了李肇的另兩部著作，一為李肇《翰林志》一卷，一為李肇《經史釋題》二卷。毋庸置疑，歐陽修等編修《新唐書》時，李肇此書必已置於眾多參考史料之列，援用其中史料以修唐史必屬當然之事了。

《唐國史補》此書妙處在於，其所記載內容不但涉獵極廣，且以唐人記唐史，身親目擊可據者多，所記之事真確可信，多為他書所未載，可補正史之所不逮。研讀此書，仿彿透過歷史迷霧一窺一千三百多年前唐朝之歷歷往事。余之導師吳在慶先生精研唐宋文史數十載，且於中晚唐研究用力尤深，在眾多唐宋史料當中，除正史外，先生對於李肇所撰《國史補》頗加青眼，於其書評價甚高。先生嘗對余言曰：「此書所載唐開元、長慶年間事，其中多有可補史乘之遺漏不足者，亦有可『裨於風教』者，實為治唐代文史者所必參考研究之重要歷史文獻，乃案間必備之籍，不可不讀之書也。」誠哉斯言也！對於後世研究者而言，此書正可裨補正史之遺闕，其書之「不可不讀」之處，大抵可以見於如下幾端：

其一，研究唐代政治及典章制度者，《唐國史補》不可不讀。李肇此書多記唐玄、德、代、德、順、憲等朝舊聞，對於德宗、憲宗朝君臣事跡、臺閣故事、典章制度等記述頗詳，粲然可觀，多史志所未及。

作者李肇，身處唐代官場，明悉掌故，於朝章國故，因革損益，了若指掌，多能娓娓道來，頗具端緒。其中涉及如郎官分判制度、科舉考試、吏部銓選、御史臺故事、宰相判事目等典章故實，多可與正史相發明。如沙堤、火城之典，可解白居易《官牛》之詩。其他如元老、閣老、院長、端公之號、省眼、堂案、花押、長名、冬集、帖黃諸名，會食、公券、押班、注官等制度名目皆賴是書得以考見。

如其中「內外諸使名」條記載特詳，可補史志之未逮，云：「開元已前，有事於外，則命使臣，否則止。自置八節度，十採訪，始有坐而為使，其後名號益廣。大抵生於置兵，盛於興利，普於銜命，於是為使則重，為官則輕。故天寶末，佩印有至四十者；大曆中，請俸有至千貫者。今在朝有太清宮使、太微宮使、度支使、鹽鐵使、轉運使、知匭使、宮苑使、閑廄使、左右巡使、分察使、監察使、館驛使、監倉使、左右街使，外任則有節度使、觀察使、諸軍使、押蕃使、防禦使、經畧使、鎮遏使、招討使、榷鹽使、水陸運使、營田使、給納使、監牧使、長春宮使、團練司使、黜陟使、撫巡使、宣慰使、推覆使、選補使、會盟使、冊立使、弔祭使、供軍使、糧料使、知糴使，此是大略，經置而廢者不錄。宦官內外悉屬之。使舊為權臣所管，州縣所理，今屬中人者有之。」此條所載內外諸使名目尤其詳贍精核，足可與正史之《職官志》、《通典》、《唐六典》、《唐會要》等參互稽繹，實有裨於唐代制度研究。

又如其「敘進士科舉條」載：「進士為時所尚久矣。是故俊乂實集其中，由此出者，終身為聞人。故爭名常切，而為俗亦弊。其都會謂之舉場，通稱謂之秀才。投刺謂之鄉貢。得第謂之前進士。互相推敬謂之先輩。俱捷謂之同年。有司謂之座主。京兆府考而升者，謂之等第。外府不試而貢者，謂之拔解。將試各相保任，謂之合保。臺居而賦，謂之私試。造請權要，謂之關節。激揚聲價，謂之還往。既捷，列書其姓名於慈恩寺塔，謂之題名會。大醮於曲江亭子，謂之曲江會。籍而入選，謂之春闈。不捷而醉飽，謂之打毷氉。匿名造謗，謂之無名子。退而肄業，謂之過夏。執業而出，謂之夏課。挾藏入試，謂之書策。此是大畧也。其風俗繫於先達，其制置存於有司，雖然，賢士得其大者，故位極人臣，常十有二三，登顯列十有六七，而張睢陽、

元魯山有焉，劉關、元繇有焉。」後世研究唐代科舉者，無不將此條奉爲典要，唐進士之典章舊聞，多賴此條記載得以保存至今，不至於泯焉淪沒。

其二，研究唐代歷史人物，以及公卿、將相、文人、士子風貌者，《唐國史補》不可不讀。李肇此書於唐代帝王、將相、士子，文人之軼事言行，往往要言不繁，片言照雪，不乏詼諧機趣，令人讀之忘倦。雖語涉臧否，而持論頗爲平允，絕少激烈偏僻之見，亦少恩怨毀譽之私。雖有誹謗王維竊句之妄，亦間或有曲筆之嫌，然亦未嘗不可增異聞，廣胸次，況一眚不掩大德，片瑕難掩其瑜，足稱良史之冠，究非其他稗官小說委巷俗談可及。其中所載如李白脫靴事，韓愈登華山事，嚴武、杜甫睚眥事，盧杞奸邪事等，皆被後世引入史傳，可裨補正史之闕漏，顧況多輕薄事，李泌虛誕事，崔顥見李邕事，王維辨畫事，張旭得筆法事，足與史文相參考。

李肇以元和、長慶時人，廁身於朝列間，所與交遊，率皆勝流，耳目親接，其可徵信者亦多。如卷中記「張氏三代相」條云：「張氏嘉貞生延賞，延賞生弘靖。國朝已來，祖孫三代爲相，唯此一家。弘靖既拜，薦韓皋自代，韓氏休生滉，滉生皋，二代爲相，一爲左僕射，終不登廊廟。」寥寥數行筆墨，張氏家族三人及其與韓氏家族之關係，皆已燦然具備，與正史所載互爲輝映。又如卷下「近代宰相評」條云：「宰相自張曲江之後，稱房太尉、李梁公爲重德。德宗朝，則崔太傅尚用，楊崖州尚文，張鳳翔尚學，韓晉公尚斷，乃一時之風采。其後貞元末年，得高貞公郿門下，亦足坐鎮風俗。憲宗朝，則有杜邠公之器量，鄭少保之清儉，鄭武陽之精粹，李安邑之智計，裴中書之秉持，李僕射之強貞，韋河南之堅正，裴晉公之宏達，亦各行其志也。」僅僅一條之內，涉及人物多達十六人，且逐一作月且臧否，雖吉光片羽，然人物精彩皆已一一躍然紙上，李肇手筆功力，眞足以淩跨餘子矣。

再如卷下「詼諧等所自」條載：「詼諧自賀知章，輕薄自祖詠，顙語自賀蘭廣、鄭涉，近代詠字有蕭昕，寓言有李紆，隱語有張著，機警有李舟、張彧，歇後有姚巗、叔孫羽，訛語影帶有李直方、獨孤申叔、題目人有曹著。」李肇這段人物評騭議論精核，信息量極大，可信度頗高，且多史志所未及，尤可以資考證，廣見聞，爲後世文史研究與考證提供了極爲難得的史料。

其三，研究唐代宗教、習俗、文學、方言、考據等，《唐國史補》不可不讀。李肇編寫此書之時，於當時歲時節日、民俗民諺、市井生態、神靈崇拜、民間技藝、飲食器物、婚姻風尚、文學掌故等等無不搜羅薈萃、條達可觀，

名目似爲冗碎，然無諸家叢冗猥雜之病，往往片言居要，筆力高簡。如卷下「敘時文所尚」條云：「元和已後，爲文筆，則學奇詭於韓愈，學苦澀於樊宗師。歌行則學流蕩於張籍。詩草則學矯激於孟郊。學淺切於白居易，學淫靡於元稹。俱名爲元和體。大抵天寶之風尚黨，大曆之風尚浮，貞元之風尚蕩，元和之風尚怪也。」寥寥數行，便能極中肯綮，概括一代文學，眼光極高遠，對於研究中唐以後文人尤其是中晚唐文學，實大有裨益。

李肇乃博洽淹貫之士，其書兼收博採，涉獵極廣，但其中紀述，經過筆者考證，頗與正史及他書所載相合，且多所親知灼見，可徵信者多，非其他侈談迁怪、遊談無根者可比。如黃三姑之窮理盡性，張說好爲山東婚姻，岡頭盧、澤底李、土門崔、鈒鏤王等高門大族，京師尚牡丹，龍門人善游，刺客豪俠故事，都盧緣橦之技，飲酒四字之令，博戲，古代樗蒲之法，圍棋、馬球之戲，烘堂之典，貴妃之襪，曲江之會，登大雁塔，于頓順聖樂，《想夫憐》之由來，下馬陵之訛傳，坊中語，毬場等，民間祭婆官、五髭鬚神、回鶻摩尼寺，皆一一記來，猶如一幅生動廣闊的唐代風俗文化全景圖，足以存掌故，資考證，備後來讀史者及研究者參考之用。

如卷中「京師尚牡丹」條稱「京城貴遊尚牡丹三十餘年矣。每春莫車馬若狂，以不躭玩爲恥。執金吾鋪官圍外寺觀種以求利，一本有直數萬者」。此條可解白居易《買花》詩，亦可讓現代讀者一覘一千三百年前古人生活風尚。再如楊貴妃好食南海荔枝事，既可證杜牧之詩，亦可解楊貴妃所食荔枝產地之迷。

此外，《國史補》尚記載了諸如伶人、商賈、刺客、和尚、道士等三教九流人物，其中許多人物皆李肇近代或同時代人，耳目所睹，據實記聞，而非鑿空虛造，道聽途說，其史料價值之珍貴則可想而知。尤其寶貴的是此書有許多關於唐代婦女之記載，如苗夫人，元載女尼，黃三姑，公孫大娘，俞大娘，于頓嫂，賈人妻、薛濤等諸人事蹟，史書多已失傳，賴此書猶可以考見大畧，對於唐代婦女史研究貢獻極大。

其四，研究唐代經濟、地理、生態、音樂、技術者，不可不讀《國史補》。李肇此書捃摭既廣，兼收並蓄，往往不主一途，於工商業、科學技術、醫藥、植物、動物皆有涉獵。

唐時商業繁榮，水陸貿易交通十分發達，「凡貨賄之物，侈於用者，不可勝紀。絲布爲衣，麻布爲囊，氈帽爲蓋，革皮爲帶，內邱白瓷甌，端溪紫石

硯，天下無貴賤通用之。」且水上運輸與貿易尤爲興盛，「東南郡邑無不通水，故天下貨利，舟楫居多。」「揚子、錢塘二江者，則乘兩潮發櫂，舟船之盛，盡於江西，編蒲爲帆，大者或數十幅，自白沙沂流而上，常待東北風，謂之潮信。」富商巨賈往往擁有自家的商船巨艦，「大曆、貞元間，有俞大娘航船最大，居者養生送死嫁娶悉在其間。開巷爲圃，操駕之工數百。南至江西，北至淮南，歲一往來，其利甚溥，此則不啻載萬也。洪鄂之水居頗多，與屋邑殆相半，凡大船必爲富商所有，奏商聲樂從婢僕以據，柂樓之下，其間大隱，亦可知矣。」除內河航運外，唐代海外貿易亦很發達，廣州等地設置市舶使，管理蕃商。《國史補》稱當時的外國船爲南海舶，「每歲至安南、廣州。師國舶最大，梯而上下數丈，皆積寶貨。」尤其難得的是，李肇還記述了唐時國際航線航海細節，稱「舶發之後，海路必養白鴿爲信。舶沒，則鴿雖數千里亦能歸也。」

　　長安、揚州等大都市皆爲水陸通衢，商賈雲集，衣冠畢會，戶口殷盛，市場繁榮。長安藥商宋清，揚州酒商王四舅等商賈皆形成相當規模，「歲計所入，利亦百倍」，「匿跡貨殖，厚自奉養」。據《國史補》記載，當時的商賈已具有一定的品牌與廣告意識，聲名遠播，聞於百姓口碑之中，如「人有義聲，賣藥宋清」，又如「揚州富商大賈，質庫酒家，得王四舅一字，悉奔走之」。再如揚州江心鏡、宣州兔毛褐、江左綾紗、蜀人織錦、阿井水煎膠等皆屬於當時商品中之精品、名品。此外名酒如郢州之富水，烏程之若下，滎陽之土窟春，富平之石凍春，劍南之燒春，河東之乾和蒲萄，嶺南之靈谿、博羅，宜城之九醞，潯陽之湓水，京城之西市腔，蝦蟆陵郎官清、阿婆清。茶之名品如劍南蒙頂之石花，或小方，或散牙，湖州顧渚之紫筍，東川之神泉、小團、昌明、獸目，峽州之碧澗、明月、芳蕊、茱萸簝，福州方山之露牙，夔州之香山，江陵之南木，湖南之衡山，岳州灉湖之含膏，常州義興之紫筍，婺州之東白，睦州之鳩坑，洪州西山之白露，壽州霍山之黃牙，蘄州之蘄門團黃。其中許多名目皆聞所未聞，見所未見，令今之讀者有山陰道上，應接不暇之歎。

　　這些關於唐代「茶」、「酒」、「紙」等記述，多爲它書所不載，且與其他典籍以及當今考古相發明。如其卷中「陸羽得姓氏」條載：「鞏縣陶者多爲瓷偶人，號陸鴻漸，買數十茶器得一鴻漸，市人沽茗不利，輒灌注之。羽於江湖稱竟陵子，於南越稱桑苧翁。」今考古工作者已挖掘出瓷偶人，證實了李肇所說。又劍南春酒坊遺址之發掘則完全根據《唐國史補》所載。此外，尚

有福州方山之露芽、蘇州之傷荷藕、西域三勒漿等，皆賴此書得以涅槃重生，故此書之於考古乃至於文化產業價值亦不可限量。

此外，關於氣象記載如暴風、雲、雷、颶風、潮信、海市蜃樓等；動物如蚊母鳥、主簿蟲、獅子、猓然、猩猩等；植物如茶葉、荔枝、羅浮柑子、傷荷藕、牡丹、蚊子樹等，皆爲研究古代氣象、生態之第一手材料。如卷上「張造批省牒」條載：「貞元中，度支欲砍取兩京道中槐樹造車，更栽小樹。先符牒渭南縣尉張造。造批其牒曰：『近奉文牒，令伐官槐，若欲造車，豈無良木？恭惟此樹，其來久遠。東西列植，南北成行。輝映秦中，光臨關外。不惟用資行者，抑亦曾蔭學徒。拔本塞源，雖有一時之利；深根固蒂，須存百代之規。況神堯入關，先駐此樹；玄宗幸嶽，見立豐碑。山川宛然，原野未改。且召伯所憩，尚自保全；先皇舊遊，寧宜翦伐？思人愛樹，詩有薄言；運斧操斤，情所未忍。』」根據此條，後人則可以遙想當時長安、洛陽之間道路之上及周邊生態風貌，雖隔千年，仍躍然如在目前。張造因護官槐而得擢用，亦可讓我們看到古人珍愛自然山川林木之樸素環保意識，相較現代人之所作所爲，豈不汗顏自愧，嗟何及焉。

《唐國史補》一出，對後世唐代研究影響深遠，厥功甚偉。嗣後各類筆記、通志、叢書、類書等皆紛紛抄錄其中條目，引爲故實。《唐國史補》雖劃入野史、筆記小說類，然由於此書乃當時人寫當時事，所載條目多數皆爲耳目所接的第一手資料。作者李肇又嚴秉求實之宗旨，且略其蕪穢，集其清英，無它書冗蔓繆轕、繁蕪猥瑣之病，其內容可信程度甚至可以直追史筆，從而補正了正史之不足，與典籍相發明。筆者在吳在慶教授指導下，對該書各重要現存版本做校勘工作以及對其所有條目做必要的闡釋和考證研究。吳先生嘗於其所著《杜牧集繫年校註》前言中說道：「校注是一項極爲嚴謹而艱深的研究工作，爲之實在不容易，非得有較深廣的學術積累不可。」余自知才微識淺，忝爲末學，若非蒙吳師不棄，得其悉心指點、諄諄教導和鼎力相助，要完成這項艱巨的任務是不可想像的。由於時間所限，又囿於區區管見，螞蟻啃樹，一葉迷山，率爾操觚，倉促成文，其中舛陋、舛誤之處當不在少數，如此迂拙之文，想來真不值夫子一哂耳。然若此書能起到拋磚引玉的作用，爲中國傳統歷史文化古籍的保存和傳播盡一芹之獻，則無恨矣。時西元二零一五年七月六日夏於木樨堂寓所。

《文淵閣四庫全書》提要

　　臣等謹案《唐國史補》三卷，唐李肇撰，首題「尚書左司郎中」。而肇所作《翰林志》又題「翰林學士左補闕」，結銜互異。案王定保《唐摭言》稱肇爲元和中中書舍人，而《新唐書‧藝文志》則云「翰林學士坐薦栢耆，自中書舍人左遷將作少監」。以唐官制考之，蓋肇自左司改補闕、入翰林，後爲中書舍人坐事左遷，而此書則其官左司時所作也。書中皆載開元至長慶間事，乃續劉餗《小說》而作。上卷、中卷各一百三條，下卷一百二條，每條以五字標題，所載如謂「王維取李嘉祐水田白鷺之聯」，今李集無之；又記「霓裳羽衣曲」一條，沈括亦辨其妄；又謂李德裕「清直無黨」，謂陸贄「誣於公異」，皆爲曲筆。然論張巡則取李翰之傳，與記左震、李汧、李廙、顏眞卿、陽城、歸登、鄭絪、孔戣、田布、鄒待徵妻、元載女諸事，皆有裨於風教。又如李舟天堂地獄之說，楊氏、穆氏兄弟賓客之辨，皆有名理。末卷所說諸典故及下馬陵、相府蓮義，亦資考據。餘如撝蒱、盧雉之訓，可以解劉裕事；劍南燒春之名可以解李商隱詩，可採者不一而足。自序謂「言報應、敘鬼神、徵夢卜、近帷箔，悉去之，紀事實、探物理、辨疑惑、示勸戒、採風俗、助談笑，則書之」。歐陽修作《歸田錄》，自稱以是書爲式，良有以也。乾隆四十二年五月恭校上。

《唐國史補》自序

唐尚書左司郎中李肇撰

　　《公羊傳》曰：「所見異辭，所聞異辭。」未有不因見聞而備故實者。昔劉餗集《小說》，涉南北朝至開元，著爲傳記。予自開元至長慶撰《國史補》，慮史氏或闕則補之意，續傳記而有不爲。言報應、敘鬼神、徵夢卜、近帷箔，悉去之；紀事實、探物理、辨疑惑、示勸戒、採風俗、助談笑，則書之。仍分爲三卷。

《唐國史補》校箋

卷　上
凡一百三節

魯山乳兄子

　　元魯山自乳兄子，數日，兩乳渾流，兄子能食，其乳方止〔一〕。

箋注

　　〔一〕元魯山句：元魯山，即元德秀，爲魯山令，故稱。元魯山字紫芝，河南
　　　　人。生於唐武后萬歲通天元年，卒於玄宗天寶十三年，年五十九歲。少
　　　　孤，事母孝。舉進士，自負母入京師。既擢第，母亡，廬墓側，食不鹽
　　　　酪，藉無菌席。家貧，求爲魯山令。歲滿去職。愛陸渾佳山水，乃居之，
　　　　陶然彈琴以自娛。房琯每見，歎息道：「見紫芝眉宇，使人名利之心都盡」。
　　　　卒，門人諡曰「文行先生」。學者高其行，稱曰「元魯山」。事跡具兩《唐
　　　　書》本傳（《舊唐書》卷一百九十下、《新唐書》卷一百九十四）。德秀所
　　　　著《季子聽樂論》及《蹇士賦》等，爲高人所稱道。《舊唐書·文苑傳》
　　　　有著錄。按其「自乳兄子」事，《舊唐書》不載，《新唐書》卷一百九十
　　　　四《卓行》云：「初，兄子縕褓，喪親無資得乳媼，德秀自乳之，數日渾
　　　　流，能食乃止。」蓋採自《國史補》。

崔顥見李邕

　　崔顥〔一〕有美名，李邕欲一見，開館待之。及顥至，獻文。首
章曰：「十五嫁王昌〔二〕」。邕叱起曰：「小子無禮！」乃不接之〔三〕。

箋注

　　〔一〕崔顥：汴州人，登進士第。累官司勳員外郎，天寶十三年卒。有俊才，
　　　　無士行，好蒲博飲酒。及遊京師，娶妻擇有貌者，稍不愜意即去之，前

後數四。事跡具《新唐書‧文藝傳下》，附於《王昌齡傳》之後（《新唐書》卷二百三）。《新唐書‧藝文志》（《新唐書》卷六十）著錄其《崔顥詩》一卷。

〔二〕按「十五嫁王昌」句，乃出自崔顥《古意》詩，一云《王家少婦》，收於唐《搜玉小集》。其詩云：「十五嫁王昌，盈盈入華堂。自憐年最少，復倚婿爲郎。舞愛前溪綠，歌憐子夜長。閑來鬥百草，度日不成妝。」宋吳曾嘗對此詩作注曰：「子夜歌，則樂府所謂古有女名子夜造其歌者也。前溪舞，讀陳朝劉彤《侯司空宅詠妓詩》，乃得之。劉彤詩云：『山邊歌落日，池上舞前溪。』崔意屬此。又《古今樂錄》謂晉車騎將軍沈玩作《前溪歌》，而非舞也。」（見《能改齋漫錄》卷三）

〔三〕按崔顥此事，《舊唐書》不載，《新唐書》則幾乎全文抄錄，略變數字而已。（見《新唐書》卷二百零三《文藝》下）宋曾慥（《類說》卷三十二）云「崔顥有美色」。《錦繡萬花谷前集》卷二十四謂「崔顥有文」。《類說》卷三十三「小子無禮」條載顥獻詩事云：「崔顥有美色，李邕嘗欲一見。及至獻文，其首『十五嫁王昌』，邕叱起曰：『小子無禮！』遂不接。」《唐才子傳》卷一「崔顥」條云：「（崔顥）好蒱博，嗜酒，娶妻擇美者。稍不愜，即棄之，凡易三四。」又云「初，李邕聞其才名，虛舍邀之。顥至，獻詩，首章云：『十五嫁王昌。』邕叱曰：『小兒無禮！』」此中所記，蓋綜合各書而成。計有功《唐詩紀事》卷二十一「崔顥」條亦載及此事。

張說西嶽碑

　　玄宗令張燕公撰《華嶽碑》，首四句或云一行禪師所作〔一〕。或云碑之文鑿破，亂取之曰：「巉巉太華，柱天直上。青崖白谷，仰見仙掌。」

箋注

〔一〕玄宗句：張燕公，指張說。張說嘗拜中書令，封燕國公，賜實封二百戶，故有此稱。張說爲開元宗臣，前後三秉大政，掌文學之任，凡三十年。爲文俊麗，用思精密，朝廷大手筆皆特承中旨譔述，天下詞人咸諷誦之，尤長於碑文墓誌，當代無能及者。其人事跡具兩《唐書》本傳（《舊唐書》卷九十七，《新唐書》卷一百二十五）。按「《華嶽碑》」，考《資治通鑑》卷二百三十七載，玄宗立華嶽碑於華嶽祠前。高五十餘尺。一行禪師，唐高僧，傳見於《宋高僧傳》卷五。其族姓張，鉅鹿人也，本名遂，則唐初佐命剡國公公謹之支孫也。卯歲不羣，聰黠明利，有老成之風，讀

書不再覽，已暗誦矣。因遇普寂禪師，大行禪要，歸心者眾，乃悟世幻，禮寂為師，出家剃染，所誦經法無不精諷。睿宗、玄宗並請入內集賢院，尋詔住興唐寺，所翻之經遂著疏七卷，又著《攝調伏藏》六十卷，《釋氏系錄》一卷，《開元大衍曆》五十二卷。其曆編入《唐書・曆律志》，以為不刊之典。又造遊儀、黃赤二道，以鐵成規。於開元十五年十月八日滅度，葬於銅人原，諡曰「大慧禪師」，玄宗御撰塔銘，天下釋子榮之。然《華嶽碑》首四句是否為一行所撰，尚無史料佐證。

〔二〕巖巖句：此銘文出自張說《西嶽太華山碑銘》（見《張燕公集》卷十八），其銘曰：「巖巖太華，柱天直上，青崖白谷，仰見靈掌，雄峯峻削，菡萏森爽。是曰靈爽，眾山之長，白帝西下，黃河北來，陰陽孕育，精氣徘徊。偶聖呈瑞，逢昏降災，玉池神搤，石室仙開，海絕瀛洲，天遙玄圃。偉哉此鎮，崢嶸中土，鬼神乍遊，風雲忽聚，高標爀日，半壁飛雨，自古王者，巡方必至，龍駕帝服，封天禪地，南面會神，西後在位，待予治國安人，然後徐思其事。」按「仙掌」，即華山仙掌崖。據《水經注》引古語云：「華嶽本一山，當河，河水過而曲行。河神巨靈，手盪腳蹋，開而為兩，今掌足之跡仍存。」李白《西嶽雲臺歌送丹丘子》（《李太白文集》卷五）詩云：「巨靈咆哮擘兩山，洪波噴流射東海。三峰卻立如欲摧，翠崖丹谷高掌開。」

兗公答參軍

陸兗公為同州刺史〔一〕，有家僮遇參軍不下馬，參軍怒，欲賈其事。鞭背見血，入白兗公曰：「卑吏犯某，請去官。」公從容謂曰：「奴見官人不下馬，打也得，不打也得；官人打了，去也得，不去也得。〔二〕」參軍不測而退。

箋注

〔一〕陸兗公句：陸兗公，即陸象先，以功封兗國公，故稱。據傳載，其人乃蘇州人，本名陸景初，少有器量，應制舉拜揚州參軍，秩滿調選，時吉頊為吏部侍郎，擢授洛陽尉，遷左臺監察御史，轉殿中，歷授中書侍郎。景雲元年冬，同中書門下平章事，監修國史。先天二年，功封兗國公，賜實封二百戶，加銀青光祿大夫。其年出為益州大都督府長史，仍為劍南道按察使。歷遷河中尹，開元六年廢河中府，依舊為蒲州，象先為刺史，仍為河東道按察使。按察使停，入為太子詹事歷工部尚書。十年冬，知吏部選事，又加刑部尚書。十三年，起復同州刺史，尋遷太子少保。二十四年，卒年七十二，贈尚書左丞相，諡曰「文貞」。其人事跡具兩《唐

書》本傳，附於《陸元方傳》後（《舊唐書》卷八十八；《新唐書》卷一百一十六）。按「陸象先爲同州刺史」事，考《舊唐書・陸象先傳》載，開元十年因丁繼母憂免官，故於開元十三年，起復爲同州刺史。

〔二〕公從容句：考《舊唐書・陸象先傳》載，陸公象先少有器量，清淨寡欲，不以細務介意，言論高遠，雅爲時賢所服。嘗謂人曰：「爲政者，理則可矣，何必嚴刑樹威，損人益己？恐非仁恕之道。」其爲河東道按察使時，嘗有小人犯罪，但示語而遣釋之，錄事白曰：「此例當合與杖。」象先曰：「人情相去不遠，此豈不解吾言？若必須行杖，即當自汝爲始。」錄事慙懼而退。嘗對人言曰：「天下本自無事，祇是庸人擾之，始爲繁耳。但當靜之於源，則亦何憂不簡。」由此可覘陸公胸次，其深不可蠡測，竟終免於太平公主之禍。

劉迅著六說

劉迅著《六說》〔一〕，以探聖人之旨。唯說《易》不成，行於代者五篇而已。識者伏其精峻〔二〕。

箋注

〔一〕劉迅句：劉迅，字捷卿，劉知幾第五子，歷京兆功曹參軍事，常寢疾。上元中避地安康，卒。事跡具《新唐書》本傳（《新唐書》卷一百三十二），附於《劉知幾傳》後。據傳載，劉迅續《詩》、《書》、《春秋》、《禮》、《樂》五說，書成，語人曰：「天下滔滔知我者，希終不以示人云。」又據《舊唐書・柳渾傳》（《舊唐書》卷一百二十五）載，柳渾母兄柳識，篤意文章，有重名，於開元天寶間，與蕭穎士、元德秀、劉迅相亞。另《新唐書》卷一百四十二《李華傳》稱，李華兄事元德秀，而友蕭穎士、劉迅。《歷代名賢確論》卷七十八稱，李華有《三賢論》，以劉迅、元魯山、蕭穎士爲三賢。且謂「劉迅乃出自名儒史官之家，兄弟以學著，乃述《詩》、《書》、《禮》、《樂》、《春秋》爲《五說》，條貫源流，備今古之變」。《語林》卷十七稱明何良俊考李華《三賢論》，以爲劉迅即劉愼虛。且何錄良俊按語云：「《唐摭言》所載劉愼虛事與劉迅事相合，且《三賢論》又謂劉愼虛名儒大官之家，兄弟以學著，乃述《詩》、《書》、《禮》、《易》、《春秋》爲五說，條貫源流，備古今之變。今考劉昫宋祁《新唐書》及李肇《國史補》，作《五說》者，正乃劉迅也。且劉迅父劉知幾，史才無對，官至崇文館學士。叔劉知柔，以文章政事致位尚書右丞，兄劉貺、劉餗、劉彙、劉秩，弟劉迥本傳中皆有述撰。則所謂名儒大官之家，與兄弟以學著者，非迅而何？且兩唐書都不載劉愼虛事，豈《唐摭言》稱愼虛門

閬風望如此，而正史顧遺之耶？則慎虛之爲劉迅無疑，劉迅本字捷卿，或慎虛，其別字也。但正史不著迅有別字，與其能詩而詩家序論亦不詳其所出，乃知記事者固多疎漏也。」按「其著《六說》」事，《新唐書·藝文志》著錄劉迅《六說》五卷。《郡齋讀書後志》後志卷一亦著錄此書，云：「《六說》五卷，唐劉迅撰。劉迅著書以擬六經，此乃其敘篇。唯《易》闕，而不言故，止五卷云。」按此可知，其書宋代尚存。據《經義考》卷二百八十載，其書於清代則已亡佚。王應麟《困學紀聞》卷三云：「迅作《六說》以繼六經，自孔氏至考亂，凡八十九章。取漢史詔書及羣臣奏議以擬《尚書》，又取《房中歌》至《後庭鬪百草》、《臨春樂》、《少年子》之類凡一百四十二篇，以擬雅章。又取《巴渝歌》、《白頭吟》、《折楊柳》至《談容娘》以比《國風》之流。」

〔二〕識者句：據《新唐書·劉迅傳》載，劉迅爲時論所重，陳郡殷寅名知人，見劉迅，歎曰：「今黃叔度也。」劉晏每聞其論，曰：「皇王之道盡矣。」然朱熹以爲未必，《朱子語類》卷五十一載朱熹語曰：「本傳說迅嘗注釋《六經》，以爲舉世無可語者，故盡焚之。想只是他理會不得，若是理會得，自是著說與人。」

玄宗幸長安

　　玄宗開元二十四年，時在東都。因宮中有怪，明日召宰相，欲西幸。裴稷山〔一〕、張曲江〔二〕諫曰：「百姓場圃未畢，請待冬中。」是時李林甫〔三〕初拜相，竊知上意，及班旅退，佯爲蹇步。上問：「何故腳疾？」對曰：「臣非腳疾，願獨奏事。」乃言：「二京，陛下東西宮也。將欲駕幸，焉用擇時？假有妨於刈穫，則獨可蠲免沿路租稅。臣請宣示有司，即日西幸。」上大說，自此駕至長安，不復東矣。旬月，耀卿、九齡俱罷，而牛仙客〔四〕進焉。

箋注

〔一〕裴稷山：指裴耀卿。考《舊唐書·裴守眞傳》（《舊唐書》卷一百八十八），裴耀卿之父裴守眞乃絳州稷山人，故有此稱。裴耀卿，字煥之，贈戶部尚書裴守眞之子。少聰敏，數歲解屬文，童子舉，弱冠拜秘書正字，俄補相王府典籤。時睿宗在藩甚重之。及睿宗即位，拜國子主簿。開元初，累遷長安令，在職二年，寬猛得中。十三年爲濟州刺史，又歷宣、冀二州刺史，皆有善政，入爲戶部侍郎。二十年，拜禮部尚書。其冬，遷京兆尹，尋拜黃門侍郎同中書門下平章事，充轉運使。二十四年，拜尚書

左丞相，罷知政事，累封趙城侯。天寶元年，改爲尚書右僕射，尋轉左僕射，一歲薨，年六十三，贈太子太傅，諡曰「文獻」。其事跡具兩《唐書》本傳（《舊唐書》卷九十八；《新唐書》卷一百二十七）。

〔二〕張曲江：即張九齡，因家曲江，故號張曲江。張九齡，字子壽，一名博物，曾祖君政韶州別駕，因家於始興，遂爲曲江人。九齡幼聰敏，善屬文，登進士第，應舉登乙第，拜校書郎。玄宗在東宮舉天下文藻之士親加策問，九齡對策高第，遷右拾遺。開元十年三，遷司勳員外郎。十一年拜中書舍人，改太常少卿，尋出爲冀州刺史，又改爲洪州都督，俄轉桂州都督，仍充嶺南道按察使。後玄宗又召拜爲秘書少監、集賢院學士，副知院事，再遷中書侍郎。二十一年十二月，起復，拜中書侍郎同中書門下平章事。明年，遷中書令兼修國史。二十三年加金紫光祿大夫，累封始興縣伯。爲李林甫所嫉，二十四年遷尚書右丞相，罷知政事。後又坐周子諒事，左遷荊州大都督府長史，俄請歸拜墓，因遇疾，卒，年六十八，贈荊州大都督，諡曰「文憲」。其事跡具兩《唐書》本傳（《舊唐書》卷九十九；《新唐書》卷一百二十六）。

〔三〕李林甫句：李林甫，乃唐高祖李淵從父弟長平王李叔良之曾孫，善音律，初爲千牛直長。開元初，遷太子中允，累遷國子司業。十四年，宇文融爲御史中丞，引之同列，因拜御史中丞，歷刑、吏二侍郎。韓休入相，乃薦林甫爲宰相，武惠妃陰助之，因拜黃門侍郎。玄宗對其眷遇益深，二十三年，以黃門侍郎平章事，遷禮部尚書同中書門下三品，並加銀青光祿大夫。尋歷戶、兵二尚書，知政事如故。及張九齡罷相，林甫代九齡爲中書集賢殿大學士，修國史，封晉國公，兼領隴右河西節度，又加吏部尚書，天寶改易官名爲右相。停知節度事，加光祿大夫遷尚書左僕射。六載，加開府儀同三司，賜實封三百戶。卒，贈太尉、揚州大都督。事跡具兩《唐書》本傳，《新唐書》將其列入《奸臣傳》（《舊唐書》卷一百六；《新唐書》卷二百二十三上）。按其「初拜相」事，據舊傳載，開元二十三年，李林甫以黃門侍郎平章事，初登相位。又按「李林甫竊知上意」事，考舊傳載，李林甫面柔而有狡計，能窺伺玄宗意，故驟歷清列，爲時委任，而中官妃家皆厚結託，伺上動靜皆預知之，故出言進奏動必稱旨。而猜忌陰中人，不見於詞色。朝士受主恩顧，不由其門則構成其罪，與之善者，雖廝養下士，盡至榮寵。

〔四〕牛仙客：玄宗時宰相，涇州鶉觚人。初爲縣小吏縣令，以軍功累轉洮州司馬。遷太僕少卿，判涼州別駕事，河西節度使判涼州事。歷太僕卿、殿中監、軍使如故。開元二十四年十一月，以仙客爲工部尚、書同中書門下三品、仍知門下事。明年特封豳國公，贈其父意爲禮部尚書，祖會

為涇州刺史。俄又進拜侍中，兼兵部尙書。天寶年，改易官名，拜左相，尙書如故。其年七月卒，年六十八。其事跡具兩《唐書》本傳（《舊唐書》卷一百三；《新唐書》卷一百三十三）。按此可知舊傳所載與此條相合，可相互參證。

西國獻獅子

開元末，西國獻獅子〔一〕。至長安西道中，繫于驛樹。樹近井，獅子哮吼，若不自安。俄頃風雷大至，果有龍出井而去〔二〕。

箋注

〔一〕開元句：西國，即指西域，古代西域多出獅子。據美國漢學家 Edward Schafer《撒馬爾干金桃：唐代外來文明研究》（The Golden Peaches of Samarkand：A Study of T'ang Exotics）第四章《野獸類》（Wild Animals）載，「獅子乃大型貓科動物，常見於古代亞洲，即印度、波斯、巴比倫、亞述以及小亞細亞等地。於古典時代，甚至於馬其頓（Macedonia）和色薩利（Sicily）以遠亦可見到獅子之蹤跡。」前後《漢書・西域傳》皆有其地產獅子記載。自漢朝以來，西域貢獻獅子不斷，唐代尤甚。據《舊唐書・太宗本紀》（《舊唐書》卷三）載，貞觀九年夏四月壬寅，康國獻獅子。《酉陽雜俎》前集卷之十六《毛篇》云：「高宗時，伽毗國獻天鐵熊，擒白象、師子。」《新唐書・姚思廉傳》（《新唐書》卷一百二）謂：「萬歲通天元年，大食使者獻師子，曰：『是獸非肉不食，自碎葉至都，所費廣矣。陛下鷹犬且不蓄，而厚資養猛獸哉！』有詔大食停獻。」《舊唐書・西戎傳》（《舊唐書》卷一百九十八）載，開元七年正月拂國其主遣吐火羅大首領獻獅子、羚羊各二。另據《新唐書・西域傳下》（《新唐書》卷二百二十一下）載，開元七年，訶毗施王木奈塞因吐火羅大酋獻師子、五色鸚鵡。《舊唐書・玄宗紀》謂開元十年十月，庚申，至自興泰宮。波斯國遣使獻獅子。

〔二〕俄頃句：按「龍出井」事，歷代皆有記載。《太平御覽》卷一百六十七引《郡國記》載，白帝城原名魚復，因公孫述至魚復，其地有白龍出井中，因號魚復爲白帝城。昭烈帝因改魚復爲永安。又《後漢書》謂公孫述自以承漢土德，故號曰「白帝城」。據《續資治通鑑長編》卷九載，宋開寶元年，單州言單父民王美家，龍出井中，大風飄廬舍四百區，溺死者數十人。《吳都文粹續集》卷三十三引王寵《酌悟道泉》文云：「宋初，明覺顯禪師住茲山，說法時，有龍出井。」又《元明事類鈔》卷三十九載，元順帝時，「太子寢殿後，井中有龍出，光焰爍人」。

裴旻遇眞虎

裴旻〔一〕為龍華軍使，守北平。北平多虎，旻善射，嘗一日斃虎三十有一，因憩山下，四顧自若。有一老父至曰：「此皆彪也，似虎而非，將軍若遇真虎，無能為也。」旻曰：「真虎安在乎？」老父曰：「自此而北三十里，往往有之。」旻躍馬而往，次藂薄中，果有真虎騰出，狀小而勢猛，据地一吼，山石震裂。旻馬辟易，弓矢皆墜，殆不得免。自此慙愧，不復射虎。〔二〕

箋注

〔一〕裴旻：唐開元中人，以劍術名，號爲劍聖。《新唐書‧文藝傳》將其附在張旭傳後，其事跡皆採摭於《國史補》此條（《新唐書》卷二百二）。《新唐書》卷二百十六上《吐蕃傳》稱其人玄宗時爲將軍。又據《新唐書‧李白傳》（《新唐書》卷二百二《李白傳》）載，裴旻嘗與幽州都督孫佺北伐，爲奚所圍，旻舞刀立馬上，矢四集皆迎刃而斷，奚大驚引去。裴旻以劍舞名於當世。文宗時頒詔，將旻之劍舞與李白詩歌、張旭草書並譽爲三絕。又《唐朝名畫錄》載，裴旻、張旭與吳道子嘗邂逅於東都洛陽，三人各陳其能時，將軍裴旻厚以金帛召致道子於東都天宮寺，爲其所親將施繪事，道子封還金帛一無所受，謂旻曰：「聞裴將軍舊矣，爲舞劍一曲足以當惠。觀其壯氣，可助揮毫。」旻因墨縗爲道子舞劍。舞畢，奮筆俄頃而成，有若神助，尤爲冠絕。道子亦親爲設色，其畫在寺之西廡。又張旭長史亦書一壁，都邑士庶皆云：「一日之中獲覩三絕。」另據宋郭若虛《圖畫見聞志》卷五記載，開元中，將軍裴旻居喪，詣吳道子。請於東都天宮寺畫神鬼數壁以資冥助。道子答曰：「吾畫筆久廢，若將軍有意，爲吾纏結舞劍一曲，庶因猛勵，以通幽冥。」旻於是脫去縗服，若常時裝束，走馬如飛，左旋右轉，揮劍入雲，高數十丈，若電光下射。旻引手執鞘承之，劍透室而入。觀者數千人，無不驚慄。道子於是援毫圖壁，颯然風起，爲天下之壯觀。道子平生繪事得意無出於此。《太平廣記》亦載此事，且云採自《盧雜說》。《全唐詩》卷一百二十八王維有《贈裴旻將軍》詩，其詩贊云：「腰間寶劍七星文，臂上雕弓百戰勳，見說雲中擒黠寇，始知天上有將軍。」

〔二〕裴旻射虎事，最早載於《唐國史補》，《新唐書》本傳全部採自此條，其他各種筆記、類書亦皆有抄錄。如《太平廣記》卷四百二十八，《太平御覽》卷八百九十二，《記纂淵海》卷五十六，《山堂肆考》卷一百六十八等。除射虎事外，關於裴旻，尚有其「射殺巨蜘蛛」傳說。據《酉陽雜

俎》卷十四載，裴旻山行，有山蜘蛛垂絲如疋布，將及旻。旻引弓射殺之，大如車輪，因斷其絲數尺收之。部下有金創者，翦方寸貼之，血立止也。

僞撰庚桑子

天寶中，天下屢言聖祖見，因以《四子》列學官〔一〕。故有僞爲《庚桑子》者，其辭鄙俚，非聖賢書〔二〕。

箋注

〔一〕天寶句：按四子列學官事，考《李太白集注》載，開元二十九年正月，始立崇元學，置生徒習《老子》、《莊子》、《列子》、《文子》，每年準明經例考試。（見《李太白集注》卷三十五《附考》）。《舊唐書・玄宗本紀下》（《舊唐書》卷九）謂：「（天寶元年二月）莊子號爲南華眞人，文子號爲「通玄眞人」，列子號爲「沖虛眞人」，庚桑子號爲「洞虛眞人」。其四子所著書改爲眞經文。崇玄學，置博士、助教各一員，學生一百人。」又《舊唐書》卷二十四云：「改《莊子》爲《南華眞經》，《文子》爲《通玄眞經》，《列子》爲《沖虛眞經》，《庚桑子》爲《洞虛眞經》。」此中未及《文子》，而代之以《庚桑子》。《唐會要》卷六十四、卷七十七亦有記之。

〔二〕故有句：按「僞爲《庚桑子》者」，即王士源也。《唐新語》卷九載：「道家有《庚桑子》者，代無其書。開元末，襄陽處士王源撰《亢倉子》兩卷以補之。序云：『《莊子》謂之《庚桑子》，《史記》作《亢桑子》，《列子》作《亢倉子》，其實一也。』王源又取《莊子・庚桑楚》一篇爲本，更取諸子文義相類者合而成之，亦行於代。」此處王源應指王士源，《四庫全書總目提要》卷一百四十六云：「唐開元天寶間，尊《庚桑子》爲《洞靈眞經》，求其書不獲。襄陽處士王士源採諸子文義類者，撰而獻之。」又云：「今考《孟浩然集》首有宣城王士源序，自稱修《亢倉子》九篇。又有天寶九載韋縚序，亦稱宣城王士源藻思清遠，深鑒文理，常遊山水，不在人間，著《亢倉子》數篇傳之後代云云。則此書乃士源補選，原非僞託，當時已明言之，後人疑者紛紛，蓋未之考也。其辭鄙俚，非聖賢書語。」按此蓋指王士源於此僞託之書中頗使用唐時代特徵口語，故而得此判語。柳宗元亦於王士源此書頗有詆斥，晁公武《郡齋讀書志》引柳宗元譏議《亢桑子》語云：「太史公爲《莊周列傳》，稱其爲書，畏累《亢桑子》皆空言，無事實。今世有《亢桑子》書，其首篇出《莊子》而益以庸言。蓋周所云者，尚不能有事實，又況取其語而益之者，其爲空言尤也。劉向、班固錄書無《亢桑子》，而今之爲術者乃始爲之傳注，

以教於世，不亦惑乎？」李肇「鄙俚」說與柳宗元「空言」說如出一轍，表明《庚桑子》一書早於唐代已目爲僞託之作。晁公武《郡齋讀書志》卷三上謂柳宗元之於此書評論有失公允，辯駁云：「天寶元年詔號《亢桑子》爲《洞靈眞經》，然求之不獲。襄陽處士王士元謂：『《莊子》作《庚桑子》，太史公作《亢倉子》，其史一也。取諸子文義類者補其亡。』今此書乃士元補亡者，宗元不知其故而遽掊擊之，可見其銳於譏議也。」《四庫全書總目提要》亦謂：「然士源本亦文士，故其書雖雜剟《老子》、《莊子》、《列子》、《文子》、《商君書》、《呂氏春秋》、劉向《說苑新序》之詞，而聯絡貫通，亦殊亹亹有理致，非他僞書之比。其作古文奇字與衛元嵩、元包相類。晁公武謂內不足者，必假外飾，頗中其病，詞人好異之習，存而不論可矣。」

李白脫靴事

李白在翰林多沈飲〔一〕。玄宗令撰樂辭，醉不可待，以水沃之，白稍能動，索筆一揮十數章，文不加點〔二〕。後對御引足令高力士脫靴，上命小閹排出之〔三〕。

箋注

〔一〕白在翰林句：據《新唐書·李白傳》（《新唐書》卷二百二）載，天寶初，李白南入會稽，與道士吳筠友善，吳筠被召回京，故李白亦至長安。往見賀知章，知章見其文歡曰：「子謫仙人也言。」薦於玄宗，遂詔供奉翰林。李白雖入翰林，「猶與飲徒醉於市」。杜子美《飲中八仙歌》云：「李白一斗詩百篇，長安市上酒家眠，天子呼來不上船，自稱臣是酒中仙。」

〔二〕玄宗句：《太平廣記》卷二百四引《松牕錄》云：「開元中，禁中初重木芍藥，即今牡丹也，得四本紅、紫、淺紅、通白者，上因移植於興慶池東沈香亭前。會花方繁開，上乘照夜白，太眞妃以步輦從，詔特選梨園弟子中尤者得樂十六部，李龜年以歌擅一時之名，手捧檀板押眾樂前將歌之。上曰：『賞名花，對妃子，焉用舊樂詞爲？』遂命龜年持金花牋宣賜李白立進《清平調辭》三章。白欣然承旨，猶苦宿酲未解，因援筆賦之，辭曰：『雲想衣裳花想容，春風曉拂露華濃，若非羣玉山頭見，會向瑤臺月下逢。一枝紅艷露凝香，雲雨巫山枉斷腸，借問漢宮誰得似，可憐飛燕倚新粧。名花傾國兩相歡，長得君王帶笑看，解釋春風無限恨，沉香亭北倚欄杆。』龜年遽以辭進，上命梨園弟子約略調撫絲竹，遂促龜年以歌，太眞妃持玻璃七寶盞酌西涼州蒲桃酒，笑領歌意甚厚。上因調玉笛以倚曲，每曲遍將換則遲其聲以媚之，太眞飲罷斂繡巾重拜上。」

〔三〕後對句：按「力士脫靴」事，考《舊唐書・李白傳》（《舊唐書》卷一百九十下）記云：「既嗜酒，日與飲徒醉於酒肆玄宗度曲，欲造樂府新詞，亟召白，白已臥於酒肆矣。召入，以水灑面，即令秉筆，頃之，成十餘章，帝頗嘉之。嘗沉醉殿上，引足令高力士脫靴。」新傳則謂：「白猶與飲徒醉於市，帝坐沈香亭子，意有所感，欲得白為樂章，召入，而白已醉。左右以水頮面，稍解，援筆成文，婉麗精切，無留思。帝愛其才，數宴見，白嘗侍帝醉，使高力士脫靴。」二書所載，大率與《唐國史補》所記相合。且新書《李白傳》又云：「力士素貴，恥之，摘其詩以激楊貴妃。帝欲官白，妃輒沮止。」由此可見關於李白脫靴事有多種版本流傳。按新傳所記蓋本於唐李濬《松窗雜錄》，其原文云：「上自是顧李翰林尤異於他學士。會高力士終以脫烏皮六合為深恥，異日太真妃重吟前詞，力士戲曰：『始謂妃子怨李白深入骨髓，何拳拳如是？』太真妃因驚曰：『何翰林學士能辱人如斯？』力士曰：『以飛燕指妃子，賤甚。』太真頗深然之，上嘗欲命李白官，卒為宮中所捍而止。」又據魏顥《李翰林集序》稱，李白官場之厄並非源於冒瀆高力士，而是因得罪張垍，其文謂：「上皇豫遊，召白，白時為貴門邀飲。比至，半醉，令制出師詔，不草而成，許中書舍人，以張垍讒逐。」唐劉全白亦稱李白為人所讒，其文《唐故翰林學士李君碣記》記云：「天寶初，元宗辟翰林待詔，因為和蕃書，並上宣唐鴻猷一篇。上重之，欲以綸誥之任委之，同列者所讒，詔令歸山。」與李白同時，李白之族叔李陽冰亦持李白為同列所讒說，其《草堂集序》記云：「置於金鑾殿，出入翰林中，問以國政，潛草詔誥，人無知者，醜正同列，害能成謗，格言不入，帝用疏之。」（以上魏顥文、劉全白語、李陽冰序均見於《李太白集注》卷三十一）

張均答弟垍

張垍、張均兄弟，俱在翰林〔一〕。垍以尚主〔二〕，獨賜珍玩，以誇于均。均笑曰：「此乃婦翁與女壻，固非天子賜學士也〔三〕。」

箋注

〔一〕張垍句：張垍、張均兄弟，燕國公張說之子，其二人事蹟均見於兩《唐書》《張說傳》後。（《舊唐書》卷九十七，《新唐書》卷一百二十五）舊傳謂：「說在中書，兄弟已掌綸之任。」又謂：「時長子均為中書舍人，次子垍尚寧親公主駙馬都尉，又特授說兄慶王傅光為銀光祿大夫，當時榮寵莫與為比。」

〔二〕按「垍以尚主」事，據《唐大詔令集》卷四十一《封唐昌公主等制》載，

張垍所尚乃玄宗第四女唐昌公主。而《新唐書‧諸公主傳》云：「唐昌公主下嫁薛鏽。」同書又云「齊國公主，始封興信，徙封寧親，下嫁張垍，又嫁裴穎，末嫁楊敷，薨貞元時。」據此，則知公主前後下嫁三人，張垍乃三人之首。（見《新唐書》卷八十三《諸公主傳》）其中「寧親」之封號與玄宗第八女「寧親公主」同。（見《唐大詔令集》卷四十一《封唐昌公主等制》）《冊府元龜》卷三百零三《外戚部》載：「薛鏽尚玄宗第四女唐昌公主，張垍尚玄宗女寧親公主。」且寧親公主其下注云：「始封興信公主。」又云：「張垍尚玄宗女寧親公主，又尚信興公主。」竟以一張垍尚二公主，可笑之甚。

〔三〕均笑句：按「二張兄弟相謔」事，考舊傳云：「垍以主婿，玄宗特深恩寵，許於禁中置內宅，侍為文章，嘗賜珍玩，不可勝數。時兄均亦供奉翰林院，常以所賜示均。均戲謂垍曰：『此婦翁與女婿，非天子賜學士也。』」新傳云：「玄宗眷垍厚，即禁中置內宅，侍為文章，珍賜不可數，均供奉翰林，而垍以所賜誇均。均曰：『此婦翁遺婿，非天子賜學士也。』」按張均「婦翁與女壻」之戲語，似為讖言，不幸而言中。天寶中玄宗嘗幸垍內宅，謂垍曰：「希烈累辭機務，朕擇其代者，孰可？」垍錯愕未對，帝即曰：「無踰吾愛壻矣。」垍降階陳謝，楊國忠聞而惡之，及希烈罷相，舉韋見素代相，垍深觖望。新傳於此則曰「垍始怨上」。（以上見《舊唐書》卷九十七；《新唐書》卷一百二十五）另《唐新語》卷九謂：「駙馬張垍以太常卿翰林院供奉官贊相禮儀，雍容有度，玄宗心悅之，謂垍曰：『朕罷希烈相，以卿代之。』垍謝不敢當。楊貴妃知之，以告楊國忠，國忠深忌之。時安祿山入朝，玄宗將加宰相，命垍草詔，國忠諫曰：『祿山不識文字，命之為相，恐四夷輕侮於唐。』玄宗乃止，及祿山歸范陽，詔高力士送於長樂陂。力士歸，玄宗問曰：『祿山喜乎？』力士對曰：『祿山恨不得宰相，頗怏怏有言。』國忠遽曰：『此張垍告之也。』玄宗不察國忠之誣，疑垍漏洩，大怒黜垍為盧溪郡司馬，兄均為建安郡司馬，弟垠為宜春郡司馬。」按此事遂致二人有叛貳之心焉。據舊傳（《舊唐書》卷九十七）載，祿山之亂，玄宗幸蜀，宰相韋見素、楊國忠、御史大夫魏方進等從，朝臣多不至。次咸陽，帝謂高力士曰：「昨日蒼黃離京，朝官不知所詣，今日誰當至者？」力士曰：「張垍兄弟世受國恩，又連戚屬，必當先至。房琯素有宰相望，深為祿山所器，必不此來。」帝曰：「事未可料。」是日，房琯至，帝大悅，因問均、垍兄弟。琯曰：「臣離京時，亦過其舍，比約同行。均報云已於城南取馬，觀其趣向，來意不切。既而均弟兄果受祿山偽命，垍與陳希烈為賊宰相，垍死於賊中。

王維取嘉句

王維好釋氏，故字摩詰〔一〕。立性高致，得宋之問輞川別業，山水勝絕，今清源寺是也。維有詩名，然好取人文章嘉句〔二〕。「行到水窮處，坐看雲起時。」《英華集》〔三〕中詩也。「漠漠水田飛白鷺，陰陰夏木囀黃鸝。」李嘉祐〔四〕詩也。

箋注

〔一〕王維句：王維，字摩詰。開元初擢進士，調大樂丞，坐累爲濟州司倉參軍。擢右拾遺，歷監察御史，累遷給事中。安祿山時，迫爲給事中。么之，遷中庶子，三遷尙書右丞。上元初，卒，年六十一。事跡具兩《唐書》本傳（《舊唐書》卷一百九十下，《新唐書》卷二百零二）按「王維好釋氏」語，考《舊唐書・王維傳》云：「維弟兄俱奉佛，居常蔬食，不茹葷血，晚年長齋不衣文采，得宋之問藍田別墅，在輞口，輞水周於舍下，別漲竹洲花塢，與道友裴迪浮舟往來，彈琴賦詩，嘯詠終日，嘗聚其田園所爲詩，號《輞川集》。（輞川在藍田縣西南二十里）。在京師日飯十數名僧，以玄談爲樂。齋中無所有，唯茶鐺、藥臼、經案、繩床而已。焚香獨坐，以禪頌爲事。妻亡，不再娶，三十年孤居一室，屏絕塵累。」《新傳》云：「兄弟皆篤志奉佛，食不葷，衣不文采。別墅在輞川，地奇勝，有華子岡、欹湖、竹里館、柳浪、茱萸沜、辛夷塢、與裴迪遊其中，賦詩相酬爲樂。喪妻不娶，孤居三十年。母亡，表輞川爲寺，終葬其西。」此寺即清源寺也。按「維摩詰名」，乃梵語 vimalakīrti 之中譯省稱。意譯爲「淨名」或「無垢稱」。據《維摩詰經》載，維摩詰乃毘耶離城中一位大乘居士，與釋迦牟尼同時，本居住於阿閦妙喜淨土，善於應機化導。王維名字正由此來。

〔二〕維有句：按「王維竊取嘉祐句」事，晁公武《郡齋讀書志》卷四上謂此李肇「厚誣摩詰」，實向壁虛造，無中生有，經其人考證，《嘉祐集》中並無「漠漠水田飛白鷺」句。然晁氏亦未解釋王維「行到水窮處，坐看雲起時」句是否剽自《英華集》。《詩林廣記》卷五引李希聲《詩話》云：「唐人詩流傳訛謬，有一詩傳爲兩人者，如『漠漠水田飛白鷺，陰陰夏木囀黃鸝。』既曰王維，又曰李嘉祐，以全篇考之摩詰詩也。」《歷代詩話》卷四十七辯云：「宋人詩話乃謂摩詰用嘉祐句，不知王在盛唐，李在中唐，王安得預竊其句？」

〔三〕《英華集》：據《南史》卷五十三《梁武帝諸子》載，《英華集》乃南朝梁昭明太子蕭統所撰，選太子五言詩善者裒集而成，計有二十卷。《舊唐書・

經籍志》則將此書名爲《古今詩苑英華集》，計有二十卷。唐釋惠靜撰《續古今詩苑英華》二十卷，與蕭統所撰《英華集》同列於《經籍志》中。《新唐書‧藝文志》則只錄有釋惠靜所撰的《續古今詩苑英華》二十卷，而不見蕭統之《英華集》。《宋史‧藝文志》與之同，只著錄釋惠靜之書，但卷數已減爲十卷。《郡齋讀書志》則只載有《續古今詩苑英華集》十卷，其條下有晁氏注云：「唐僧惠淨撰，輯梁武帝大同中會三教篇至唐劉孝孫成皐望河之作，凡一百五十四人，歌詩五百四十八篇，孝孫爲之序。」

〔四〕李嘉祐，唐史無傳，考《唐詩品彙‧姓氏爵里詳節》李嘉祐條謂其人字從一，趙州人。天寶七年進士，調江陰令。肅宗上元中爲台州刺史，大曆中刺袁州，又嘗爲中臺郎，故竇常贊之曰：「雅登郎位，靜鎮方州。」其詩一卷，因號《晏閣集》。另據儲仲君《李嘉祐詩疑年》（見《唐代文學研究》第二輯）及蔣寅《大曆詩人箚記‧李嘉祐》考證（見《河北師院學報》1993 年第二期），李嘉祐應生於西元 728 年，比王維小 27 歲。由此可見，王摩詰竊詩之誣，不辯自明矣。

張旭得筆法

張旭草書得筆法，後傳崔邈、顏真卿〔一〕。旭言：「始吾見公主擔夫爭路，而得筆法之意。後見公孫氏舞劍器，而得其神。」旭飲酒輒草書，揮筆而大叫，以頭搵水墨中而書之，天下呼爲張顛。醒後自視，以爲神異，不可復得。後輩言筆札者，歐、虞、褚、薛，或有異論，至張長史，無間言矣〔二〕。

箋注

〔一〕張旭句：按「張旭傳筆法」事，《舊唐書‧張旭傳》亦（《舊唐書》卷二百二）有載，所記與《國史補》相合。又唐張彥遠《法書要錄》卷一「傳授筆法人名」條云：「蔡邕受於神人，而傳之崔瑗及女文姬，文姬傳之鍾繇，鍾繇傳之衛夫人，衛夫人傳之王羲之，王羲之傳之王獻之，王獻之傳之外甥羊欣，羊欣傳之王僧虔，王僧虔傳之蕭子雲，蕭子雲傳之僧智永，智永傳之虞世南，世南傳之，授於歐陽詢，詢傳之陸柬之，柬之傳之姪彥遠，彥遠傳之張旭，旭傳之李陽冰，陽冰傳徐浩、顏眞卿、鄔彤、韋玩、崔邈，凡二十有三人，文傳終於此矣。」另宋陳思《書苑菁華》卷十九《唐范陽盧雋臨妙訣》謂：「旭之傳法蓋多其人，若韓太傅滉、徐吏部浩、顏魯公眞卿、魏仲犀又傳蔣陸及從姪野奴二人。予所知者又傳清河崔邈，邈傳褚長文、韓方明。徐吏部傳之皇甫閱，閱以柳宗元員外

爲入室。」又「筆法傳顏眞卿」事，亦可見於唐顏眞卿所撰《述張長史筆法十二意》（《書苑菁華》卷十九），眞卿稱其嘗兩度詣從金吾長史張旭，請師筆法，先於長安師事張公而無所得，後又訪洛陽裴儆宅再度師從張旭，前後長達數年之久。

〔二〕旭言句：按「公孫氏舞劍器」事，杜甫《觀公孫大娘弟子舞劍器行》（《九家集注杜詩》卷十三）云：「昔有佳人公孫氏，一舞劍器動四方。觀者如山色沮喪，天地爲之久低昂。霍如羿射九日落，矯如群帝驂龍翔。來如雷霆收震怒，罷如江海凝清光。……」又云：「先帝侍女八千人，公孫劍器初第一」。則知公孫氏乃玄宗宮廷侍女。鄭嵎《津陽門詩》：「公孫劍伎方神奇。」並自注曰：「有公孫大娘舞劍，當時號爲雄妙。」又《明皇雜錄》稱玄宗素曉音律。時有公孫大娘者，善舞劍，能爲《鄰里曲》、《裴將軍滿堂勢》、《西河劍器渾脫》。又《雲谿友議》卷中謂公孫大娘舞劍，與伶官張野狐觱栗，雷海清琵琶，李龜年唱歌皆冠絕於時。《新唐書·李白傳》（《新唐書》卷二百二）後附有《張旭傳》，吉光片羽，甚爲簡要，蓋摭自《國史補》，謂：「旭，蘇州吳人。嗜酒，每大醉，呼叫狂走，乃下筆，或以頭濡墨而書，既醒自視，以爲神，不可復得也。世呼張顚。」且同卷又記張旭任常熟事，謂：「初，仕爲常熟尉，有老人陳牒求判，宿昔又來。旭怒其煩，責之。老人曰：『觀公筆奇妙，欲以藏家爾。』旭因問所藏，盡出其父書。旭視之天下奇筆也，自是盡其法。」

李陽冰小篆

李陽冰善小篆，自言：「斯翁之後，直至小生。曹嘉、蔡邕，不足言也。〔一〕」開元中，張懷瓘撰《書斷》，陽冰、張旭並不及載〔二〕。

箋注

〔一〕李陽冰句：李陽冰，唐史無傳。據《述書賦注》載，李陽冰，趙郡人，陽冰兄弟五人皆負詞學，工於小篆。初師李斯《嶧山碑》。後見仲尼吳季劄墓誌，便變化開闔，如虎如龍，勁利豪爽，風行雨集，文字之本悉在心胷。識者謂之倉頡後身。《宣和書譜》卷二謂：「陽冰字少溫。」《白孔六帖》卷三十二注引《法書苑》寶泉語謂李陽冰篆爲「筆虎」。《墨池編》卷三云：「陽冰雅好書石魯公之碑，陽冰多題其額。嘗貽書李大夫，願刻石作篆，備書六經，立於明堂，號曰《大唐石經志》，不克就。舒元輿，嘗得陽冰眞跡，在六幅素上見蟲蝕鳥步痕跡，若屈鐵石陷入屋壁。贊曰：『斯去千年，冰生唐時，冰復去矣，後來者誰？後千年有人，誰能待之？

後千年無人，篆止於斯。』」趙明誠《金石錄》卷二十七云：「陽冰在肅宗朝所書，是時年尚少，故字畫差疎瘦。至大曆以後，諸碑皆暮年，所篆筆法愈淳勁。」按「斯翁」，乃指秦相李斯。據唐張懷瓘《書斷》卷上「小篆」云：「小篆者，秦始皇丞相李斯所作，增損大篆，異同籀文，謂之小篆，亦曰秦篆。故又云：「李斯，小篆之祖也。」

〔二〕開元句：張懷瓘所撰《書斷》，《新唐書・藝文志》有著錄。據《四庫提要》（《四庫全書總目》卷一百十二）載，唐張懷瓘撰《書斷》三卷。張懷瓘於開元中爲翰林供奉。竇蒙《述書賦》注則云：「懷瓘海寧人，鄂州司馬。」所載與《藝文志》齟齬。然《述書賦》張懷瓘條下又注云：「懷瓌，懷瓘弟，盛王府司馬。兄弟並翰林待詔。」則與《藝文志》相合。故《四庫提要》卷一百十二云：「蓋嘗爲鄂州司馬，終於翰林供奉，二書各舉其一官爾。」所錄皆古今書體及書家人名。

絳州碧落碑

絳州〔一〕有碑，篆字與古文不同，頗爲怪異。李陽冰見而寢處其下，數日不能去〔二〕。驗其文是唐初，不載書者姓名，碑上有碧落二字，人謂之《碧落碑》〔三〕。

箋注

〔一〕絳州句：按絳州，即今山西省運城市新絳縣。考《舊唐書・地理志》載，乃隋絳郡。武德元年，置絳州總管府，管絳、潞、蓋、建、澤、沁、韓、晉、呂、澮、泰、蒲、虞、芮、邵十五州。絳州領正平、太平、曲沃、聞喜、稷山五縣。三年，廢總管府。其年，以廢北澮州之翼城置翼城縣。領翼城、絳、小鄉三縣。武德元年，改爲澮州。二年，改爲北澮州。四年，州廢，三縣併入絳州。置南絳州，又置絳縣。

〔二〕李陽冰句：按《國史補》所載李陽冰此事，趙明誠頗疑之，以爲不然。《金石錄》卷二十四謂：「碧落碑大篆書，其詞則宗室黃公譔所述。或云陳惟玉書，或云譔自書，皆莫可知。李肇及李漢並言李陽冰見此碑，徘徊數日不去。又言陽冰自恨其不如，以槌擊之，今缺處是也。此說恐不然，陽冰嘗自述其書，以謂斯翁之後直至小生，於他人書蓋未嘗有所推許。唐人以大篆當時罕見，故妄有稱說耳。其實筆法不及陽冰遠甚也。」

〔三〕碧落碑：唐代碑刻，現存於山西新絳縣龍興寺。據《廣川書跋》卷七記云「碧落篆，李肇得觀中石記，知爲陳惟玉書。歐陽永叔以李漢碑爲黃公譔。然字法奇古，行筆精絕，不類世傳篆學。而惟玉於唐無書名於世，

不應一碑便能奄有秦漢遺文，徑到古人絕處，此後世所疑也。李陽冰於書未嘗許人，至見其書寢，臥其下數日不能去。世人論書不逮陽冰，則未必知其妙處，論者固應不同。段成式謂此碑有碧落字，故世以名之。李肇謂此碧落觀也，故以爲名。李漢謂終於『碧落』字而得名。余至絳州，見其處今爲龍興宮，考其記，知舊爲碧落觀。而開元改今名。又篆文若未畢其文者，其終非碧落字，則肇說是也。」歐陽修《集古錄》卷五曰：「碧落碑在絳州龍興宮，宮有碧落尊像，篆文刻其背，故世傳爲碧落碑。據李璿之以爲陳惟玉書，李漢以爲黃公譔書，莫知孰是。」同卷又謂：「碑文成而未刻，有二道士來請刻之，閉戶三日不聞人聲。人怪而破戶，有二白鴿飛去，而篆刻宛然，此說尤怪，世多不信也。」又謂：「哀子李訓誼譔，諶爲妣妃造石像。」另《佩文齋書畫譜》卷八十八引《潛溪集》稱：「絳州碧落碑，唐高宗咸亨元年庚午歲，韓王元嘉之子訓等爲其妣房氏造碧落天尊像於龍興宮，而刻其文於背，故以名碑。然不知何人書。據李璿之《玉京宮記》以爲陳惟玉。李漢《黃公記》以爲李訓之弟譔。殆莫能定。而翠嚴龔聖予則又以爲宗室瓘。豈或有所考邪？」

胡雛犯崔令

梨園弟子有胡雛者，善吹笛，尤承恩寵。嘗犯洛陽令崔隱甫〔一〕，已而走入禁中。玄宗非時託以他事，召隱甫對，胡雛在側。指曰：「就卿乞此得否？」隱甫對曰：「陛下此言，是輕臣而重樂人也。臣請休官。」再拜將出。上遽曰：「朕與卿戲耳！」遂令曳出。纔至門外，立杖殺之。俄頃有敕釋放，已死矣。乃賜隱甫絹百匹〔二〕。

箋注

〔一〕崔隱甫：貝州武城人。開元初，再遷洛陽令。九年，自華州刺史轉太原尹。十二年，入爲河南尹。十四年，代程行諶爲御史大夫。二十一年，起復太原尹，仍爲河東採訪處置使。復爲刑部尚書，兼河南尹。二十四年，爲東都留守，尋卒。其人事跡具兩《唐書》本傳，皆列入良吏傳（《舊唐書》卷一百八十五下；《新唐書》卷一百三十）。按「崔隱甫爲洛陽令」事，考之舊書本傳，當於開元初。

〔二〕按「崔隱甫杖殺胡雛」事，《舊唐書·崔隱甫傳》不載。據新傳載，開元初，崔隱甫遷洛陽令。梨園弟子胡鶵善笛，有寵，嘗負罪匿禁。中帝以他事召隱甫，從容指曰：「就卿丐此人。」對曰：「陛下輕臣而重樂工，

請解官。」再拜出，帝遽謝，與胡雛，隱甫殺之，有詔貰死，不及矣。賜隱甫百縑。新書所載當本自《國史補》。崔隱甫秉公嚴斷，嫉惡如仇，其耿直可媲漢強項令董宣。據新傳載，帝嘗謂曰：「卿爲大夫，天下以爲稱職。」始帝欲相隱甫也，謂曰：「牛仙客可與語，卿常見否？」對曰：「未也。」帝曰：「可見之。」隱甫終不詣。他日又問，對如初。帝乃不用。子弟或問故，答曰：「吾不以其人微易之也，其材不逮中人，可與之對耶？」隱甫所至潔介自守，明吏治，在職以彊正稱。

王積薪聞棊

王積薪〔一〕棊術功成，自謂天下無敵。將遊京師，宿于逆旅，既滅燭，聞主人嫗隔壁呼其婦曰：「良宵難遣，可棊一局乎？」婦曰：「諾。」嫗曰：「第幾道下子矣！」婦曰：「第幾道下子矣！」各言數十。嫗曰：「爾敗矣！」婦曰：「伏局。」積薪暗記。明日覆其勢，意思皆所不及也〔二〕。

箋注

〔一〕王積薪：唐史無傳，然據各類史書筆記記載，當知其人爲唐時棋道聖手，名著於當世。《文苑英華》卷四百五引孫逖《授王積薪慶王友制》云：「門下朝散大夫、前行右領軍衛長史王積薪博藝多能，精心敏識，久從班秩，頗著勤勞，俾遷環衛之司，宜在從車之列。」故知其曾爲門下朝散大夫、前行右領軍衛長史。據宋江少虞《事實類苑》卷五十二載，太宗碁品第一待詔有賈玄者，「臻於絕格，時人以爲王積薪之比」也。楊希紫、蔣元吉、李應昌、朱懷璧亦皆國手，然非賈玄之敵。賈玄嗜酒病死，太宗痛惜之。太宗末年，又得洪州人李仲玄，年甚少而碁格絕勝，可俾於賈玄，歲餘亦卒。朝臣有潘愼修、蔣居才亦善碁，至三品內侍，陳好玄至第四品，多得侍碁。自賈玄而下，皆受三道，潘愼修受四道，好玄受五道。愼修常獻詩云：「如今樂得仙翁術，也怯君王四路饒。」又作《碁說》千餘言以獻。太宗嘉歎之，皆涉治道。按此，可知唐代已有碁品高下之排行，而第一國手如賈玄者，世人以爲可媲美王積薪，則王之棋術之高妙可知矣。又《酉陽雜俎》卷十二謂：「一行公本不解奕，因會燕公宅，觀王積薪碁一局，遂與之敵。笑謂燕公曰：『此但爭先耳。若念貧道四句乘除語，則人人爲國手。』」馮贄《雲仙雜記》卷六謂：「王積薪每出遊必攜圍棊短具，畫紙爲局，與棊子並盛竹筒中，繫於車轅馬鬃間。道上雖遇匹夫，亦與對手。勝則徵餅餌牛酒，取飽而去。」

〔二〕按王積薪此事，亦見載於《集異記》（見《記纂淵海》卷八十八），且所錄較更詳贍，謂：「玄宗南狩，百司奔赴行在，翰林善圍棋者王積薪從焉。蜀道隘狹，每行旅止息，中道之郵亭人舍，多爲尊官有力者之所見占。積薪棲棲而無所入，因沿溪深遠寓宿於山中孤姥之家。但有婦姑止給水火。纔暝，婦姑皆闔戶而休。積薪棲於簷下，夜闌不寐。忽聞堂內姑謂婦曰：『良宵無以爲適，與子圍棋一賭可乎？』婦曰：『諾。』積薪私心奇之，況堂內素無燈燭，又婦姑各處東西室。積薪乃附耳門扉，俄聞婦曰：『起，東五南九置子矣。』姑應曰：『東五南十二置子矣。』婦又曰：『起，西八南十置子矣。』姑又應曰：『西九南十置子矣。』每置一子皆良久思。惟夜將盡四更，積薪一一密記其下止三十六。忽聞姑曰：『子已敗矣！吾止勝九枰耳。』婦亦甘焉。積薪遲明具衣冠請問。孤姥曰：『爾可率己之意而按局置子焉。』積薪即出橐中局盡平生之秘妙而布子，未及十數，孤姥顧謂婦曰：『是子可教以常勢耳。』婦乃指示攻守殺奪救應防拒之法，其意甚略。積薪即更求其說，孤姥笑曰：『止此已無敵於人間矣。』積薪虔謝而別，行十數步再詣，則已失向之室閭矣。自是積薪之藝絕無其倫，即布所記婦姑對敵之由，罄竭心力，較其九枰之勝終不得也。因名鄧艾開蜀勢，至今其圖有焉，而世人終莫得而解矣。」

房氏子問疾

韋陟有疾，房太尉使子弟問之〔一〕。延入臥內，行步悉藉茵毯。房氏子弟襪而後登，侍婢皆笑。舉朝以韋氏貴盛，房氏清儉，俱爲美談〔二〕。

箋注

〔一〕韋陟句：韋陟，字殷卿，京兆萬年人。宰相韋安石子。韋陟，字殷卿，與弟斌俱秀敏，異常童，安石晚有子，愛之。神龍二年，韋安石爲中書令，韋陟甫十歲，授溫王府東閣祭酒、朝散大夫，風格方整，善文辭，書有楷法，一時知名士皆與遊。開元中居喪，以父不得志歿，乃與弟韋斌杜門不出。八年，調爲洛陽令。累除吏部郎中、中書令。張九齡引爲舍人，與孫逖、梁涉並司書命，時號得才。遷禮部侍郎，開元中襲郇國公。肅宗即位，起爲吳郡太守使，累授吏部尚書。卒年六十五，贈荊州大都督。事跡具兩《唐書》本傳，新傳附於《韋安石傳》後（《舊唐書》卷九十二；《新唐書》卷一百二十二）。房太尉，即爲房琯，房琯卒贈太尉，故以此名。其人字次律，河南河南人。以廕補弘文生。開元中，奏爲校書郎。舉任縣令科，授盧氏令。拜監察御史，尋坐貶睦州司戶參軍。

天寶五載，試給事中，封漳南縣男。十五載，拜文部尚書、同中書門下平章事。後因兵敗，罷爲太子少師。從帝還都，封清河郡公。乾元元年，出爲邠州刺史，後召拜太子賓客，遷禮部尚書，爲晉、漢二州刺史。寶應二年，召拜刑部尚書，道病卒，贈太尉。事跡具兩《唐書》本傳（《舊唐書》卷一百十一；《新唐書》卷一百三十九）。

〔二〕舉朝句：按「韋氏貴盛」說，據新傳載，韋陟，自以門品可坐階三公，居常簡貴，視僚黨謷然，故於朝堂之上，頗遭訾議讒訴。韋陟早有聲名，而爲李林甫、楊國忠擯廢，及肅宗擇相，自謂必得以，後竟至不用。任事者皆新進，望風憚之，多言其驕倨。及入關，又不許至京師，鬱鬱不得志，久而成疾，且卒，歎曰：「吾道窮於此乎？」新傳又稱其人性侈縱，喜飾服馬，侍兒、閹童列左右常數十，侔於王宮。主第窮治，饌羞擇膏腴地藝穀麥，以鳥羽擇米，每食視庖中所棄，其直猶不減萬錢。宴公侯家，雖極水陸曾不下筯，常以五采牋爲書記，使侍妾主之以裁答，受意而已，皆有楷法。按「房氏清儉」說，《新唐書·房琯傳》（《新唐書》卷一百三十九）亦有載及，謂房琯有遠器，好談老子浮屠法，喜賓客，高談有餘而不切事。又其少時與呂向偕隱陸渾山十年，不諧際人事。賀蘭進明比之王衍。新書所載似可與此條相佐證焉。

王摩詰辨畫

王維畫品妙絕，于山水平遠尤工。今昭國坊庾敬休屋壁有之〔一〕。人有畫《奏樂圖》，維熟視而笑。或問其故。維曰：「此是《霓裳羽衣曲》第三疊第一拍。」好事者集樂工驗之，一無差謬〔二〕。

箋注

〔一〕今昭句：昭國坊，據宋敏求《長安志》卷八載，該坊位於朱雀街東第三街即皇城東之第一街，南鄰永崇坊次南，北鄰進昌坊。其西南隅有崇濟寺，坊內有太府少卿裴子餘宅，子太傅致仕鄭絪宅，尚書右丞庾敬休宅，夏綏宥等州節度使李寰宅，山南西道節度使崔琯宅。且其條下按云：「此坊本犯中宗廟諱，長安中改。唐中葉後，多云招國。招字殊無義理，未詳。」庾敬休，字順之，其先南陽新野人。舉進士，以宏詞登科，授秘書省校書郎，從事宣州。歷右補闕，起居舍人，禮部員外郎，入爲翰林學士。遷禮部郎中，罷職歸官。又遷兵部郎中、知制誥。改工部侍郎，權知吏部選事，遷吏部侍郎。改工部侍郎，兼魯王傅。再爲尚書左丞。太和九年三月，卒於家。其人事跡具兩《唐書》本傳（《舊唐書》卷一百八十七下；《新唐書》卷一百六十一）。

〔二〕按王維此事，《舊唐書・王維傳》（《舊唐書》卷一百九十下）亦有載，頗可與此條相參證。宋沈括（《夢溪筆談》卷十七）以爲「好奇者爲之」，不可信。且辯駁云：「凡畫奏樂止能畫一聲，不過金石管絃同用一字耳。何曲無此聲，豈獨《霓裳》第三疊第一拍也。或疑舞節及他舉動拍法中別有奇聲可驗，此亦未然。《霓裳曲》凡十三疊，前六疊無拍，至第七疊方謂之疊遍，自此始有拍而舞作。故白樂天詩云：『中序擘騞初入拍。』中序即第七疊也，第三疊安得有拍？但言第三疊第一拍即其妄也。或說嘗有人觀《畫彈琴圖》，曰：『此彈《廣陵散》。』此或可信，《廣陵散》中有數聲他曲皆無，如撥攦聲之類是也。」

張果老衣物

　　天寶末，有人於汾晉間古墓穴中，得所賜張果老〔一〕敕書手詔衣服進之，乃知其異。

箋注

〔一〕張果老：即張果，號通玄先生，唐時道士，其生卒年月不詳。《新唐書》有其傳（《新唐書》卷一百九十一），所述皆本自劉肅《大唐新語》。其事蹟還散見於各類筆記類書，多荒誕不經，或以其人爲「混沌初分時白蝙蝠精也」。據《大唐新語》卷十記載，其人隱於恒州枝條山，往來汾晉，時人傳其長年祕術。耆老咸云有兒童時見之，自言數百歲。則天召之，佯死於妬女廟前。後有人復於恒山中見之。開元二十三年，刺史韋濟以聞，詔通事舍人裴晤馳驛迎之。果對晤氣絕如死，晤焚香啓請，宣天子求道之意。須臾漸蘇，晤不敢逼，馳還奏之。乃令中書舍人徐嶠、通事舍人盧重玄賚璽書迎之。果隨嶠至東都，於集賢院肩輿入宮，備加禮敬，公卿皆往拜謁。或問以方外之事，皆詭對。每云：「余是堯時丙子年生。」時人莫能測也。又云：「堯時爲侍中。」善於胎息，累日不食，時進美酒及三黃丸。尋下詔曰：「恒州張果老先生，方外之士也。跡先高上，心入窅冥，是混光塵，應召城闕，莫知甲子之數。且謂羲皇上人，問以道樞盡會宗極今將行朝禮爰申寵命可銀青光祿大夫，仍賜號通玄先生。」累陳老病，請歸恒州，賜絹三百疋並扶持弟子二人，並給驛昪。至恒州弟子一人，放迴一人。相隨入山，無何壽終，或傳屍解。道家典籍《道藏》中收錄張果老撰《太上九要心印妙經》。另李德裕《次柳氏舊聞》謂：「玄宗好神仙，往往召郡國徵奇異士。有張果老者，則天時聞其名，不能致。上亟召之，乃與使偕來，言其所變怪不測。又有邢和璞善筭心術，視人投算而能察善惡夭壽。上使筭果老，懵然不知其甲子。又有師夜光者，

善視鬼，復召果老與坐，密令夜光視之，夜光進曰：『果老今安在？臣願得視之。』而果老坐於上前已久矣，夜光終莫能見。上謂力士曰：『吾聞奇士至人，外物不足以敗其中，試飲以堇汁無苦者真奇士也。會天寒甚，使以汁進，果老遂飲三巵，醺然如醉，作者顧曰：『非佳酒也。』乃寢。頃之，取鏡視其齒，盡燋且黑，命左右取鐵如意以擊齒，墮而藏之於衣帶中，乃納於懷內，出神藥，色微紅，傅齒穴中不寐。久之，視鏡，齒粲潔白，上方信其不誣也。」又張讀《宣室志》亦記有張果老事，流於猥瑣荒誕，稱其能言漢武帝時事。另《山堂肆考》卷一百三十八載，張果老有仙術，常言：「我生於堯之丙子歲堯時。」往來恒山中。開元時湘州刺史韋濟薦之，上遣璽書迎入禁中，以為銀青光祿大夫，號通玄先生，厚賜遣歸。又據同書卷一百五十載，張果老隱中條山中，世傳有數百歲，其貌狀如六七十者。往來汾晉間，嘗乘白驢，休則疊之如紙，置箱中。乘則以水噀之，復又變化成驢。唐武后召之，即死。玄宗遣中書舍人李嶠璽書邀之，乃至。舍集賢院，肩輿入宮。帝親與商議治道及神仙之事，欲以玉真公主降之，張果老固辭還山，號通玄先生。玄宗問葉法喜云：「果老是何人？」對曰：「混元初分時白蝙蝠精也」。另據《甘肅通志》卷二十五載，張果老墓在真寧縣東七十里。

白岑發背方

　　白岑嘗遇異人傳發背方，其驗十全〔一〕。岑賣弄以求利。後為淮南小將，節度使高適脅取其方，然終不甚效〔二〕。岑至九江，為虎所食，驛吏收其囊中，乃得真本。太原王昇之寫以傳布。

箋注

〔一〕白岑句：白岑，不知何許人，史書無傳。按發背方，考沈括撰《蘇沈良方》卷七載：「《國史補》言有白岑者療發背甚驗，為淮南節度使高適脅取其方，然不甚效。岑後至九江，為虎食，驛吏於囊中，得其真方。太原王昇之寫以傳布，後魯國孔南得岑方，為王昇號靈方，今具於後。」其「魯國孔南」說不見於《國史補》。又云：「此發背者，自內而出外者也。熱毒中膈，上下不以，蒸背上虛處，先三五日隱脈妨悶，積漸成腫，治出皮膚，結聚成膿也。其方如後。」該方抄寫如下：「白麥飯石，白斂末，鹿角。並搗細末，取多年米醋於銚中煎，並令魚眼沸即下前件藥末，調如稀餳，以箆子塗傅腫上，只當瘡頭留一指面地，勿令合，以出熱氣。如未膿當內消，若已作頭當撮小。若日久瘡甚、肌肉損爛、筋骨出露，即布上塗藥貼之瘡上，乾即再換，但以膈中不穴無不差瘡。切忌手按，

宜愼之。劉夢得傳信方亦有不及如此之備。」
〔二〕後爲句：高適，乃渤海蓨人。天寶中，解褐汴州封丘尉，棄官乃去，客遊河右。河西節度哥舒翰見而異之，表爲左驍衛兵曹充翰府掌書記。安史之亂發，拜爲左拾遺轉監察御史，仍佐哥舒翰守潼關。尋遷侍御史。永王璘亂，肅宗以高適兼御史大夫揚州大都督府長史、淮南節度使。左授太子少詹事，出爲蜀州刺史，遷彭州。未幾，肅宗以高適代崔光遠爲成都尹、劍南西川節度使。入爲刑部侍郎，轉散騎常侍，加銀青光祿大夫，進封渤海縣侯，食邑七百戶。永泰元年正月卒，贈禮部尚書，諡曰「忠」。事跡具兩《唐書》本傳（《舊唐書》卷一百十一；《新唐書》卷一百四十三）。按「高適脅取其方」事，不見載於他書，未知李肇此說何據。然高適嘗爲淮南節度使，白岑爲淮南小將，乃適之屬下，此事未必全爲鑿空虛造，或有其事亦未可知，亦足廣異聞耳，且存疑可也。

張公戲渾瑊

渾瑊太師，年十一歲，隨父釋之防秋〔一〕。朔方節度使張齊丘〔二〕戲問曰：「將乳母來否？」其年立跳盪功。後二年，拔石堡城，收龍駒島，皆有奇效〔三〕。

箋注

〔一〕渾瑊句：渾瑊，皋蘭州人，本屬鐵勒九姓部落之渾部。渾瑊本名日進，隨父征戰，以勇冠諸軍，累授折衝果毅，前後任中郎將、左廂兵馬使、大都護、節度使、左金吾衛大將軍。前後立累累戰功，升檢校工部尚書、單於大都護等職。封咸寧郡王。加檢校司空，出鎮河中。貞元十五年十二月卒。事跡具兩《唐書》本傳（《舊唐書》卷一百三十四；《新唐書》卷一百五十五）。按渾瑊父，考《舊唐書・渾瑊傳》載，渾瑊父名釋之，爲皋蘭都督。開元初，歷左領衛中郎將、太子僕同正。釋之少有武藝，從朔方軍積戰功於邊上，累遷至開府儀同三司，試太常卿寧朔郡王。廣德中，與吐蕃戰沒於靈武，年四十九。防秋，據《北史》卷十一《考證》，古者置兵邊塞以備寇名曰「防秋」。《舊唐書・陸贄傳》（《舊唐書》卷一百三十九）謂：「河隴陷蕃已來，西北邊常以重兵守備謂之防秋。」另據《舊唐書・渾瑊傳》，渾瑊從郭子儀討吐蕃，防秋於邠，大敗吐蕃於潝谷。瑊父釋之少有武藝，從朔方軍積戰功於邊上，累遷至開府儀同三司試太常卿、寧朔郡王。廣德中，與吐蕃戰沒於靈武，年四十九。瑊本名日進，年十餘歲即善騎射，隨父戰伐破賀魯部，下石堡城，收龍駒島，勇冠諸軍，累授折衝果毅。《新唐書》則採掇《國史補》此條入於《渾瑊

傳》。

〔二〕張齊丘，唐史無傳，其事蹟散見於兩《唐書》、《資治通鑑》等史籍。據
《舊唐書·玄宗傳下》（《舊唐書》卷九）載，天寶八年三月，朔方節度
使張齊丘於東受降城北築橫塞城。舊書嘗將其名訛爲張降丘。《新唐書·
禮樂志》（《新唐書》卷十五）謂詔史館考定將朔方節度使兼御史大夫張
齊丘等列入古今名將六十四人，圖形焉，以配享太廟。

〔三〕後二年句：據《舊唐書·渾瑊傳》載，渾瑊隨父「戰伐破賀魯部，下石
堡城，收龍駒島，勇冠諸軍，累授折衝果毅」。《唐會要》卷七十八載，
石堡城，又名鐵仞城，在振武軍置在鄯州鄯城縣西界。開元十八年三月
二十四日，信安王拔之置。四月改爲鎮武軍。又二十九年十二月六日，
蓋嘉運不能守，遂陷吐蕃。天寶八載，六月哥舒翰又拔之，閏六月三日
改爲神武軍。又《唐會要》卷九十七稱，天寶中，連事西討，進收黃河
九曲，拔其石堡城。據《資治通鑑》卷二百十六載，天寶七年，哥舒翰
築神威軍於青海上，吐蕃至，哥舒翰擊破之，又築城於青海中龍駒島，
謂之應龍城，吐蕃自此屛跡不敢近青海。又其下注云：「青海周八九百里，
中有山須冰合遊牝馬其上，明年生駒，號龍種，故謂之龍駒島。」按此
則知渾瑊隨父釋之防秋之時當於天寶五年。

安祿山心動

安祿山恩寵寖深，上前應對，雜以諧謔，而貴妃常在坐。詔令
楊氏三夫人約爲兄弟〔一〕，由是祿山心動。及聞馬嵬之死，數日歡
惋。雖林甫養育之，而國忠激怒之，然其他腸有所自也〔二〕。

箋注

〔一〕詔令句：按「楊氏三夫人約爲兄弟」事，據唐崔令欽《教坊記》記載：「坊
中諸女，以氣類相似約爲香火兄弟，每多至十四五人，少不下八九輩。」
又謂：「兒郎既娉一女，其香火兄弟多相奔，云學突厥法。又云我兄弟相
憐愛，欲得嘗其婦也，主者知亦不妬。」唐時胡風頗盛，所謂突厥法者，
其實乃上古姊妹共夫風俗之遺存耳。據《資治通鑑綱目》卷四十四載，
玄宗好聲色，而貴妃姊三人皆有才色，上呼之爲姨，使出入宮掖，並承
恩澤，勢傾天下，至是封韓、虢、秦國夫人。杜工部有詩云：「虢國夫人
承主恩，平明上馬入門。卻嫌脂粉浣顏色，淡掃蛾眉朝至尊。」安祿山
與貴妃三姊妹約爲兄弟事，兩《唐書》皆有記載，然並未及祿山與貴妃
之曖昧醜聞，《資治通鑑》則不爲之隱，將《祿山事蹟》、《天寶遺事》等
稗史穢聞雜入正史，謂：「貴妃以錦繡爲大綳褓，裹祿山，使宮人以綵輿

异之。上聞後宮歡笑,問其故,左右以貴妃三日洗祿兒對。上自往觀之,喜賜貴妃洗兒金銀錢,復厚賜祿山,盡歡而罷。自是祿山出入宮掖不禁,或與貴妃對食,或通宵不出,頗有醜聲聞於外,上亦不疑也。」(見《資治通鑑》卷二百十六)考此皆出《祿山事蹟》及《天寶遺事》諸稗史,恐非實錄。楊妃洗兒事,兩《唐書》皆不載,而司馬光通鑑乃採掇《開元天寶遺事》以入之,以委巷傳聞攙入國史,未足爲後世法也。

〔二〕雖林甫句:按「林甫養育之」語,考《舊唐書・李林甫傳》(《舊唐書》卷一百六)載,林甫固位,志欲杜出將入相之源,嘗奏曰:「文士爲將,怯當矢石,不如用寒族、蕃人,蕃人善戰有勇,寒族即無黨援。」玄宗以爲然,乃用思順代林甫領使。自是高仙芝、哥舒翰皆專任大將,林甫利其不識文字,無入相由,然而祿山竟爲亂階。另據《舊唐書・安祿山傳》(《舊唐書》卷二百上)載,李林甫待安祿山甚厚,於玄宗前贊美有加,祿山以林甫神明而敬畏之,每見林甫雖盛冬亦汗洽,李林甫接以溫言,中書廳引坐,以己披袍覆之,安祿山欣荷,無所隱,呼爲十郎。按「國忠激怒之」語,據《舊唐書・安祿山傳》載,楊國忠屢奏祿山必反。天寶十二載,玄宗使中官輔璆琳覘之,得其賄賂,盛言其忠。國忠又云:「召必不至。」洎召之而至。十三載正月祿山謁玄宗於華清宮,因涕泣言:「臣蕃人不識字,陛下擢臣不次,被楊國忠欲得殺臣。」玄宗益親厚之。

楊妃好荔枝

楊貴妃生於蜀,好食荔枝〔一〕。南海所生,尤勝蜀者,故每歲飛馳以進,然方暑而熟,經宿則敗,後人皆不知之〔二〕。

箋注

〔一〕楊貴妃句:楊貴妃,指楊玉環,字太眞。父楊玄琰,爲蜀州司戶。《新唐書・楊貴妃傳》稱其乃隋梁郡通守汪四世孫,徙籍蒲州,遂爲永樂人。然未言及貴妃出生地爲蜀。事跡具兩《唐書》本傳(《舊唐書》卷五十一;《新唐書》卷七十六)按「貴妃生於蜀」說,考樂史《楊太眞外傳》謂其乃弘農華陰人,後徙居蒲州永樂之獨頭村。高祖令本金州刺史,父玄琰,蜀州司戶。貴妃生於蜀,嘗誤墜池中,後人呼爲落妃池,池在導江縣前。妃早孤,養於叔父河南府士曹玄璬家,開元二十二年歸於壽王邸。按「貴妃好食荔枝」說,宋王灼《碧雞漫志》引《脞說》謂:「太眞妃好食荔枝,每歲忠州置急遞上進,五日至都。天寶四年夏,荔枝滋甚,比開籠時,香滿一室。供奉李龜年撰此曲進之。」

〔二〕南海句：據《唐文粹》卷六張九齡《荔枝賦》序載，南海郡出荔枝，每至季夏，其實乃熟，狀甚瓌詭，味特甘滋，百果之中無一可比。且云：「余往在西掖，嘗盛稱之，諸公莫之知，而固未之信。惟舍人彭城劉侯弱年遷累經屆南海，一聞斯談，倍復嘉歎，以爲甘旨之極。」按蜀荔枝，《文選》卷四《蜀都賦》云：「旁挺龍目，側生荔枝，布綠葉之萋萋，結朱實之離離，迎隆多而不凋，常曄曄以猗猗。」《水經注》卷三十三載，江州縣有荔枝園，至熟二千石，常設廚膳，命士大夫共會樹下食之。《太平寰宇記》卷一百二十：「涪州縣地頗產荔枝，其味尤勝嶺表。」據《舊唐書·白居易傳》（《舊唐書》卷一百六十六）載，白居易在南賓郡爲《木蓮荔枝圖》，寄朝中親友，各記其狀曰：「荔枝生巴峽間，形圓如帷蓋，葉如桂，冬青；華如橘，春榮；實如丹，夏熟；朵如蒲萄，核如枇杷，殼如紅繒，膜如紫綃，瓤肉瑩白如冰雪，漿液甘酸如醴酪，大暑如此，其實過之。若離本枝，一日而色變，二日而香變，三日而味變，四五日外色、香、味盡去矣。」又云：「木蓮大者高四五丈，巴民呼爲黃心樹，經多不凋，身如青楊，有白文葉如桂，厚大無脊，花如蓮香，色豔膩，皆同房獨蘂，有異。四月初始開，自開迨謝，僅二十日。」按「南海所生，尤勝蜀者」語，不知李肇緣何得此議論。宋蔡君謨《荔枝譜》云：「荔枝唯閩、粵、南粵、巴蜀有之，漢初南粵王尉佗以之備方物，始通中國。」又云：「今廣南州郡與夔梓之間，所出荔枝大抵早熟，肌肉薄而味甘酸，其上等荔枝僅比東閩之下等，閩中唯四郡有之，福州最多。」《清異錄》卷上引宋陶穀《清異錄》亦云：「嶺南荔枝固不逮閩蜀，劉銀每年設紅雲宴，正紅荔枝熟時，每歲飛馳以進。據《新唐書·楊貴妃傳》載，楊貴妃嗜生荔枝，乃置騎傳送，走數千里，味未變，已至京師。」《山堂肆考》卷二百四引《蜀志》載，唐天寶中，取涪州荔支自子午谷路進。宋吳曾考唐貢荔枝產地云：「予昔記唐世進荔枝。《於漫錄辨誤門》云：『唐志以貢自南方。』《楊妃外傳》以爲貢自南海，杜詩亦云南海，及炎方惟、張君房以爲忠州，東坡以爲涪州，未得其實。近見《涪州圖經》及詢土人云：『涪州有妃子園，荔枝蓋妃嗜生荔枝，以驛騎遞自涪至長安有便路，不七日可到。』故杜牧之詩云：『一騎紅塵妃子笑。』東坡亦川人，故得其實。昔宋景文作《成都方物畧記圖》言：『荔枝生嘉、戎等州，此去長安差近，疑妃所取，蓋不知涪有妃子園，又自有便路也。』」《能改齋漫錄》卷十五引《蜀志補》云：「高都山在梁山縣北，山中民以種薑爲業，有古驛路，乃天寶貢荔枝所經也。」又據《新唐書·禮樂志》（《新唐書》卷二十二）載，玄宗幸驪山，逢楊貴妃生日，命小部張樂長生殿，因奏新曲，未有名。會南方進荔枝，因名曰《荔枝香》。《古今事文類聚後集》

卷二十五載蔡君謨《荔枝譜》云:「洛陽取於嶺南,長安來於巴蜀,雖日鮮獻而傳置之,速腐爛之餘,色香味之存者,亡幾矣。」

百錢玩錦韈

　　玄宗幸蜀,至馬嵬驛,命高力士縊貴妃于佛堂前梨樹下,馬嵬店嫗,收得錦韈一隻〔一〕。相傳過客每一借翫,必須百錢,前後獲利極多,嫗因至富。

箋注

〔一〕玄宗句:按「馬嵬驛」,考李吉甫《元和郡縣志》卷二載,馬嵬故城在縣西北二十三里,馬嵬於此築城以避難,未詳何代人。《雍錄》卷六:「馬嵬故城在興平縣西北二十三里,雍都西九十里,城本是馬嵬築以避難。有驛,楊妃死於驛。白居易詩曰:『西出都城百里餘。』」按「縊貴妃於佛堂前梨樹下」之說,當首見於《國史補》,且對貴妃縊殺之地描述甚爲詳細。兩《唐書》未及佛堂梨樹,唯《資治通鑑》提及「佛堂」,蓋本於《國史補》。《舊唐書》卷九謂:「上令高力士詰之,廻奏曰:『諸將既誅國忠,以貴妃在宮,人情恐懼。』上即命力士賜貴妃自盡。」《新唐書》卷七十六云:「帝不得已,與妃訣引而去,縊路祠下,裹屍以紫茵,瘞道側,年三十八。」《資治通鑑》卷二百十八云:「上乃命力士引貴妃於佛堂縊殺之,輿屍置驛庭,召玄禮等入視之,玄禮等乃免胄釋甲頓首請罪。」按「貴妃錦韈」之說,宋王楙《野客叢書》卷二十二曾引《玄宗遺錄》謂:「高力士於妃子臨刑遺一韈,取而懷之。後玄宗夢妃子,詢力士曰:『妃子受禍時遺一韈,汝收乎?』力士因進之。」玄宗遂作妃子所遺《羅韈銘》,有『羅韈香塵生不絕』語。此說雖不同於《國史補》,然皆言妃子有遺韈事。僕始疑其附會,因讀劉禹錫《馬嵬行》有曰:『履綦無復有,文組光未滅,不見巖畔人,空見淩波韈,郵童愛蹤跡,私手解縶結,傳看千萬眼,縷絕香不歇。』乃知當時果有是事,甚合國史補注之說。」《西郊笑端集》卷一載,晚唐詩人李遠在任江州刺史時,求天寶遺物,得秦僧收楊妃襪一補,珍襲呈諸好事者。會李羣玉校書自湖湘來,過九江。遠厚遇之,談笑永日。羣玉話及向賦黃陵廟詩,動朝雲暮雨之興,殊亦可怪。李遠曰:「僕自獲淩波片,玉軟輕香窄,每日一見,未嘗不在馬嵬下也。」遂更相戲笑,各有賦詩,後來頗爲法家所短,蓋多情少束,亦徒以微詞相感動耳。明董紀有《貴妃韈》一詩,詩云:「脫下淩波一瓣蓮,當時擲棄馬嵬前,偶然老嫗收藏得,猶有癡人費看錢。」

玄宗思張公

玄宗至蜀，每思張曲江則泣下。遣使韶州祭之，兼賚貨幣，以恤其家。其誥辭刻于白石山屋壁間〔一〕。

箋注

〔一〕玄宗句：張曲江，即張九齡，韶州曲江人，故號曲江公。開元後，天下稱曰「曲江公」而不名。張九齡，一名博物，字子壽，韶州曲江人，九齡幼聰敏，善屬文，年十三以書干廣州，刺史王方慶大嗟賞之曰：「此子必能致遠。」中宗景龍初年登進士第，應舉登乙第，拜校書郎。玄宗在東宮舉天下文藻之士，親加策問，九齡對策高第，遷右拾遺。開元時歷官中書侍郎、同中書門下平章事、中書令，乃唐代有名的賢相。有集二十卷。其事跡具兩《唐書》本傳（《舊唐書》卷九十九；《新唐書》卷一百二十六）。按「玄宗祭九齡」事，據《新唐書・張九齡傳》載，安祿山初以范陽偏校入奏，氣驕蹇。九齡謂裴光庭曰：「亂幽州者，此胡雛也。」及討奚、契丹敗，張守珪執安祿山如京師，九齡署其狀曰：「穰苴出師而誅莊賈，孫武習戰猶戮宮嬪，守珪法行於軍，祿山不容免死。」帝不許，赦之。九齡曰：「祿山狼子野心，有逆相，宜即事誅之，以絕後患。」帝曰：「卿無以王衍知石勒而害忠良。」卒不用。又據《舊唐書・張九齡傳》載，至德初，上皇在蜀思九齡之先覺，下詔褒贈曰：「正大廈者，柱石之力；昌帝業者，輔相之臣。生則保其榮名，歿乃稱其盛德，節終未允於人望，加贈實存乎國章，故中書令張九齡，維嶽降神，濟川作相，開元之際，寅亮成功，讜言定其社稷，先覺合於著策，永懷賢弼，可謂大臣，竹帛猶存，樵蘇必禁，爰崇八命之秩，更進三臺之位，可贈司徒，仍遣使就韶州致祭。曲江，考《太平寰宇記》卷一百五十九云：「曲江縣，乃漢舊縣，以滇水曲江爲名。後漢於此置始興縣，本桂陽之南郡，吳甘露元年於此置縣並郡。且白石山位於此縣境內。」又按「白石山屋壁」，其址當位於韶州曲江張九齡故居附近。《太平寰宇記》卷一百五十九載云：「張九齡宅基址在州西二里，書堂在州南二十五里，在上白石內石室，臨近大江。」

臨淮代汾陽

郭汾陽自河陽入，李太尉代領其兵。舊營壘也，舊士卒也，舊旗幟也，光弼一號令之，精彩皆變〔一〕。

箋注

〔一〕郭汾陽句：郭汾陽，即郭子儀。郭子儀曾進封汾陽郡王，故有此名。其

人華州鄭縣人，祖籍山西汾陽。子儀長六尺餘，體貌秀傑，始以武舉高等補左衛長史，累歷諸軍使。安史之亂時任朔方節度使，於河北大敗史思明。後連回紇收復洛陽、長安兩京，功居平亂之首，晉爲中書令，封汾陽郡王。德宗即位，詔還朝，攝冢宰，充山陵使，賜號「尙父」，進位太尉中書令。建中二年六月十四日薨時，年八十五。其事跡具兩《唐書》本傳（《舊唐書》卷一百二十；《新唐書》卷一百三十七）。李太尉，指李光弼。唐肅宗上元元年，李光弼進封太尉、中書令，故有此稱。其事跡具兩《唐書》本傳（《舊唐書》卷一百十；《新唐書》卷一百三十六）。按「李光弼代郭子儀」事，考《資治通鑑》卷二百二十一載，「觀軍容使魚朝恩，惡郭子儀，因其敗短之於上。乾元元年秋七月，上召子儀還京師，以李光弼代爲朔方節度使兵馬元帥。士卒涕泣，遮中使請留子儀。子儀紿之曰：『我餞中使耳，未行也。』因躍馬而去。光弼願得親王爲之副，辛巳，以趙王係爲天下兵馬元帥，光弼副之，仍以光弼知諸節度行營。光弼以河東騎五百馳赴東都，夜入其軍。光弼治軍嚴整。始至，號令一施，士卒壁壘旌旗精彩皆變」。又按「光弼一號令之」句，考其舊傳載云：「光弼御軍嚴肅，天下服其威名，每申號令，諸將不敢仰視。」新傳亦謂：「光弼用兵，謀定而後戰，能以少覆眾，治師訓整，天下服其威名，軍中指顧，諸將不敢仰視。初，與郭子儀齊名，世稱李郭，而戰功推爲中興第一。」《冊府元龜》卷三百九十三謂：「光弼爲江北副元帥，議者稱自艱難已來，唯光弼行軍治戎沉毅有籌略，將帥中第一」。

蜀郡萬里橋

蜀郡有萬里橋，玄宗至而喜曰：「吾常自知，行地萬里則歸。〔一〕」

箋注

〔一〕蜀郡句：萬里橋，考《元和郡縣志》卷三十二載，萬里橋，橫架大江之上，在成都縣南八里。蜀使費褘聘吳，諸葛亮祖之，褘嘆曰：「萬里之路始於此。」橋因以爲名。《太平寰宇記》卷七十二所記大略與此同，謂：「萬里橋在州南二里，亦名篤泉橋，橋之南有篤泉也。漢使褘聘吳，諸葛亮祖之，褘歎曰：『萬里之路始於此橋。』故曰萬里橋。」《資治通鑑》卷二百七十一「萬里橋」條下注引《太平寰宇記》云：「昔者費褘聘吳，諸葛亮送之，至此橋曰：『萬里之路，始於此矣，因以名橋。』」此說似與《太平寰宇記》牴牾，稱「萬里之路」者非諸葛亮，實費褘也。萬里橋頗聞名於後世者，蓋因其地自古多才子佳人勝跡，且多見

於詩詞歌賦之故。其尤著名者，如名妓薛濤、詩人杜甫。進士胡曾有詩云：「萬里橋邊女校書，琵琶花下閉門居，掃眉才子知多少，管領春風總不如。」（見《鑒誡錄》卷十）一說「萬里橋邊薛校書」詩出自王建之手，其詩名曰《寄薛濤校書》（《萬首唐人絕句》卷五十八）。《老學庵筆記》卷一稱，杜少陵在成都有兩草堂，一在萬里橋之西，一在浣花，皆見於詩中。萬里橋故居遂湮沒不可見，或云房季可園是也。老杜《懷錦水居止二首》其二詩云：「萬里橋西宅，百花潭北莊，雪嶺界天白，錦城曛日黃，惜哉形勝地，回首一茫茫。」（見《九家集注杜詩》卷二十七）其《野望》詩曰：「西山白雪三城戍，南浦清江萬里橋，唯將遲暮供多病，未有涓埃報聖朝，跨馬出郊時極目，不堪人事日蕭條。」（見《九家集注杜詩》卷二十三）劉禹錫《劉賓客文集》卷二十七《竹枝詞》詩云：「日出三竿春霧消，江頭蜀客駐蘭橈，憑寄狂夫書一紙，住在成都萬里橋。」張籍《成都曲》（《萬首唐人絕句》卷二十三）：「錦江近西煙水綠，新雨山頭荔枝熟，萬里橋邊多酒家，遊人愛向誰家宿。」按玄宗「行地萬里則歸」語，《松窗雜錄》所記頗不同於《國史補》，謂：「玄宗幸東都，偶因秋霽，與一行師共登天宮寺閣，臨眺久之。上遽顧淒然，登歎數四，謂一行曰：『吾甲子得終吾無患乎？』一行進曰：『陛下行幸萬里，聖祚無疆。』及西行，初至成都，前望大橋，上舉鞭問左右曰『是橋何名？』節度使崔圓躍馬前進曰：『萬里橋。』上因追嘆曰：『一行之言，今果符之，吾無憂矣。』」其他如唐鍾輅《續前定錄》，《太平廣記》卷一百四十九，宋《高僧傳》卷五，《唐語林》卷五皆剿襲此說，蓋小說家言也。

李翰論張巡

張巡之守睢陽，糧盡食人，以至受害〔一〕。人亦有非之者。上元二年，衛縣尉李翰撰巡傳上之〔二〕，因請收葬睢陽將士骸骨。又採從來論巡守死立節不當異議者五人之辭，著于篇〔三〕。

箋注

〔一〕張巡句：張巡，蒲州河東人，新傳作鄧州南陽人。舉進士，三以書判拔萃入等。天寶中，調授清河令。逢祿山之亂，巡與單父尉賈賁各召募豪傑，堅守孤城，以拒叛軍。玄宗聞而壯之，授巡主客郎中、兼御史中丞。至德二年十月睢陽城破，壯烈就義。其事跡具兩《唐書》本傳（《舊唐書》卷一百八十七下；《新唐書》卷一百九十二）。按「張巡糧盡食人」事，兩唐書皆有載，謂張巡為賊兵困睢陽，城中糧盡，易子而食，析骸而爨，

婦人老幼相食殆盡。巡出其妾，對三軍殺之，以饗軍士，曰：「諸公爲國
家戮力守城，一心無二，經年乏食，忠義不衰，巡不能自割肌膚以啖將
士，豈可惜此婦人，坐視危迫。」將士皆泣下，不忍食，巡強令食之。
許遠亦殺奴僮以哺卒，至羅雀掘鼠，煮鎧弩以食。後世亦有爲張巡妾鳴
不平者，據《池北偶談》卷二十四記載，會稽有人名徐藹，字吉人。生
年二十五得瘕疾，痛不可忍，年餘瘕能作人言。瀕死時，見一白衣少婦
問曰：「君識張睢陽殺妾事乎？君前生爲睢陽，吾即睢陽之妾也。君爲忠
臣，吾有何罪？殺之以饗士卒。吾尋君十三世矣，君世爲名臣不能報復，
今甫得雪吾恨。」言訖，婦不見，藹亦隨逝。

〔二〕上元句：李翰，乃李華宗子，以進士知名。天寶中，寓居陽翟。上元中，
　　　爲衛縣尉，入朝爲侍御史。事跡具兩《唐書》本傳（《舊唐書》卷一百九
　　　十下；《新唐書》卷二百三），舊傳附在《蕭穎士傳》後，新傳附在《李
　　　華傳》後。按「李翰撰巡傳」事，李翰乃張巡友，嘗隨張巡抵抗安祿山
　　　叛軍，後撰《張中丞外傳》《進張中丞表》和《姚誾傳》諸文。據《舊唐
　　　書·李翰傳》載，張巡友人李翰乃序張巡守城事蹟，撰張巡、姚誾等傳
　　　兩卷上之，肅宗方明巡之忠義，士友稱之。李翰於文中備敘張巡守睢陽
　　　城事蹟，上表於肅宗，其文云：「……凡十餘萬賊不敢越睢陽，取江淮。
　　　江淮以完，巡之力也。城孤糧盡，外救不至，猶奮羸起病，摧鋒陷堅，
　　　三軍噉膚而食，知死不叛。城陷見執，卒無橈詞，慢叱兇徒，精貫白日，
　　　雖古忠烈無以加焉。議者罪巡以食人，愚巡以守死臣，竊痛之。夫忠者，
　　　臣之教；恕者，法之情。巡握節而死，非虧教也；析骸以爨，非本情也。
　　　《春秋》以功覆過，《書》赦過宥刑，在易遏惡揚善，爲國者錄用棄瑕。
　　　今者乃欲議巡之罪，是廢教紐節不以功掩過，不以刑恕情，善可遏，惡
　　　可揚，瑕錄而用棄，非所以獎人倫明勸戒也……」

〔三〕又採句：歐陽修《集古錄》卷七云：「張巡許遠之事壯矣，秉筆之士皆喜
　　　爲之稱述也。然以翰所記，考唐書列傳及韓退之所書，皆互有得失。而
　　　列傳最爲疎畧。雖云史家當記大節，然其大小數百戰，屢敗賊兵，其智
　　　謀材力亦有過人，可以示後者，史家皆滅而不著，甚可惜也。翰之所書
　　　誠爲太繁，然廣記備言，所以備史官之採也。」又據《五百家注昌黎文
　　　集》卷十三載，元和二年四月十三日夜韓愈於吳郡張籍閒家中舊書得李
　　　翰所爲《張巡傳》。韓愈以爲翰以文章自名，爲此傳頗詳密，然尚恨有欠
　　　缺，不爲許遠立傳，又不載雷萬春事首尾。然後世亦不乏異議者。清代
　　　王夫之稱張巡血戰以保障江淮的功績固然甚巨，然困守孤城、糧盡援絕
　　　之時，只需一死明志可矣，「無論城之存亡也，無論身之生死也，所必不
　　　可者，人相食也，……其食人也，不謂之不仁也不可」。

左震斬巫事

　　肅宗以王璵爲相，尚鬼神之事，分遣女誣遍禱山川〔一〕。有巫者少年盛服，乘傳而行，中使隨之，所至之地，誅求金帛，積載于後，與惡少年十數輩，橫行州縣間。至黃州，左震〔二〕爲刺史，震至驛，而門扃不啓，震乃壞鏁而入，曳巫者斬之階下，惡少年皆死。籍其縑錢巨萬，金寶堆積。悉列上而言曰：「臣已斬巫，請以所積資貨，以貸貧民輸稅。其中使送上，臣當萬死。」朝廷厚加慰獎，拜震商州刺史。

箋注

〔一〕肅宗句：王璵，《新唐書》作璵，王方慶六世孫，少爲禮家學。玄宗在位久，推崇老子，好神仙，擢王璵爲太常博士侍御史，爲祠祭使。璵專以祠解中帝意，有所禳袚，大抵類巫覡。肅宗時，累遷太常卿，又以祠禱見寵。乾元三年拜蒲同絳等州節度使，俄授中書侍郎同中書門下平章事。明年，罷璵爲刑部尚書，出爲淮南節度使，猶兼祠祭使，徙浙東。召入，再遷太子少師，卒贈開府儀同三司。事跡具兩《唐書》本傳（《舊唐書》卷一百三十；《新唐書》卷一百九）。按「尚鬼神」之事，據舊傳載，王璵以祭祀妖妄致位將相，時以左道進者往往有之。《資治通鑑》卷二百二十六亦云：「肅宗、代宗皆喜陰陽鬼神，事無大小必謀之卜祝。故王璵、黎幹皆以左道得進，上雅不之信。」《太平廣記》卷二百五十五引《盧氏雜記》載有王璵與王維一段趣聞，謂：「唐宰相王璵好與人作碑誌，有送潤毫者，誤扣右丞王維門，維曰：『大作家在那邊。』」

〔二〕左震：唐史無傳，爵里世次不可考。然左震斬巫事，兩《唐書》及《資治通鑑》等史書皆有載。（見《舊唐書》卷一百三十《王璵傳》，《新唐書》卷一百九《王璵傳》；《資治通鑑》卷二百二十）唐元結撰有《左黃州表》文，謂：「乾元己亥，贊善大夫左振出爲黃州刺史，下車，黃人歌曰：我欲逃鄉里，我欲去墳墓，左公今既來，誰忍棄之去。」又歌曰：「吾鄉有鬼巫，惑人人不知，天子正尊信，左公能殺之。」據元結此文，左震居三年，遷侍御史，判金州刺史。將去黃，黃人多去思，故爲黃人作表。

李唐諷肅宗

　　肅宗五月五日抱小公主，對山人李唐〔一〕于便殿。顧唐曰：「念之勿怪。」唐曰：「太上皇亦應思見陛下。」肅宗涕泣。是時張氏

〔二〕已盛，不由己矣〔三〕。

箋注

〔一〕山人李唐：不知何許人，史書不可考，爵里始末不詳，其事蹟僅見於
《國史補》此條。

〔二〕張氏：指肅宗廢后張氏。據《舊唐書‧后妃傳》載，肅宗廢后庶人張氏，
鄧州向城人。其祖母乃竇昭成皇后女弟。張氏慧中而辯，能迎意傅合。
肅宗北趣靈武時，張氏與肅宗同赴艱難，頗得肅宗嘉許。乾元初，冊拜
淑妃，贈其父尚書左僕射，妹妹兄弟皆封號。俄立為皇后，后能牢寵，
稍稍豫政事，與李輔國相倚，多以私謁撓權，竊柄宮闈。建寧王李倓曾
數短后於帝，上皇在蜀以七寶鞍賜后，而李泌請分以賞戰士，李倓助泌
請，故而張后怨，卒被譖死。由是，太子甚畏之，事後謹甚。張后猶欲
危之，然以子李佋早死，而李侗尚幼，太子暫得無患。寶應九年，肅帝
大漸，張后與內官朱輝光等謀立越王李係，李輔國、程元振以兵衛太子，
幽張后別殿。代宗已立，廢為庶人，殺其支黨。

〔三〕按此條所載，可與《舊唐書‧玄宗本紀》（《舊唐書》卷九）互相參證。
據舊書本紀載，張氏嘗與李輔國謀，徙上皇西內。肅宗受制於后，不敢
謁見太上皇。玄宗自蜀返京後，先是住在興慶宮。時，閹宦李輔國離間
肅宗，乾元三年七月丁未，肅宗移太上皇於西內之甘露殿，高力士、陳
玄禮等被遷謫。上皇寖不自懌，上元二年四月甲寅，崩於神龍殿，時年
七十八。《新唐書》則將《國史補》此條採入《后妃傳》，云：「端午日，
帝召見山人李唐。帝方擁幼女，顧唐曰：『我念之無怪也。』唐曰：『太
上皇今日亦當念陛下。』帝泫然涕下，而內制於后，卒不敢謁西宮。」
《大學衍義》卷七引宋真德秀論曰：「臣按肅宗之平長安也，上皇自蜀還
都，曰：『朕為五十年太平天子，未為貴。今為天子父，乃貴耳。』此元
結之頌，所謂宗廟再安，二聖重歡者也，豈不盛哉。徒以內侍握兵，妄
為讒間，而迫遷之謀出焉。其所以然者，肅宗柔懦無斷，故張后、輔國
得以劫之，以天子之貴而不能芘其父，使抑鬱無聊，遂以致疾。肅宗之
罪於是乎通天矣。方其少在東宮，本以孝名，倘能勵乾純之德，絕柔道
之牽。當輔國進言之時，奮發威斷，明諭諸將，斥其離間父子之罪執而
戮之，命駕西宮，俯伏謝過，二帝懽然，和氣充塞，彼爪牙之士不過為
輔國所迫耳。人誰無父子之情，若告戒明切，必將幡然悔悟，孰肯捨仁
孝之天子，而從悖逆之內侍哉？帝乃泯然，無所開曉，但有垂涕而已，
將士見帝不言，未必不謂實已心許，而不欲形之於口，此輔國之計所以
得行也。大抵姦賊之臣，離人骨肉，率以利害惑其主，使疑情動於中，

徊徨顧慮欲爲自保之計，然後墮其機弈，肅宗之不能力卻脅遷之請者，亦以輔國所陳有以動其疑情故也。疑情萌則懼心，作保身之念勝，則愛親之志衰，肅宗之罪，正坐於此籲。可戒哉。」

柳芳續韋書

柳芳與韋述友善，俱爲史官〔一〕。述卒後，所著書有未畢者，多芳與續之成軸也〔二〕。

箋注

〔一〕柳芳句：柳芳，字仲敷，蒲州河東人。開元末擢進士第，由永寧尉直史館。肅宗詔芳與韋述綴輯吳兢所次《國史》。會述死，芳緒成之，興高祖，訖乾元，凡百三十篇，敘天寶後事，棄取不倫，史官病之。後，與高力士同貶巫州，因而具識開元天寶及禁中事，遂倣編年法爲《唐曆》四十篇，頗有異聞，然不立褒貶，義例爲諸儒譏訕。事跡具《新唐書》本傳（《新唐書》卷一百三十二）。韋述，爲司農卿韋弘機曾孫，父韋景駿，房州刺史。述少聰敏，篤志文學。宋之問以爲司馬遷、班固之才。述在書府四十年，居史職二十年，嗜學著書，手不釋卷。始定類例，補遺續闕，勒成《國史》一百一十二卷，並史例一卷，事簡而記詳，雅有良史之才。事跡具兩《唐書》本傳（《舊唐書》卷一百二；《新唐書》卷一百三十二）。按「柳芳與韋述友善」事，新舊傳皆不載。據《舊唐書·趙曄傳》（《舊唐書》卷一百八十七下）載，柳芳與趙曄、殷寅、顏眞卿、柳芳、陸據、蕭穎士、李華、邵軫同志友善。故天寶中語曰：「殷、顏、柳、陸、蕭、李、邵、趙，以其重行義敦交道也。《舊唐書·韋述傳》謂韋述早以儒術進，爲純厚長者，澹於勢利，道之同者，無間貴賤，皆禮接之。且韋述引蕭穎士爲談客，而蕭穎士又與柳芳友善，故柳芳、韋述二人交友當在情理之中。

〔二〕按「柳芳續韋述之書」事頗足以採信，不惟《國史補》，此事亦見載於他書。《舊唐書·韋述傳》（《舊唐書》卷一百二）謂：「韋述性好著書，著書二百餘卷皆行於代。」柳芳亦好著述，爲友續之，應屬常情。據《舊唐書》卷十八下《宣宗傳》，柳芳所著《唐曆》，崔龜從亦續接之。

李華含元賦

李華《含元殿賦》初成，蕭穎士見之曰：「《景福》之上，《靈光》之下。〔一〕華著論言龜卜可廢，可謂深識之士矣。以失節賊庭〔二〕，故其文殷勤于四皓、元魯山，極筆于權者作，心所愧也。」

箋注

〔一〕李華句：李華，字遐叔，趙郡人。開元二十三年進士擢第。天寶中，登朝爲監察御史，累轉侍御史、禮部、吏部二員外郎。祿山陷京師，玄宗出幸。華匿從不及，陷賊，僞署爲鳳閣舍人。收城後，三司類例減等從輕貶官，遂廢於家，卒。事跡具兩《唐書》本傳（《舊唐書》卷一百九十下；《新唐書》卷二百三）按李華與蕭穎士，考新舊傳載，二人同年登進士第。李華善屬文，與蘭陵蕭穎士友善。《含元殿賦》作於李華進士時。按「《景福》之上，《靈光》之下」語，《容齋五筆》卷三云：「蕭穎士才高而善品評文章，識見過人，洪邁以爲有風節識量之士也。」據《唐文粹》卷九十三李華《唐揚州功曹蕭穎士文集序》載，蕭穎士以爲六經之後有屈原、宋玉文，甚雄壯而不能經；賈誼文辭最正，近於治體；枚乘相如亦璀麗才士，然而不近風雅；揚雄用意頗深；班彪識理；張衡宏曠；曹植豐贍；王粲超逸；嵇康標舉；左思詩賦有雅頌遺風；干寶著論近王化根源，此後寔絕無聞焉。近日惟陳子昂文體最正。《舊唐書》卷一百二《韋述傳》稱韋述撰《國史》一百一十二卷，蕭穎士以爲「譙周陳壽之流」。又據《舊唐書·李華傳》載，李華文體溫麗，少宏傑之氣，蕭穎士詞鋒俊發，華自以所業過之，疑其誣詞。乃爲《祭古戰場文》，燻汗之如故物，置於佛書之閣。李華與穎士因閱佛書得之，李華謂之曰：「此文何如？」蕭穎士曰：「可矣。」李華曰：「當代秉筆者誰及於此？」蕭穎士曰：「君稍精思便可及此。」蕭華愕然無語。又《舊唐書·蕭穎士傳》（《舊唐書》卷一百九十下）載，李華嘗與蕭穎士、陸據同遊洛南龍門，三人共讀路側古碑，穎士一閱即能誦之，華再閱，據三閱方能記之。議者以三人才格高下亦如此。

〔二〕按「失節賊庭」事，據《舊唐書·李華傳》載，祿山攻陷京師，玄宗出幸，李華母在鄴，欲間行輦母以逃，因而陷於賊中，僞署爲鳳閣舍人。收復京城後，三司類例減等從輕貶官。李華自傷踐危亂不能完節，又不能安親，欲終養而母亡，遂屏居江南。上元中，以左補闕司封員外郎召之，華喟然曰：「烏有隳節危親，欲荷天子寵乎？」稱疾不拜。後李峴領選江南表置幕府，擢檢校吏部員外郎，苦風痺去官，客隱山陽，勒子弟力農，安於窮槁。晚事浮圖法，不甚著書，終廢於家。另據新書《李華傳》載，李華有文集十卷行於時，華觸禍衛悔，及爲《元德秀權皐銘》、《四皓贊》稱道深婉，讀者憐其志。舊傳亦謂：「元德秀墓碑、顏眞卿書、李陽冰篆額，後人爭模寫之，號爲四絕碑。」

李翰借音樂

李翰文雖宏暢，而思甚苦澀〔一〕。晚居陽翟，常從邑令皇甫〔二〕曾求音樂，思涸則奏樂，神全則綴文〔三〕。

箋注

〔一〕李翰句：據《舊唐書・李瀚傳》（《舊唐書》卷一百九十下）稱李瀚爲文精密，用思苦澀。常從陽翟令皇甫曾求音樂，每思涸則奏樂，神逸則著文。

〔二〕皇甫曾：皇甫冉之弟，字孝常，歷監察御史。其傳略見於《新唐書・文藝傳》中（《新唐書》卷二百二），附在其兄皇甫冉傳之後。據姚合《極玄集》、計有功《唐詩紀事》可推知其生平大概。《極玄集》皇甫曾條下注云：「字孝常，丹陽人，天寶十二載進士。歷官監察御史，與兄冉齊名一時。」計有功《唐詩紀事》（《唐詩紀事》卷二十七）記述則較之更詳，謂：「曾，字孝常，冉之弟也。天寶十七年楊儇榜進士。善詩，出王維之門，與兄名望相亞當時。體製清潔，華不勝文，爲士林所尚。仕歷侍御史，後坐事貶舒州司馬，量移陽翟令。有詩一卷傳於世。」此兩書所載大抵同，唯於皇甫曾中進士之年略相牴牾。如按《極玄集》，則皇甫曾中進士之年早其兄皇甫冉三年。而考《唐詩紀事》，則皇甫曾反比其兄晚中進士兩年。據《欽定四庫全書總目提要》卷一百八十六《極玄集》提要考證，姚合《極玄集》皇甫曾條下註天寶十二載進士，皇甫冉註天寶十五載進士，可知姚合以登科先後爲次，置曾於冉之前，與諸書稱兄弟同登進士者亦不同，知爲合之原註，非後人抄撮諸書所增入。同卷《二皇甫集》又謂皇甫冉字茂政，丹陽人，天寶十五載進士，大曆中官至左補闕。曾字孝常，天寶十二載進士，官至監察御史，謫陽翟令以終。由此可知，紀昀亦認同《極玄集》看法，並採《唐詩紀事》所說，而考定皇甫曾生平。

〔三〕按「思涸則奏樂」語，古亦有故事焉。據《藝文類聚》卷六十八載，俗說桓玄作詩思不來，輒作鼓吹，既而思得，遂云：「鳴鵾響長皐。」又歎曰：「鼓吹固自來人思。」

二李敘昭穆

李贊皇嶠，初與李奉宸迴秀，同在廟堂，奉詔爲兄弟〔一〕。又西祖令璋，與信安王禕同產，故趙郡、隴西二族，昭穆不定〔二〕。一會中，或孫爲祖，或祖爲孫。

箋注

〔一〕李贊句：李贊皇嶠，即李嶠。其人為趙州贊皇人，曾封贊皇縣男，後又
進封贊皇縣公，故有此稱。李嶠，字巨山，趙州贊皇人。弱冠舉進士，
累轉監察御史。累遷給事中。轉鳳閣舍人，則天深加接待，朝廷每有大
手筆，皆特令嶠為之。監聖曆，初與姚崇偕遷同鳳閣鸞臺平章事，俄轉
鸞臺侍郎、依舊平章事，兼修國史。中宗時，加修文館大學士，監修國
史，封趙國公。睿宗即位，出為懷州刺史，尋以年老致仕。尋起為廬州
別駕而卒。有文集五十卷。事跡具兩《唐書》本傳（《舊唐書》卷九十四；
《新唐書》卷一百二十三）按「李奉宸迥秀」，即李迥秀。據《舊唐書·
吉頊傳》（《舊唐書》卷一百八十六上）載，李迥秀嘗為控鶴內供奉，故
有此稱。又據《舊唐書》卷七十八《張行成傳》載，聖曆二年，置控鶴
府。久視元年，改控鶴府為奉宸府，故稱李迥秀為李奉宸。按「二人同
在廟堂」說，《舊唐書》卷六《則天皇后傳》載，武則天時，李嶠與李迥
秀同為鳳閣鸞臺平章，故曰同在廟堂。然其二人奉詔為兄弟之說，其事
不見載於史籍。

〔二〕又西祖句：據《新唐書》卷八十《太宗諸子傳》載，吳王房恪生四子
仁、瑋、琨、璄。恪子琨亦因其子禕貴而被追封吳王。琨子禕曾封信
安王，生峘、嶧、峴。由此可知信安王禕乃為吳王恪孫，吳王琨之子，
太宗之曾孫。《全唐詩》卷六《信安王禕小傳》云：「信安王禕，太宗
孫，吳王恪次子，特封嗣江王。開元時，徙封信安，歷兵部尚書，朔
方節度使，坐事除衢州刺史。天寶初，以太子少師致仕。」今參校《新
唐書》，當知《全唐詩》實誤。《新唐書·太宗諸子傳》（《新唐書》卷
七十六）謂吳王恪有子四人為仁、瑋、琨、璄，開元中有信安王禕乃
琨之子。琨子禕，尚事母甚，謹撫弟衹等，以友愛稱。據此可知，禕
有弟名衹。然不知《國史補》所說西祖令璋為誰，其人不可考。按趙
郡、隴西二族，乃唐七姓之中李姓。據《唐語林》卷五載，高宗朝有
太原王氏，范陽盧盧，滎陽鄭氏，清河、博陵崔氏，隴西、趙郡李等
七姓，恃有族望，恥與諸姓為婚。故趙郡、隴西二族，乃唐七姓之中
李姓。《山堂肆考》卷一百云：「唐人好矜門第，如李義府顯貴後，自
言系出趙郡，與諸李敍昭穆。杜正倫與城南諸杜昭穆素遠，求與同譜，
不許。」《唐國史補》亦載，「李積以爵位不如族望，與人書札，唯稱
隴西李積而不署官銜。」張說則好求山東婚姻。按：「昭穆」，據《禮
書》卷六十九載，昭穆者所以別父子、遠近、長幼、親疏之序，而無
亂也。是故有事於大廟而羣昭羣穆咸在，而不失其倫。《中庸》曰：「宗
廟之禮所以序昭穆也。」《王制》曰：「天子七廟，三昭三穆與大祖之

廟而七。諸侯五廟，二昭二穆與大祖之廟而五。大夫三廟，一昭一穆
與大祖之廟而三。士一廟。」其地位愈高者，宗廟中可以供奉的祖先
就愈多，反之，其地位越越下者，宗廟中供奉的祖先就越少，以此通
過宗廟和祖先數量的多少來象徵尊卑上下的等級之關係。又父南面故
日「昭」，昭明也；子北面故日「穆」，穆順也。《禮記集說》卷三十謂
父以明察下故日「昭」，子以敬事上故日「穆」。塚人先王之葬居中，
以昭穆爲左右。又謂昭穆者父子之號，昭以明下，爲義；穆以恭上，
爲義。方其爲父則稱「昭」，取其昭以明下也；方其爲子則稱「穆」，
取其穆以恭上也。據此可知所謂昭、穆，是指宗廟中的排列次序，古
人認爲自始祖以後，父稱爲「昭」，子稱爲「穆」。即始祖之廟居於正
中，始祖以下，第一世居左，朝南，稱「昭」，第二世居右，朝北，稱
「穆」。以下凡三世、五世、七世等奇數後代皆爲昭，而四世、六世、
八世等偶數後代則皆爲穆。

李積稱族望

李積〔一〕，酒泉公義琰姪孫，門戶第一，而有清名。常以爵位
不如族望，官至司封郎中懷州刺史，與人書札，唯稱隴西李積而
不銜〔二〕。

箋注

〔一〕李積：唐史無傳，其事蹟不可考。《舊唐書‧禮儀四》（《舊唐書》卷二十
　　　四）稱有永興公大理少卿李積者，嘗奉祭吳嶽山。又據《御定佩文齋書
　　　畫譜》引《金石錄》記載，李積天寶十一載撰《唐鉅鹿郡夫人魏氏墓誌》，
　　　薛邕八分書。按「酒泉公義琰」，指唐高宗時宰相李義琰，魏州昌樂人，
　　　常州刺史李玄道族孫。其先自隴西徙山東，世爲著姓。然酒泉公之名，
　　　不見史傳，於史無考。義琰少舉進士，累補太原尉。麟德中，爲白水令，
　　　有能名，拜司刑員外郎。上元中，累遷中書侍郎，又授太子右庶子、同
　　　中書門下三品。垂拱四年，卒於家。事跡具兩《唐書》本傳（《舊唐書》
　　　卷八十一；《新唐書》卷一百五）
〔二〕常以句：按「爵位不如族望」說，據沈括《夢溪筆談》卷二十四載，
　　　士人以氏族相高，雖從古有之，自魏氏銓總人物，以氏族相高，亦未
　　　專在門地。四夷則全以氏族爲貴賤，如天竺以剎利婆、羅門二姓爲貴
　　　種，自餘皆爲庶姓，如毗舍、首陀是也。其下又有貧四姓，如工、巧、
　　　純、陀是也。其他諸國亦如是，國主大臣各有種姓，苟非貴種，國人
　　　莫肯歸之。庶姓雖有勞能，亦自甘居大姓之下，至今如此。自後魏據

中原，此俗遂盛行於中國，故有八氏、十姓、三十六族、九十二姓。
凡三世公者曰「膏粱」，有令僕者曰「華腴」，尚書、領護而上者爲「甲
姓」，九卿方伯者爲「乙姓」，散騎常侍、大中大夫者爲「丙姓」，吏部
正員郎爲「丁姓」，得入者謂之「四姓」。其後遷易紛爭，莫能堅定，
遂取前世仕籍，定以博陵崔、范陽盧、隴西李、滎陽鄭爲中族。唐高
宗時，又增太原王、清河崔、趙郡李，通謂「七姓」。然地勢相傾，互
相排詆，各自著書盈編連簡，殆數十家。至於朝廷爲之置官譔定，而
流習所徇，扇以成俗，雖國勢不能排奪，大率高下五等，通有百家，
皆謂之士族。此外悉爲庶姓，婚宦皆不敢與百家齒。其俗至唐末方漸
衰。另據《舊唐書·李義府傳》（《舊唐書》卷八十二）載，貞觀中，
太宗命吏部尚書高士廉、御史大夫韋挺、中書侍郎岑文本、禮部侍郎
令狐德棻等，及四方士大夫諳練門閥者，修《氏族志》，勒成百卷，升
降去取，時稱允當，頒下諸州，藏爲永式。李義府恥其家代無名，乃
奏改此書，專委禮部郎中孔志約、著作郎楊仁卿、太子洗馬史元道、
太常丞呂才重修《氏族志》。孔志約等遂以皇朝得五品官者皆升士流，
於是兵卒以軍功致五品者盡入書限，更名爲《姓氏錄》，由是搢紳士大
夫多恥被甄敘，皆號此書爲「勳格」。李義府仍奏收天下氏族志本焚之。
關東魏、齊舊姓雖皆淪替，猶相矜尚，自爲婚姻，義府爲子求婚不得
乃，奏隴西李等七家不得相與爲婚。按「隴西李氏」，宋鄭樵《通志·
氏族略》（《通志》卷二十八）云：「李氏涼武昭王有國二十年，高祖有
天下三百年，支庶既蕃，子孫必眾。然譜牒之議紛紛，不知何始。」
鄭樵又云：「按唐家有天下，必欲世系詳明，然自成紀令之後，信以傳
信，自成紀令之前，疑以傳疑，蓋譜牒之家，信疑相半，尚爲成紀令，
因居之其後，遂爲隴西成紀人，故言李者，稱隴西。」張鷟《朝野僉
載》卷一載，後魏孝文帝定四姓，隴西李氏大姓，恐不入四姓，星夜
乘鳴馳，倍程至洛，時四姓已定訖，故至今人謂之「馳李」。沈括《夢
溪筆談》卷二十四曰：「李氏乃皇族，亦自列在第三，其重族望如此。」
李唐皇姓族源問題，學術界所持觀點大抵有三，其一，劉逖盼以爲李
唐皇族源出於夷狄；其二，以朱希祖據唐史中李唐皇族自稱爲西涼武
昭王李暠後裔的材料，乃斷定李唐皇族實出自隴西郡；其三，陳寅恪
以爲李唐先世出自趙郡李氏之「破落戶」。陳先生嘗於 1931、1933 年
和 1935 年撰有三篇文章與朱希祖、金井之忠氏反復討論辯難，爾後又
於《唐代政治史述論稿》中全面論述，云：「隋唐兩朝繼承宇文氏之遺
業，仍舊施行『關中本位政策』，其統治階級自不改其歧視山東人之觀
念。故隋唐皇室亦依舊自稱弘農楊震、隴西李暠之嫡裔，僞冒相傳，

迄於今日，治史者竟無一不爲其所欺，誠可歎也。」

張說婚山東

張燕公好求山東婚姻〔一〕，當時皆惡之。及後與張氏為親者，乃為甲門〔二〕。

箋注

〔一〕張燕公句：張燕公，指張說，其事略見前條。按「張燕公求山東婚姻」事，最早見於《國史補》。據《新唐書‧張說傳》（《新唐書》卷一百二十五），張說有三子，名均、垍、埱。又據《舊唐書》卷九十七載，長子均爲中書舍人，次子垍尚寧親公主，拜駙馬都尉。皆難以確證燕公好求山東婚姻之說。《舊唐書‧高世廉傳》（《舊唐書》卷六十五）謂當時如張說者，不可枚舉。李敬之進史部尚書三娶皆山東舊族。據《唐語林》卷一載，伊慎每求族望以嫁子，李長榮則求時名以嫁子。可見當時社會風氣，無非以門第相高，或以權勢相攀，弊風流布，不可禁遏。太宗時，山東四姓崔、盧、李、鄭，雖然世家衰微，已無冠蓋，猶負時望，好自矜誇，猶自云士大夫。婚姻之間，女適他族必多求聘財，婚姻之間則多邀錢幣。太宗惡之，以爲甚傷教義，乃詔士廉與御史大夫韋挺、中書侍郎岑文本、禮部侍郎令狐德棻等刊正姓氏。《貞觀政要》卷七稱唐太宗頗不滿當時此種婚姻惡俗，嘗謂高士廉曰：「我與山東崔、盧、李、鄭，舊既無嫌，爲其世代衰微，全無官宦，猶自云士大夫，婚姻之際，則多索財物，或才識庸下，而偃仰自高，販鬻松檟，依託富貴，我不解人間何爲重之。」貞觀十六年六月太宗下詔（《唐會要》卷八十三）云：「氏族之盛，實繁於冠冕，婚姻之道莫先於仁義。自有魏失御，齊氏云亡，市朝既遷，風俗凌替。燕趙右姓，多失衣冠之緒；齊韓舊俗，或乖德義之風。名不著於州閭，身未免於貧賤，自號膏粱之冑，不敦匹敵之儀，問名惟在於竊貨，結縭必歸於富室。乃有新官之輩，豐財之家，慕其祖宗，競結婚媾，多納貨賄，有如販鬻。或自貶家門，受屈辱於姻婭；或矜其舊族，行無禮於舅姑。積習成俗，迄今未已，既紊人倫，實虧名教。朕夙夜兢惕，憂勤政道，往代蠹害，咸已懲革。惟此敝風，未能盡改。自今已後，明加告示，使識嫁娶之序，各合典禮。知朕意焉，其自今年六月禁賣婚。」

〔二〕甲門：指甲姓之族。據沈括《夢溪筆談》載，自後魏據中原，種姓制度遂盛行於中國，故有八氏、十姓、三十六族、九十二姓。凡三世公者曰「膏粱」，有令僕者曰「華腴」，尚書、領護而上者爲「甲姓」，九卿方伯

者爲「乙姓」，散騎常侍、大中大夫者爲「丙姓」，吏部正員郎爲「丁姓」，得入者謂之四姓。

王家號鈒鏤

四姓唯鄭氏不離滎陽，有岡頭盧，澤底李，土門崔，家爲鼎甲〔一〕。太原王氏〔二〕，四姓得之爲美，故呼爲鈒鏤王家〔三〕，喻銀質而金飾也。

箋注

〔一〕四姓句：按四姓，考《新唐書·柳沖傳》（《新唐書》卷一百九十九）載，唐代流俗獨以崔、盧、李、鄭爲四姓，加太原王氏號五姓。《舊五代史》卷九十三謂時人有「姓崔盧李鄭了，余復何求耶」之說。另據李吉甫《元和郡縣志》卷二十一載，唐河北道恒州所轄獲鹿縣有鹿泉，出井陘口南山下。皇唐貴族有土門崔家，爲天下甲族，今土門諸崔是也。宋陳著《代姪孫霖爲子灼納采盧氏箚》（《本堂集》卷八十四）云：「岡頭盧雖爲甲族，於義，則高村中陳，當爲世姻，自今其始幸之至也，拜而承之。」由此可證「岡頭盧」之類高門大族之盛，綿延至宋而不竭。《夢溪筆談》卷二十四稱以博陵崔、范陽盧、隴西李、滎陽鄭爲中族。唐高宗時又增太原王、清河崔、趙郡李，通謂七姓。士人以氏族相高，流習所徇，扇以成俗，雖國勢不能排奪。大率高下五等，有百家，皆謂之士族，此外悉庶姓。婚宦者不敢與百家齒。隴西李氏，乃皇族，亦自列在第三，其重族望如此。一等之內，又如岡頭盧、澤底李、玉門崔、靖恭楊之類，自爲鼎族，其俗至唐末方漸衰息。

〔二〕太原王氏：中國古代著名望族，與隴西李氏、趙郡李氏、清河崔氏、博陵崔氏、範陽盧氏、滎陽鄭氏族等並稱五姓七族高門。據《舊唐書宰相世系表》（《舊唐書》卷七十二中）載：「王氏出自姬姓。周靈王太子晉以直諫廢爲庶人，其子宗敬爲司徒時，人號曰『王家』。八世孫錯爲魏將軍，生賁，爲中大夫。賁生渝，爲上將軍。渝生息，爲司寇。息生恢，封伊陽君。生元，元生頤，皆以中大夫召不就。生翦，秦大將軍。生賁，字典，武陵侯。生離，字明，武城侯。」同卷又謂：「太原王氏出自離，次子威，漢揚州刺史。九世孫霸，字儒仲，居太原晉陽，後漢連聘不至。」據民國二十六年王嗣槐堂刻本《余姚上塘王氏宗譜》載，太子晉乃太原王氏始祖。太子晉，周靈王太子，名晉，字子喬，本姓姬。晉公長子宗敬仕周爲司徒。其時諸侯爭霸，王室日衰，宗敬知國事已不可爲，遂上表致仕，避亂於晉陽（一說居河東城都鄉

唐版裏）。世人以之爲王者之後，仍呼之爲「王家」，遂以王爲姓，是爲太原王氏之始祖，後人並尊晉公爲王氏始祖。宗敬死後，葬於晉陽城北五裏，其墓地稱「司徒塚」。宗敬的後裔，瓜瓞綿綿，人才輩出，成爲太原之著姓。其後子孫蕃衍，遍佈各地。太原遂爲王氏二十一地望之首，且爲王氏之總號。

〔三〕鈒鏤王家：南唐劉崇遠《金華子雜編》卷下謂：「琅邪王氏與太原出於周琅邪之族，世嘗有錐頭之名。今太原王氏子弟多事爭炫，稱是己族，其實非也。太原貴盛之中自有鈒鏤之號。」吳國倫《御史大夫左司馬王先生誄》云：「鈒鏤洪族，命自太原，厥有天祚，流裔實蕃。嬴炎以降，世濟多賢，江左華胄，鳳舉蟬聯。」

楊氏居閺鄉

　　楊氏自楊震號為關西孔子，葬于潼亭〔一〕。至今七百年，子孫猶在閺【1】鄉故宅，天下一家而已〔二〕。

校勘記

【1】《津逮》本、《學津討原》本均作「閿」，今查並無此字，蓋「閺」或「閿」字之傳抄之誤，《四庫》本作「閡」，今考《水經注》、《後漢書》等書，知「閺」、「閿」、「閡」皆因音近而通，故此處按《四庫》、《後漢書》等書改爲「閺」字。

箋注

〔一〕楊氏句：楊震，字伯起，弘農華陰人。楊震少好學，受歐陽尚書於太常，通達博覽，無不窮究，諸儒譽之曰「關西孔子楊伯起」。事跡具《後漢書·楊震傳》（《後漢書》卷八十四）「關西孔子」之號，蓋濫觴於楊震，後世亦有以「關西孔子」聞者。梁劉孝標《辨命論》云：「近世有沛國劉瓛，弟璡並一時之秀士也。瓛則『關西孔子』，通涉六經，循循善誘，服膺儒行，濟濟有辭。致見者奇之，其後才名益著。」又據《舊唐書·蕭德言傳》（《舊唐書》卷一百八十九上）記載，唐蕭德言，博涉經史，尤精《左氏春秋》。太宗以爲著作郎弘文館學士。以老請致仕，太宗不許，又遺書曰：「使濟南伏生重在於茲日，關西孔子故顯於當今。」按以孔子之號譽人，古來有之。據《賓賓錄》卷二載，後漢任丘，少好學，隱於山。連辟不就，時人號曰「任孔子」。杜育，童孺奇才，博學能文，心解性達，無所不綜，一時以爲「武陽杜孔子」。陳顧野王，吳人也博識洽聞多所著述時人號曰「江東孔子」。按「葬於潼亭」之說，

《太平寰宇記》引《三輔故事》（《太平寰宇記》卷二十九）云：「震改葬華陰潼亭。先葬十餘日，有鳥高丈餘，集喪前悲鳴，葬畢，始飛去。時人刻石象鳥，立於墓前。與苻秦丞相王猛墓相近，二冢並在今潼西道北。有楊震碑，現存。周文帝破東魏，殺大將寶泰於此。貞觀十一年，太宗因幸墓所，傷其忠赤非命，親為文以祭之。」據歐陽修《集古錄》卷二載，漢楊震碑首題云：「漢故太尉楊公神道碑」，碑銘文字殘缺，首尾不完，其可見而僅成文者云：「聖漢龍興神祇降祉乃生於公。」又謂：「窮神知變，與聖同符，鴻漸衡門，羣英雲集。」又云：「貽我三魚，以章懿德。」又謂：「大將軍辟舉茂材，除襄城令，遷荊州刺史，東萊涿郡太守。」又云：「司徒太尉，立朝正色，恪勤竭忠。」其餘字存者多而不復成文。《集古錄》謂：「漢楊君碑陰題名，首尾不完，今可見者，四十餘人。楊震子孫葬閿鄉者數世，碑多殘缺。」歐陽修此語可佐證《國史補》「子孫猶在閿鄉故宅」之說。

〔二〕至今句：閿鄉，今屬河南省靈寶市。閿鄉又作闅鄉或閺鄉，蓋因「閿」、「闅」、「閺」等字音近或形近而互訛。《水經注》卷四：「弘農湖縣有閿鄉，世謂之閿鄉水也。魏尚書僕、射闅鄉侯、河東衛伯儒之故邑。其水北流注於河，河水又東逕閿鄉城北，東與全鳩澗水合。其「閿鄉」條下注云：「案闅，原本及近刻並訛作閿。」《後漢書·鄭興傳》稱鄭興「後遂不復仕，客授閿鄉。」其下章懷太子注云：「閿，音『聞』，古字也，建安中改作『聞』。」《水經注釋》卷四趙一清注按李宏憲云：「閿，古文『聞』，《說文》從『門受』聲，則知『閿』即『聞』也。」又據《元和郡縣志》卷七，閿鄉縣，本漢湖縣地，屬京兆尹。自漢至宋不改。周明帝二年，置閿鄉郡。按閿鄉本湖縣鄉名。閿，古文聞字也。隋開皇三年，廢閿鄉郡。十六年，移湖城縣。於今所改名閿鄉縣，屬陝州。貞觀八年改屬虢州。按此處李肇所言「天下一家」，非宋太祖所謂「天下一家，臥榻之側豈容他人鼾睡」之意。（見《宋史紀事本末》卷一）而是天下之大，而歷七百年子孫不離故土者，蓋只此楊氏一家而已。

元次山稱呼

元結，天寶之亂，自汝潰大率鄰里，南投襄漢，保全者千餘家〔一〕。乃舉義師宛葉之間，有嬰城扞寇之功〔二〕。結，天寶中，始在商餘之山，稱元子。逃難入猗玗山，或稱浪士。漁者呼為聱叟，酒徒呼為漫叟，及為官，呼為漫郎〔三〕。

箋注

〔一〕元結句：元結，字次山，少居商餘山，乃後魏常山王遵十五代孫。天寶十二載，舉進士，會天下亂，沉浮人間。國子司業蘇源明見肅宗，薦元結可用。結乃上《時議》三篇，擢右金吾兵曹參軍。代宗立，固辭，丐侍親歸樊上，授著作郎。年五十卒，贈禮部侍郎。其事跡具《新唐書》本傳（《新唐書》卷一百四十三）。按「元結天寶之亂」事，顏眞卿《容州都督兼御史中丞本管經略使元君表墓碑銘》（見《顏魯公集》卷五）云：「及羯胡首亂，逃難於猗玗洞。因招集鄰里二百餘家，奔襄陽。玄宗異而徵之。」又據該墓誌銘，乾元二年，李光弼拒史思明於河陽。肅宗欲幸河東，聞元結有謀略，虛懷召問之。元結遂悉陳兵勢，獻《時議》二篇，上大悅曰：「卿果破朕憂。」按此處顏魯公所說《時議》二篇似與《新唐書》所言「三篇」牴牾，闕疑待考。

〔二〕乃舉句：據《元君表墓碑銘》（《顏魯公集》卷五）載，史思明亂，帝將親征。元結建言賊銳不可與爭，宜折以謀。帝善之，因命發宛葉軍挫賊南鋒。元結屯泌陽，守險全十五城，以討賊功，遷監察御史裏行荊南節度使。

〔三〕按「聱叟、漫郎」之號，據顏眞卿所撰《元結墓誌銘》載，代宗登基，元結辭官遂歸養親，特加褒獎，乃拜著作郎，遂家於武昌之樊口。著《自釋》以見意，稱其少習靜於商餘山，著《元子》十卷。兵起逃難於猗玗洞，著《猗玗子》三篇。將家瀼濱，乃自稱浪士。著《浪說》七篇。及爲郎，時人以「浪者亦漫爲官乎？」遂見呼爲「漫郎」，著《漫記》七篇。及家樊上漁者戲謂之「聱叟」。《新唐書·元結傳》錄有元結所作《自釋》全文。李肇所記蓋本於此文。

出家大丈夫

崔趙公嘗問徑山曰：「弟子出家得否？」答曰：「出家是大丈夫事，非將相所爲也。」〔一〕

箋注

〔一〕崔趙公句：崔趙公，唐史無傳，其爵里、世次、生平事蹟渺不可考。徑山，乃唐代高僧，生平事跡具見《五燈會元》（《五燈會元》卷十二）。據該書《鶴林素禪師法嗣》所記，徑山，杭州道欽禪師。蘇州崑山人，俗姓朱。二十八歲時，遇素禪師，因感悟，遂成爲禪師弟子。禪師戒之曰：「汝乘流而行，逢徑即止。」師遂南邁，抵臨安，見東北一山，因問樵者。樵曰：「此徑山也。」乃駐錫於此，故名徑山。大曆三年，代宗詔至闕下，親加瞻禮。賜號「國一」。後辭歸本山，於貞元八年十二月示疾說法而逝，諡大覺禪師。按「崔趙公嘗問徑山」事，應最早見於《國史補》。

師徒二人問答以其頗中禪宗微旨，故廣爲後世著傳抄，尤多見於佛家語錄之類，以爲佛語公案。據《五燈會元》卷十二載，駙馬都尉李遵勗居士謁谷隱，問出家事。谷隱以崔趙公問徑山公案答之，遵勗於言下大悟。作偈曰：「學道須是鐵漢，著手心頭便判，直趣無上菩提，一切是非莫管。」釋惠洪《林間錄》卷上載崔趙公爲徑山此公案作讚語謂：「寧作欽傳，無慮千言，雖一報曉雞死且書之，乃不及此，何也？」又《武林梵志》卷八謂：「崔趙公嘗問『弟子出家得否？』師曰：『出家是大丈夫事，豈將相所能爲？』趙歎賞其言，一時名公如李泌、徐浩、第五琦、陳少遊等凡三十二人，皆稱門人，問道以求決擇也。」

李勉投犀象

李汧公勉，爲嶺南節度使，罷鎮〔一〕。行到石門停舟，悉掾家人犀象，投于江中而去〔二〕。

箋注

〔一〕李汧公句：按李汧公勉，即李勉。李勉字玄卿，鄭王元懿曾孫，封汧國公。幼勤經史，長而沉雅清峻。李勉性剛直不阿，嫉惡如仇，不附權幸，先後爲李輔國、魚朝恩所銜。爲人坦率素淡，好古尚奇，清廉簡易，禮賢下士，爲宗臣之表。善鼓琴，好屬詩，在相位二十年，後因得罪盧杞，見疏，居相二歲，辭位以太子太師罷。卒年七十二，贈太傅，諡曰「貞簡」。事跡具兩《唐書》本傳（《舊唐書》卷一百三十一；《新唐書》卷一百三十一）。據舊傳載，李勉爲嶺南節度觀察使應在大曆四年。其年，李勉除廣州刺史，兼嶺南節度觀察使。其時，畨禺賊帥馮崇道、桂州叛將朱濟時等阻洞爲亂，前後累歲，陷沒十餘州。李勉到任後，即派遣李觀與容州刺史王翃併力招討，悉斬之，五嶺遂平。

〔二〕按「悉掾家人犀象，投於江中而去」語，考宋費樞《廉吏傳》卷下謂「其處富貴利達，而清約類寒士者，李勉一人而已」。嶺南任職之初，西域船舶泛海至者歲纔四五。李勉到任後，廉潔不貪，船舶來都不檢閱。故末年至者，四千餘艘。在官累年，器用車服無增飾。及代歸至石門，停舟悉搜家人所貯南貨、犀象諸物，投之江中。耆老以爲可繼前朝宋璟、盧奐、李朝隱之徒。人吏詣闕。請立碑，代宗許之。《白孔六帖》卷三十四「與諸生共逆旅」條下注謂：「李勉少貧狹，客梁宋，與諸生共逆旅。諸生疾且死，出白金曰：『左右無知者，幸君以此。爲我葬，餘則君自取之。』勉許諾，既葬，密置餘金棺下。後其家竭勉，共啓墓出金付之。」《新唐書·李勉傳》亦採納之。

李廙有清德

　　李廙為尚書左丞，有清德。其妹，劉晏妻也〔一〕。晏方秉權，嘗造廙宅，延至晏室，見其門簾甚弊，乃令潛度廣狹，以粗竹織成，不加緣飾，將以贈廙。三攜至門，不敢發言而去〔二〕。

箋注

〔一〕李廙句：按李廙，唐史無傳，然據常袞起草《授李廙太子左庶子制》（《文苑英華》卷四百四），知其為門下銀青光祿大夫、前行給事中、上柱國、隴西縣開國公，德崇業廣，多識前言，究墳典之至精，考禮樂之所極。時有著述，贍而不流。其在家邦，率由忠儉，歷位要重，秉茲諒直，久以病免。澹然自居，混冥元和，放絕外務，每制度未決，質文或差常亦處正大議，冠諸宗室，儲宮綜事可謂優閑，豈迫以朝議，且頒其祿賜，煩於贊相，寄在親賢，可行太子左庶子散官，勳封如故，主者施行。另據《方輿勝覽》卷二十四引元結《道州刺史記》載，道州前後刺史能恤養貧弱，專守法令者，惟徐履道及李廙二人。又按《冊府元龜》卷五百二十下載，至德二年，肅宗議大舉將收復二京，患其馬少。有詔於公卿百寮徵集馬匹助軍。給事中李廙署云：「無馬。」時，崔光遠為御史大夫，劾之，貶李廙江淮太守。晁補之評曰：「括馬出於勢急，非平時橫科。廙以近臣，率先違令，雖事輕，棄郡而情不憂國甚之，劾貶輕矣。」劉晏，中唐名臣，以理財聞於世，人將其與管仲、蕭何相提並稱。其人字士安，曹州南華人。明皇封泰山，晏始八歲，獻頌行在，授太子正字，時號「神童」。後數領諸道度支、鹽鐵轉運、鑄錢租庸常平等使，視事敏速，乘機無滯然。晏理家以儉約稱，居取便安，飲食簡素，室無勝婢，而重交敦舊，頗以財貨遺天下名士，故人多稱之。任事十餘年，權勢之重鄰於宰相，要官重職頗出其門。然多任數，挾權貴，固恩澤，有口者必利啗之。後因得罪楊炎，被汙與朱泚交通，有謀叛意，以忠州謀叛下詔，於中元年賜死，死年六十五。天下冤之。事跡具兩《唐書》本傳（《舊唐書》卷一百二十三；《新唐書》卷一百四十九）。

〔二〕按「劉晏贈廙門簾」事，蓋最早見於《唐國史補》。即此可見李廙為人廉潔剛正，亦可窺劉晏重交敦舊，頗以財貨遺天下名士之做派。

李華賦節婦

　　江左之亂〔一〕，江陰尉鄒待徵妻薄氏為盜所掠，密以其夫官告托于村嫗，而後死之。李華為《哀節婦賦》〔二〕，行于當代。

箋注

〔一〕江左之亂，考之於《舊唐書‧李光弼傳》（《舊唐書》卷一百十），乃指浙東袁晁之亂，袁晁攻剽郡縣，浙東大亂，李光弼分兵除討，尅定江左，人心乃安。

〔二〕據李華《哀節婦賦》序（《李遐叔文集》卷一）載，鄒待徵之妻薄氏，乃武康尉薄自牧女，嫁江陰尉鄒待徵。及江左之亂，鄒待徵解印竄匿，其妻爲盜所驅，將辱之。妻密以待徵官告託付村嫗尋待徵，而後就死。李華曰：「嗚呼！自喪亂以來士女以貞烈殞斃者眾，余不盡知之。若薄氏者，與其父遊，聞其聲義動於江南。又焉得不賦之？命曰《哀節婦賦云爾並序》。」其賦云：「昔歲，羣盜並起，橫行海浙，江陰萬戶化爲凝血，無蘭不焚，無玉不折。姕姕薄媛，淵然明節，自牧之子，待徵之妻。玉德蘭姿，女之英兮。鄒也避禍，伏於榛莽，婉如之嬪，執爲囚虜。匍匐泥沙，極望無睹，出授官之告託垂白之姥。姥感夫人，爰達鄒君。兵解求屍，宛在江濆。哀風起爲連波，病氣結爲孤雲，鳧雁爲之哀鳴，日月爲之蒙昏。端表移景而恒直，勁芳貫霜而獨存。知子莫若父，誠哉，長者言。」

李端詩擅場

郭曖，昇平公主駙馬也〔一〕。盛集文士，即席賦詩，公主帷而觀之〔二〕。李端《中宴詩》成，有荀令何郎之句〔三〕，眾稱妙絕，或謂宿搆。端曰：「願賦一韵。」錢起曰：「請以起姓為韵。」復有金埒銅山之句〔四〕，曖大出名馬金帛遺之。是會也，端擅場。《送王相公之鎮幽朔》，韓紘擅場〔五〕。《送劉相之巡江淮》，錢起擅場〔六〕。

箋注

〔一〕郭曖，乃郭子儀第六子，年十餘歲，尙代宗第四女昇平公主。大曆末，檢校左散騎常侍。建中時，主坐事，留禁中。朱泚亂，逼署曖官，辭以居喪被疾。既而與公主奔奉天。德宗嘉之，釋主罪，進曖金紫光祿大夫，賜實封五十戶。尋遷太常卿。貞元三年，襲代國公。卒，年四十八，贈尙書左僕射。事跡具兩《唐書》本傳（《舊唐書》卷一百二十；《新唐書》卷一百三十七），均附在《郭子儀傳》後。按「郭曖尙公主」事，考舊傳謂曖年與公主侔，十餘歲許婚。拜駙馬都尉，試殿中監，封清源縣侯，寵冠戚里。昇平公主，代宗第四女。元和五年十月薨，贈虢國大長公主，

諡曰「懿」。初，曖女爲廣陵郡王妃。王即位，是爲憲宗。妃生穆宗。穆宗立，尊妃爲皇太后，贈曖太傅。四子：鑄、釗、鏦、銛。鑄襲封。」李端，趙州人，曾爲侍御史，後移疾江南，終杭州司馬。事跡具《新唐書》卷二百三《文藝傳》。按「李端賦詩擅場」事，史書、筆記亦多有記載，且都本於《國史補》此條。

〔二〕盛集文士句：據《舊唐書・李虞仲傳》（《舊唐書》卷一百六十三）載，昇平公主賢明有才思，尤喜詩人。而李端等十人多在曖之門下。每宴集賦詩，公主坐視簾中，詩之羔者賞百縑。曖因拜官，會十子曰：「詩先成者賞。」時，李端先獻警句云：「薰香荀令偏憐小，傅粉何郎不解愁。」主即以百縑賞之。錢起曰：「李校書誠有才，此篇宿構也。願賦一韻正之，請以起姓爲韻。」端即襞牋而獻曰：「方塘似鏡草芊芊，初月如鉤未上弦。新開金埒教調馬，舊賜銅山許鑄錢。」曖曰：「此愈工也。」起等始服。李端自校書郎移疾江南，授杭州司馬而卒。另陶宗儀《說郛》卷七十七下載有郭曖、李端二人事，謂：「郭曖宴客，有婢鏡兒善彈箏，姿色絕代。李端在坐，時竊寓目，屬意甚深。曖覺之，曰：『李生能以彈箏爲題，賦詩娛客，吾當不惜此女。』李即席口號曰：『鳴箏金粟柱，素手玉房前。欲得周郎顧，時時誤拂絃。』曖大稱善，徹席上金玉酒器，並以鏡兒贈李」

〔三〕按荀令何郎之句，出自李端席上所作詩，《唐詩紀事》卷三十有載，其詩云：「青春都尉最風流，二十功成便拜侯。金距鬬雞過上苑，玉鞭騎馬出長楸。薰香荀令偏憐小，傅粉何郎不解愁。日暮吹簫楊柳陌，路人遙指鳳凰樓。」

〔四〕按「金埒銅山」之句，出自李端即席詩，《唐詩紀事》卷三十載有李端此詩，云：「方塘似鏡草芊芊，初月如鉤未上弦。新開金埒看調馬，舊賜銅山許鑄錢。楊柳入樓吹玉笛，芙蓉出水姤花鈿。今朝都尉如相顧，願脫長裙學少年。」

〔五〕按《送王相公之鎮幽朔》，一名《送王相公赴幽州》，或有謂此詩爲皇甫冉所作。宋趙師秀《衆妙集》載有韓翃此詩，云：「黃閣開帷幄，丹墀拜冕旒，位高湯左相，權總漢諸侯。不改周南化，仍分趙北憂，雙旌過易水，千騎入幽州。塞草連天暮，邊風動地秋，無因陪遠道，結束佩吳鉤。」然此詩亦被收入皇甫冉詩集中，今考皇甫冉同名詩凡三首，蓋傳錄之訛之故也。（見《二皇甫集》卷四及卷八；《中興間氣集》卷上）

〔六〕按《送劉相之巡江淮》，一作《奉送劉相公催轉運》，《中興間氣集》卷上載有錢起此詩，云：「國用資戎事，臣勞爲主憂。將徵任土貢，更發濟川

舟。擁傳星還去，回池鳳不留。唯高飲水節，稍淺別家愁。落葉淮邊雨，孤山海上秋。遙知謝公興，微月在高樓。」

袁傪破賊事

袁傪之破袁晁〔一〕，擒其偽公卿數十人，州縣大具桎梏，謂必生致闕下。傪曰：「此惡百姓，何足煩人！」乃各遣笞臀而釋之。

箋注

〔一〕袁傪句：袁傪，唐史無傳，《全唐詩》收錄其兩首詩，按作者小傳可知，袁傪官御史中丞、兵部侍郎。又《文苑英華》卷五百六十六載錄獨孤及《賀袁傪破賊表》一文，稱袁傪爲「河南副元帥、行軍司馬、太子右庶子兼御史中丞」。按「袁傪之破袁晁」事，考《舊唐書·代宗本紀》（《舊唐書》卷十一）載，袁傪破袁晁之日當在廣德二年二月。廣德元年七月，台州賊袁晁陷台州，連陷浙東州縣。又據《冊府元龜》卷三百五十九可知，廣德中，草賊袁晁亂台州，連結郡縣，積眾二十萬餘，盡有浙江之東。御史中丞袁傪東討，奏樓曜與李長榮爲將，聯日十餘戰，生擒袁晁，收復郡邑十六。

郤昂犯三怒

郤昂與韋陟友善，因話國朝宰相〔一〕。陟曰：「誰最無德？」昂誤對曰：「韋安石〔二〕也。」已而驚走，出逢吉溫于街中，溫問：「何此？」蒼遑答曰：「適與韋尚書話國朝宰相最無德者，本欲言吉頊〔三〕，誤云韋安石。」既而又失言。復鞭馬而走，抵房相之第。琯執手慰問之，復以房融〔四〕爲對。昂有時稱，忽一日觸犯三人，舉朝嗟歎，惟韋陟遂與之絕。

箋注

〔一〕郤昂句：按郤昂，唐史無傳，其事蹟不甚可考，官爵名字今見於《李太白集注》，知其曾爲拾遺，後貶清化尉。《李太白集注》卷十八李白《送郤昂謫巴中》詩題下注引《羊士諤詩集》云：「羊士諤有詩題云《乾元初嚴黃門自京兆少尹貶巴州刺史》云云，其詩下註云：『時郤詹事昂自拾遺貶清化尉。黃門年三十餘，且爲府主，與郤意氣友善。賦詩高會，文字猶存。』」按《李太白集注》附考（《李太白集注》卷三十五），知此事發

生於唐肅宗乾元元年六月，是年嚴武與郄昂同時遭貶，有送郄昂謫巴州詩，亦是此時所作。李白原詩云：「瑤草寒不死，移植滄江濱。東風洒雨露，會入天地春。予若洞庭葉，隨波送逐臣。思歸未可得，書此謝情人。」又據李華《楊騎曹集序》（《李遐叔文集》卷一），知郄昂籍貫爲高平，與楊騎曹、南陽張茂之、京兆杜鴻漸、琅邪顏眞卿、蘭陵蕭穎士、河東柳芳、天水趙驊、頓丘李琚、趙郡李崿、李頎、南陽張階、常山閻防、范陽張南容連年登第。

〔二〕韋安石：乃韋陟之父，則天、中宗時爲相。睿宗時，爲姜皎所構，貶卒，時年六十四。其事跡具兩《唐書》本傳（《舊唐書》卷九十二；《新唐書》一百二十二）。其子韋陟少聰敏，頗異常童，風標整峻，獨立不羣，安石尤愛之。與其弟韋斌文華當代，俱有盛名。當時才名之士如王維、崔顥、盧象等常與其唱和。張九齡爲中書令，引薦韋陟爲中書舍人。韋陟，兩《唐書》亦有傳，附在其父之後。

〔三〕吉頊：乃吉溫父兄，聖歷二年臘月遷天官侍郎、同鳳閣鸞臺平章事，官至宰相。事跡具兩《唐書》本傳，《舊唐書》將其列入《酷吏傳》（《舊唐書》卷一百八十六上；《新唐書》卷一百一十七）。據《舊唐書·吉溫傳》（《舊唐書》卷一百八十六下），吉溫乃天官侍郎吉頊弟吉琚之孽子，以嚴毒聞，頻知詔獄，忍行枉濫，爲著名酷吏，後坐贓死於獄中。事跡具兩《唐書》本傳（《舊唐書》卷一百八十六下；《新唐書》卷二百九）

〔四〕房融：乃房琯之父。考《舊唐書·房琯傳》謂房琯河南人，天后朝正議大夫平章事房融之子。

劉晏見錢流

劉忠州晏，通百貨之利，自言如見地上錢流〔一〕。每入朝乘馬，則爲鞭算。居取便安，不慕華屋。食取飽適，不務兼品。馬取穩健，不擇毛色。

箋注

〔一〕劉忠州句：按劉忠州晏，即劉晏。劉晏嘗貶爲忠州刺史，故有此稱。其事跡具兩《唐書》本傳（《舊唐書》卷一百二十三；《新唐書》卷一百四十九）。按「劉晏通百貨之利」語，考本傳載，劉晏多機智，變通有無，曲盡其妙。自代管鹽鐵專賣以來，改革鹽鐵、漕運、賦稅、常平、和糴、貨幣等。推行常平法，廣置驛所，四方貨殖低昂及它利害，雖甚遠不數日即知，是能權萬貨重輕，使天下無甚貴賤而物常平。通漕運，自是關中雖水旱物不翔貴。又任用賢才，專務理財，積數百人，皆新進銳敏，

盡當時之選，趣督倚辦，故能成功。自言如見錢流地上，每朝謁馬上以
鞭算質，明視事至夜分止，雖休澣不廢事。初歲入錢六十萬緡，末年所
入逾十倍，而人不厭苦。大曆末，計一歲所入，總一千二百萬緡，而鹽
利居其太半。末年所入逾十倍，即六百萬緡，占總收入之半數。國家財
政費全賴鹽利來支付。按劉晏「見錢流地上」，「乘馬則鞭算」事，《新唐
書》皆採入本傳。據《新唐書·劉晏傳》載，劉晏雖居度支鑄錢、鹽鐵
等要職，理財大臣，然兩袖清風，以廉潔稱，死後，所遺財務，唯雜書
兩乘、米麥數斛而已，人服其廉。據《舊唐書·劉晏傳》載，劉晏理家
以儉約稱，而重交敦舊，頗以財貨遺天下名士，故人多稱之。善訓諸子，
咸有學藝。任事十餘年，權勢之重，鄰於宰相，要官重職，頗出其門。
既有材力，視事敏速，乘機無滯，然多任數，挾權貴，固恩澤，有口者
必利啗之。

母喜嚴武死

嚴武少以強俊知名，蜀中坐衙，杜甫袒跣登其机桉。武愛其才
終不害〔一〕。然與韋彝素善，再入蜀，談笑殺之〔二〕。及卒，母喜
曰：「而今而後吾知免官婢矣！」〔三〕

箋注

〔一〕嚴武句：嚴武，中書侍郎嚴挺之子。神氣雋爽，敏於聞見，幼有成人之
風，讀書不究精義，涉獵而已。前後兩次拜成都尹充劍南節度等使。在
蜀累年，肆志逞欲，恣行猛政。梓州刺史章彝，初為嚴武判官，及是小
不副意，赴成都杖殺之，由是威震一方。蜀土頗饒珍產，武窮極奢靡，
賞賜無度。或由一言賞至百萬。性本狂蕩，視事多率胸臆，雖慈母言不
之顧。初為劍南節度使，舊相房琯出為管內刺史。房琯於武有薦導之恩，
嚴武驕倨見琯，略無朝禮，甚為時議所貶。永泰元年四月，以疾終，時
年四十。其事跡具見兩《唐書》本傳（《舊唐書》卷一百十七；《新唐書》
卷一百二十九），新傳附在其父嚴挺之傳後。按「嚴武欲殺杜甫」事，未
見載於《舊唐書》。考《舊唐書·杜甫傳》（《舊唐書》卷一百九十下）載
曰：「上元二年冬，黃門侍郎鄭國公嚴武鎮成都。奏為節度參謀檢校尚書、
工部員外郎，賜緋魚袋。武與甫世舊，待遇甚隆。甫性褊躁，無器度，
恃恩放恣，嘗憑醉登武之牀，瞪視武曰：『嚴挺之乃有此兒。』武雖急暴，
不以為忤。」又：「甫於成都浣花里種竹植樹，結廬枕江，縱酒嘯詠，與
田夫野老相狎蕩，無拘檢。嚴武過之，有時不冠，其傲誕如此。」而《新
唐書·杜甫傳》（《新唐書》卷二百一十）則於此事較之《舊唐書·杜甫

傳》記載稍有變易增聞，其傳文云：「會嚴武節度劍南東西川，往依焉。武再帥劍南，表爲參謀檢校工部員外郎。武以世舊，待甫甚善，親至其家。甫見之，或時不巾。而性褊躁傲誕，嘗醉登武牀，瞪視曰：『嚴挺之乃有此兒。』武亦暴猛，外若不爲忤，中銜之。一日欲殺甫，及梓州刺史章彝集吏於門，武將出冠鉤於簾三。左右白其母，奔救得止，獨殺彝。」《容齋續筆》卷六考證此事，以爲新傳此說應本自唐小說所載，曰「（杜）甫集中詩凡爲武作者，幾三十篇。送其還朝者曰：『江村獨歸處，寂寞養殘生。』喜其再鎮蜀曰：『得歸茅屋赴成都，直爲文翁再剖符。』此猶是武在時語。至哭其歸櫬及八哀詩：『記室得何遜，韜鈐延子荊。』蓋以自況。『空餘老賓客，身上媿簪纓。』又以自傷。若果有欲殺之怨，必不應眷眷如此。好事者但以武詩有「莫倚善題鸚鵡賦」之句，故用證前說。引『黃祖殺禰衡』爲喻，殆是癡人面前不得說夢也。武肯以黃祖自比乎？」又《新唐書考證》亦以爲《新唐書》此說採自好事者之言，曰：「按舊書武雖急暴不以爲意。今閱甫集，無論兩人贈答、劇見、交誼，至武沒後。甫哭歸櫬云：『一哀三峽暮，遺後見君情。八哀中云：『空餘老賓客，身上媿簪纓。』欲殺甫事，恐好事者爲之，《新書》喜聞其說而採之也，當從舊書。」《徐氏筆精》卷七：「武卒，甫賦《八哀詩》云：『空餘老賓客，身上愧簪纓。』甫之感武者至矣，豈人有欲殺我者，而反哀之耶？必不然矣。」《困學紀聞》（《困學紀聞》卷十四）以爲新史《嚴武傳》多取《雲溪友議》，宜其失實也。今按《雲谿友議》卷上記云：「武年二十三，爲給事黃門侍郎。明年擁旄西蜀，累於飲筵對客，騁其筆箚。杜甫拾遺乘醉而言曰：『不謂嚴挺之有此兒也。』武恚，目久之曰：『杜審言孫子擬捋虎鬚。』合座皆笑以彌縫之。武曰：『與公等飲饌謀歡，何至於祖考耶？』房太尉琯亦微有所忤，憂怖成疾。武母恐害賢良，遂以小舟送甫下峽。母則可謂賢也。」又《唐摭言》卷十二亦載有「嚴武與杜甫睚眥」事，然所記略有不同，其文云：「杜工部在蜀，醉後登嚴武之牀，屬聲問武曰：『公是嚴挺之子乎？』武色變。甫復曰：『僕乃杜審言兒。』於是少解。《唐才子傳》卷一載，祿山亂，避走三川，寓鄜彌年，棄官客秦州，會嚴武節度劍南西川，往依焉。武以世舊，待甫甚善，親詣其家，甫見之，或時不巾，而性褊躁傲誕，嘗醉登武牀，瞪視曰：「嚴挺之乃有此兒。」武中銜之，一日欲殺甫，集吏於門，武將出冠鉤於簾者三，左右走報其母，力救得止。傳聞李白《蜀道難》所作與嚴武、杜甫有關。《雲谿友議》卷上云：「李太白爲《蜀道難》，乃爲房、杜之危也。」《新唐書》（《新唐書》卷一百二十九）亦採納此說。其文云：「琯以故宰相爲巡內刺史，武慢倨不爲禮。最厚杜甫，然欲殺甫數矣。李白爲《蜀道難》者，乃爲房

與杜危之也。」又按同書卷一百五十八《韋皋傳》載，天寶時，李白爲
《蜀道難》篇以斥嚴武，陸暢更爲《蜀道易》以贊韋皋。沈括《夢溪筆
談》卷四於此事駁之曰：「前史稱嚴武爲劍南節度使，放肆不法。李白爲
之作《蜀道難》。按孟棨所記：『白初至京師，賀知章聞其名首詣之。白
出《蜀道難》讀未畢，稱嘆數四，時乃天寶初也。此時白已作《蜀道難》，
嚴武爲劍南乃在至德以後、肅宗時年代，甚遠。蓋小說所記，各得於一
時見聞，本末不相知，率多舛誤，皆此文之類。李白集中稱刺章仇兼瓊，
與《唐書》所載不同，皆《唐書》誤也。」蕭士贇注李白《蜀道難》（《李
太白集分類補註》卷三）云：「按唐史哥舒翰兵敗潼關不守，楊國忠首倡
幸蜀之策。當時臣庶皆非之，馬嵬父老遮道諫曰：『宮闕陛下家居，陵寢
陛下墳墓，今捨此欲何之？』又告太子曰：『若殿下與至尊皆入蜀，中原
百姓誰爲主？』建寧王倓亦曰：『今殿下從至尊入蜀，若賊兵燒絕棧道，
則中原之地拱手授賊。既上至扶風，士卒潛懷去就，往往流言不遜。比
至成都，從官及六軍至者千三百人而已。太白此時蓋亦深知幸蜀之非計，
欲言則不在其位，不言則愛君憂國之情不能自已，故作是詩以達意也。」
顧炎武（《日知錄》卷二十六）亦以爲此宋人穿鑿之論，辯駁云：「李白
《蜀道難》之作當在開元天寶間。時人共言錦城之樂，而不知畏塗之險，
異地之虞，即事成篇，別無寓意。及玄宗西幸，升爲南京，則又爲詩曰：
『誰道君王行路難，六龍西幸萬人歡。地轉錦江成渭水，天廻玉壘作長
安。』一人之作前後不同如此，亦時爲之矣。」

〔二〕然與句：韋彝，疑爲章彝之訛。《四庫》本作章彝，其人唐史無傳，爵里
始末不詳，事蹟僅見於新舊《嚴武傳》，舊傳云：「梓州刺史章彝，初爲
武判官，及是小不副意，赴成都杖殺之，由是威震一方。」新傳因循舊
說，以謂：「梓州刺史章彝，始爲武判官因小忿殺之。」《雲谿友議》卷
上亦云：「支屬刺史章彝，因小瑕，武遂杖殺之，後爲彝外家報怨，嚴氏
遂微焉。」綦毋潛《送章彝下第》詩（《全唐詩》卷一百三十五）云：「長
安渭橋路，行客別時心，獻賦溫泉畢，無媒衛闕深。黃鶯啼就馬，白日
暗歸林，三十名未立，君還惜寸陰。」然不知此下第章彝是否爲此被殺
章彝，留待後考。

〔三〕按「嚴武、杜甫」此事，吳在慶《杜甫、嚴武「睚眥」詩證及相關問題
辨析》（《中國文化研究》2005 年 3 期）謂：「對於這一記載，歷代論者
聚訟紛紜，莫衷一是，至今仍爲學者所關注。我們覺得《新唐書》爲正
史，其所記有唐史事絕大多數是可信的，在正常情況下，本來也值得信
從。但由於上述的這一記載，其事由有一個前後流變發展的過程，而《新
唐書》對此事的記載乃取資於其前的筆記、小說之說，因此對《新唐書》

的這一記載（特別是嚴武殺杜甫而獲嚴武母奔救得免一節）的眞實性，前人今人多有所不同的看法。在長期難有新的證據確證其事之有無的情況下，我們的基本態度是闕疑俟考，也就是說，不輕易相信其事之有無，但只要有確鑿的證據確證其有或無，我們都是信服的。」

鄭損爲鄉葬

大曆初，關東人疫死者如麻。滎陽人鄭損〔一〕，率有力者，每鄉大爲一墓，以葬棄尸，謂之鄉葬。翕然有仁義之聲。損則盧藏用外甥〔二〕，不仕，鄉里號曰雲居先生。

箋注

〔一〕鄭損：不知何許人，史書無傳，其事蹟僅見於《國史補》，於他書不甚可考。據《全唐詩》載，晚唐另有一人名鄭損，唐僖宗時中書舍人，《全唐詩》收有他十數首詩。（見《全唐詩》卷六百六十七）

〔二〕損則句：盧藏用，字子潛，幽州范陽人。初舉進士選，不調。長安中，徵拜左拾遺。神龍中，累轉起居舍人，兼知制誥，俄遷中書舍人。景龍中，爲吏部侍郎。又遷黃門侍郎，兼昭文館學士，轉工部侍郎、尙書右丞。開元初，起爲黔州都督府長史，兼判都督事，未行而卒，年五十餘。事跡具兩《唐書》本傳（《舊唐書》卷九十四；《新唐書》卷一百二十三）按損乃盧藏用外甥，可證《國史補》前條所載關於唐時高門大族婚姻之事實。盧藏用，屬范陽盧氏。其時，隴西李氏，清河崔氏，范陽盧氏，滎陽鄭氏，號稱四大望族，互爲婚姻。據《舊五代史》卷九十三載，「（四望族）皆不以才行相尙，不以軒冕爲貴，雖布衣徒步，視公卿蔑如也。男女婚嫁不雜他往，欲聘其族，厚贈金帛始許焉。唐太宗曾降詔以戒其弊風，終莫能改。其間有未達者，必曰：『姓崔盧李鄭了，余復何求耶？』」盧藏用外甥鄭損，正屬於滎陽鄭氏，四大望族互通婚姻由此可見一斑。

劉沮遷幸議

代宗朝，百寮立班。良久，閣門不開。魚朝恩忽擁白刃十餘人而出，宣示曰：「西番頻犯郊圻，欲幸河中如何？」〔一〕宰相已下，不知所對，而倉遑頗甚。給事中劉（不記名）出班抗聲曰：「敕使反耶！屯兵無數，何不扞寇，而欲脅天子去宗廟！」〔二〕仗內震聳，朝恩大恐駭而退。因罷遷幸之議。〔三〕

箋注

〔一〕魚朝恩句：魚朝恩，唐朝宦官，瀘州瀘川人。天寶末以宦者入內侍省，性黠惠，善宣答，通書計。安史之亂後，隨玄宗出逃，侍奉太子李亨，頗得信用，歷任三宮檢責使、左監門衛將軍，主管內侍省。至德中，令監軍事。九節度討安慶緒於相州，不立統帥，以朝恩爲觀軍容宣慰處置使、觀軍容使。以功累加左監門衛大將軍。唐軍收復洛陽後，加開府儀同三司，封馮翊郡公。代宗廣德元年，吐蕃兵進犯，代宗出陝州，魚朝恩以護駕之功，被封爲天下觀軍容宣慰處置使，並領京師神策軍。詔判國子監事，兼鴻臚、禮賓等使。干預政事，懾服百官，貪賄勒索。置獄北軍，人稱「地牢」，迫害無辜。後朝恩語犯元載，載銜之不發。朝廷裁決朝恩，或不預者，輒怒曰：「天下事有不由我乎？」代宗聞，不喜。元載乃與皇帝謀，於大曆五年寒食節殺之。事跡具兩《唐書》本傳（《舊唐書》卷一百八十四；《新唐書》卷二百七）。然新舊傳於魚朝恩之死事所載略有不同，《舊傳》謂：「是日，朝恩還第自經而卒。」《新傳》則云：「（周）皓與左石禽縊之死，年四十九，外無知者。」西番，亦作西蕃，隋唐時泛指西域諸國。據《唐會要》卷一百載，天寶二年四月二十五日，上因問西番諸國遠近，鴻臚卿王忠嗣上言曰：「臣謹按《西域圖》，陀撥恩單國在疎勒西南二萬五千里至勃達國一月程」云云。《舊唐書·裴矩傳》（《舊唐書》卷六十三）稱隋煬帝西巡，次燕支山，高昌王、伊吾設等及西蕃胡二十七國，盛服珠玉錦罽，焚香奏樂，歌舞相趨，謁於道左。一指吐蕃。《國史補》卷下條云：「西番呼贊普之妻爲朱蒙。」

〔二〕給事中句：給事中劉氏，其姓名、爵里，實不可考。然據史書所載，面斥魚朝恩者，非只劉氏一人。考《舊唐書·魚朝恩傳》載：「章敬太后忌日，百寮於興唐寺行香。朝恩置齋饌於寺外之車坊，延宰臣百寮就食。朝恩恣口談時政，公卿惕息，戶部郎中相里造、殿中侍御史李衎以正言折之，朝恩不悅，乃罷會。」《新唐書·魚朝恩傳》所記大率同舊傳，云：「凡詔會羣臣計事，朝恩怙貴，誕辭折愧坐人出其上，雖元載辯彊亦拱默，唯禮部郎中相里造、殿中侍御史李衎酬詰往返，未始降屈，朝恩不懌，黜衎以動造。」

〔三〕《國史補》此事不見於舊書《魚朝恩傳》，而見於新書本傳，且所記事實較《國史補》更爲詳贍，曰：「郭子儀有定天下功，居功臣第一，心媢之。乘相州敗，醜爲詆譖，肅宗不內其語，然猶罷子儀兵，留京師。代宗立，與程元振一口加毀，帝未及寤，子儀憂甚。俄而吐蕃陷京師，卒用其力，王室再安，故朝恩內慝，乃勸帝徙洛陽，欲遠戎狄。百僚在廷，朝恩從十餘人持兵出曰：『虜數犯都甸，欲幸洛，云何？』宰相未對，有近臣折

曰『敕使反耶？ 今屯兵足以捍寇，何遽脅天子棄宗廟爲？』朝恩色沮，而子儀亦謂不可，乃止。」然《新傳》亦未載此人姓名，只以近臣稱之。

魚朝恩講易

魚朝恩于國子監高座講《易》，盡言《鼎卦》，以挫元、王〔一〕。是日，百官皆在，縉不堪其辱，載獨怡然。朝恩退曰：「怒者常情，笑者不可測也。〔二〕」

箋注

〔一〕魚朝恩句：按魚朝恩講《易》事，考《舊唐書‧魚朝恩傳》（《舊唐書》卷一百八十四）載，魚朝恩性本凡劣，恃勳自伐，靡所忌憚。時引腐儒及輕薄文士於門下，講授經籍，作爲文章，粗能把筆釋義。乃大言於朝士之中，自謂有文武才幹，以邀恩寵。上優遇之。元王，此處指宰相元載與王縉。

〔二〕怒者句：按朝恩此語，蓋有所指，魚朝恩與宰相元載仇隙於此已現端倪矣。新舊《唐書》於此事皆有載及。《舊唐書‧魚朝恩傳》所記甚爲簡略，謂：「後嘗釋奠於國子監，宰臣百寮皆會。朝恩講《易》徵鼎卦覆餗之義，以譏元載，載心銜之，陰圖除去之。」《新唐書‧魚朝恩傳》（《新唐書》卷二百七）所載則甚詳，曰：「又謀將易執政以震朝廷，乃會百官都堂，且言：『宰相者，和元氣，輯羣生。今水旱不時，屯軍數十萬，饋運困竭，天子臥不安席，宰相何以輔之？不退避賢路，默默尙可賴乎？』宰相俛首，坐皆失色。造徒坐從之，因曰：『陰陽不和，五穀踴貴，皆軍容事，宰相何與哉？且軍挐不散，故天降之診。今京師無事，六軍可相維鎭，又屯十萬，饋糧所以不足，百司無稍食，軍容爲之，宰相行文書而已，何所歸罪？』朝恩拂衣去曰：『南衙朋黨，且害我。』會釋菜，執易升坐，百官咸在，言鼎有覆餗象，以侵宰相。王縉怒，元載怡然。朝恩曰：『怒者常情，笑者不可測也。』載銜之未發。」

淮水無支奇

楚州〔一〕有漁人，忽于淮中釣得古鐵鏁，挽之不絕，以告官。刺史李陽大集人力引之。鏁窮，有青獼猴躍出水，復沒而逝。後有驗《山海經》云：「水獸好爲害，禹鏁於軍山之下，其名曰無支奇〔二〕。」

箋注

〔一〕 楚州句：楚州，乃今江蘇盱眙。據宋《輿地廣記》卷二十載，漢爲臨淮
都尉治，東漢屬下邳國，晉爲臨淮郡治。明帝兗州刺史劉遐，自彭城退
屯泗口，即此。安帝時置角城鎮，在淮泗之會。後魏置盱眙郡，陳置北
譙州。隋開皇初，郡廢，屬揚州。唐武德四年置西楚州，八年廢，屬楚
州。光宅初改曰建中，後復故名。建中二年，屬泗州，後復屬楚州。皇
朝乾德元年，又屬泗州。又同書載：「此有都梁山、龜山。禹治水以鐵鎖
鑕淮渦水神無支奇於龜山之足。唐永泰中，刺史李湯以大牛五十，引鎖
出之。鎖末有一青猿，高五丈許，復拽牛沒水。」

〔二〕 無支奇：水神名，一名巫支祈。考《輿地廣記》卷二十載：「此有都梁
山、龜山。禹治水以鐵鎖鑕淮渦水神無支奇於龜山之足。唐永泰中，
刺史李湯以大牛五十，引鎖出之。鎖末有一青猿，高五丈許，復拽牛
沒水。」無支奇，又名巫支祈，水神。《嶽瀆經》言：「禹導淮，獲巫
支祈，似猴。」據《太平廣記》載，李公佐訪古東吳，從太守元公錫
泛洞庭，入靈洞，探仙書石穴間，得古《嶽瀆經》，據該書記載，大禹
治水，三至桐柏山，乃獲淮渦水神，名曰無支祁。其形若獼猴，縮鼻
高額，青軀白首，金目雪牙，頭伸百尺，力踰九象。大禹遂以大索鎖
其頸，鼻穿金鈴，徙淮泗陰，鎖龜山之足，淮水乃安。《通雅》卷二十
一引陳水南言：「泗州龜山寺井鎖水母，即毋支祈。弘治十六七年，有
水怪曰趲浪、曰神木，殆即此。」今考之《山海經》，不見此水獸無支
奇之記載，或爲古《嶽瀆經》之誤，存疑待考。

佛法過海東

佛法自西土，故海東未之有也。天寶末，揚州僧鑒真，始往倭
國，大演釋教，經黑海蛇山，其徒號過海和尚〔一〕。

箋注

〔一〕 天寶句：按鑒真，唐史未載，其事蹟具見於《宋高僧傳》（《宋高僧傳》
卷十四）以及鑒真徒弟眞人元開所撰《唐大和尚東征傳》。據《宋高僧
傳》卷十四載，其人乃唐揚州大雲寺高僧。俗姓淳于氏，廣陵江陽縣
人。幼年便聰俊明達，器度宏博，能典謁。隨父入大雲寺見佛像，感
動夙心，因白父求出家。父奇其志，許焉。天中宗神龍元年，從道岸
律師受菩薩戒。景龍元年，詣長安，至二年三月二十八日於實際寺依
荊州恒景律師邊得戒，雖新發意，有老成風。觀光兩京，名師陶誘，
數年即精通三藏教法，曾無矜伐，以戒律化誘，鬱爲一方宗首。又據

《唐大和尚東征記》載，唐天寶元年，日本僧人榮叡、普照南下至揚州謁見鑒眞，曰：「佛法東流至日本國，雖有其法，而無傳法人。本國昔有聖德太子曰『二百年後，聖教興於日本。』今鍾此運，願和上東遊興化。」鑒眞以爲日本誠是佛法興隆、佛法有緣之國，遂不惜身命，決定東渡日本傳法。自天寶二載癸末，鑒眞及弟子，前後六次東渡，終於天寶十三載二月抵達東瀛。按「黑海蛇山」，據《宋高僧傳》載，鑒眞一行買舟自廣陵，攜帶經律法離岸東行。至越州浦，止署風山。一路遇惡風浪，過蛇海、魚海、鳥海，相次達於日本。然參校《唐大和尚東征傳》，則《高僧傳》所述疏漏舛訛甚多。《東征傳》載云：「（天寶七載）三日過蛇海。其蛇長者一丈餘，小者五尺餘，色皆斑斑，滿泛海上。三日過飛魚海。白色飛魚，翳滿空中，長一尺許。一日經飛鳥島。鳥大如人，飛集舟上，舟重欲沒，人以手推，鳥即銜手。」然而此次東渡並未成功，舟船漂流至振州。直至天寶十二載，鑒眞第六次東渡，方抵目的地。《東征傳》於此記載頗詳，謂：「十六日發，廿一日戊午，第一第二兩舟同到阿兒奈波島，在多禰島西南……十二月六日，南風起，第一舟著石不動，第二舟發向多禰去。七日，至益救島。廿日乙酉午時，第二舟著薩摩國阿多郡秋妻屋浦。……」按「過海和尚」，除見於《國史補》此條外，尚有梁肅作《過海和尚碑銘》。（見《唐文粹》卷九十二唐崔恭《唐右補闕梁肅文集序》）

路嗣恭入覲

柳相初名載，後改名渾〔一〕。佐江西幕中，嗜酒，好入鄽市，不事拘撿〔二〕。時路嗣恭初平五嶺〔三〕。元載奏言：「嗣恭多取南人金寶〔四〕，是欲爲亂，陛下不信，試召之，必不入朝。」三伏中，遣詔使至，嗣恭不慮，請待秋涼，以修覲禮。渾入，雨泣曰：「公有大功，方暑而追，是爲執政所中。今少遷延，必族滅矣。」嗣恭懼曰：「爲之奈何？」渾曰：「健步追還表緘，公今日過江，宿石頭驛乃可。」嗣恭從之。代宗謂載曰：「嗣恭不俟駕行矣！」載無以對。〔五〕

箋注

〔一〕柳相句：按「柳渾初名載，後改名渾」，考之《舊唐書·柳渾傳》（《舊唐書》卷一百二十五），知其嘗逢朱泚亂，匿於終南山中，朱泚籍其名，加宰相，召執其子，榜笞之，搜索所在。渾羸服步至奉天。後及克復，柳

渾尙名載，乃上言曰：「頃爲狂賊點穢，臣實恥稱舊名。矧字或帶戈，時當偃武，請改名渾。」柳渾（一作惲），字夷曠，一字惟深，本名載，襄陽人。生於唐玄宗開元三年，卒於德宗貞元五年，年七十五歲。少孤，志學棲貧，舉進士，爲監察御史。魏少遊鎮江西，奏署判官。後爲袁州刺史，遷左散騎常侍。拜宜城縣伯，加同平章事。柳渾生性放曠，不甚檢束，以公正聞於當時。警辯好談謔，與人交豁如也，清儉不營產利，談言多中，對時局洞若觀火。渾瑊與吐蕃會盟，柳渾不喜，反以爲憂，以爲吐蕃不可信，德宗斥爲書生之見，不久，吐蕃背盟消息傳來，果如柳渾所料。渾著有文集十卷。其事跡具見兩《唐書》本傳（《舊唐書》卷一百二十五；《新唐書》卷一百四十二）。

〔二〕按「柳渾佐江西幕」事，考《舊唐書・柳渾傳》稱大曆初，江西魏少遊表其爲判官。又考《舊唐書・路嗣恭傳》（《舊唐書》卷一百二十二）載，大曆六年七月，路嗣恭爲江南西道都團練觀察使，代魏少遊。按此可知，柳渾後又入路嗣恭幕府，仍在江西幕。

〔三〕路嗣恭，原名路劍客，因其考績爲天下第一，玄宗以爲可嗣漢魯恭，因賜名嗣恭。嗣恭乃京兆三原人，歷仕郡縣有能名，累至神烏令。官至兵部尚書、東都留守。尋加懷鄭汝陝四州、河陽三城節度及東都畿觀察使。徵至京師卒，時年七十一。其事跡具兩《唐書》本傳（《舊唐書》卷一百二十二；《新唐書》卷一百三十八）。按「路嗣恭初平五嶺」事，考《舊唐書・路嗣恭傳》載，大曆八年，嶺南將哥舒晃殺節度使呂崇賁反，五嶺騷擾。詔加嗣恭兼嶺南節度。觀察使嗣恭擢用流人孟瑤、敬冕，二人皆有全策詭計，出其不意，遂斬哥舒晃及誅其同惡萬餘人，俚洞之宿惡者，皆族誅之，五嶺削平。

〔四〕按「嗣恭多取南人金寶」事，今考《舊唐書・路嗣恭傳》，知路嗣恭雖素以恭恪爲理著稱，然及平廣州，商舶之徒多因哥舒晃事被誅，路嗣恭前後沒其家財寶數百萬貫，盡入私室，不以貢獻。代宗心甚銜之，故路嗣恭雖有平方面功，止轉檢校兵部尚書，無所酬勞。及德宗即位，楊炎受其貨，始敍前功，除兵部尚書、東都留守，尋加懷、鄭、汝、陝四州、河陽三城節度及東都畿觀察使，徵至京師。卒時，年七十一。元載所奏「嗣恭多取南人金寶」，按此當非虛妄，然稱其「欲爲亂」則爲莫須有也。

〔五〕按「柳渾泣諫嗣恭」事，僅見於《國史補》，兩唐書不載，可補正史之闕，可以爲考証之助也。

都盧緣橦歌

元載擅權累年，客有為《都盧緣橦歌》諷其至危之勢，載覽而泣下〔一〕。

箋注

〔一〕元載句：元載，代宗朝宰相。其人乃鳳翔岐山人，家本寒微。天寶初，玄宗崇奉道教，下詔求明莊、老、文、列四子之學者，載策入高科，授邠州新平尉。肅宗即位，拜祠部員外郎，遷洪州刺史。兩京平，入為度支郎中。充使江、淮，都領漕輓之任，尋加御史中丞。尋遷戶部侍郎、度支使並諸道轉運使。代宗即位，遷中書侍郎、同中書門下平章事，加集賢殿大學士，修國史。又加銀青光祿大夫，封許昌縣子。又加判天下元帥行軍司馬。大曆十二年，因坐結黨貪賄罪下獄，賜自盡。其事跡具兩《唐書》本傳（《舊唐書》卷一百十八；《新唐書》卷一百四十五）。按「元載擅權累年」語，考《舊唐書·元載傳》（《舊唐書》卷一百十八）載，元載在相位多年，權傾四海，外方珍異皆集其門，如恐不及。名姝、異樂資貨不可勝計，志氣自若，是非前賢，以為文武才略莫己之若。外委胥吏，內聽婦言，城中開南北二甲第，室宇宏麗，冠絕當時。又於近郊起亭榭，所至之處帷帳、什器皆於宿設儲不改供。城南膏腴別墅連疆接畛，凡數十所。婢僕曳羅綺一百餘人，恣為不法，侈僭無度。江淮方面、京輦要司皆排去忠良，引用貪狠士。貨賄公行，近年以來未有其比。代宗盡察其劣跡，審其所由凡累年，然以元載任寄多年，欲全君臣之分，誠之不諼，怙惡不悛，眾怒上聞，以至於敗。按「都盧緣橦歌」，《新唐書·元載傳》作都盧尋橦篇。《釋》曰：「尋，攀援也。」吳曾引《西京雜記》曰：「夫都盧尋橦，緣竿之伎也。」今考《西京雜記》，無此記載。據《前漢書·西域傳》（《漢書卷》九十六下），漢武帝負黼依，襲翠被，馮玉幾，而處其中，設酒池肉林以饗四夷之客，作巴俞都盧、海中碭極、漫衍魚龍、角抵之戲，以觀視之。其下注云：「晉灼曰：『都盧，國名也。』李奇曰：『都盧，體輕善緣者也。』」又按《漢書·地理志》（《漢書》卷二十八下）載，自合浦南有國名夫甘都盧國，其條下顏師古注曰：「都盧國人勁捷善緣高，故張衡《西京賦》云：『烏獲扛鼎，都盧尋橦。』又曰：『非都盧之輕趫，孰能超而究升也夫。』」唐王建詩名《尋橦歌》（《全唐詩》卷二百九十八）云：「人間百戲皆可學，尋橦不比諸餘樂。重梳短鬢下金鈿，紅帽青巾各一邊。身輕足捷勝男子，繞竿四面爭先緣。習多倚附欺竿滑，上下蹁躚皆著襪。翻身搖頭欲落地，卻住把煙初似歇。大竿

百夫擎不起，裊裊半在青雲裡。纖腰女兒不動容，戴行直舞一曲終。回頭但覺人眼見，矜難恐畏天無風。險中更險何曾失，山鼠懸頭猿掛膝。小垂一手當舞盤，斜慘雙蛾看落日。斯須改變曲解新，貴欲歡他平地人。散時滿面生顏色，行步依前無氣力。」宋程大昌《演繁露》卷九考證云：「唐人以緣橦者爲都盧緣，按《國語》胥臣對晉文公曰：『侏儒扶盧韋氏謂扶緣也。盧矛戟之秘，緣之以爲戲。』」今考《國語》有之。（見《國語》卷十）《通雅》卷三十五云：「《淮南》曰：『木熙者據句柱』，即今之上高竿。漢有都盧，唐名戴竿，一曰竿木。陳師道曰：『唐人以緣橦者爲都盧緣。』按小顏曰：『都盧國人善緣高，有跟掛腹旋之名。世因稱之。』《釋名》曰：『都盧負屋則侏儒柱也。』」同書卷四謂：「凡圓者謂之盧，古語因吾於而轉也。戈戟之柄圓，故謂之盧。不必引攢竹爲秘也。瓠曰『瓠盧』，後以其可盛曰『壺盧』，頭圓故名『頭盧』，後人加骨加頁別之。」

韓滉召徑山

韓晉公〔一〕聞徑山〔二〕，以為妖妄，肩輿召至庭中，望其狀貌，不覺生敬，乃為設食，出妻子以拜之。妻乃曰：「願乞一號。」徑山曰：「功德山〔三〕。」後聞自杭至潤，婦人乞號皆得功德山也。

箋注

〔一〕韓晉公：即韓滉，嘗封晉國公。韓滉字太沖，太子少師韓休之子。少貞介好學，以蔭釋褐左威衛騎曹參軍。滉公潔強直明。任戶部侍郎判度支以來，清勤檢轄，不容姦妄，下吏及四方行綱過犯者，必痛繩之。然苛剋頗甚，覆治按牘，勾剝深文，人多諮怨，且有樹黨弄權之嫌。大曆十二年，改太常卿，議未息又，出爲晉州刺史。數月，拜蘇州刺史、浙江東西都團練觀察使。尋加檢校禮部尚書兼御史大夫、潤州刺史、鎮海軍節度使。曾命毀撤上元縣佛寺、道觀四十餘所，用作修塢壁堡壘之用，自建業抵京峴，樓雉相屬。又以佛殿材於石頭城繕置館第數十，以佛寺銅鐘鑄弩牙兵器。後因功加檢校吏部尚書。數月，又加檢校右僕射。貞元元年七月拜檢校左僕射同平章事使，並如故。二年春，特封晉國公。貞元三年二月，以疾薨，年六十五。其事跡具兩《唐書》本傳，新傳在其父韓休傳後（《舊唐書》卷一百二十九；《新唐書》卷一百二十六）《宋高僧傳》卷九有「韓滉廢毀山房」之載。韓滉見徑山，當於其坐鎮江南之時。

〔二〕按「徑山」，即徑山法欽禪師，《五燈會元》又作道欽禪師。《宋高僧傳》

有傳（《宋高僧傳》卷九）。俗姓朱氏，吳郡崑山人。遇鶴林素禪師，乃披緇剃髮爲僧。後辭鶴林素禪師南行，林素禪師曰：「汝乘流而行，逢徑即止。」後到臨安，視東北之高巒，乃天目之分徑。偶問樵子，言是徑山。遂掛錫於此。唐代宗賜號「國一禪師」。德宗貞元五年，遣使齎璽書宣勞並慶賜豐厚。八年壬申十二月，示疾說法而長逝，報齡七十九。欽形貌魁岸，身裁七尺，骨法奇異，今塔中塑師之貌，憑几猶生焉。

〔三〕功德山：蓋爲佛家語。《山堂肆考》卷一百四十五謂觀世音於阿彌陀佛滅後，成等正覺，號「普光功德山王如來」。另據《宋高僧傳》載，「功德山之名，自淮而南，婦人禮乞號，皆目之爲功德山焉」。功德山之名亦見於他書。如《杜陽雜編》卷上載：「肅宗年間，有老尼號『功德山』，言事往往神驗。」又《太平廣記》卷二百八十七載，唐黃巢亂時，汴中有妖僧功德山。（原本「功德山」三字在「妖僧」二字上。據明抄本改。）遠近桑門皆歸之。至於士庶，無不降附者。能於紙上畫神寇，放入人家，令作禍祟，幻惑居人。通宵繼畫，不能安寢，或致人疾苦。

黃三姑窮理

杭州有黃三姑者，窮理盡性。時徑山有盛名，常倦應接，訴于三姑〔一〕。姑曰：「皆自作也。試取魚子來咬著，寧有許鬧事〔二〕！」徑山心伏。或云夏三姑。

箋注

〔一〕時徑山句：據《宋高僧傳》卷九《唐杭州徑山法欽傳》載，法欽掛錫徑山，自茲盛化參學者眾。代宗聞其名，下詔召見，對其十分仰重，詔賜號「國一」。德宗貞元五年，遣使齎璽書宣勞並慶賜豐厚。徑山在京及回浙期間，「州邑名賢執弟子禮者，相國崔渙、裴晉公度、第五琦、陳少遊等。故盛名之下，應接不暇。（《宋高僧傳》卷九）黃三姑，不知何許人，事跡僅見於此，不可考。

〔二〕按「魚子來咬著」語，蓋指佛家七戒：不可貪，不可瞋，不可癡，不可殺，不可色，不可葷，不可誑語。魚子爲葷食，故吃魚子則犯了葷戒，若犯葷戒，則時俗不再以其爲高僧，自可少應接往來之煩。

李丹與妹書

李丹〔一〕【1】爲虔州刺史，與妹書曰：「釋迦生中國，設教如周孔。周孔生西方【2】，設教如釋迦。天堂無則已，有則君子生。地

獄無則已，有則小人入。」〔二〕聞者以為知言。

校勘記

【1】《四庫》本、《津逮》本、《學津討源》本均作「李丹」，《太平廣記》、《紺珠集》則作「李周」，今從底本。

【2】《四庫》本作「四方」，《津逮》本、《學津討源》本、《紺珠集》、《太平廣記》均作「西方」，今從後者作「西方」。

箋注

〔一〕李丹，唐史無傳，事跡不詳。考《吳郡志》卷十一謂唐有李丹、宗瓊、李希言等嘗爲蘇州刺史。《姑蘇志》卷三十八亦稱李丹爲太子太保李詳（宗室表作李岑）之子，爲蘇州刺史，浙西觀察使，著《蘇州聖賢塚墓記》一卷。然未及其爲虔州刺史。《郡齋讀書志》卷四上稱獨孤及《毗陵集》有李丹、梁肅所作前、後序。《太平廣記》卷一百七十稱郎中李丹典濠州。李華《潤州鶴林寺故徑山大師碑銘》（《李遐叔文集》卷二）稱故御史中丞李丹曾受菩薩戒於徑山大師。孟郊《哭李丹員外並寄杜中丞》詩（《孟東野詩集》卷十）云：「生死方知交態存，忍將齷齪報幽魂。十年同在平原客，更遣何人哭寢門。」其詩題下注謂李丹，一作李舟。據《舊唐書·梁崇義傳》（《舊唐書》卷一百二十一），建中元年，李舟爲金部員外郎，奉諭旨以安梁崇義。

〔二〕按李丹此詩，亦見於《類書》、《太平廣記》等類書，皆採自《國史補》。按「天堂地獄」說，《說郛》卷二十二上引張唐卿著《唐史發潛》曰：「蒼天之上何人見其有堂，黃泉之下何人見其有獄，然予觀《國史補》李肇云：『天堂無則已，有則賢人升，地獄無則已，有則小人入。』如此則又何必較其有無哉？」宋應俊《琴堂諭俗編卷》卷上引司馬光云：「世俗信浮屠誑誘，於始死及七七、百日、朞年、再期，除喪飯僧，設道場或作水陸大會，寫經造像，修建塔廟，云爲死者滅彌天罪惡，必生天堂，受種種快樂。不爲者，必入地獄，剉燒舂磨，受無邊波吒之苦，殊不知人生含血氣，知痛癢，或剪爪、剃髮，從而燒斫之，己不知苦況。於死者形神相離，形則入於黃壤，朽腐消滅與木石等，神則飄若風火，不知何之，借使剉燒舂磨，豈復知之？且浮屠所謂天堂、地獄者，亦以勸善而懲惡也，苟不以至公行之，雖鬼可得而治乎？」又曰：「唐人有言『天堂無則已，有則君子登，地獄無則已，有則小人入』，世人親死而禱浮屠，是不以其親爲君子，而爲積惡有罪之小人也，何待其親之不厚哉。就使其親實積惡有罪，豈賂浮屠所能免乎？」明章潢《圖書編》卷一百十於此亦補充言道：「此則中智所共知，而舉世滔滔奉信之，何其易惑而難曉

也。甚者至有傾家破產然後已，與其如此，曷若早賣田營墓而葬之乎？
彼天堂地獄若果有之，當與天地俱生，自佛法未入中國之前，人死而復
生者，亦有之矣。何故無一人誤入地獄，見閻羅等十王者耶？不學者固
不足言讀書，知古者亦可以少悟矣。」

熊執易義風

　　熊執易〔一〕應舉，道中秋雨泥潦，逆旅有人同宿，而屢歎息者。
問之，乃堯山令樊澤〔二〕，將赴制舉，驢劣不能進。執易乃輟所乘
馬，並囊中縑帛，悉與澤，以遂其往。詰朝，執易乃東歸〔三〕。

箋注

〔一〕熊執易：唐史無傳，其事蹟散見於各史書。據《元和姓纂》卷一載，知
　　　執易爲洪州人。《唐會要卷》七十六云：「德宗貞元元年九月，熊執易參
　　　加博通墳典達於教化科考試及第。」《文獻通考》卷三十三：「德宗貞元
　　　十年十二月，賢良方正能直言極諫科及第。」《新唐書》卷二百十六下稱
　　　其曾「任右補闕」。順宗時，任庫部員外郎，與左金吾衛將軍田景度持節
　　　往使吐蕃。又據《唐會要》卷三十九，憲宗元和二年，爲兵部郎中。按
　　　《類說》卷十九，熊執易後「授西川節推，居武元衡幕下」，終卒於西川。
　　　（語見《國史補》卷下）

〔二〕樊澤：字安時，河中人。生長於河朔一帶。相衛節度薛嵩奏爲磁州司
　　　倉、堯山縣令。建中元年舉賢良對策禮部侍郎。楊炎善之，薦爲左補
　　　闕。澤好讀兵書，武勇嫻韜畧，嘗召對延英。德宗嘉其論兵，與己意
　　　合，累遷山南東道司馬。尋拜節度使。數與李希烈接戰，擒其驍將張
　　　嘉瑜、杜文朝、梁俊之等，遂收唐隋二州。貞元三年改鎮荊南。會山
　　　南東道嗣曹王皐卒，軍亂以澤威惠素著，襄漢復徙山南東道加檢校尙
　　　書右僕射。十四年卒，年五十七，贈司空。事跡具兩《唐書》本傳（《舊
　　　唐書》卷一百二十二；《新唐書》卷一百五十九）。

〔三〕按「熊執易遇樊澤」事，最早應出自《唐國史補》。此事《舊唐書》不
　　　載，《新唐書》採之入於《樊澤傳》。考新舊《樊澤傳》可知，樊澤嘗爲
　　　堯山縣令，遇執易之時爲德宗建中元年。其時，熊執易因傾囊襄助樊澤
　　　而罷考東歸。直至三年後之建中四年，熊執易方參加博通墳典達於敎化
　　　科考試而及第。（語見《唐國史補》卷下）又據劉琴麗《唐代舉子科考
　　　旅費來源探析》（《雲南社會科學》2007 年第 4 期），唐代舉子科考旅費
　　　來源主要有四：一、親戚、朋友饋贈；二，政府資助；三，民間資助；
　　　四，舉子之自掙收入。此即爲第一種途徑。

劉頗償甕直

　　澠池道中〔一〕，有車載瓦甕，塞于隘路。屬天寒，冰雪峻滑，進退不得。日向莫，官私客旅羣隊，鈴鐸數千，羅擁在後，無可奈何。有客劉頗〔二〕者，揚鞭而至。問曰：「車中甕直幾錢？」答曰：「七八千。」頗遂開囊取縑，立償之，命僮僕登車，斷其結絡，悉推甕于崖下。須臾，車輕得進，羣噪而前。

箋注

〔一〕按「澠池道」，考《輿地廣記》卷五載，澠池漢晉時屬弘農郡，元魏置澠池郡，後周及隨屬河南郡，唐沿用之。有天壇山，廣陽山，澠池水。又據《元和郡縣志》卷六謂澠池之西有永寧縣，縣城西北二十八里二崤山，春秋時秦將襲晉蹇叔哭送謂收子骨處。漢建安中曹公西討巴漢，惡其險，更開北山道路，旅人多從之。晉太康三年弘農太守梁柳修復舊道。自東崤至西崤三十五里。東崤長阪數里，峻阜絕澗，車不得方軌。西崤全是石阪，十二里，險絕不異東崤。宋韓琦《澠池道中》詩（《安陽集》卷十二）云：「渡澗登坡直幾重，嶺頭初日上曈曨，野花紅紫連官道，露裛清香散曉風。」宋強至《早行澠池道中》詩（《祠部集》卷二）云：「二年別咸秦，八月過崤澠，碎石隱地起，險塗抱山轉。」金元好問《自鄜州罷任歸宿澠池道中有虎為暴》詩（《中州集》卷二）云：「崤山之阿澠之滸，行路蕭條正艱阻，日落山空澗水哀，市門靜閉防飢虎。」由以上諸條可見，澠池古道地處東西要衝，連接秦趙之地，地形險峻異常，甚至有餓虎出沒傷人性命。

〔二〕劉頗：史書無傳，事蹟僅見於《唐國史補》及《元氏長慶集》。元才子此集中《劉頗詩序》（《元氏長慶集》卷十四）謂：「劉頗，昌平人，其上三世有義烈。頗少落行陣，二十解屬文，舉進士，科試不就，負氣狹路間，病羸車蔽樞，盡碎之，罄囊酬直而去。南歸唐州，為吏所軋，勢不支，氣屈，自火其居，出契書投火中，繇是以氣聞。予聞風四五年而後見，因以詩許之並序。」其詩云：「一言感激士，三世義忠臣。破甕嫌妨路，燒莊恥屬人。迴分遼海氣，閒蹋洛陽塵，儻使權由我，還君白馬津。」又同書載有元稹《寄劉頗》詩二首（同上卷十八），其一云：「平生嗜酒顛狂甚，不許諸公占丈夫。唯愛劉君一片膽，近來還敢似人無。」其二：「前年碣石煙塵起，共看官軍過洛城。無限公卿因戰得，與君依舊綠衫行。」從元稹集中可見劉頗於當時頗有聲聞。另《文苑英華》卷四百十五載有元稹所撰《授銀州刺史劉頗河中府河西縣令制》一文，云：「勑劉

頗，朕以自鄜而北，夷夏雜居，號爲難理。乃詔執事求所以綏懷控壓之
者。皆曰頗在茲選。且言其伐蔡之役嘗參事於懷汝之師。試領州郡事，
眾果寧阜，邊人宜之，連帥以聞，議請甄獎。河西近邑擇吏惟精，無恡
牛刀爲我烹割。」然不知此劉頗是否與彼碎甕之劉頗同是一人，闕疑待
考。

德宗恕尼哭

　　元載之敗，其女資敬寺尼真一，納于掖庭〔一〕。德宗即位，召
至別殿，告其父死〔二〕。真一自投于地，左右皆叱之。上曰：「焉
有聞親之喪，責其哭踊？」遂令扶出，聞者殞涕。

箋注

〔一〕元載之敗句：按「元載之敗」，考《舊唐書・元載傳》（舊唐書卷一百十
　　八《元載傳》）載，先是元載長子元伯和貶爲揚州兵曹參軍，然後宣詔元
　　載得罪，命中使於揚州賜死。次子元仲武，祠部員外郎，次子元季能，
　　祕書省校書郎，及元載妻王氏並賜死。王氏開元中河西節度使王忠嗣之
　　女。素以兇戾聞，恣其子伯和等爲虐。元伯和恃父威勢，聚歛財貨，徵
　　求音樂。元載在相位多年，權傾四海，外方珍異皆集其門，如恐不及。
　　名姝異樂，資貨不可勝計。故伯和、仲武等得肆其志。輕浮之士奔其門
　　者如恐不及。名姝異樂，禁中無者有之。兄弟各貯妓妾於室，倡優猥褻
　　之戲，天倫同觀，略無愧恥。及得罪，行路無嗟惜者。且遣中官於萬年
　　縣界黃臺鄉毀元載祖及父母墳墓，斲棺棄柩。按「元載之女」，按舊書本
　　傳載，元載女時爲資敬寺比丘尼，法號「眞一」，收入掖庭，後不知所終。
　　資敬寺似爲尼庵，《舊唐書・韓遊瓌傳》（見《舊唐書》卷一百四十四）
　　傳末載有資敬寺尼智因，且此智因本「宮人」。則可知當時達官貴人之女
　　或多於此寺出家。
〔二〕德宗句：考《新唐書・元載傳》（《新唐書》卷一百四十五）載，元載女
　　眞一，少爲尼，沒入掖庭。德宗時，始告以載死，號踊投地，左右呵止。
　　帝曰：「安有聞親喪責其哀殞乎？」命扶出。德宗爲太子，實用載議。興
　　元元年，詔復其官，聽改葬。

楊炎有崖谷

　　德宗在東宮，雅知楊崖州〔一〕。嘗令打《李楷洛碑》〔二〕，釘壁
以玩。及即位，徵拜。炎有崖谷，言論持正，對見必爲之加敬。

歲餘，頗倦〔三〕。盧杞揣知而陰中之〔四〕。

箋注

〔一〕楊崖州：即楊炎。按「楊崖州」之名，考舊傳載，楊炎得罪，貶爲崖
州司馬。故世人號爲楊崖州。據傳載，楊炎，字公南，鳳翔天興人，
別號小楊山人。生於唐玄宗開元十五年，卒於德宗建中二年，年五十
五歲。美鬚眉，峻風寓，文藻雄麗，豪爽尚氣。父喪廬墓，號慕不廢
聲。河西節度使呂崇辟掌書記。德宗時，累拜門下侍郎，同中書門下
平章事。作兩稅法，一變租庸調舊制。當時便之。初炎矯飾志節，頗
得名。後黨元載，坐貶。及得政，睚皆必仇，果於用私。以劉晏劾載
及己，貶晏忠州，誣而殺之。及罷相，爲盧杞所構，賜死。後詔復官，
諡平厲。其事跡具兩《唐書》本傳（《舊唐書》卷一百十八；《新唐書》
卷一百四十五）。楊炎著有文集十卷，制集十卷，《新唐書·藝文志》
係蘇弁所編，並行於世。

〔二〕《李楷洛碑》：全名爲《雲麾將軍李府君神道碑》，其碑文今見於《文
苑英華》（《文苑英華》卷九百八）。據楊炎此文，可知李楷洛祖上爲
鮮卑，前後拜玉鈐衛將軍，朔方討擊大總管，兼幽州經畧使，左羽林
將軍。自天后之末至於聖皇之朝，前後錄功凡二十四，命食邑二千七
百戶，封薊郡開國公，又加雲麾將軍。薨於靈州懷定縣之師次，享年
六十有七，追贈營州都督。然此處記載似與兩《唐書》記載不同，疑
唐有二楷洛。據《唐書》載李楷洛，本爲契丹酋王，名楷洛。延和元
年，唐派孫佺爲帥伐奚，楷洛爲先鋒，爲奚軍大敗於冷涇，孫佺懼罪，
囚楷洛以安撫奚王。天寶四年，契丹崇順王李懷秀殺其妻唐靜樂公主
後叛逃，唐封李楷洛爲恭仁王，賜姓李，代松漠都尉。其事跡具兩《唐
書》本傳（《舊唐書》卷一百九十九下；《新唐書》卷二百一十九）據
《舊唐書·楊炎傳》載，楊炎「嘗爲李楷落碑，辭甚工，文士莫不成
誦之」。又德宗即位，議用宰相，崔祐甫薦楊炎有文學器用，德宗亦
自聞其名，拜銀青光祿大夫、門下侍郎同平章事。《新唐書·楊炎傳》
（《新唐書》卷一百四十五）：「德宗在東宮，雅知其名，又嘗得炎所
爲李楷洛碑，寘於壁，日諷玩之。及即位，崔祐甫薦炎可器任，即拜
門下侍郎、同中書門下平章事。」

〔三〕按「楊炎爲德宗所厭」事，新舊《唐書》所載似與《國史補》此處牴牾。
據《舊唐書·楊炎傳》載，楊炎得罪，實因其殺劉晏事而起。時德宗聽
聞傳言曰：「劉晏昔年謀立獨孤妃爲皇后，故而見殺，德宗自惡之，非他
過也。」又有密奏稱楊炎遣五使往諸鎮者，恐天下以殺劉晏之罪歸己，

推過於上耳。自此德宗有意誅炎矣。遂升擢盧杞爲門下侍郎、平章事，楊炎轉中書侍郎仍平章事，二人同事秉政。

〔四〕按「盧杞揣知而陰中」之事，考《舊唐書‧楊炎傳》謂：「盧杞無文學，儀貌寢陋，炎惡而忽之，每託疾息於他閣，多不會食，杞亦銜恨之。」又「舊制中書舍人分押尚書六曹以平奏報，開元初，廢其職，杞請復之，炎固以爲不可，杞益怒。」後因梁崇義事，德宗對其怨懟更深。德宗嘗訪宰相羣臣中可以大任者，盧杞薦張鎰、嚴郢，而炎舉崔昭、趙惠伯。德宗以楊炎論議疏濶遂，罷楊炎相，爲左僕射。其後，盧杞百般構陷，發楊炎數大罪狀，如子賄賂事、貴估其宅計以爲贓事、於曲江南王氣之地立私廟等事，德宗遂下詔，貶炎爲崖州司馬同正，旋即又下詔將其賜死，卒年五十五。楊炎有《流崖州至鬼門關作》（《全唐詩》卷一百二十一）詩，曰「一去一萬里，千知千不還。崖州何處是，生度鬼門關。」讀來使人有英雄失路，空對枯木寒煙之感。

盧杞論官豬

盧杞除虢州刺史。奏言：「臣聞虢州有官豬數千，頗為患。」上曰：「為卿移于沙苑〔一〕，何如？」對曰：「同州豈非陛下百姓，為患一也。臣謂無用之物，與人食之為便。」德宗歎曰：「卿理虢州，而憂同州百姓，宰相材也。」由是屬意于杞，悉聽其奏。〔二〕

箋注

〔一〕沙苑：一名沙阜，又名沙澤，又名沙海，位於今陝西大荔縣南洛水與渭水之間，乃古代牧馬之地。考《元和郡縣志》卷二載，其地屬同州，沙苑一名沙阜，在馮翊縣南十二里，東西八十里，南北三十里。後魏文帝大統三年周太祖爲相國，與高歡戰於沙苑，大破之。其時太祖兵少，隱伏於沙草之中，以奇勝之後，於兵立之處，人栽一樹，以表其功。今樹往往猶存。仍於戰處立忠武寺，今以其處宜六畜，置沙苑監。《陝西通志》卷十二「同州」條謂沙苑在州南雒、渭之間，亦名沙海，亦名沙澤。其中坌起者曰沙阜，東跨朝邑，西至渭南，南連華州。其沙隨風流徙，不可耕植。另據《舊唐書‧職官志》（《舊唐書》卷四十四）載，唐置沙苑監一人，副監一人，丞一人，主簿二人，錄事一人，府三人，史六人，典事四人，掌固二人。沙苑監掌牧養隴右諸牧牛羊，以供其宴會、祭祀及尚食所用。每歲與典牧分月以供之，丞爲之貳，

若百司應供者，則四時皆供，凡羊毛及雜畜毛皮角皆具數申有司。

〔二〕按盧杞此事，《舊唐書‧盧杞傳》不載，《新唐書‧盧杞傳》採之入本傳，(《新唐書》卷二百二十三下) 云：「稍遷吏部郎中，爲虢州刺史。奏言：『虢有官豕三千，爲民患。』德宗曰：『徙之沙苑。』杞曰：『同州亦陛下百姓，臣謂食之便。』帝曰：『守虢而憂它州，宰相材也。』詔以豕賜貧民，遂有意柄任矣。」其他如《類說》，《唐語林》皆採掇之。宋文同《盧杞傳題後》就此「官豕」一事，痛詆盧杞險譎無恥，云：「今杞皆不然獨以豬爲謀而遂至於宰制天下士民之命，毀國章，貽主禍，頹替壞爛，顛覆狼藉如此。豈上天以時將溷亂，擾攘不可支持而生杞與國，俾造此紛紛者耶？」(見《丹淵集》卷二十一)

王武俊決水

五節度討魏州，王武俊來救，引水以圍，官軍樵採路絕〔一〕。馬司徒〔二〕求于武俊曰：「若開路，當退軍。」武俊曰：「我不會諸將討賊，不利而退，何詞以見天子？」遂令決水。官軍退三十里，復下軍營。

箋注

〔一〕五節度句：五節度，蓋指河東節度使馬燧，澤潞李抱眞，河陽李芃，神策營招討使李晟以及邠寧節度使李懷光。王武俊，唐叛將，字元英，契丹怒皆部落人。幼善騎射，隸李寶臣帳下爲裨將。寶應初，王師出井陘，武俊獻謀李寶臣以恒、定等五州歸朝，以功奏兼御史中丞，封維川郡王。後殺李惟岳，唐德宗授武俊爲恒、冀觀察使。武俊怨不得節度使而失趙、定二州，遂與朱滔同叛，屢敗王師，自稱王，國號趙。後李抱眞派使說服，乃去僞號，拜恒、冀、深、趙節度使，據有鎭、冀二州。後進檢校太師卒。其事跡具兩《唐書》本傳(《舊唐書》卷一百四十二；《新唐書》卷二百十一)按「五節度討魏州」事，考《舊唐書‧德宗本紀》(《舊唐書》卷十二) 載，建中三年閏月，馬燧、李抱眞破田悅兵於恒水，進攻魏州。夏四月，朱滔、王武俊與田悅合從而叛。五月，因破田悅功，德宗賞加河東節度使、檢校左僕射馬燧同平章事，澤潞李抱眞檢校右僕射，河陽李芃檢校兵部尚書，神策營招討使李晟右散騎常侍。六月，朱滔、王武俊兵救田悅，至魏州北。是日李懷光兵亦至，馬燧、李抱眞、李芃等盛軍容迓懷光。朱滔等慮其掩襲，遽出兵，懷光與之接戰於連篋山之西，王師不利，各還營壘。賊乃壅河決水，絕我糧道。秋七月，馬燧、李懷光、李抱眞、李芃等四節度兵退保魏橋，朱滔、王武俊、田悅之眾

亦屯於魏橋東南，與官軍隔河對壘。

〔二〕馬司徒：指馬燧，興元元年正月，加檢校司徒，封北平郡王，故有此稱。馬燧，字洵美，汝州郟城人。姿度魁異，長六尺二寸，沉勇多智畧，該涉羣書，尤善兵。歷任鄭、懷、隴三州刺史，皆有政績。唐代宗召見，授商州刺史，兼水陸轉運使。大曆十年，任河陽三城使。十一年，與淮西節度使李忠臣等合兵擊敗汴州叛將李靈曜和魏博援軍，平定汴州。十四年，遷河東節度使，在鎮整飭武備，訓練士卒，由兵甲寡弱至威震北方。建中二年，加檢校兵部尚書。興元元年正月，加檢校司徒，封北平郡王。七月，任奉誠軍及晉絳慈隰節度使，充管內諸軍副元帥，與河中、同華、陝虢行營副元帥渾瑊等合兵討叛唐之原朔方節度使李懷光。貞元元年三月，敗懷光軍於陶城，斬萬餘人。八月，馬燧親至長春宮城下勸降李懷光守將徐庭光，旋率諸軍進逼河中，懷光窘迫自殺，河中平。德宗詔書褒美，遷光祿大夫，兼侍中。二年，爲綏銀麟勝招討使，率軍擊吐蕃。三年，因輕信吐蕃求和之請，奏請許盟，招致平涼敗盟之恥，被剝奪兵權，仍爲司徒兼侍中。貞元十一年八月薨，時年七十。其事跡具兩《唐書》本傳（《舊唐書》卷一百三十四；《新唐書》卷一百五十五）

執朱泚使者

李相夷簡〔一〕，未登第時，爲鄭縣丞。涇州之亂〔二〕，有使走驢東去，甚急。夷簡入白刺史曰：「聞京城有故，此使必非朝命，請執而問之。〔三〕」果朱泚使朱滔【1】也〔四〕。

校勘記

【1】《津逮》本、《四庫》本作「朱滔」，當爲「滔」字之誤，今按《學津》本、《太平廣記》改作「滔」字。

箋注

〔一〕李相句：李相夷簡，指李夷簡。李夷簡，字易之，鄭惠王元懿四世孫，以宗室子始補鄭丞。後夷簡棄官去，擢進士第，中拔萃科，調藍田尉，遷監察御史。坐小累，下遷虔州司戶參軍，九歲復爲殿中侍御史。元和時至御史中丞，賜金紫，以戶部侍郎判度支。俄檢校禮部尚書、山南東道節度使。三歲徙帥劍南西川，十三年召爲御史大夫，進門下侍郎、同中書門下平章事。李師道方叛，裴度當國，帝倚以平賊，夷簡自謂才不能有以過裴度，乃求外遷，以檢校尚書左僕射平章事爲淮南節度使。久之請老朝廷，謂夷簡齒力可任不聽，以右僕射召辭不拜，復以檢校左僕

射兼太子少師，分司東都，明年卒，年六十七，贈太子太保。事跡具《新唐書》本傳（《新唐書》卷一百三十一）。

〔二〕按「涇州之亂」，指涇原兵變。考《資治通鑑》卷二二八載，唐德宗建中四年，德宗調發涇原等諸道兵救襄城，節度使姚令言將兵五千至京師，因未得賞賜，且疲憊饑寒，遂發生軍士嘩變，張旗鼓譟，劫掠京師。德宗出逃至奉天。涇原兵遂與李忠臣、張光晟等擁立朱泚僭逆稱帝。

〔三〕夷簡句：據《新唐書·李夷簡傳》載：「德宗幸奉天，朱泚外示迎天子，遣使東出關至華，候吏李翼不敢問。夷簡謂曰：『朱泚必反，向發幽、隴兵五千救襄城，乃賊舊部，是將追還耳。上越在外，召天下兵未至，若凶狡還西，助泚送死，危禍也。請驗之。』李翼馳及潼關，果得召符，白於關大將駱元光，乃斬賊使，收偽符獻行在。詔即拜元光華州刺史，駱元光掠李夷簡功爲己，故無知者。」

〔四〕果朱句：朱泚，幽州昌平人，曾祖利贊善大夫贈禮部尚書，祖思明太子洗馬、贈太子太師，父懷珪天寶初事范陽節度使。朱泚以父資從軍，幼壯偉，腰帶十圍，騎射武藝亦不出人。外若寬和，中頗殘忍，然輕財好施，每征戰所得賞物輒分與麾下將士。以是爲眾所推，故得濟其兇謀。涇原兵變，朱泚遂稱帝，後兵敗被殺，年四十三歲。其事跡具兩《唐書》本傳（《舊唐書》卷二百下；《新唐書》卷二百二十五中）。朱滔，朱泚之弟，朱泚長朱滔五歲。大曆九年，朱泚朝覲，因乞留西京，以朱滔權知幽州盧龍節度留後兼御史大夫。兄弟二人內外策應，待時而發，僭逆之心，昭然若揭。及涇原兵亂，二人東西呼應，互使以通。朱泚被殺，朱滔還幽州，爲王武俊所攻，遂上章待罪，德宗宥之。貞元元年，尋卒於位，時年四十。其事跡具舊書本傳（《舊唐書》卷一百四十三）

裴佶佯爲奴

朱泚之亂〔一〕，裴佶〔二〕與衣冠數人佯爲奴，求出城。佶貌寢，自稱甘草。門兵曰：「此數子非人奴如甘草者。」不疑。

箋注

〔一〕朱泚之亂：考《舊唐書·德宗本紀》載（《舊唐書》卷十二），建中四年，涇原兵變，唐德宗出逃奉天，亂兵遂擁朱泚爲帝，國號秦，年號應天。此年，改國號爲漢，稱天皇元年，與朱滔呼應。朱泚企圖帶兵進攻奉天，卻兵敗於李晟，逃往涇州。後在寧州彭原附近爲其部將所殺。

〔二〕裴佶：裴耀卿孫，字弘正，幼能屬文，弱冠舉進士，補校書郎，判入高等，授藍田尉。德宗南狩，裴佶詣行在，拜拾遺轉補闕。李懷光以河中

叛，朝廷欲以含垢忍辱爲意，裴佶抗議請討，上深器之，前席慰免，三遷吏部員外，歷駕部、兵部郎中遷諫議大夫，拜吏部侍郎，以疾除國子祭酒，尋遷工部尚書致仕。元和八年卒，年六十二，贈吏部尚書。裴佶清勁溫敏，凡所定交，時稱爲第一流，與鄭餘慶特相友善。裴佶歿後，餘慶行朋友之服，搢紳美之。事跡具兩《唐書》本傳（《舊唐書》卷九十八；《新唐書》卷一百二十七），附在《裴耀卿傳》後。

李令能戢兵

李令軍逼神鹿倉，賊張光晟內應，晟乃得入，先斬光晟〔一〕。又與駱元光爭功，寘毒以待，元光方食而覺，走歸營，不復更出〔二〕。然晟功戢兵最大也。

箋注

〔一〕李令句：按李令，即唐中興名將李晟，因其功而冊拜爲太尉中書令，故號李令。李晟，字良器，隴右臨洮人。祖父思恭、父欽代居隴右，爲裨將。晟生數歲而孤，事母孝謹，性雄烈有才，善騎射，年十八從軍，身長六尺，勇敢絕倫，代宗時以千人屠吐蕃、定秦堡，解靈州圍。累遷左羽林大將軍同正。廣德初，鳳翔節度使孫志直署晟總遊兵，擊破党項羌高玉等，以功授特進試光祿卿，轉試太常卿。大曆初，李抱玉鎮鳳翔，署晟爲右軍都將，拜開府儀同三司，無幾兼左金吾衛大將軍。德宗初，吐蕃寇劍南，蜀大震，以神策軍踰大度河，虜斬之。魏博田悅反，與河東馬燧、昭義李抱眞敗之。朱泚之亂，長安陷落，晟率大軍收復京城，德宗聞此喜訊，樂極而泣道：「天生李晟，以爲社稷，非爲朕也。」又冊封李晟爲西平郡王，拜鳳翔、隴右、涇原節度使，繪圖像於凌煙閣。功高造忌，罷晟兵柄，三年三月冊拜晟爲太尉中書令，閒處七年。貞元九年，李晟病逝，享年六十七歲，謚號忠武，贈太師。其事跡具兩《唐書》本傳（《舊唐書》卷一百三十三；《新唐書》卷一百五十四）神鹿倉，此地名僅見於《國史補》，不可考。張光晟，京兆盩厔人，起於行伍間。曾有恩於大將王思禮，思禮遂與之結爲兄弟，擢爲兵馬使，累奏特進試太常少卿。及辛雲京爲河東節度使，又奏光晟爲代州刺史。後徵拜右金吾將軍，俄又降爲睦王傅，尋改太僕卿。朱泚僭逆，署光晟僞節度使兼宰相。後歸順，被殺。其事跡具舊書本傳（《舊唐書》卷一百二十七）按「張光晟內應」事，考《舊唐書·張光晟傳》載，朱泚擇精兵五千配光晟營，於九曲，去東渭橋凡十餘里。光晟潛使於李晟，有歸順之意。李晟進兵入苑，光晟勸朱泚宜速西奔，張光晟以數千人送泚出城後，便率眾歸降

於李晟。李晟以其誠欵又，且愛其材，欲奏用之，俾令歸私第，表請特減其罪，每大宴會皆令就坐。華州節度使駱元光詬之曰：「吾不能與反虜同席。」拂衣還營，李晟不得已拘之私第。後有詔言其狀，跡不可原，乃斬之。

〔二〕又與句：駱元光，即李元諒，德宗賜其姓李，改名元諒。駱元光，姓安氏，其先安息人。少爲宦官駱奉先所養，冒姓駱氏。李元諒長大美鬚，勇敢多計，少從軍備宿衛，積勞試太子詹事。鎮國軍節度使李懷讓署奏鎮國軍副使，俾領州事，以功加御史中丞。無幾，遷華州刺史兼御史大夫、潼關防禦鎮國軍節度使，尋加檢校工部尚書。因功，加爲檢校尚書右僕射，實封七百戶。念其勳勞，賜姓李氏，改名元諒。建中四年春，加隴右節度支度營田觀察、臨洮軍使，移鎮良原。貞元元年十一月，卒於良原，年六十二，帝甚悼惜，廢朝三日，贈司空。事跡具兩《唐書》本傳（《舊唐書》卷一百四十四；《新唐書》卷一百五十五）。按「李晟與駱元光爭功」事，考《舊唐書‧李元諒傳》載，興元元年五月，詔元諒與副元帥李晟進收京邑。時兵次於滻西，賊悉衆來攻，元諒身先士卒，奮擊大敗之，進軍至苑東，與李晟力戰壞苑垣而入。賊聯戰皆敗，遂復京師。李元諒讓功於晟，出屯於章敬佛寺。然不載李晟毒駱元光事。《新唐書‧駱元光傳》亦不及此。或李駱二人因張光晟事有隙，遂有此下毒事，亦未可知，存疑待考。

于公異露布

德宗覽李令收城露布〔一〕，至「臣已肅清宮禁，祗謁寢園，鍾簴不移，廟貌如故。」感涕失聲，左右六軍皆嗚咽。露布，于公異之詞也〔二〕。議者以國朝捷書露布無如此者。公異後爲陸贄所忌，誣以家行不至，賜《孝經》一卷，坎壈而終，朝野惜之〔三〕。

箋注

〔一〕露布：指告捷文書。考杜佑《通典》卷七十六「宣露布」條稱後魏每攻戰尅捷，欲天下聞知，乃書帛建於漆竿上，名爲露布，自此始也，其後相因施行。隋文帝開皇中詔太常卿牛弘撰宣露布禮。大唐每平蕩寇賊，宣露布。其日守宮量設羣官次。露布至，兵部侍郎奉以奏聞，仍集文武羣官客使於東朝堂，中書令宣佈，具如開元禮。《容齋四筆》卷十亦謂用兵獲勝則上其功狀於朝謂之露布。且引劉勰《文心雕龍》云：「露布者，蓋露板不封，布諸觀聽也。」洪邁又稱後人不知所出，遂致於笑話。唐莊宗爲晉王時，擒滅劉守光，命掌書記王緘草露布。緘不知故事，書之

於布，遣人曳之，爲議者所笑。按「李令露布」事，考《舊唐書・于公異傳》載曰：「建中末，爲李晟招討府掌書記。興元元年收京城，公異爲露布上行在，云『臣已肅清宮禁，祗奉寢園，鍾簴不移，廟貌如故。』德宗覽之泣下不自勝，左右爲之嗚咽，既而曰：『不知誰爲之？』或對曰：『于公異之詞也。』上稱善久之。此記載與《國史補》合，可互爲參證。

〔二〕于公異：吳人，登進士第，文章精拔爲時所稱。初應進士時，與舉人陸贄不協，至是贄爲翰林學士，聞上稱與，尤不悅。及貞元中，陸贄爲宰相奏公異無素行，黜之，詔曰祠部員外郎，名位不振，轗軻而卒，人士惜其才，惡贄之褊急不容。事跡具兩《唐書》本傳（《舊唐書》卷一百三十七；《新唐書》卷二百三）

〔三〕公異句：陸贄，唐德宗時宰相，字敬輿，蘇州嘉興人。年十八，登進士第，以博學宏詞登科，授華州鄭縣尉。又以書判拔萃，選授渭南縣主簿，遷監察御史。德宗時，召爲翰林學士。貞元七年，罷學士，正拜兵部侍郎，知貢舉。八年，出任中書侍郎、門下同平章事。十一年，貶爲忠州別駕。永貞元年，卒於貶所，時年五十二歲。其事跡具兩《唐書》本傳（《舊唐書》卷一百三十九；《新唐書》卷一百五十七）。按「誣以家行不至」語，考《舊唐書・于公異傳》載，公異少時不爲後母所容，自遊宦成名，不歸鄉里。及貞元中，陸贄爲宰相，奏公異無素行，黜之。詔曰：「祠部員外郎于公異，頃以才名昇於省闈。其少也，爲父母之所不容，宜其引愆在躬，孝行不匱，匿名跡於畎畝，候安否於門閭，俾其親之過不彰，庶其誠之至必感，安於棄斥，遊學遠方，忘其溫凊之戀，竟至存亡之隔，爲人子者忍至是乎？宜放歸田里，俾自循省。其舉公異官尚書左丞盧邁，宜奪俸兩月。」

李令勳臣首

德宗初復宮闕，所賜勳臣第宅妓樂，李令爲首，渾侍中次之〔一〕。

箋注

〔一〕德宗句：李令，指李晟，因其功而冊拜爲太尉中書令，故有此稱。其傳略見前條。渾侍中，即渾瑊，興元元年，因功晉升侍中，故稱此。渾瑊，乃皋蘭州人，本鐵勒九姓部落之渾部也。渾瑊本名曰「進」，年十餘歲即善騎射，隨父戰伐破賀魯部下石堡城，收龍駒島，勇冠諸軍，累授折衝果毅，前後任中郎將、左廂兵馬使、大都護、節度使、左金吾衛大將軍等職，屢立戰功，以忠勇著稱。在唐平安史之亂中，先後隨李光弼、郭

子儀、僕固懷恩出戰河北，收復兩京，討史朝義。唐永泰年間，吐蕃十萬萬大軍攻唐，渾瑊率二百驍騎領先衝入吐蕃營，生擒蕃將，勇冠諸軍，斬五千餘人。大曆年間，屢破吐蕃兵進擾。後又擊退回紇軍對太原進攻，升檢校工部尚書、單于大都護等職。建中四年，涇原叛軍佔據長安，德宗逃入奉天，渾瑊領兵數千堅守危城，擊退數萬叛軍之圍攻，保住了奉天。不久，朔方節度使李懷光亦叛變，渾瑊護衛德宗逃往梁州。興元元年，渾瑊任行營兵馬副元帥，率軍出斜谷，在武功擊敗叛軍一部，進屯奉天，協同李晟所領之神策軍共殲叛軍，攻克咸陽。因功晉升侍中，封咸寧郡王。不久，又任朔方行營副元帥，參加討伐李懷光，平定河中。加檢校司空，出鎮河中。渾瑊功高不驕，深受德宗信任。貞元三年，奉命與吐蕃相尚結贊會盟，因無戒備爲吐蕃軍所劫，隻身逃歸，入朝請罪。德宗不予追究，令還河中。貞元十五年十二月卒。其事跡具兩《唐書》本傳（《舊唐書》卷一百三十四；《新唐書》卷一百五十五）。按「德宗賜勳臣第宅妓樂」事，考《舊唐書·李晟傳》（《舊唐書》卷一百三十三）載，德宗初御大殿，即贈李晟父欽太子太保，母王氏贈代國夫人，賜永崇里第及涇陽上田延平門之林園，女樂八人，入第之日，京兆府供帳酒饌，賜教坊樂具鼓吹迎導，宰臣節將送之，京師以爲榮觀。按「渾侍中次之」語，考《舊唐書·渾瑊傳》（《舊唐書》卷一百三十四）載，興元元年六月，加渾瑊侍中，論收京城之功，加實封李晟一千戶，渾瑊八百戶，韓遊瓌、戴休顏四百戶，駱元光、尚可孤五百戶。七月，德宗還宮，以瑊守本官兼河中尹，河中絳慈隰節度使，仍充河中同陝虢節度及管內諸軍行營兵馬副元帥，改封咸寧郡王。九月，賜渾瑊大寧里甲第，女樂五人。入第之日，宰臣節將送之，一如李晟入第之儀。又王世貞《弇山堂別集·賞功考下》（《弇山堂別集》卷八十）考證甚爲詳實，云：「唐賞平朱泚，中書令李晟永崇里甲第，涇陽上田延平門林園，女樂一部；侍中渾瑊大寧里甲第，女樂五人；大將駱元光、李元諒等甲第一區，女樂三人。」

埋懷村下營

　　司徒馬燧討李懷光，自太原引兵至寶鼎下營。因問其地名。答曰：「埋懷村。」乃大喜曰：「擒賊必矣。」至是果然。〔一〕

箋注

　〔一〕司徒馬燧，即唐朝名將馬燧，興元元年正月，加檢校司徒，封北平郡王，故稱爲司徒馬燧。字洵美，汝州郟城人，系出右扶風馬氏。祖上

自右扶風遷居至此，祖父馬珝，官至左玉鈐衛倉曹。馬燧少與諸兄一起學習，歎曰：「方天下有事，丈夫當以功濟四海，渠老一儒哉？」又攻兵書戰策，多謀略。寶應中，澤潞節度使李抱玉薦為趙城尉，遷左武衛兵曹參軍。大曆十年，任河陽三城使。大曆十四年，遷河東節度使，威震北方。建中二年，加檢校兵部尚書，奉詔討魏博叛將田悅，以解臨洺、邢州之圍。斬田悅部將楊朝光以下五千餘人，至臨洺，大破田悅軍。以功加尚書右僕射。貞元元年三月，敗李懷光軍於陶城，破懷光軍於長春宮，懷光自殺，河中平定。遷光祿大夫。貞元二年，吐蕃寇邊，攻陷鹽、夏二州，馬燧率軍出擊，貞元三年四月，因輕信吐蕃，招致平涼會盟之劫。事後被奪兵權，為司徒兼侍中。貞元五年，馬燧和太尉李晟之畫相入凌煙閣。貞元十一年，病卒。其事跡具兩《唐書》本傳（《舊唐書》卷一百三十四；《新唐書》卷一百五十五）。按「馬燧討李懷光」事，考《舊唐書·李懷光傳》（《舊唐書》卷一百二十一）載，時，河東節度使馬燧威名素著，乃加燧副元帥，與渾瑊及鎮國軍節度駱元光、邠寧節度韓遊瓌、鄜坊節度唐朝臣會兵，同討懷光。寶鼎，指寶鼎縣。考《元和郡縣志》卷十四謂：「本漢汾陰縣也。屬河東郡。劉元海時，廢汾陰縣入蒲阪縣。後魏孝文帝復置汾陰縣。開元十一年，改寶鼎縣。」按寶鼎之名由來，考《舊唐書·地理志》卷三十九謂：「開元十一年，玄宗祀后土，獲寶鼎，因改為寶鼎。」埋懷村，史志無考，僅見於《唐國史補》此條。《太平廣記》、《紺珠集》等筆記類書皆有傳抄，然正史不採，蓋以為小說家言，不足徵信之故也。

韓滉自負米

韓晉公滉〔一〕聞奉天之難，以夾練囊緘盛茶末，遣健步以進御。至發軍食，常自負米一石登舟，大將已下皆運，一日之中積載數萬斛。後大修石頭五城，召補迎駕子弟，亦招物議也〔二〕。

箋注

〔一〕韓晉公滉：指韓滉。貞元元年七月，拜檢校左僕射同平章事使並如故，二年春特封晉國公。故稱為韓晉公。韓滉，字太沖，長安（今陝西西安）人，少師韓休之子，以蔭補騎曹參軍。唐至德年任吏部員外郎，性強直，明吏事，以戶部侍郎判度支數年，德宗時為鎮海軍節度使，破李希烈，調發糧帛以濟朝廷。貞元元年，拜檢校左僕射、同平章事。二年春，特封晉國公。貞元三年，以疾薨，年六十五。其事跡具兩《唐書》本傳（《舊

唐書》卷一百二十九；《新唐書》卷一百二十六），新傳附在其父韓休傳
之後。按「韓滉負米」事，考《新唐書·韓滉傳》云：「船置十弩，以相
警捍，賊不能劘。始漕船臨江，滉顧僚吏曰：『天子蒙塵，臣下之恥也。』
乃自舉一囊，將佐爭負之。」

〔二〕後大句：按「修石頭五城」事，《舊唐書·韓滉傳》亦有載及，謂：「滉
功居多，然自關中多難，滉即於所部閉關梁，築石頭五城。自京口至玉
山，禁馬牛出境。造樓船戰艦三十餘艘，以舟師五千人由海門揚威武至
申浦而還。毀撤上元縣佛寺道觀四十餘所，修塢壁。建業抵京峴，樓雉
相屬，以佛殿材於石頭城繕置館第數十。時滉以國家多難，恐有永嘉渡
江之事，以爲備預以迎鑾駕，亦申儆自守也。城中穿深井十丈，近百所，
下與江平。」按「招物議」，考新傳云：「貞元元年，加檢校左僕射同中
書門下平章事、江淮轉運使，封鄭國公。以繕治石頭城。人頗言有窺望
意，雖帝亦惑之。會李泌間關辯數，帝意乃解。」

張鳳翔奸害

　　張鳳翔〔一〕聞難，盡出所有衣服，並其家人鈿釵枕鏡，列于小
廳，將獻行在。俄頃後院火起，妻女出而投鎰，鎰遂與判官由水
竇得出，匿村舍中。數日稍定，會鎰家僮先知之，走告軍中，軍
中計議迎鎰，遂遇害也〔二〕。

箋注

〔一〕張鳳翔：指張鎰，嘗以中書侍郎爲鳳翔隴右節度使，故號張鳳翔。其人
乃蘇州人，朔方節度使張齊邱之子。以門蔭授左衛兵曹參軍，郭子儀辟
爲判官，授大理評事遷殿中侍御史。乾元初，因盧樅事，貶撫州司戶，
量移晉陵令，未之官，洪吉觀察張鎬辟爲判官，奏授殿中侍御史，遷屯
田員外郎轉祠部右司二員外。大曆五年，除濠州刺史，爲政清淨，州事
大理。李靈曜反於汴州，張鎰訓練鄉兵，嚴守禦之備，詔書褒異，加侍
御史江淮鎮守使，尋遷壽州刺史使如故。德宗即位，除江南西道都團練
觀察使、洪州刺史兼御史中丞，徵拜吏部侍郎，尋除河中晉絳都防禦觀
察使，到官數日，改汴滑節度觀察使、汴州刺史兼御史大夫。以疾辭，
逗留於中路，徵入，養疾私第。未幾，拜中書侍郎平章事、集賢殿學士，
修國史。後因李楚琳叛亂，遂遇害。其事跡具兩《唐書》本傳（《舊唐書》
卷一百二十五；《新唐書》卷一百五十二）。

〔二〕按「張鳳翔蒙難」事，考《舊唐書·張鎰傳》（《舊唐書》卷一百二十五）
載，德宗將幸奉天，張鎰竊知之將迎鑾駕，具財貨服用獻行在。李楚琳

者營事朱泚，得其心。軍司馬齊映等密謀曰：「楚琳不去，必爲亂。」乃遣楚琳屯於隴州，楚琳知其謀乃託故不時發，張鎰始以迎駕心憂惑以楚琳，承命去矣，殊不促其行。張鎰修飾邊幅，不爲軍士所悅，是夜李楚琳遂與其黨王汾、李卓、牛僧伽等作亂，張鎰夜縋而走，判官齊映自水寶出，齊抗爲傭保，負荷而逃，皆獲免。張鎰出鳳翔三十里，及二子皆爲候騎所得，李楚琳俱殺之，判官王沼、張元度、柳遇、李漵被殺，詔贈太子太傅。

韓滉過大樑

韓晉公自江東入覲，氣概傑出。是時劉玄佐【1】〔一〕在大梁，倔強難制。滉欲必致朝覲，結爲兄弟，入拜其親〔二〕。駐車三日，大出金帛賞勞，一軍爲之傾動，玄佐敬伏。乃使人密聽滉。滉夜問孔目吏曰：「今日所費多少？」詰責頗細，玄佐笑而鄙之〔三〕。

校勘記

【1】《津逮》本、《四庫》本均作「玄」，《學津》本作「元」，蓋避清皇帝諱。

箋注

〔一〕劉玄佐：本名洽，滑州匡城人。少倜儻不理生業，爲縣捕盜吏，違法爲令所笞幾死，乃亡命從軍。大曆中，爲永平軍衙將，李勉奏署宋州刺史。建中二年，加兼御史中丞、亳潁節度等使，俄加御史大夫遷尚書累，封四百戶兼曹濮觀察使，尋加淄青兗鄆招討使，又加汴滑都統副使，加檢校左僕射，加平章事，詔加汴宋節度。無幾，授本管及陳州諸軍行營都統，賜名玄佐。是歲來朝，又拜涇原四鎮、北庭等道兵馬副元帥、檢校司空，封八百戶。玄佐，性豪侈，輕財重義，厚賞軍士，民爲之困。後日益驕恣，多逐殺將帥，以利剽劫，又寵任小吏張士南及養子樂士朝，財物累鉅萬，貞元三年三月，薨於位，年五十八。事跡具兩《唐書》本傳（《舊唐書》卷一百四十五；《新唐書》卷二百十四）。

〔二〕滉欲句：按韓滉結交劉玄佐事，考《舊唐書·韓滉傳》（《舊唐書》卷一百二十九）云：「滉之入朝也，路由汴州，厚結劉玄佐，將薦其可任邊事，玄佐納其賂，因許之。」

〔三〕按韓滉、劉玄佐此事，亦見於《新唐書·韓滉傳》（《新唐書》卷一百二十六），然不載及李玄佐使人密聽韓滉事，云：「劉玄佐不朝，帝密詔滉諷之。及過汴，玄佐素憚滉，修屬吏禮，滉辭不敢當，因結爲兄弟，入

拜其母，置酒設女樂。酒行，滉曰：『宜早見天子，不可使夫人白首與新
婦子孫填宮掖也。』玄佐泣悟。滉以錢二十萬緡爲玄佐辦裝，又以綾二
十萬犒軍，玄佐入朝。」按「滉夜問孔目吏」事，考之舊傳云：「滉公潔
強直，明於吏道，判南曹凡五年，詳究簿書，無遺纖隱……自至德、乾
元已後，所在軍興，賦稅無度，帑藏給納，多務因循。」同卷又謂：「滉
既掌司計，清勤檢轄，不容姦妄，下吏及四方行綱過犯者，必痛繩之。
又屬大曆五年已後，蕃戎罕侵，連歲豐稔，故滉能儲積穀帛，帑藏稍實。
然苛剋頗甚、覆治按牘，勾剝深文，人多諮怨。」韓滉精於度支計算，
清勤節儉，「自德宗出居，及歸京師，軍用既繁，道路又阻，關中飢饉，
加之以災蝗，江南、兩浙轉輸粟帛，府無虛月，朝廷賴焉。」劉玄佐因
其算計過度笑而鄙之，實不知理財之艱也。

盧杞爲奸邪

　　德宗既貶盧杞，然常思之〔一〕。後欲稍遷，朝臣恐懼，皆有諫
疏。上問李汧公〔二〕曰：「盧杞何處奸耶？」勉曰：「天下以爲奸
邪，而陛下不知，所以爲奸邪也。〔三〕」

箋注

〔一〕德宗句：按「德宗貶盧杞」，考《舊唐書‧德宗本紀上》（《舊唐書》卷十
二）載，建中四年，涇原兵變，京師失守，朔方節度使李懷光屢上疏彈
劾其罪，一時物議喧騰，於是德宗歸咎於盧杞，貶爲新州司馬。按「德
宗常思之」語，考《舊唐書‧盧杞傳》（《舊唐書》卷一百三十五）載，
盧杞在貶所常謂人曰：「吾必再入用。」是日，德宗果用盧杞爲饒州刺史。
朝臣聞之，皆上疏諫阻。翌日，德宗於延英殿謂宰臣曰：「朕欲授杞一小
州刺史可乎？」李勉對曰：「陛下授杞大郡亦可，其如兆庶失望何？」《舊
唐書‧德宗本紀》（《舊唐書》卷十三下）史官評云：「德宗皇帝初總萬機，
勵精治道，思政若渴，視民如傷。其始也去無名之費，罷不急之官，出
永巷之嬪嬙，放文單之馴象，減太官之膳，誡服玩之奢，解鷹犬而放伶
倫。」而後卻「逐於楊炎，受佞不忘於盧杞，用延賞之私怨，奪李晟之
兵符，取延齡之奸謀，罷陸贄之相位。」可謂善始而不能善終。

〔二〕李汧公，即李勉。李勉字玄卿，鄭王元懿曾孫，封汧國公。幼勤經史，
長而沉雅清峻。李勉性剛直不阿，嫉惡如仇，不附權幸，先後爲李輔國、
魚朝恩所銜。爲人坦率素淡，好古尚奇，清廉簡易，禮賢下士，爲宗臣
之表。善鼓琴，好屬詩，在相位二十年，後因得罪盧杞，見疏，居相二
歲，辭位以太子太師罷。卒年七十二，贈太傅，諡曰「貞簡」。事跡具兩

《唐書》本傳（《舊唐書》卷一百三十一；《新唐書》卷一百三十一）。
〔三〕按李汧公此事，《舊唐書‧盧杞傳》亦有載，謂：「德宗於延英殿問曰：『眾人論杞奸邪，朕何不知？』李勉答曰：『盧杞奸邪，天下人皆知，唯陛下不知，此所以爲奸邪也。』德宗默然良久。散騎常侍李泌復對。上曰：『盧杞之事，朕已可袁高所奏，如何？』李泌拜而言曰：『累日外人竊議以陛下同漢之桓靈，臣今親承聖旨，乃知堯舜之不逮也。』德宗大悅，慰勉之，盧杞遂貶死於澧州。」（《舊唐書》卷一百三十五）此事亦見於《白孔六帖》，其書「盧杞姦邪」條下注云：「李勉同中書門下平章事。貞元初，帝起盧杞爲刺史，袁高還詔不得下。帝問曰：『眾謂盧杞姦邪，朕顧不知謂何？』勉曰『天下皆知，而陛下獨不知此，所以爲姦邪也。』時韙其對然，自是益見疏。」

馬燧雪懷光

初，馬司徒面譖【1】李懷光，德宗正色曰：「唯卿不合譖人。」惶恐而退。李令聞之，請全軍自備資糧，以討凶逆，由此李、馬不叶〔一〕。

校勘記
【1】《津逮》本、《四庫》本、《學津》本均作「雪」，《說郛》作「譖」，《唐語林》作「斥」，今考其意思，從「譖」字。

箋注
〔一〕按李、馬不叶事，僅見於《國史補》，正史不載。據《舊唐書‧李懷光傳》（《舊唐書》卷一百二十一）載，李懷光反，朝廷以馬燧威名素著，乃加燧爲副元帥，與渾瑊及鎮國軍節度駱元光、邠寧節度韓遊瓌、鄜坊節度唐朝臣會兵同討懷光。馬燧率軍拔絳州，至寶鼎。無幾，圍懷光於河中。貞元元年秋，朔方部將牛名俊斬懷光首以降燧。其子璀刃其弟數人乃自殺。懷光死，時年五十七。李、馬不叶，終以馬殺李而止。

和解二勳臣

李令嘗爲制將，將軍至西川，與張延賞有隙〔一〕。及延賞大拜，二勳臣在朝，德宗令韓晉公和解之。每宴樂，則宰臣盡在，太常教坊音聲皆至，恩賜酒撰【1】，相望于路〔二〕。

校勘記

【1】《津逮》本作「酒撰」，《學津》本、《四庫》本均作「酒饌」，今改爲「饌」
　　字。

箋注

〔一〕按「李晟與張延賞有隙」事，考《舊唐書・張延賞傳》（《舊唐書》卷
　　　一百二十九）載，貞元元年，以宰相劉從一有疾，詔張延賞爲中書侍
　　　郎、同中書門下平章事。延賞與鳳翔節度使李晟不協，李晟表論延賞
　　　過惡，德宗重違晟意，延賞至，興元改授左僕射。初，大曆末，吐蕃
　　　寇劍南，李晟領神策軍戍之，及旋師，以成都官妓高氏歸。張延賞聞
　　　而大怒，即使將吏令追還焉。李晟頗銜之，形於詞色。三年正月，李
　　　晟入朝，詔李晟與張延賞釋憾，德宗注意於張延賞，將用之。會浙西
　　　觀察使韓滉來朝，嘗有德於李晟，因會譖說李晟，使與延賞釋憾，同
　　　飲極歡，且請李晟表薦爲相，李晟然之。於是復加同中書門下平章事。
　　　及張延賞當國用事，李晟請一子聘其女以固情好，延賞拒而不許。李
　　　晟謂人曰：「武人性快，若釋舊惡於盃酒之間，終歡可解。文士難犯，
　　　雖修睦於外而蓄怒於內，今不許婚矕，未忘也，得無懼焉！」無幾，
　　　張延賞果謀罷李晟兵權。

〔二〕按「恩賜酒饌，相望于路」語，《新唐書・李晟傳》（《新唐書》卷一百五
　　　十四）採入正傳。

李馬不舉樂

　　　李、馬二家，日出無音樂之聲，則執金聞奏，俄頃必有中使來
問：「大臣今日何不舉樂？」〔一〕

箋注

〔一〕按「李、馬」，即李晟，馬燧。按李馬此事，考《舊唐書・李晟傳》
　　　載，李晟與馬燧皆在朝，每宴樂恩賜使者相銜於道。兩家日出無鐘鼓
　　　聲，則金吾以聞，少選使者至，必曰：「今日何不舉樂？」（《舊唐書》
　　　卷一百三十三《李晟傳》）又考王讜《唐語林》卷六載：「李令常爲制
　　　將，至西川與張延賞有隙，及延賞作相，二勳臣在朝，德宗常令韓晉
　　　公和解，宴樂則宰臣盡在，而太常教坊音樂皆至，恩賜酒饌相望於路，
　　　張李二家日出無音樂之聲，金吾必奏。俄頃有中使來問：『大臣今日
　　　何不舉樂？』」此中張李二家實李馬之誤，應爲傳抄之訛。李綱《論
　　　唐三宗禮遇大臣》一文，於此事有一番議論，頗中肯綮，見於《梁谿
　　　集》（《梁谿集》卷一百四十九），其論謂：「肅宗有安史之亂，代宗有

吐蕃之寇，德宗有朱泚之變，皆身去宗社而卒能復國者，蓋亦各有所長。又云李晟、馬燧雖以讒間罷兵柄，德宗皆以大臣呼之而不名，每宴樂恩賜，使者相銜於道。兩家日出無鐘鼓聲，則金吾以聞，少選使者至必曰：『今日何不舉樂？』其禮遇如此。《傳》曰：『有功而見知則說。』又曰：『敬大臣則百工勸。』如肅代之暗弱，德宗之猜阻，非有過人之聰明，而其所長如此，宜乎其能復國也。昔楚昭王病於軍中，有赤雲如鳥夾日以飛，太史以謂是害於王，然可移於將相。昭王曰：『將相孤之股肱也，今移禍，庸去是身乎？』弗聽。孔子在陳聞之曰：『楚昭王通大道矣，其不失國宜哉。夫病疴而不肯移禍於股肱，則其平日之所以禮遇之者可知矣。』此乃昭王之所以能復國也，吾於肅、代、德宗亦云。」

盧邁撤鹽醋

盧相邁不食鹽醋〔一〕，同列問之：「足下不食鹽醋，何堪〔二〕？」邁笑而答曰：「足下終日食鹽醋，復又何堪矣？」

箋注

〔一〕盧相句：盧相邁，指盧邁，貞元九年以本官同中書門下平章事，故有此號。盧邁字子玄，范陽人，少以孝友謹厚稱，深爲叔舅崔祐甫所親重。兩經及第，歷太子正字、藍田尉，以書判拔萃授河南主簿，充集賢校理。朝臣薦其文行，遷右補闕、侍御史、刑部吏部員外郎。邁以叔父兄弟姊妹悉在江介，屬蝗蟲歲饑，懇求江南上佐，由是授滁州刺史，入爲司門郎中遷右諫議大夫，累上表言時政得失，轉給事中，屬校定考課。盧邁固讓，以授官時短，未有政績，不敢當上考，時人重之。遷尚書右丞、將作監。九年以本官同中書門下平章事，歲餘遷中書侍郎。時大政決在陸贄、趙憬，盧邁謹身中立，守文奉法而已，而友愛恭儉。十二年九月，盧邁於政事堂中風，肩輿而歸，上表請罷官，不許，詔宰臣就第問疾，自是凡五十表，堅乞骸骨然，乃除太子賓客。貞元十四年卒，時年六十。其事跡具兩《唐書》本傳（《舊唐書》卷一百三十六；《新唐書》卷一百五十）按「不食鹽醋」，此似爲古之孝行，可考之於史傳。如《陳書·張昭傳》（《陳書》卷三十二）載云：「及父卒，張昭兄弟並不衣綿帛，不食鹽醋，日唯食一升麥屑粥而已。每一感慟，必致嘔血。鄰里聞其哭聲，皆爲之涕泣。父服未終，母陸氏又亡，兄弟遂六年哀毀，形容骨立，親友見者莫識焉。」又據《南史》（《南史》卷七十三）載，南朝宋有孝子名孫沙彌者，嫡母劉氏寢疾，沙彌晨昏侍側，衣不解帶，或應針灸，輒

以身先試。及母亡，水漿不入口累日。初進大麥薄飲，經十旬方爲薄粥，終喪不食鹽酢，冬日不衣綿纊，夏日不解衰経，不出廬戶，晝夜號慟，隣人不忍聞，所坐薦淚霑爲爛。」

〔二〕足下句：按醋於唐代飲食生活不可或缺，故有不食「何堪」之惑。後唐馮贄《雲仙雜記》卷四云：「唐世風俗，貴重葫蘆醬，桃花醋，照水油。」宋陶穀《清異錄》卷下謂：「醬八珍主人也，醋食總管也。」可見醋於古人日常飲食中之重要。圓仁《入唐求法巡禮行記》亦數及食醋事，謂：「開成五年二月二十七日，登州鞏車村宋日成宅中，乞醬酢鹽荣，專無一色。湯飯吃不得。開成五年三月十七日在萊州潘村潘家中，主心甚惡，不作禮數。就主人乞荣醬醋鹽，總不得。遂出茶一斤，買得醬荣，不堪吃。開成五年三月二十日於青州孤山村宋家，主人慳極，一撮鹽、一匙醬醋，非錢不與。」按此可見，唐代人食若無醋，則難以下嚥。唐代有專門管醬醋之官署，《唐六典》卷十五云：「掌醢令，掌供醯醢之屬，而辨其名物。丞爲之貳，一曰鹿醢，二曰兔醢，三曰羊醢，四曰魚醢，和其麴藥，視其多少而爲之品齊。凡祭神祇、享宗廟用菹醢，以實豆；燕賓客、會百官，用醯醬以和羹。」此中所稱「醯」即爲醋。民間亦有鬻醬醋爲業者，五代侯溫裕《玉堂閒話》（見《太平廣記》卷一百三十八）載：「齊州有一富家翁，郡人呼日劉十郎，以鬻醋油爲業。」

包佶惡陳氏

包佶自陳少游所困，遂命其子曰：「意欲數代不與陳氏爲婚媾。〔一〕」

箋注

〔一〕包佶句：包佶，唐史無傳。據兩《唐書》各處記載（《舊唐書·代宗本紀》（《舊唐書》卷十一）；《舊唐書·德宗本紀》（《舊唐書》卷十二）；《舊唐書·房琯傳》（《舊唐書》卷一百十一）），包佶因坐元載案貶官，歷汴東兩稅使，繼劉晏掌鹽鐵，頗有能名。建中二年，以權鹽鐵使戶部郎中充江淮水陸運使，明年以江淮鹽鐵使太常少卿包佶爲汴東水陸運兩稅鹽鐵使，掌東南財賦於揚州，陳少游脅奪之。陳少遊，博州人，祖陳儼安西副都護，父陳慶右武衛兵曹參軍，以少遊累贈工部尚書。少遊幼聰辯，初習莊、列、老子，爲崇玄館學生。既擢第，補渝州南平令，理甚有聲。至德中，河東節度王思禮奏爲參謀，累授大理司直監察殿中侍御史、節度判官。寶應元年入爲金部員外郎，尋授侍御史、廻紇糧料使，改檢校職方員外郎，充使檢校郎官，自少遊始也。明年，僕固懷恩奏爲河北副

元帥判官兵部郎中兼侍御史，遷晉州刺史，改同州刺史，未視事，又歷
晉、鄭二州刺史。少遊爲理長於權變，時推幹濟，然厚斂財貨，交結權
倖，以是頻獲遷擢，賄賂於中官董秀、宰相元載等，故內外引薦，拜宣
州刺史、宣歙池都團練觀察使。大曆五年，改越州刺史兼御史大夫、浙
東觀察使。八年遷揚州大都督府長史、淮南節度觀察使，仍加銀青光祿
大夫封潁川縣開國子。陳少遊十餘年間，三總大藩，皆天下殷厚處。以
故徵求貿易，且無虛日，斂積財寶，累巨億萬，多賂遺權貴，視文雅清
流之士蔑如也。代宗以爲忠，待之厚，上即位，累加檢校禮部、兵部尚
書。及李希烈陷汴州，聲言欲襲江淮，陳少遊懼，乃使參謀溫述由壽州
送欵於希烈。無何劉洽收汴州，得希烈僞起居注，某月日陳少遊上表歸
順。少遊聞之，慙惶發疾，數日而卒，年六十一。事跡具兩《唐書》本
傳，《新唐書》將其納入叛臣傳（《舊唐書》一百二十六卷；《新唐書》卷
二百二十四上）。按「包佶自陳少遊所困」事，考《舊唐書·陳少遊傳》
載，建中四年十月，德宗駕幸奉天，度支汴東兩稅使包佶時在揚州，尚
未知情。包佶判官崔沇遽報陳少遊，言包佶時所總賦稅錢帛約八百萬貫
在焉，陳少遊意以爲賊據京師，未即收復，遂脅取其財物。先使判官崔
某就包佶強索，其納給文歷並請供二百萬貫錢物以助軍費。佶答曰：「所
用財帛須承勅命。」未與之。崔某勃然曰：「中丞若得爲劉長卿；不爾，
爲崔眾矣。」劉長卿嘗任租庸使，爲吳仲孺所困，崔眾供軍吝財，爲李
光弼所殺，故崔言及之。包佶大懼，不敢固護財帛，將轉輸入京師者悉
爲陳少遊奪之。包佶自謁，少遊止焉，長揖而遣。既懼禍，奔往白沙。
陳少遊又遣判官房孺復召之，包佶愈懼，託以巡檢，因急棹過江，妻子
伏案牘中。至上元復爲韓滉所拘留，包佶先有兵三千守禦財貨，令高越、
元甫將焉，少遊盡奪之。隨佶渡江者，又爲韓滉所留，包佶但領胥吏往
江鄂等州。包佶於彈丸中置表，以少遊脅取財帛事聞上。會陳少遊使繼
至，上問曰：「少遊取包佶財帛，有之乎？」對曰：「臣發揚州後，非所
知也。」上曰：「少遊國之守臣，或防他盜，供費軍旅，收亦何傷。」時
方隔阻絕，國命未振，遠近聞之大驚，咸以聖情達於變通，明見萬里。
陳少遊後聞之乃安。後包佶入朝具奏少遊奪財賦事狀，陳少遊大懼乃上
表，以所取包佶財貨皆是供軍急用，今請據數卻納。既而州府殘破，無
以上塡，乃與腹心孔目官等設法重稅管內百姓以供之。又據《舊唐書·
房孺復傳》（《舊唐書》卷一百十一）載，房琯之子房孺復，嘗爲淮南節
度陳少遊辟爲從事，多招陰陽巫覡，令揚言已過三十，必爲宰相。德宗
幸奉天，包佶掌賦於揚州，少遊將抑奪之。包佶聞而奔出，少遊方遣人
劫包佶，會包佶已過江南，乃還。及少遊卒，浙西節度韓滉又辟其入幕

府。此傳所記與前面所述皆相符契，當知《國史補》所言頗信，足稱良史。

顏魯公死事

顏魯公之在蔡州〔一〕，再從姪峴家僮銀鹿始終隨之。淮西賊將僭竊，問儀注于魯公〔二〕。公答曰：「老夫所記，唯諸侯朝覲之禮耳！」臨以白刃，視之晏然。嘗草遺表，及自為墓誌祭文，以置座【1】隅，竟遇害于龍興寺〔三〕。

校勘記

【1】「坐」，《津逮》本此字缺，《四庫》本作「坐」字，《學津》本作「座」，今從《學津》本補上。

箋注

〔一〕顏魯公，即顏眞卿。代宗時官至吏部尚書、太子太師，封魯郡公，故稱顏魯公。顏眞卿，字清臣，琅邪臨沂人。五代祖顏之推爲北齊黃門侍郎。眞卿少勤學業，有詞藻，尤工書。開元中舉進士，登甲科。事親以孝聞，四命爲監察御史，遷殿中侍御史。爲權臣楊國忠排斥，被貶黜平原任太守。人稱顏平原。肅宗時至鳳翔授憲部尚書，遷御史大夫。代宗時官至吏部尚書、太子太師，封魯郡公。天寶十四年，平盧、范陽、河東三鎮節度使安祿山反，顏眞卿遂聯絡從兄顏杲卿起兵抵抗，附近十七郡皆響應，被推爲盟主，合兵二十萬，使安祿山不敢急攻潼關。德宗興元元年，淮西節度使李希烈叛亂，奸相盧杞欲借李希烈之手殺害眞卿，故派其前往勸諭歸降，爲李希烈縊死，年七十七。及淮泗平，貞元元年，陳仙奇使護送眞卿喪歸京師，德宗痛悼異常，廢朝五日，諡曰「文忠」。德宗親頒詔文，曰「才優匡國，忠至滅身，器質天資，公忠傑出，出入四朝，堅貞一志，拘脅累歲，死而不撓，稽其盛節，實謂猶生」。其事跡具兩《唐書》本傳（《舊唐書》卷一百二十八；《新唐書》卷一百五十三）。按「顏魯公之在蔡州」事，考《舊唐書・顏眞卿傳》載，李希烈陷汝州，盧杞乃奏曰：「顏眞卿四方所信，使諭之，可不勞師旅。」上從之，朝廷爲之失色。李勉聞之，以爲失一元老，貽朝廷羞，乃密表請留，又遣逆於路，不及。

〔二〕淮西賊句：淮西賊即指李希烈。據《舊唐書・顏眞卿傳》載，李希烈既陷汴州，僭偽號，使人問儀於眞卿。使人問儀於眞卿。顏眞卿曰：「老夫耄矣，曾掌國禮，所記者，諸侯朝覲禮耳。」

〔三〕按「遇害於龍興寺」事，考舊傳載，時李希烈大將周曾等謀襲汝州，欲迴兵殺希烈，奉顏真卿爲節度。事洩，希烈殺周曾等，遂送真卿於龍興寺。顏真卿度己必死，乃作遺表，自爲墓誌祭文，常指寢室西壁下云：「吾殯所也。」興元元年，王師復振，逆賊慮變起蔡州，乃遣其將辛景臻、安華至真卿所，積柴庭中，沃之以油，且傳逆詞曰：「不能屈節，當自燒。」真卿乃投身赴火，景臻等遽止之，復告希烈。德宗復宮闕，李希烈弟李希倩在朱泚黨中，例伏誅，希烈聞之，大怒。興元元年八月三日，乃使閹奴與景臻等殺真卿。先曰：「有勅。」真卿拜，奴曰：「宜賜卿死。」真卿曰：「老臣無狀，罪當死，然不知使人何日從長安來？」奴曰：「苃大樑來。」真卿罵曰「乃逆賊耳，何勅耶？」遂縊殺之，年七十七。

高郢陷河中

李懷光之反，高貞公陷于河中，與呂鳴岳、張延英謀誅之〔一〕。事洩，二將遇害，懷光執之于庭，辭氣不撓。又說懷光子璀，駐軍四十七日〔二〕。時李少保鄘，亦在險中〔三〕。

箋注

〔一〕李懷光句：按「李懷光反」事，考《舊唐書・李懷光傳》（《舊唐書》卷一百二十一）載，建中三年，李懷光奉命討魏博鎮田悅。次年，涇原兵變，德宗逃奔奉天。朱泚攻奉天，懷光帶兵馳援，大敗朱泚，因功進副元帥、中書令。然德宗因聽信盧杞等人讒言，不讓懷光入朝，懷光含憤，遂聯合朱泚反叛，迫使德宗逃往漢中。貞元元年，兵敗自殺。按「高貞公」，即高郢，高郢卒諡曰「貞」，故曰高貞公。高郢，字公楚，其先自渤海徙衛州，遂爲衛州人。九歲通春秋，工屬文著語默賦，諸儒稱之。後舉進士，擢第應制舉，登茂才異行科，授華陰尉。嘗以「魯不合用天子禮樂」乃引《公羊傳》著《魯議》，見稱於時，由是授咸陽尉，郭子儀取爲朔方掌書記。子儀怒判官張曇，奏抵死，高郢引求甚力，忤子儀意，下徙猗氏丞。李懷光以郢佐邠寧府，奏爲從事，累轉副元帥判官、檢校禮部郎中。後，懷光背叛，將歸河中，高郢言「西迎大駕豈非忠乎？」懷光忿而不聽。懷光已誅，李晟表其忠，馬燧奏管書記，召拜主客員外郎，遷中書舍人。久之，進禮部侍郎，遷太常卿。貞元末，擢中書侍郎同中書門下平章事。順宗立，病不能事，王叔文黨根據朝廷，帝始詔皇太子監國，而高郢以刑部尚書罷。明年，爲華州刺史，政尚仁靜。復召爲太常卿除御史大夫，數月，改兵部尚書，固乞骸骨，以尚書右僕射致仕。卒，年七十二，贈太子太保，

諡曰「貞」。其事跡具兩《唐書》本傳（《舊唐書》卷一百四十七；《新唐書》卷一百六十五）。按「謀誅李懷光」事，考《舊唐書・高郢傳》載，明年春，高郢與都知兵馬使呂鳴岳、都虞侯張廷英同謀間道上表，及受密詔，事洩，二將立死，李懷光乃大集將卒，白刃盈庭，引高郢詰之。高郢挺然抗辭，無所慙隱，憤氣感發，觀者淚下，懷光慙沮而止。《資治通鑑》卷二百三十二亦載此事，所記與《舊唐書》略有不同，謂：「李懷光都虞侯呂鳴岳，密通欵於馬燧，事泄，李懷光殺之，屠其家。事連幕僚高郢、李廙，李懷光集將士而責之，高郢、李廙抗言逆順，無所慙隱，懷光囚之。」宋晁補之《濟北文粹》收錄《高郢面折懷光》一文（《蘇門六君子文粹》卷五十九），於此事有評論謂：「李懷光節制邠寧，奏高郢爲從事，懷光叛，郢言西迎大駕爲忠。其子璀候郢，郢諭以逆順，又與呂鳴岳、張廷英謀間道上表。事洩，二將立死，懷光乃大集將吏，白刃盈庭，引郢詰之，挺然抗詞，觀者淚下，懷光慙沮而止。懷光不畏天子至，殺郢何足道哉？郢初勸迎駕輿，諭璀逆順，尚或可容，至上表事洩，葅醢必矣，而郢面折懷光，勇過三軍，退不自疑，竟免於禍。自昔以忠義犯難而死者甚眾，非勇而死之爲難，勇而能讐不義，以不蹈其禍之爲難也。方其陳兵盛氣，將立屠之，而郢挺然不屈，意誠理直，兇獷爲柔。《易》曰：『履虎尾不咥人亨。』高郢以之。」

〔二〕又說句：按「高郢說李懷光子璀」事，考《舊唐書・高郢傳》（《舊唐書》卷一百四十七）載，李懷光反，又欲悉兵鼓而西。時渾瑊軍孤，臺帥未集，高郢與李廙誓死駐之，屬懷光長子璀候。高郢乃諭以逆順曰：「人臣所宜效順，且自天寶以來，阻兵者，今復誰在？況國家自有天命，非獨人力，今若恃眾西向，自絕於天。十室之邑，必有忠信，安知三軍不有奔潰者乎？」李璀震懼流淚。

〔三〕時李少保句：李少保，指李廙，因其卒後贈太子太保銜，故有此稱。李廙，字建侯，江夏人，北海太守邕之姪孫，父暄官至起居舍人。李廙大曆中舉進士，又以書判高等授祕書正字，爲李懷光所辟，累遷監察御史。李懷光死，馬燧表爲河東從事，尋以言不行歸豢洛中。襄州節度使嗣曹王皐致禮延辟，署從事，奏兼殿中侍御史，入爲吏部員外郎，遷吏部郎中。順宗登極，拜御史中丞，遷京兆尹、尚書右丞。元和初，以京師多盜，復選爲京兆尹，擒奸禁暴，威望甚著。尋拜檢校禮部尚書、鳳翔尹、鳳翔隴右節度使。未幾，還鎮太原，入爲刑部尚書兼御史大夫、諸道鹽鐵轉運使。五年冬，出爲揚州大都督府長史、淮南節度使。未幾，即改去至淮南，數歲就加檢校左僕射。突吐承璀引以爲相，十二年徵拜門下侍郎同平章事。廙不喜由宦幸進，至京師，又辭疾歸第，既未朝謁，亦

不領政事，竟以疾辭，改授戶部尚書，俄換檢校左僕射兼太子賓客，分司東都，尋以太子少傅致仕。元和十五年八月卒。事跡具兩《唐書》本傳（《舊唐書》卷一百五十七；《新唐書》卷一百四十六）。按「時李少保廓，亦在險中」語，考《舊唐書‧李廓傳》（《舊唐書》卷一百五十七）載，時李廓與故相高郢同在李懷光廷，乃密奏賊軍虛實及攻取之勢，德宗賜手詔以勞之。後事泄，懷光嚴兵召郢與廓詰責，李廓詞激氣壯，三軍義之，懷光不敢殺，囚之獄中。

竇申號鵲喜

竇參之敗，給事中竇申止于配流〔一〕。德宗曰：「吾聞申欲至，人家謂之鵲喜〔二〕。」遂賜死。

箋注

〔一〕竇參句：竇參，字時中，工部尚書誕之玄孫，父審言聞喜尉，以竇參貴，贈吏部尚書。竇參習法令，通政術，性矜嚴，強直而果斷，少以門蔭累官至萬年尉，累遷奉先尉，轉大理司直按獄江淮。明年，除監察御史，奉使按湖南判官，俄轉殿中侍御史改金部員外郎、刑部郎中、侍御史知雜事。無幾，遷御史中丞，不避權貴，理獄以嚴稱，數蒙召見，論天下事又與執政多異同，上深器之。明年，拜中書侍郎同平章事，領度支鹽鐵轉運使政。竇參無學術，但多引用親黨，使居要職以為耳目，四方藩帥皆畏懼之。李納既憚竇參，饋遺畢至，外示敬畏，實陰間之，上所親信多非毀之。其族子竇申又與吳通玄通犯事覺，竇參任情好惡，恃權貪利，不知紀極，終以此敗，貞元八年四月，貶參郴州別駕。竇參至郴州，汴州節度使劉士寧遺竇參絹五千匹，湖南觀察使李巽與竇參有隙，遂具以聞上，又中使逢士寧使於路，亦奏其事，德宗大怒，欲殺竇參，宰相陸贄雖與竇參有宿怨，然亦以殺之太重，乃再貶為驩州司馬。男景伯配泉州，女尼眞如隸郴州，其財物、婢妾傳送京師。竇參特為左右中官深怒謗沮不已，未至驩州，賜死於邕州武經鎮，時年六十。其事跡具兩《唐書》本傳（《舊唐書》卷一百三十六；《新唐書》卷一百四十五）。竇申，考《舊唐書‧竇參傳》（《舊唐書》卷一百三十六）稱其乃竇參之族子，累遷至京兆少尹，轉給事中，竇參特愛之，每議除授，多訪於申。竇申或泄之以招權受賂。竇申所至人目之為喜鵲，德宗頗聞其事，數誡竇參曰：「卿他日必為申所累，不如出之以掩物議。」竇參曰：「臣無彊子，姪竇申雖疏屬，臣素親之，不忍遠出，請保無他犯。」帝曰：「卿雖自保，如眾人何？」竇參固如前對，竇申亦怙惡不悛。兵部侍郎陸贄與竇參有隙，吳通微弟兄與陸贄同在翰林，俱承

德宗顧遇，亦爭寵不協。金吾大將軍嗣虢王則之與竇申及通微、通玄善，遂相與傾軋陸贄，考貢舉言陸贄考貢不實。吳通玄取宗室女爲外婦，德宗知其譭謗竇贄，且令察視，具得其奸狀，乃貶則之爲昭州司馬，吳通玄爲泉州司馬，竇申爲道州司馬。德宗欲嚴懲竇申等同黨，陸贄爲之說情，於是竇申等得配流嶺南，旋賜死，又杖殺竇申，諸竇皆貶，惟竇榮得免死。

〔二〕鵲喜：兩《唐書》皆作「喜鵲」，《說郛》卷四十八上《唐語林》卷六則同於《國史補》，作「鵲喜」（見《說郛》卷四十八上；《唐語林》卷六）

三處士高卑

　　陽城居夏縣，拜諫議大夫。鄭鋼居閿鄉，拜拾遺。李周南居曲江，拜校書郎。時人以爲，轉遠轉高，轉近轉卑。〔一〕

箋注

〔一〕陽城句：陽城，字亢宗，北平人，代爲宦族，家貧不能得書，乃求爲集賢寫書吏，竊官書讀之，晝夜不出房，經六年乃無所不通。既而隱於中條山，遠近慕其德行，多從之學，李泌爲宰相，薦爲著作郎。尋遷諫議大夫。德宗時，伏閤上疏，與拾遺王仲舒共論延齡姦佞，辯陸贄等無罪，忤怒德宗，將加之罪。時，順宗在東宮爲陽城開解，陽城賴之獲免，自此名重天下。然竟以裴延齡事，改國子司業，後又以結黨罪，出爲道州刺史。順宗即位，詔徵之，而陽城已卒，士君子惜之。事跡具兩《唐書》本傳（《舊唐書》卷一百九十二；《新唐書》卷一百九十四），其舊傳見於隱逸傳，新傳則歸於卓行傳之列。鄭鋼，爵里、始末皆漫無可考，其事蹟，惟見於《國史補》此條。李周南，史書無傳，其人始末不詳，事蹟惟見於此，暫付闕如。按「陽城居夏縣」語，考《舊唐書・陽城傳》載，德宗令長安縣尉楊寧齎束帛詣夏縣所居而召之，可知夏縣時爲陽城居所，與李肇所記相符。又「拜諫議大夫」語，考同卷載，德宗召之，陽城乃衣褐赴京上章辭讓，德宗遣中官持章服衣之，而後詔賜帛五十匹，尋遷諫議大夫。夏縣，考《元和郡縣志》卷七謂：「夏縣，本漢安邑縣地，屬河東郡。後魏孝文帝太和十一年別置安邑縣。十八年，改爲夏縣，因夏禹所都爲名。隋大業二年，屬河東郡。武德元年，又屬虞州。貞觀十七年，隸絳州。大定元年，割屬陝州，尋屬絳州。乾元三年，屬陝州，今陝州安邑縣是也。」閿鄉，考同卷載：「閿鄉縣，本漢湖縣地，屬京兆尹，自漢至宋不改。周明帝二年，置閿鄉郡。隋開皇三年，廢閿鄉郡。十六年，移湖城縣於今所，改名閿鄉縣，屬陝州。貞觀八年改屬虢州。」曲江，考同書卷三十五云：「曲江縣，本漢舊縣也，屬桂陽郡，江流廻曲，

因以爲名。吳置始興郡縣屬焉。隋置韶州縣，屬不改。皇朝因之。」以上三地，相距京師愈離愈遠，李肇故有此說。按「轉遠轉高，轉近轉卑」句，考《唐六典》，諫議大夫屬正五品上，拾遺從八品上，校書郎最低，屬正九品上。然曲江最遠，校書郎品銜最低，李肇緣何說「轉遠轉高，轉近轉卑」，不得其解，存疑待考。

汴州佛流汗

汴州相國寺，言佛有流汗〔一〕。節帥劉玄【1】佐遽命駕，自持金帛以施之〔二〕。日中，其妻子亦至。明日，復起輸齋梵。由是將吏商賈，奔走道路，唯恐輸貨不及。乃令官爲簿書，籍其所入。十日乃閉寺門曰：「佛汗止矣！」所入蓋巨萬計，悉以瞻軍〔三〕。

校勘記

【1】《津逮》本、《四庫》本均作「玄」，《學津》作「元」，蓋避清皇帝諱。

箋注

〔一〕汴州句：「按汴州相國寺」，考明吳之鯨《武林梵志》卷一載，相國寺在淳祐橋東北百步許，北齊天保六年創建，名建國寺。唐時燬，爲鄭景宅園。景雲初，僧慧購爲寺，值睿宗由相王即位，賜名相國寺。元末燬，洪武初，僧大雲重建，置僧綱司於內。正德八年，僧東明重修，尚書洪鍾爲之銘。又據《舊唐書》卷三十七載，唐昭宗大順二年七月，汴州相國寺佛閣火災，是日天曉，微雨震電，寺僧見赤塊在三門樓藤網中，而火作，良久，赤塊北飛，越前殿飛入佛閣藤網中，如三門周遶轉而火作，如是三日不息，訖爲灰燼。按「佛流汗」，此不獨見於《國史補》，北魏已有濫觴焉。據《洛陽伽藍記》卷二載，洛陽城東平等寺寺門外金像，高二丈八尺，相好端嚴，常有神驗國之吉凶，先炳祥異。北魏孝昌三年十二月中，此像面有悲容，兩目垂淚，遍體皆濕，時人號曰「佛汗」，京師士女空市里往而觀之。有比丘以淨綿拭其淚，須臾之間綿濕都盡，更換以它綿，俄然復濕，如此三日乃止。

〔二〕節帥句：劉玄佐，兩《唐書》有傳，其傳略見前條。按「所入蓋巨萬計，悉以瞻軍」語，考《舊唐書·劉玄佐傳》載（《舊唐書》卷一百四十五）載，劉玄佐，性豪侈，輕財重義，厚賞軍士，後日益驕恣，多逐殺將帥，以利剽劫，又寵任小吏張士南及養子樂士朝，財物累鉅萬，汴州民因爲之困。

〔三〕按劉玄佐此事，《新唐書‧劉玄佐傳》謂「其權譎類若此」，歐陽修謂「佛
　　流汗」乃劉玄佐虛造佛現瑞假像。段玉明《唐宋相國寺造像考說》（《宗
　　教學研究》2004 年第 4 期）引熊伯履《相國寺考》云：「此固然可以視
　　爲劉玄佐的一種權謀詭計，然同時亦是出於信仰佛教之心理。人寧可相
　　信佛像流汗爲事實，奔走輸金唯恐不及，旬日之間即得金巨萬，說明此
　　次佛像顯聖於世俗人中影響極大。」

德宗望雲騅

　　德宗幸梁、洋〔一〕，唯御騅馬號望雲騅〔二〕者。駕還京，飼以
一品料，暇日牽而視之，至必長鳴四顧，若感恩之狀。後老死飛
龍廐中，貴戚多圖寫之。

箋注

〔一〕按「德宗幸梁、洋」事，考《舊唐書‧嚴震傳》（《舊唐書》卷一百十
　　七）載，天皇興元元年二月，李懷光既圖叛逆，遣使與泚通和，鑾駕
　　幸梁、洋。三月德宗至梁州，山南地貧，糧食難給，宰臣議請幸成都
　　府。嚴震奏曰：「山南地接京畿，李晟方圖收復，藉六軍聲援。如幸西
　　川，則李晟未見收復之期也。幸陛下徐思其宜。」議未決，李晟表至，
　　請車駕駐驛梁、洋，以圖收復，羣議乃止。又據《太平寰宇記》卷一
　　百三十八載，德宗皇帝以朱泚之難幸梁、洋，中書舍人齊映從駕至此
　　川，見旌旗蔽野，心駭之，以爲朱泚之追兵疾路至此。見是梁帥嚴震
　　拜於馬前，德宗大喜。嚴震於德宗前有失臣禮，齊映叱之，且奏曰：「南
　　山士庶只知有嚴震，不知有陛下，且今天威親臨，令蜀士民知天子之
　　尊，亦足以盡嚴震爲臣子之節。」上歎久之，嚴震聞，特拜謝齊映，
　　時議多之。洋州，指洋州郡，春秋及戰國並屬楚地。秦滅楚置三十六
　　郡，此爲漢中郡地。後漢封班超於此。三國時爲蜀之重鎮，故先主分
　　城固立南鄉縣。至後主延熙中，將軍王平守興勢，魏將曹爽攻之不克，
　　乃今郡地。晉改南鄉縣爲西鄉縣，後魏正始中廢西鄉縣，仍於今西鄉。
　　縣西五十里豐寧戍，置豐寧郡，及豐寧縣，仍更立侯亭縣，郡屬直州。
　　廢帝二年，置洋州，因水爲名，領洋州、懷昌、洋中、豐寧四郡。其
　　懷昌郡領懷寧一縣，後周天和五年，置懷昌縣，改懷寧爲懷昌郡，改
　　豐寧爲懷昌縣。隋開皇三年，又罷三郡，並省侯亭縣入洋州，領豐寧、
　　黃金二縣，屬漢川郡，仍改豐寧爲西鄉，移於廢州廨理，又於州城置
　　洋州鎮。唐武德元年，復爲西鄉，立洋州領西鄉、興勢、黃金三縣。
　　四年，又置洋源縣。開元十八年，又置眞符縣。天寶元年，改州爲洋

川郡。十五年，郡西鄉，權移理於興道，即州理是也。乾元元年，復爲洋州，皇朝爲武定軍節度。

〔二〕望雲騅：指德宗坐騎。元稹有《望雲騅馬歌》，其序文稱：「德宗皇帝以八馬幸蜀，七馬道斃，唯望雲騅來往不頓，貞元中老死天廄。臣稹作歌以記之並序。」其歌首四句云：「憶昔先皇幸蜀時，八馬入谷七馬疲，肉綻筋攣四蹄脫，七馬死盡無馬騎。」元稹所說似誤，按八馬幸蜀玄宗事也，其七斃於棧道，雲騅獨存。謂德宗以八馬幸蜀過矣。《大唐傳載》云：「玄宗幸蜀，天廄八馬，其七盡斃於棧道，惟一雲騅存焉。後德宗幸梁，亦充御焉。」又《太平廣記》卷四百三十五引《杜陽編》云：「德宗西幸，有二馬，一號神智驄，一號如意騟，皆如上意，故常謂之功臣，耳中有毛引之一尺。《馬經》云：『耳中有毛者，日行千里。』一日花柳方春，上遊幸諸苑，侍者進瑞鞭，指二驄語近臣曰：『昔朕西幸有二駿，謂之二絕，今獲此鞭，可謂三絕。』遂命酒飲之，因吟曰：『鴛鴦赭白齒新齊，曉日花開散碧蹄，玉勒斗廻初噴沫，金鞭欲下不成嘶。』即中書舍人韓翃詩也。」

命馬繼祖名

馬司徒孫始生，德宗命之曰：「繼祖。」退而笑曰：「此有二義」。意謂以索繫祖也〔一〕。

箋注

〔一〕按繼祖，乃指馬暢之子，馬燧之孫。其人事蹟不詳，惟《舊唐書·馬燧傳》（《舊唐書》卷一百三十四）傳後記其職官及卒年。馬燧既卒，馬暢承舊業，屢爲豪幸邀取。貞元末，中尉申志廉諷暢，令獻田園第宅，順宗復賜暢。晚年財產並盡，身歿之後，諸子無室可居，以至凍餒。馬暢終少府監，贈工部尚書。其子馬繼祖，以祖蔭，四歲爲太子舍人，累遷至殿中少監，年三十七卒。又韓愈撰有《殿中少監馬君墓誌》一文（《五百家注昌黎文集》卷三十三），其文云：「君諱繼祖，司徒贈太師北平莊武王之孫，少府監贈太子少傅諱暢之子，生四歲，以門功拜太子舍人，積三十四年，五轉而至殿中少監，年三十七以卒，有男八人，女二人。」又謂：「後四五年，吾成進士，去而東遊，哭北平王（即馬燧）於客舍，後十五六年，吾爲尚書都官郎分司東都而分府，少傅（即馬暢）卒，哭之。又十餘年至今哭少監（馬繼祖）焉。嗚呼！吾未耄老，自始至今未四十年，而哭其祖、子、孫三世，於人世何如也？人欲久不死而觀居此世者，何也？」《唐宋文醇》卷九評昌黎此銘文曰：「所爲殿中君者，暢

子繼祖也，始生，德宗命之名，退而笑曰：『此有二義，意謂以索繫祖也。』」又曰：「馬氏子孫不能幅制於平時，自致摧敗零落，固已然。唐室之不復昌，豈盡天命哉？括民膏血以悅驕兵叛將，而於忠臣子孫少恩如此，夫安得而不亡？史言暢晚年已困窮，則繼祖死時概可知矣。昌黎為誌，言人欲久不死而觀居此世者何也？不樂其生而發詩人尚寐無訛之歎，夫豈專為馬氏言哉？」吳融嘗於敷水遇丐者，乃馬燧諸孫，遂作《敷水有丐者云是馬侍中諸孫憫而有贈》詩（《唐英歌詩》卷上），其詩云：「天地塵昏九鼎危，大貂曾出武侯師，一心忠赤山河見，百戰功名日月知。舊宅已聞栽禁樹，諸孫仍見丐徵岐，而今不要教人識，正藉將軍死鬬時。」吳融此詩，讀來令人唏噓感慨，有不勝今昔之感。按「德宗賜名」事，不載於兩《唐書》，此說當肇於《國史補》。

徐州朝天行

張建封自徐州入覲，為《朝天行》〔一〕。末句云：「賴有雙旌在手中，鏌鋣昨夜新磨了。」德宗不說。

箋注

〔一〕張建封句：張建封，字本立，兗州人。建封少頗屬文，好談論，慷慨負氣，以功名為己任。大曆初，道州刺史裴虯薦建封於觀察使韋之晉，辟為參謀，奏授左清道兵曹，不樂吏役而去。滑亳節度使令狐彰聞其名辟之。彰既未曾朝覲，建封心不悅之，遂投刺於轉運使劉晏，自述其志，不願仕於彰也。劉晏奏試大理評事，勾當軍務，歲餘，復罷歸。張建封素與馬燧友善，大曆十年，馬燧為河陽三城鎮遏使，辟為判官，奏授監察御史，賜緋魚袋。及馬燧為河東節度使，復奏建封為判官，特拜侍御史。建中初，馬燧薦之於朝，楊炎將用為度支郎中，盧杞惡之，出為岳州刺史。興元元年十二月，乃加兼御史大夫充濠、壽、廬三州都團練觀察使。及希烈平，進階封賜一子正員官。貞元四年，以建封為徐州刺史兼御史大夫、徐、泗、濠節度支度營田觀察使。建封觸事躬親，性寬厚，容納人過誤，而按據綱紀，不妄曲法貸人，每言事忠義感激，人皆畏悅。七年進位檢校禮部尚書，十二年加檢校右僕射，十三年冬入覲京師，德宗禮遇加等，特以雙日開延英召對，又令朝參入大夫班，以示殊寵。十四年春，上已賜宰臣百僚宴於曲江亭，特令建封與宰相同座而食。十六年遇疾，連上表請速除代，方用韋夏卿為徐、泗行軍司馬，未至而建封卒，時年六十六，冊贈司徒。事跡具兩《唐書》本傳（《舊唐書》卷一百四十；《新唐書》卷一百五十八）。按「張建封為《朝天行》」事，考《舊

唐書・張建封傳》載，建封少頗屬文，好談論，親近風流高雅之文士，德宗亦與之酬酢唱和。貞元十三年冬，入覲京師，德宗禮遇加等，特以雙日開延英召對，又令朝參入大夫班，以示殊寵。張建封賦《朝天行》一章獻，上賜名馬珍玩頗厚。又，貞元已後，藩帥入朝及還鎮如馬燧、渾瑊、劉玄佐、李抱真、曲環之崇秩鴻勳，未有獲御製詩以送者。張建封將還鎮，德宗特賜詩云：「牧守寄所重，才賢生為時，宣風自淮甸，授鉞膺藩維，入覲展遲戀，臨軒慰來思，忠誠在方寸，感激陳清詞，報國爾所尚，恤人予是資，歡宴不盡懷，車馬當還期，穀雨將應候，行春猶未遲，勿以千里遙，而云無已知。」又令高品中使齎常所執鞭以賜之，云：「以卿忠貞節義，歲寒不移，此鞭朕久執用，故以賜卿，表卿忠節也。」張建封遂又獻詩一篇以自警勵。

伊李署子壻

伊慎〔一〕每求甲族以嫁子，李長榮〔二〕則求時名以嫁子，皆自署為判官，奏曰：「臣不敢學交質罔上〔三〕。」德宗從之。

箋注

〔一〕伊慎：乃兗州人，善騎射，始為果毅。大曆八年，江西節度使路嗣恭討嶺南哥舒晃之亂，以慎為先鋒，驍勇善戰，大破叛軍，擒斬叛將哥舒晃，嗣恭表慎功，授連州長史，知當州團練副使，三遷江州別駕。李希烈懼其能而欲反間之，未果，大破李希烈軍，優詔褒異，授試太子詹事，封南充郡王，又兼御史中丞、蘄州刺史、充節度都知兵馬使。累以戰功，拜安州刺史兼御史大夫，仍賜實封一百戶。貞元十五年，以伊慎為安、黃等州節度、管內支度營田觀察等使。十六年，以例加檢校刑部尚書。二十一年，於安黃置奉義軍，以為奉義軍節度使、檢校右僕射。憲宗即位，入朝拜右僕射。元和二年，轉檢校左僕射兼右金吾衛大將軍，以賂第五從直求鎮河中，為從直所奏，貶右衛將軍。數月，復為檢校尚書、右僕射兼右衛上將軍。元和六年卒，年六十八，贈太子太保。事跡具兩《唐書》本傳（《舊唐書》卷一百五十一；《新唐書》卷一百七十）。

〔二〕李長榮，唐史無傳，事跡不詳，然據史書散見各處記載（見《舊唐書》卷十三《德宗本紀》；《資治通鑑》卷二百三十六），德宗時，歷任右神策將軍，嘗為河陽三城懷州團練使、澤潞間節度使。貞元二十年，卒於昭義節度使任上。

〔三〕按交質，指互派人質，古已有之。考《前漢書》卷六十九「解仇交質」條下注引顏師古注云：「羌人無大君長，而諸種豪遞相殺伐，故每有仇讎，

往來相報。今解仇交質者，自相親結，欲入漢爲寇也。」又《冊府元龜》卷二百五十二「交質」條云：「戰國之時，諸侯竝爭，干戈日尋，變詐鋒起，既失盟誓之信，乃有交質之約。或因危以結好，或匿詐以圖和。」唐德宗時，藩鎮林立，擁兵自重，彼此勾結，對抗中央，欺君罔上，頗類於此。如建中元年《發兵屯守諸鎮詔》（《唐大詔令集》卷一百七）云：「近聞曹濮數州，加兵籍馬，採聽飛語，容納奸謀，交質往來，邀結外援，雖各在封畧，言備寇攘，而汴郡士庶頗聞驚擾，閭井奔散，如避寇讐。」

李泌任虛誕

李相泌，以虛誕自任〔一〕。嘗對客曰：「令家人速灑埽，今夜洪崖先生〔二〕來宿。」有人遺美酒一榼，會有客至，乃曰：「麻姑送酒來，與君同傾。」傾之未畢，閽者云：「某侍郎取榼子。」泌命倒還之，略無怍色〔三〕。

箋注

〔一〕李相泌句：李相泌，即李泌，曾拜中書侍郎平章事，故稱李相。李泌字長源，其先遼東襄平人。少聰敏，博涉經史，精究易象，善屬文，尤工於詩，以王佐自負。張九齡、韋虛心、張廷珪皆器重之。李泌操尚不羈，恥隨常格仕進，天寶中，自嵩山上書論當世務，玄宗召見，令待詔翰林，仍東宮供奉。祿山之亂，李泌自嵩潁間冒難奔赴行在，至彭原郡謁見肅宗，陳古今成敗之機，甚稱旨。肅宗延致臥內，動皆顧問，李泌稱「山人」，固辭官秩，特以散官寵之，解褐拜銀青光祿大夫，俾掌樞務至於四方文狀，將相遷除皆與泌參議，權逾宰相，仍判元帥廣平王軍司馬事。李泌放曠敏辯，好大言，自出入中，禁累爲權倖忌嫉，前後爲尋爲中書令崔圓、倖臣李輔國、宰相元載、宰相常袞所妬，屢屢外放，曾以以三品祿俸隱居衡嶽，絕粒棲神數年以避禍。代宗即位召爲翰林學士，頗承恩遇，拜檢校秘書少監，充江南西道判官，尋改爲檢校郎中依前判官，俄又出爲楚州刺史，尋拜中書侍郎平章事、集賢崇文館學士修國史。事跡具兩《唐書》本傳（《舊唐書》卷一百三十；《新唐書》卷一百三十九）。按「李泌虛誕自任」語，考《舊唐書·李泌傳》載，李泌頗有讜直之風，而談神仙詭道。或云嘗與赤松子、王喬、安期、羨門遊處，故爲代所輕，雖詭道求容，不爲時君所重。德宗初即位尤惡巫祝怪誕之士。初，肅宗重陰陽祠祝之說，用妖人王璵爲宰相，或命巫媼乘驛行郡縣以爲厭勝，凡有所興造功役，動牽禁忌。而黎幹用左道位至尹京，嘗內集眾工，編刺珠繡爲御衣，既成而焚之，以爲禳檜，且無虛月。德宗在宮中頗知其

事，即位之後，罷集僧於內道場，除巫祝之祀。有司言宣政內廊壞，請修繕，而太僕云：「孟多爲魁岡，不利穿築，請卜他月。」帝曰：「春秋之義，啓塞從時，何魁岡之有。」卒命修之。又代宗山陵靈駕發引，上號送於承天門，見輶輟不當道，稍指午未間，問其故。有司對曰：「陛下本命在午，故不敢當道。」上號泣曰：「安有枉靈駕而謀身利。」卒命直午而行。及建中末，寇戎內梗，桑道茂有城奉天之說，上稍以時日禁忌爲意，而雅聞泌長於鬼道，故自外徵還，以至大用，時論不以爲愜。及在相位，隨時俯仰，無足可稱，復引顧況輩輕薄之流，動爲朝士戲侮，頗貽譏誚。年六十八薨，贈太子太傅賻，禮有加。又《鄴侯外傳》多載李泌神鬼怪異之事，如：「天寶八載，李泌在表兄鄭叔則家，已絕粒多歲，身輕能行屏風上，引指使氣，吹燭可滅，每導引骨節皆珊然有聲，時人謂之鏁子骨。」似此等神怪誕妄之事，《外傳》皆收錄之，繁蕪猥瑣，難稱良史。

〔二〕按洪崖先生，考《眞誥》卷十四云：「洪涯先生今爲青城眞人。」《因話錄》卷四謂某人嘗求得一洪崖先生初得仙時樸頭。《新唐書·藝文志》（《新唐書》卷五十九）著錄張說撰《洪崖先生傳》一卷。一說洪崖先生在豫章郡內西山。《水經注》云：「西北五六里有洪井，飛流懸注，其深無底，舊說洪崖先生之井也。西有鸞岡，洪崖先生乘鸞所憩泊也。」《太平寰宇記》卷一百六亦謂：「南昌山有洪崖先生鍊藥之井，亦號洪崖山，有石臼存焉。」《元豐九域志》卷六亦稱：「洪崖山，洪崖先生居此，有壇。」

〔三〕按「李泌麻姑送酒」事，後人以爲乃李肇汙妄不實之語。楊愼《升庵集》卷四十七亦謂：「包諝誣顏杲卿上祿山降表，凌準誣郭子儀奪王甫之功，李肇之誣李泌定麻姑送酒，柳珵誣陸宣公計詔竇參。小人誣君子，何所不至，而後世不成人之美者，往往信之。《朱子綱目》亦不取麻姑送酒事，李泌匡復之功亦大矣，此小過，似可恕也。況司馬溫公《通鑑》元以此事入《考異傳》，疑而綱目乃升爲正文，君子與人爲善之意何在乎？或者門人妄筆，非朱本意。」

李氏子墜塔

李氏子爲千牛〔一〕，與其儕類登慈恩寺塔〔二〕，窮危極險，躍出檻外，失身而墜，賴腰帶掛釘，風搖久而未落。同登者，驚倒檻內不能起。院僧逤望急呼，一寺皆出以救，連衣爲繩，久乃取之下，經宿乃蘇。

箋注

〔一〕千牛：唐職官名。考《唐六典》卷二十五載，唐設左、右千牛衛，大
將軍各一人，將軍一人，中郎將二人，長史一人，錄事參軍事一人，
兵曹參軍事一人，胄曹參軍事一人，千牛備身十二人，備身左右十二
人，備身一百人，主仗一百五十人。左右千牛衛大將軍各一人，正三
品，職掌宮殿侍衛及供御之儀仗，而總其曹務，凡千牛備身、備身左
右執弓箭以宿衛，主仗守戒服器物。凡受朝之日，則領備身左右昇殿，
而侍列於御座之左右，若親射於射宮，則大將軍、將軍率其屬以從。
凡千牛備身、備身左右考課、賜會及祿秩之升降，同京職事官之制。
其條下注云：「謝綽《宋拾遺錄》有千牛刀，即人主防身刀也。後魏有
千牛備身，本掌乘輿、御刀，蓋取《莊子》庖丁爲文惠君解牛十九年，
所割者數千牛，而刀刃若新發於硎石，故言此刀可以備身，因以名官。
《後魏書》奚康生有勇力，以其子難爲千牛備身。又楊保，弘農人，
爲千牛備身。北齊領左、右府，有領左右將軍，亦統千牛備身，第六
品下。隋左右領左右府，有大將軍一人，將軍二人，掌侍衛左右，供
御兵仗。領千牛備身十二人，掌執千牛刀；備身左右十二人，掌供御
弓箭；備身十六人，掌宿衛侍從。煬帝改爲左、右備身郎將一人，直
齋二人統之，有千牛左右、司射左右各一十六人，並正六品，有長史、
錄事參軍等員。皇朝改爲左、右千牛府。龍朔二年，改爲左右奉宸衛；
神龍元年尋改爲千牛衛。」又同書卷二十八載，太子左右內率府亦設
有千牛十六人，備身二十八人。左右內率府之職掌東宮千牛、備身、
侍奉之事，而主其兵仗，總其府事，而副率爲之貳。以千牛執細刀、
弓箭，以備身宿衛、侍從，以主仗守戒服、器物。凡皇太子坐朝，則
領千牛、備身之屬升殿。若射于射宮，則率領其屬以從，位定，千牛、
備身奉細弓及矢，立於東階上，西面；率奉弓，副率奉矢及決拾，北
面張弓，左執弣，右執簫以進，副率以巾拂矢而進，進訖，各退立於
位，及射，左右內率啓其矢中及不中，既事，受亦如之。

〔二〕慈恩寺：乃高宗在東宮時爲文德皇后立，故名慈恩。（見《舊唐書》卷
一百九十一十）又據《唐會要》卷四十八載，慈恩寺在晉昌坊，隋無
漏廢寺。貞觀二十二年十二月二十四日，高宗在東宮爲文德正后立爲
寺，故以慈恩爲名。寺內浮圖，永徽三年沙門玄奘所立。考《雍錄》
卷十載，慈恩寺在朱雀街東第三街，自北次南第十五坊，名曰進昌坊，
寺南臨黃渠。《長安志》卷八稱「寺成之日，高宗親幸其地，佛像幡華
並從宮中所出，用太常九部樂送匾額至寺」云云。同卷又謂此塔六級，
高三百尺。初唯五層，高一百九十尺，塼表土心倣西域宰堵波制度，

以置西域經像。後塔心內卉木鑽出，漸以頹毀。長安中更坼，改造依東夏刹表舊式，特崇於前，高七層，有辟支佛牙，大如升，光采煥爛，東有翻經院。後又加為十層。崔琮有詩云：「十層突兀在虛空，四十門開面面風」（見《全唐詩》卷二百八十一）唐人好登此塔，且賦詩記懷。杜工部有《同諸公登慈恩寺塔》（《集千家註杜工部詩集》卷一）詩，作於天寶十載長安，同登者有高岑諸公。《池北偶談》卷十八「慈恩寺塔詩」條云：「唐高、岑、子美諸公同登慈恩寺塔賦詩。」岑詩云：「秋色從東來，蒼然滿關中，五陵北原上，萬古青濛濛。」高詩云：「秋風昨夜至，秦塞多清曠，千里何蒼蒼，五陵鬱相望。」子美詩云：「秦山忽破碎，涇渭不可求，俯視但一氣，焉能辨皇州。」

療風醞蛇酒

李丹之弟患風疾，或說烏蛇酒可療，乃求黑蛇，生置甕中，醞以麴糵，戛戛蛇聲，數日不絕。及熟，香氣酷烈，引滿而飲之，斯須悉化為水，惟毛髮存焉〔一〕。

箋注

〔一〕李丹句：李丹，唐史無傳，其傳略見前條。按「風疾」，一曰風痹之症。《舊唐書》卷六載：「顯慶已後，（高宗）多苦風疾，百司表奏皆委天后詳決。」同書卷一百四十云：「河東節度使李說，華州刺史盧徵，皆中風疾，口不能言，足不能行。」韓愈《順宗實錄》卷一亦云：「上自二十年九月得風疾，因不能言，使四面求醫藥，天下皆聞知。」（《東雅堂昌黎外集註》卷六）一曰心風，猶言瘋癲之症。《貞觀政要》卷八載：「貞觀五年，張蘊古為大理丞。相州人李好德，素有風疾，言涉妖妄，詔令鞫其獄。蘊古言好德癲病有徵，法不當坐。太宗許將寬宥。」《山堂肆考》卷一百十九云：「宋王介，性輕率，言語無倫，人謂其有風疾。」按烏蛇泡酒之方，考《朝野僉載》云：商州有人患大風，家人惡之，山中為起茅屋，有烏蛇墜酒罌中，病人不知飲酒，漸差。罌底尚有蛇骨，方知其由也。《肘後備急方》（《肘後備急方》卷五）援引《國史補》此條，並稱《僉載》之說恐不可輕用。

烏鬼報王積

裴中令為江陵節度使〔一〕，使軍將譚弘受、王積往嶺南充使。向至桂林館，為羣烏所噪，王積以石擊之，烏中腦而墜死于竹林

中。其同行譚弘受忽病頭痛不可前，令王積先行去，戒迤邐相待，或先報我家，令人相接。尋裴中令夢譚弘受言：「在道為王積所殺，掠其錢物，委屍在竹林中，兩日內王積合到，乞令公治之。」王積至，遂付推司，箠楚伏法。旬日弘受到，知擊烏之事，乃是烏鬼〔二〕報讎也。

箋注

〔一〕裴中令句：按「裴中令」，即裴度，文宗開成四年正月，詔拜京拜中書令，故稱裴中令。裴度，字中立，河東聞喜人。貞元五年進士擢第，登宏辭科，應制舉賢良方正能直言極諫科，對策高等，授河陰縣尉，遷監察御史。密疏論權倖，語切忤旨，出為河南府功曹。遷起居舍人，元和六年，以司封員外郎知制誥尋轉本司郎中，拜中書舍人。九年十月，改御史中丞，尋兼刑部侍郎。十年詔為門下侍郎、同中書門下平章事。度勁正而言辯，尤長於政體，凡所陳諭，感動物情，帝深嘉屬之。元和十二年八月，裴度以宰相領淮西節度使、淮西宣慰招討處置使，掃平淮西。貞元十四年，又平定淄青李師道。史稱「元和中興」。元和十五年，任鎮州行營招討使，統兵討伐。時，穆宗昏聵，罷度兵權，守司徒同平章事充東都留守。開成二年五月，復以本官兼太原尹北都留守河東節度使，詔出，度累表固辭，老疾不願更典兵權。四年正月，詔許還京拜中書令，以疾未任。開成四年，卒於東都留守任上。其事跡具兩《唐書》本傳（《舊唐書》卷一百七十；《新唐書》卷一百七十三）。

〔二〕按「烏鬼」說，老杜詩（《補注杜詩》卷三十二）曰：「家家養烏鬼，頓頓食黃魚。」其條下注引沈存中《筆談》按語云：峽中人謂鸕鷀為烏鬼，以繩繫其頸，使之捕魚。此說非也。楚人信巫，以為烏鬼耳。」且注引元稹詩「病賽烏稱鬼，巫占瓦代龜」為證。又宋程大昌《演繁露》卷十三亦辨稱：「元微之嘗投簡陽明洞，有詩曰：『鄉味猶珍蛤，家神愛事烏。』乃知唐俗真有一鬼，正名烏鬼，謂為鸕鷀，殆臆度耶？傳記不聞有呼鸕鷀為烏鬼者。」是書又引《國史補》烏鬼報讎事，謂：「此說甚怪，然有以知唐俗，謂烏能神，直至於是則其祠而事之，有自來矣。」又元微之嘗投簡陽明洞，有詩云：「鄉味猶珍蛤，家神愛事烏。」（見《全唐詩》卷四百二十三）程大昌《演繁露》卷十三謂：「乃知唐俗，真有一鬼正名烏鬼，謂為鸕鷀，殆臆度耶？傳記不聞有呼鸕鷀為烏鬼者。此說甚怪，然有以知唐俗，謂烏能神直至，於是則其祠而事之，有自來矣。」

韋丹驢易黿

韋丹〔一〕少在東洛，嘗至中橋，見數百人喧集水濱，乃漁者網得大黿，繫之橋柱，引頸四顧，似有求救之狀。丹問曰：「幾千錢可贖？」答曰：「五千文。」丹曰：「吾祇有驢直三千，可乎？」曰：「可。」于是與之，放黿水中，徒步而歸，後報恩，別有傳〔二〕。

箋注

〔一〕韋丹：字文明，京兆萬年人。韋丹早孤，從外祖顏眞卿學，擢明經，調安遠令。復舉《五經》高第，歷咸陽尉。張獻甫表佐邠寧幕府。順宗爲太子以殿中侍御史召爲舍人。後，轉爲容州刺史，教民耕織，止惰遊，興學校，民貧自鬻者贖歸之，禁吏不得掠爲隸，境內大治。遷河南少尹，未至，徙義成軍司馬，以諫議大夫召，有直名。會劉闢圍梓州，乃授韋丹劍南東川節度使，代李康，後又徙爲江南西道觀察使，治法嚴明，與民興利，政通人和。卒，年五十八。其事跡具《新唐書》本傳（《新唐書》卷一百九十七）據傳載，太和中，裴誼觀察江西，上言爲韋丹立祠堂，刻石紀功，不報。宣宗讀《元和實錄》，見丹政事卓然，它日與宰相語「元和時治民孰第一？」周墀對：「臣嘗守江西，韋丹有大功，德被八州，歿四十年，老幼思之不忘。」乃詔觀察使紇干臮上丹功狀，命刻功於碑。杜牧有《江西觀察使武陽公韋公遺愛碑》（《文苑英華》卷八百七十）一文，稱頌其功德文章，可資考證。

〔二〕按「別有傳」語，乃指《原化記》。古人多有烏龜報恩故事，如《述異記》「越裳國獻千歲神龜」之記載；《抱朴子》「千歲靈龜五色具焉」之說；《搜神記》中孔愉因救龜而得官；《原化記》稱韋丹因救龜而受祿報。

陽城裂白麻

陽城爲諫議大夫〔一〕，德宗欲用裴延齡〔二〕爲相。城曰：「白麻若出，吾必裂之而死。〔三〕」德宗聞之，以爲難，竟寢之。

箋注

〔一〕按「陽城爲建議大夫」事，考《舊唐書·陽城傳》（《舊唐書》卷一百九十二）載，初未至京，人皆想望風采，曰：「陽城山人能自刻苦，不樂名利，今爲諫官，必能以死奉職。」人咸畏憚之。既至京師，尋遷諫議大夫。

〔二〕裴延齡：河東人，乾元末爲氾水縣尉，遇東都陷賊，因寓居鄂州，綴緝裴駰所注《史記》之闕遺，自號小裴。後華州刺史董晉辟爲防禦判官、黜陟使，薦其能，調授太常博士。盧杞爲相，擢爲膳部員外郎、集賢院直學士，改祠部郎中。崔造作相，改易度支之，務令改著作郎。竇參作相，用爲太府少卿，轉司農少卿。貞元八年班宏卒，以裴延齡守本官權領度支，德宗待之甚厚。裴延齡不通貨殖之務，銳意以苛刻剝下，附上爲功，每奏對際，皆恣騁詭怪虛妄，他人莫敢言。德宗頗知其誕妄，但以其敢言無隱，且欲訪聞外事，故斷意用之。延齡自謂必得宰相，尤好慢罵毀詆，朝臣班行爲之側目。及臥病，載度支官物置於私家，亦無敢言者。貞元十二年，卒，時年六十九。延齡死，中外相賀，唯德宗悼惜不已，冊贈太子少保。元和中有司諡曰繆。事跡具兩《唐書》本傳（《舊唐書》卷一百三十五；《新唐書》卷一百六十七）。

〔三〕白麻句：按陽城此語，考《舊唐書·陽城傳》（《舊唐書》卷一百九十二）載，時德宗朝夕欲相延齡，陽城曰：「脫以延齡爲相，城當取白麻壞之。」《唐會要》卷五十五亦謂：「延齡儻相，吾惟抱白麻慟哭。」此蓋爲唐時風俗。《唐會要》卷五十五又載，景福二年，以李磎爲相，宣制日，知制誥劉崇魯抱其麻而哭之，乃授磎太子少師。又考《舊唐書·李甘傳》（《舊唐書》卷一百七十一）載，有名李甘者，長慶末進士，擢第又制策登科。太和中，累官至侍御史。鄭注入翰林侍講，舒元輿既爲相，鄭注亦求入中書。李甘唱於朝曰：「宰相者，代天理物，先德望而後文藝，鄭注乃何人，敢茲叨竊。白麻若出，吾必壞之。」會李訓亦惡鄭注之所求相，鄭注之事竟寢。」

裴延齡畫雕

裴延齡恃恩輕躁，班列懼之〔一〕。唯顧少連不避延齡，嘗畫一鵰，羣鳥噪之，以獻上〔二〕。上知眾怒如是，故益信之，而竟不大用〔三〕。

箋注

〔一〕裴延齡句：按「裴延齡恃恩輕躁」說，考《舊唐書·裴延齡傳》（《舊唐書》卷一百三十五）載，宰相張延賞惡其輕率，出爲昭應令。陸贄亦於德宗面前極論延齡誕妄，不可令掌財賦。德宗頗知其誕妄，但以其敢言無隱，且欲訪聞外事，故斷意用之。又「班列懼之」語，考同卷載，德宗用裴延齡之言，下詔斥逐陸贄、李充、李銛等大臣，朝廷中外惴恐。裴延齡極力謀害在朝正直之士，延齡又掩捕李充腹心吏張忠，捶掠楚痛，

屈打成招，設詞陷害陸贄、李充家人。又肆意嫚罵邇臣，時人為之側目，敢怒而不敢言。

〔二〕唯顧句：顧少連，字夷仲，蘇州吳人。舉進士，尤為禮部侍郎薛邕所器，擢上第，以拔萃補登封主簿。御史大夫于頎薦為監察御史。德宗幸奉天，徒步詣謁，授水部員外郎、翰林學士。再遷中書舍人，閱十年，以謹密稱。歷吏部侍郎。改京兆尹，政尚寬簡。遷吏部尚書，封本縣男，徙兵部，為東郡留守。號為良吏。卒年六十二，贈尚書右僕射，謚曰敬。其事跡具《新唐書》本傳（見《新唐書》卷一百六十二）按「顧少連」此事，考《新唐書·顧少連傳》載，顧少連嫉惡如仇，時裴延齡方橫行無忌，朝中無人敢忤。少連嘗與之會田鎬第，酒酣，少連挺笏曰：「段秀實笏擊賊臣，今吾笏將擊姦臣。」奮而向前，元友直在坐，歡言勸解之。然「顧少連畫雕」一事，僅見於《國史補》，《唐語林》、《太平廣記》有移錄。

〔三〕上知句：據《舊唐書·裴延齡傳》載，德宗頗知裴延齡誕妄，但以其敢言無隱，且欲訪聞外事，故斷意用之。延齡死後，中外相賀，唯德宗悼惜不已。又《新唐書·裴延齡傳》亦謂：「帝頗知其詐，但以其不隱，欲聞外事故，斷用不疑。延齡恃得君，謂必輔政，少所降下至嫚罵邇臣，時人側目。屬疾臥第，載度支官物輸之家，無敢言，帝念之，使者日三輩往。」德宗明知眾怒而斷用延齡不疑，乃因裴延齡「不隱」，且可充皇帝耳目。德宗性多疑，繼位之初尚信任宰相，因崔祐甫而生疑忌，自此，宰相不專機務，政出多門，拒諫飾非，剛愎自用。罷郭子儀兵權，殺劉晏、楊炎，防範大臣，由宦官掌禁軍，任用盧杞、裴延齡等。一曰延齡善於迎合上意。考同卷引陸贄奏議云：「（延齡）奏稱勾獲，隱欺計錢二十萬貫，請貯別庫，以為羨餘，供御所須，永無匱乏。陛下欣然信納，因謂委任得人，既賴盈餘之財，稍弘心意之欲，興作浸廣，宣索漸多。」陸贄此語頗中德宗要害，德宗為之不悅，由是益信延齡而斥陸贄。東坡居士評云（《東坡全集》卷六十四《乞校正陸贄奏議上進箚子》）：「德宗以苛刻為能，而贄諫之以忠厚；德宗以猜疑為術，而贄勸之以推誠；德宗好用兵，而贄以消兵為先；德宗好聚財而贄以散財為急。」

韓皋劫呂渭

韓皋〔一〕自中書舍人除御史中丞，西省故事：閣老改官，則詞頭送以次人〔二〕。是時呂渭〔三〕草敕，皋憂恐問曰：「改何官？」渭不敢告。皋劫之曰：「與公一時左降。」渭急，乃告之。皋又欲

訴于宰相，渭執之，奪其轡笏，恟恟至午後三刻乃止〔四〕。

箋注

〔一〕韓皋：唐穆宗時宰相，字仲聞，夙負令名，而器質重厚，有大臣之度。由雲陽尉擢賢良科，拜左拾遺，轉左補闕，累遷起居郎考功員外郎。俄丁父艱，及免喪，執政者擬考功郎中，御筆加知制誥，遷中書舍人、御史中丞、尚書右丞、兵部侍郎，皆稱職，改京兆尹。因奏報不實，出爲汀州司馬。無幾，移杭州刺史，復拜尚書右丞。元和八年六月，加檢校吏部尚書兼許州刺史，充忠武軍節度等使。俄入爲吏部尚書兼太子少傅，判太常卿事。長慶元年正月正，拜尚書右僕射，二年四月轉左僕射。其年，以本官東都留守，行及戲源驛，暴卒，年七十九，贈太子太保，太和元年諡曰「貞」。事跡具兩《唐書》本傳（《舊唐書》卷一百二十九；《新唐書》卷一百二十六），《舊唐書》將其附在其父韓滉傳後。

〔二〕西省：考《雍錄》卷八，乃指中書省，因在月華門之西，故稱。同卷「唐兩省」條云：「散騎左諫議給事中，皆其屬也。西廊有門曰『月華』，月華之西即中書省也。凡繫銜爲右者，如右諫議、右常侍、中書舍人則其屬也。」該條又謂：「承天門前有朱雀街，東省則處街左，西省則處街右，中間正隔通衢。」按「閣老」之稱，考《舊唐書·楊綰傳》（《舊唐書》卷一百十九）云：「故事，舍人年深者謂之閣老。」

〔三〕按呂渭，字君載，河中人。呂渭舉進士，累授婺州、永康令、大理評事。浙西觀察使李涵辟爲支使，再遷殿中侍御史。未幾，貶渭歙州司馬，改涵檢校工部尚書兼光祿卿。累授舒州刺史、吏部員外、駕部郎中知制誥、中書舍人。母憂罷，服闋授太子右庶子、禮部侍郎。出爲潭州刺史，兼御史中丞、湖南都團練觀察使。在任三歲，政甚煩碎，貞元十六年卒，年六十六，贈陝州大都督。其事跡具兩《唐書》本傳（《舊唐書》卷一百三十七；《新唐書》卷一百六十）。

〔四〕按「韓皋遷職」事，考《舊唐書·韓皋傳》稱其「遷中書舍人、御史中丞」云云，與《國史補》所記相符。然韓呂相爭之事，僅見於《國史補》，他書如《唐語林》、《太平廣記》抄錄而已。

張造批省牒

貞元中，度支欲砍取兩京道中槐樹造車，更栽小樹〔一〕。先符牒渭南縣尉張造。造批其牒曰：「近奉文牒，令伐官槐，若欲造車，豈無良木？恭惟此樹，其來久遠。東西列植，南北成行。輝映秦

中，光臨關外。不惟用資行者，抑亦曾蔭學徒。拔本塞源，雖有一時之利；深根固蒂，須存百代之規。況神堯入關，先駐此樹；玄宗幸嶽，見立豐碑。山川宛然，原野未改。且邵伯所憩，尚自保全；先皇舊遊，寧宜翦伐？思人愛樹，《詩》有薄言；運斧操斤，情所未忍。」付司具狀牒上度支使，仍具奏聞，遂罷。造尋入臺〔二〕。

箋注

〔一〕貞元句：按「兩京道中槐樹」，蓋指官槐。古人植樹以標誌道路，亦可蔭庇路人。官道兩旁，所植之木，名之曰「官樹」。考《禮說》卷十二載，單襄公述周制以告王曰：「列樹以表道，立鄙食以守路。」《釋名》卷一稱：「古者列樹以表道，道有夾溝以通水潦。」且古人好植槐樹。顧炎武《日知錄》卷十二謂：「古人於官道之旁必皆種樹，以記里，至以蔭行旅。是以南土之棠，召伯所茇，道周之杜，君子來遊。固已宜美風謠，流恩後嗣。子路治蒲樹，木甚茂子產相鄭，桃李垂街。下至隋唐之代，而官槐、官柳亦多見之詩篇。猶是人存政舉之效。近代政廢，法弛任人斫伐，周道如砥，若彼濯濯而官無勿翦之思，民鮮侯旬之芘矣。」據《後漢書·百官志》（《後漢書》卷三十七）載，將作大匠掌修作、宗廟、路寢、宮室、陵園、土木之功，並樹桐、梓之類，列於道側，是昔人固有專職。另據《後周書·韋孝寬傳》（《周書》卷三十一）載，韋孝寬爲雍州刺史，先是路側一里，置一土堠，經雨頹毀，每須修之。自孝寬臨州，乃勒部內當堠處置槐樹代之，既免修復，行旅又得芘蔭。周文帝後問知之曰：「豈得一州獨爾，當令天下同之。」於是令諸州夾道一里種一樹，十里種三樹，百里種五樹焉。《舊唐書·玄宗本紀》（《舊唐書》卷九）稱，唐玄宗開元二十八年正月，於兩京路及城中苑內種果樹。且古人貴槐樹，以爲祥瑞富貴，有「三槐三公」之說。《周禮注疏》卷三十五朝士注謂：「槐之言懷也，懷來人於此。然則前明之官其無可懷之政也久矣。」《太平御覽》引《晏子春秋》稱齊景公有愛槐令，犯槐者刑，傷槐者死，有醉而傷槐且加刑。《宋史》卷二百八十二載，宋朝晉國王公趙祐嘗手植三槐於庭曰：「吾子孫必有爲三公者。」已而，其子文正公旦相眞宗於景德祥符之間。代宗永泰二年正月，種城內六街樹。《舊唐書·吳湊傳》（《新唐書》卷一百五十九）謂：「官街樹缺，所司植榆以補之。湊曰：『榆非九衢之玩，命易之以槐。及槐陰成而湊卒，人指樹而懷之。』」

〔二〕造尋句：張造，其人爵里世次不詳，其事跡僅見於《國史補》。張造因護官槐而得重用，可見古人珍愛林木山川，山林川澤、池苑林囿、郊祠神

壇、五嶽名山皆在保護之列。唐代於京兆、河南二府設禁獵、禁伐區，且鼓勵民間植樹。考《新唐書·食貨志》（《新唐書》卷五十一）載，唐政府規定「以二十畝爲永業，其餘爲口分田。永業之田樹以榆、棗、桑及所宜之木，皆有數。」按「入臺」，蓋指「入御史臺」。唐時，縣尉多入御史臺，考《舊唐書》卷一百九《竇懷貞傳》，中宗時，政令多門，赤尉由墨制，授御史者眾。或戲曰：「尉入臺多，而縣辦否？」對曰：「辦於異日。」問其故，答曰：「佳吏在，僥倖去，故辦。」聞者皆笑。另據本書卷上「張宏毅過驛」條，張宏毅由渭南尉遷監察御史，可爲縣尉入御史臺又一佐證。

張弘毅過驛

李汶為商州刺史，渭南尉張弘毅【1】過商州，汶意謂必來干我，以請饋食【2】。須臾，吏報弘毅發去矣。汶曰：「未嘗有也。」及拜御史中丞，首請為監察御史，于是弘毅有時望〔一〕。

校勘記

【1】《學津討源》本作「宏」字，蓋避乾隆諱，《津逮》、《四庫》本作「弘」。
【2】《津逮》本、《學津討源》本「饋」字後缺一「食」字，今按《四庫》本，加「食」字。

箋注

〔一〕按李汶、張弘毅，唐史皆無傳，其事蹟無考，里貫亦未詳。據《新唐書·王播傳》（《新唐書》卷一百六十七）載，御史中丞李汶，薦王播爲監察御史。此事亦見於《文苑英華》李宗閔《故丞相尚書左僕射太尉王公神道碑》（《文苑英華》卷八百八十八），曰：「御史中丞李汶愛之，奏爲監察御史。」《新唐書·儒學傳下》（《新唐書》卷二百）稱德宗器重陳京，謂有宰相才，欲用之。會病狂易，自刺弗殊，又言中書舍人崔邠、御史中丞李汶訕己。另《文苑英華》載有齊暎《論御史臺誣謗表》一文（《文苑英華》卷六百十九），謂「李汶性褊而剛」，又稱「李汶疑臣別有披陳，遂欲曲生瑕釁，責臣不賀宰相」，「臣今不避李汶之怒，惟懼失人臣之和」云云。考齊暎此文可知，李汶在御史臺，曾參劾齊暎，齊故有此評論。

韋倫朝朔望

韋倫〔一〕為太子少保致仕，每朝朔望，羣從甥姪，候于下馬橋〔二〕，不減百人。

箋注

〔一〕韋倫：乃朔方節度使韋光乘之子。少以蔭累授藍田縣尉，以吏事勤恪，楊國忠署爲鑄錢內作使判官，改大理評事。會安祿山反，車駕幸蜀，拜爲監察御史、劍南節度行軍司馬兼充置頓使判官。尋改屯田員外，兼侍御史。遭中官毀譖，貶衡州司戶，屬東都。度支使第五琦薦倫有理能，拜商州刺史，充荊襄等道租庸使。肅宗詔爲衛尉卿，旬日又以本官兼寧州刺史、招討處置等使。尋，又兼隴州刺史，爲襄州刺史兼御史大夫、山南東道、襄、鄧等十州節度使。受命未行，改秦州刺史兼御史中丞、本州防禦使。因兵敗，連貶巴州長史、思州務川縣尉。代宗即位，起爲忠州刺史，歷台、饒二州。久之，拜太常少卿兼御史中丞，持節充通和吐蕃使。因功，遷太常卿兼御史大夫，加銀青光祿大夫。爲宰相盧杞所惡，改太子少保，累加開府儀同三司。年踰七十，表請休官，改太子少師致仕，封郢國公。貞元十四年十二月卒，時年八十三，贈揚州都督。其事跡具兩《唐書》本傳（《舊唐書》卷一百三十八《韋倫傳》；《新唐書》卷一百四十三《韋倫傳》）。

〔二〕下馬橋：考《長安志》卷六載，在禁苑東，望仙、建福二門內各有下馬橋，跨東西龍首渠。《資治通鑑》（《資治通鑑》卷二百四十五）謂唐薛元賞爲京兆命左右擒神策將軍俟於下馬橋。其下馬橋條下胡三省注引《閣本大明宮圖》云：「下馬橋在建福門北。」張籍有《贈姚合》（《全唐詩》卷三百八十六）詩云：「丹鳳門前向曉開，千官相次入朝來，唯君獨走衝塵土，下馬橋邊報直回。」王涯詩（《全唐詩》卷三百四十六）云：「禁樹傳聲在九霄，內中殘火獨遙遙，千官待取門猶閉，未到宮前下馬橋。」由此二首唐詩亦可想見下馬橋之所在。按「羣從甥姪，俟於下馬橋，不減百人」語，考《舊唐書・韋倫傳》（《舊唐書》卷一百三十八）載，韋倫居家孝友，撫弟姪，以慈愛稱，故有此興旺之相。

韓陸同史幕

陸長源〔一〕以舊德爲宣武軍行軍司馬，韓愈爲巡官〔二〕，同在使幕。或譏其年輩相遼〔三〕，愈聞而答曰：一本作周願曰「大蟲老鼠，俱爲十二相屬，何怪之有！」旬日傳布于長安。

箋注

〔一〕陸長源：開元天寶中尙書左丞太子詹事陸餘慶之孫，西河太守陸璪之子，字泳之。長源淑書史，佐昭義軍節度薛嵩。久之，歷建、信二州刺史。浙西節度韓滉兼領江淮轉運，奏長源檢校郎中兼中丞充、轉運副使。

罷爲都官郎中，改萬年縣令，出爲汝州刺史。貞元十二年，授檢校禮部尚書、宣武軍行軍司馬、汴州政事。遇汴州兵嘩變，陸長源舉措失當，兵士怨怒滋甚，乃執陸長源及孟叔度等臠而食之，斯須骨肉糜散。長源死之日，詔下以爲節度使，及聞其死，中外惜之，贈尚書右僕射。事跡具《舊唐書》本傳（《舊唐書》卷一百四十五）。另《新唐書·德宗本紀》（《新唐書》卷七）載，貞元十五年二月乙酉，宣武軍亂，殺節度行軍司馬陸長源。

〔二〕韓愈，字退之，昌黎人。登進士第，宰相董晉出鎮大樑，辟爲巡官。張建封又請爲其賓佐。後貶爲連州山陽令，量移江陵府掾曹。元和初，召爲國子博士，遷都官負外郎。以其有史才，改比部郎中、史館修撰。踰歲，轉考功郎中知制誥，拜中書舍人。俄左降爲江陵掾曹，荊南節度使裴均館之頗厚，改太子右庶子。元和十二年八月，宰臣裴度爲淮西宣慰處置使兼彰義軍節度使，請愈爲行軍司馬，仍賜金紫。及淮蔡平，以功授刑部侍郎。十四年，韓愈上《諫佛骨表》，憲宗怒欲殺之，裴度、崔羣爲之轉圜，乃貶爲潮州刺史，又改授袁州刺史。十五年，徵爲國子祭酒，轉兵部侍郎，改吏部侍郎，轉京兆尹兼御史大夫。長慶四年十二月卒，時年五十七。贈禮部尚書，謚曰「文」。事跡見兩《唐書》本傳（《舊唐書》卷一百六十；《新唐書》卷一百七十六）。

〔三〕按「年輩相遼」說，考陸、韓二人本傳載，貞元十二年，陸長源授爲檢校禮部尚書、宣武軍行軍司馬。此時，董晉出鎮大樑，辟韓愈爲巡官。韓愈卒於長慶四年，即西元 824 年，則其出生時間當爲西元 768 年，而貞元十二年，即西元 796 年，韓愈出爲巡官，年二十九歲。陸長源，卒年不詳，然據其本傳，乾元中，陸長源佐昭義軍節度薛嵩，其時當在西元 758 之 760 間，此時，距韓愈出世尚差 8 至 10 年。由此可知，二人同在幕府時，韓愈二十九歲，陸長源或已過花甲之年矣。

三 評事除拜

韓令爲宣武軍節度使〔一〕，張正元爲邕管經略使〔二〕，王宗爲壽州刺史，皆自試大理評事除拜【1】。本寺移牒釀光寺錢，相次而至，寺監爲榮。

校勘記

【1】《津逮》本、《學津討源》本皆作「殊拜」，《四庫》本作「除拜」，應作「除拜」。

箋注

〔一〕韓令：指韓弘，元和十四年授中書令，故有此稱。其人乃潁川人，世居
滑之匡城，少孤，累奏試大理評事。貞元十五年，劉全諒卒，汴軍懷劉
玄佐之惠，又以韓弘長厚，共請爲留後，自試大理評事檢校工部尚書、
汴州刺史兼御史大夫、宣武軍節度副大使知節度事、宋亳汴潁觀察等使，
累授檢校左右僕射、司空。憲宗即位，加同平章事，平吳元濟，以統帥
功加檢校司徒兼侍中，封許國公，罷行營都統。十四年，賜加等守司徒
兼中書令。憲宗崩以韓弘攝冢宰，十五年六月，以本官兼河中尹、河中
晉絳節度觀察等使，二年請老，乞罷戎鎮，三表從之，依前守司徒中書
令，其年十二月病卒，時年五十八，贈太尉。其事跡具兩《唐書》本傳
（《舊唐書》卷一百五十六；《新唐書》卷一百五十九）。

〔二〕張正元：唐史無傳，其爵里始末不詳。考《舊唐書·德宗本紀》（《舊唐
書》卷十三），貞元十七年秋，以嶺南節度掌書記試大理評事張正元爲邕
州刺史。其人任邕管經畧使大概亦當在此時。

諸道出界糧

貞元十五年，討吳少誠〔一〕，始令度支供諸道出界糧〔二〕。元和
十年，又加其數矣。

箋注

〔一〕貞元句：吳少誠，幽州潞縣人，父爲魏博節度都虞候，少誠以父勳釋褐
王府戶曹，因功封通義郡王。梁崇義平，賜實封五千戶，爲李希烈心腹。
希烈死後，吳少誠殺陳仙奇，被部將推爲留後，朝廷遂授以申、光、蔡
等州節度觀察兵馬留後，尋正授節度。累加檢校僕射。順宗即位，加同
中書門下平章事。元和初，遷檢校司空，依前平章事。元和四年十一月
卒，年六十，廢朝三日，贈司徒。事跡具兩《唐書》本傳（《舊唐書》卷
一百四十五；《新唐書》卷二百十四）。按「貞元十五年，討吳少誠」事，
考《舊唐書·德宗本紀》（《舊唐書》卷十三），貞元十五年三月，吳少誠
寇唐州，殺監軍召國朝，掠居民千餘而去。同年，八月朝廷以陳許兵馬
使前陳州刺史上官涗，爲許州刺史、陳許節度使。吳少誠謀逆漸甚，陷
臨潁，進圍許州。朝廷遂下制征討，制文云：「吳少誠非次擢用，授以節
旄，秩居端揆之榮，任總列城之重，期申報效奉我典章，而秉心匪彝，
自底不類，兇狡成性，扇構多端，擅動甲兵，暴越封壤，壽州茶園輒縱
凌奪，唐州詔使僭構殺傷，干犯國章，罪在無赦。朕以王者之德在乎好
生，人君之體務於含垢，寧屈己以宥罪，不殘人以興師，以上稽宗社之

威，外抑忠賢之請，庶有悛革，尙議優容，幸隣境之喪，逞貪亂之志，焚略縣邑，殘暴吾民，朕尤冀知非爲之忍恥，亟頒恩命，未許出師。至乃攻逼許州，肆其蠆毒，恣行殺戮，流害黎蒸，惡稔禍盈，人神同棄，興言致討，實悼於懷，宜令諸道各出師徒犄角齊進，吳少誠在身官爵，並宜削奪。」

〔二〕按「令度支供諸道出界糧」事，考《舊唐書・德宗本紀》（《舊唐書》卷十二）載，建中四年，討李希烈，各路大軍雲集，凡諸道之軍出境，仰給於度支，謂之食出界糧，月費錢一百三十萬貫，判度支趙贊巧法聚歛，終不能給。《新唐書・食貨志》（《新唐書》卷五十二）謂「是時諸道討賊兵在外者，度支給出界糧，每軍以臺省官一人爲糧料使，主供億士卒出境，則給酒肉，一卒出境兼三人之費，將士利之，逾境而屯」云云。

卷　中
凡一百三節

渾令喜不疑

　　德宗自復京闕〔一〕，常恐生事，一郡一鎮，有兵必姑息之〔二〕，唯渾令公〔三〕奏事不過，輒私喜曰：「上必不疑我也〔四〕。」

箋注

〔一〕按「收復京闕」事，考《舊唐書》卷十三《德宗本紀》載，建中四年十月，涇原兵馬嘩變，即「涇師之變」，德宗幸奉天。涇原兵遂佔據京城，擁立朱泚爲帝，稱大秦（後改爲漢）帝，年號應天。興元元年二月，朔方節度使李懷光聯絡朱泚反叛，德宗再次避難山南西道之梁州。同年七月，李晟收復京師，重返長安。回京之日，渾瑊、韓遊瓌、戴休顏以其眾扈從，李晟、駱元光、尚可孤以其眾奉迎，步騎十餘萬，旌旗連亙數十里，都民、僧道歡呼感泣，李晟見德宗於三橋，自陳收城遲晚之咎，伏地請罪，德宗慰勞遣之。

〔二〕按「有兵必姑息之」語，考《唐大詔令集》卷五，德宗自「涇師之變」之變後，便改變藩鎮策略，下罪己詔，謂因己之過錯而「失守宗祧，越在草莽，不念率德，誠莫追於既往，永言思咎，期有補於將來」，自言「長於深宮之中，暗於經國之務，積習易溺，居安忘危，不知稼穡之艱難，不察戎役之勞苦」，遂致「興戎征師，四方轉餉，一日屢交鋒刃，或連年不解甲冑，邑里丘墟，人煙斷絕」云云，故改建中五年爲興元元年，「將弘丕猷，必布新令」。德宗且於此罪己詔中稱「朕實不君，人則何罪？」，宣佈叛將如李希烈、田悅、王武俊、李納及所管將士官吏等一切「並與

洗滌，各復爵祿，待之如初，仍即遣使諸道。」宣諭除朱泚外，均可赦免，甚至連朱泚之弟亦在赦宥之列，以為「雖與朱泚連坐，路遠未必同謀」，「如能効順，亦與維新」，「其河南、河北諸軍兵馬並宜各於本道，自固封土，勿相侵軼」，「被朱泚脅從將士、官吏、百姓及諸色人等，有遭其煽誘，有迫於兇威，苟能自新，理可矜宥，但官軍未到京城以前，能去逆効順及散歸本軍本道，皆並從赦例原免，一切不問。」德宗此詔一出，便一意懷柔綏靖，致使藩鎮勢力日滋，造成後日之隱患，如淮西將陳仙奇殺李希烈，德宗遂命陳仙奇為節度使。七月，淮西兵馬使吳少誠殺陳仙奇，德宗又以吳為節度使留後，一味姑息。

〔三〕渾令公，即渾瑊，考舊傳載，貞元十二年二月，加檢校司徒兼中書令，諸使副元帥如故按，故號渾令公。事跡具兩《唐書》本傳，其傳略見前條。

〔四〕渾瑊「上必不疑我也」語，考《舊唐書·德宗本紀》（《舊唐書》卷十二）載，德宗本自多疑，自「涇師之變」後，愈加疑忌大臣武將，功高如李晟、馬燧者，亦解其兵權。又據《舊唐書》卷一百三十四《渾瑊傳》載，德宗雖自多疑，然渾瑊忠勤謹慎，功高不伐，在藩方，歲時貢奉，必躬親閱視，每有頒錫，雖居遠地，如在帝前，位極將相，無忘謙抑，物論比之漢朝金日磾，故深為德宗委信，猜間不能入。

韋皋次汾陽

郭汾陽再收長安，任中書令，二十四考，勳業福履，人臣第一〔一〕。韋太尉皋鎮西川，亦二十年，降吐蕃九節度，擒論莽熱以獻，大招附西南夷，任太尉，封南康王，亦其次也〔二〕。

箋注

〔一〕郭汾陽句：郭汾陽，即郭子儀。郭子儀曾進封汾陽郡王故有此名。郭子儀乃華州鄭縣（今陝西華縣）人，祖籍山西汾陽。子儀長六尺餘，體貌秀傑，始以武舉高等補左衛長史，累歷諸軍使。安史之亂時任朔方節度使，於河北大敗史思明。後連回紇兵收復洛陽、長安兩京，功居平亂之首，晉為中書令，封汾陽郡王。德宗即位，詔還朝，攝冢宰，充山陵使，賜號尚父，進位太尉中書令。建中二年六月十四日薨時，年八十五。其事跡具兩《唐書》本傳（《舊唐書》卷一百二十；《新唐書》卷一百三十七）。按「再收長安」事，考肅宗、代宗本紀載（《舊唐書》卷十一；《舊唐書》卷十一），一收長安，時為唐肅宗至德二年九月。郭子儀隨從天下兵馬元帥廣平王李俶（即後來的唐代宗）率蕃漢軍隊十五萬進攻長安，

郭子儀大敗賊將安守忠、李歸仁於京西香積寺之北，斬賊首六萬級，遂收復長安。再收長安，肅宗寶應二年，吐蕃乘虛大舉攻唐，十月攻佔奉天，代宗避難陝州，吐蕃乘機佔領長安。郭子儀遂被召為為關內副元帥，自洛陽至武關，收拾散兵遊勇四千餘人，與吐蕃軍鬥智鬥勇，終於十五日內再次收復京師長安。

〔二〕韋太尉句：韋太尉臯，即韋臯，順宗即位，加檢校太尉，故有此稱。其人字城武，京兆萬年人。以建陵挽郎調補華州參軍，累授使府監察御史。張鎰節度鳳翔，署營田判官。德宗狩奉天，授隴州刺史，置奉義軍，拜節度使，俄召為左金吾衛將軍，遷大將軍。貞元元年，出為劍南西川節度使，在蜀二十餘年，屢挫吐蕃軍，因封南康郡王。暴卒，年六十一，諡曰「忠武」，贈太師。其事跡具兩《唐書》本傳（《舊唐書》卷一百四十；《新唐書》卷一百五十八）。按「降吐蕃九節度」事，考《舊唐書·韋臯傳》載，貞元十六年韋臯命將出軍，累破吐蕃於黎、嶲二州。吐蕃怒，遂大搜閱，築壘、造舟欲謀入寇，韋臯悉挫之。於是吐蕃酋帥兼監統囊貢臘城等九節度嬰籠官馬定德與其大將八十七人舉部落來降，韋臯功不可沒。按「擒論莽熱以獻」，考舊傳載，貞元十七年，吐蕃贊普以其眾外潰，遂北寇靈朔，陷麟州，德宗遣使令韋臯出兵，深入蕃界。至自八月出軍至十月，大破蕃兵十六萬，拔城七，軍鎮五，戶口三千，生擒六千，斬首萬餘級。遂進攻維州，救軍再至，轉戰千里，蕃軍連敗，於是寇靈朔之眾引而南下，贊普遣論莽熱以內大相兼東境五道節度兵馬都羣牧大使，率雜虜十萬而來解維州之圍。蜀師萬人據險設伏以待之，先出千人挑戰，論莽熱見我師之少悉眾追之，發伏掩擊，鼓譟雷駭，蕃兵自潰，生擒論莽熱，虜眾十萬，殲夷者半。是歲十月，遣使獻論莽熱於朝，德宗數而釋之，賜第於崇仁里。此韋臯又一千秋之功也。按「招附西南夷」事，據舊書本傳載，韋臯初入蜀時，雲南蠻有眾數十萬，與吐蕃和好，蕃人入寇，必以蠻為前鋒。韋臯採取分化瓦解之策，於貞元四年，遣判官崔佐時入南詔蠻，說令向化，以離吐蕃之助。南詔王異牟尋忻然接遇，請絕吐蕃，遣使朝貢，南蠻自嶲州陷沒，臣屬吐蕃絕朝貢者，二十餘年，至是復通。後又招撫西山羌女訶陵白狗逋租弱水南王等八國酋長，入貢闕廷。十一年九月，朝廷加統押近界諸蠻西山八國兼雲南安撫等使，十七年吐蕃昆明城管些蠻千餘戶又降。此皆韋臯之偉績也。按「亦其次也」語，《新唐書·韋臯傳》云：「臯治蜀二十一年，數出師，凡破吐蕃四十八萬，禽殺節度都督城主籠官千五百，斬首五萬餘級，獲牛羊二十五萬，收器械六百三十萬，其功烈為西南劇。」按此，韋臯可與郭令公功業相侔，李肇此言非虛也。

韋太尉設教

韋太尉在西川，凡事設教，軍士將吏婚嫁，則以熟綵衣給其夫氏，以銀泥衣給其女氏，又各給錢一萬，死葬稱是，訓練稱是，內附者富贍之，遠來者將迎之，極其聚歛，坐有餘力，以故軍府浸盛，而黎甿重困〔一〕。及晚年為月進，終致劉闢之亂〔二〕，天下譏之。

箋注

〔一〕韋太尉句：按韋皋鎮蜀事，考《舊唐書·韋皋傳》(《舊唐書》卷一百四十) 史官評曰：「皋在蜀二十一年重賦歛以事月進，卒致蜀土虛竭，時論非之。其從事累官稍崇者，則奏為屬郡刺史，或又署在府幕，多不令還朝，蓋不欲洩所為於闕下故也。故劉闢因韋皋故態圖不軌，以求三川，屬階之作蓋有由然。」又《新唐書·韋皋傳》(《新唐書》卷一百五十八) 謂：「善拊士至，雖昏嫁皆厚資之，婿給錦衣，女給銀塗衣，賜各萬錢，死喪者稱是。其僚掾官雖顯，不使還朝，即署屬州刺史，自以侈橫，務蓋藏之，故劉闢階其厲，卒以叛朝廷。」同卷又謂：「天寶時李白為《蜀道難》篇以斥嚴武，有陸暢者更為《蜀道易》以美皋焉。始，皋務私其民，列州互除租凡三歲一復。皋沒，蜀人德之，見其遺像必拜，凡刻石著皋名者，皆鑱其文，尊諱之。」

〔二〕按「劉闢之亂」，考《舊唐書·劉闢傳》(《舊唐書》卷一百四十) 載，劉闢本一書生，貞元中進士，擢第宏詞登科，韋皋辟為從事，累遷至御史中丞、支度副使。永貞元年八月韋皋卒，劉闢自為西川節度留後，率成都將校上表請降節鉞，朝廷不許，劉闢不奉詔。時憲宗初即位，以無事息人為務，遂授劉闢檢校工部尚書，充劍南西川節度使。不料劉闢得隴望蜀，更求都統三川，舉兵圍梓州。憲宗採納宰相杜黃裳意見，於是令大將高崇文、李元奕將神策京西行營兵相續進發，令與嚴礪、李康犄角相應以討之。自元和元年正月出師，三月收復東川，九月收成都府，獻劉闢於朝，與其子超、郎等九人，戮於子城西南隅。

高郢焚制草

高貞公郢〔一〕，為中書舍人九年〔二〕，家無制草。或問曰：「前輩皆有制集，公獨焚之，何也？」答曰：「王言不可存于私室〔三〕。」

箋注

〔一〕高貞公郢：指高郢，高郢卒諡曰「貞」，故曰高貞公。高郢字公楚，其先

自渤海徙衛州，遂爲衛州人。九歲通春秋，工屬文著語默賦，諸儒稱之。後舉進士，擢第應制舉，登茂才異行科，授華陰尉，改咸陽尉，郭子儀取爲朔方掌書記，下徙猗氏丞。李懷光引佐邠寧府，奏爲從事，累轉副元帥判官、檢校禮部郎中。馬燧奏管書記，召拜主客員外郎，遷中書舍人。久之，進禮部侍郎，遷太常卿。貞元末，擢中書侍郎同中書門下平章事。順宗立，病不能事，王叔文黨根據朝廷，帝始詔皇太子監國，而高郢以刑部尚書罷。明年，爲華州刺史，政尚仁靜。復召爲太常卿除御史大夫，數月，改兵部尚書，固乞骸骨，以尚書右僕射致仕。卒，年七十二，贈太子太保，諡曰「貞」。其事跡具兩《唐書》本傳（《舊唐書》卷一百四十七；《新唐書》卷一百六十五）。

〔二〕按「中書舍人九年」語，考《舊唐書・高郢傳》載，高郢改中書舍人，凡九歲，拜禮部侍郎。按「中書舍人」，另考張九齡《唐六典》卷九云：「中書舍人六人，正五品上。中書舍人掌侍奉，進奏、參、議、表、章，凡詔旨、制勅及璽書、冊命，皆按典故起章草進，畫既下，則署而行之，其禁有四：一曰漏洩，二曰稽緩，三曰違失，四曰忘誤，所以重王命也，制勅既行，有誤則奏而正之。凡大朝會，諸方起居，則受其表狀而奏之；國有大事，若大克捷及大祥瑞，百僚表賀亦如之。凡冊命大臣於朝，則使持節讀冊命命之。凡將帥有功及有大賓客，皆使以勞問之。凡察天下冤滯，與給事中及御史三司鞫其事。凡有司奏議，文武考課皆預裁焉。」杜佑《通典》卷二十一謂：「自永淳以來，天下文章道盛，臺閣、髦彥無不以文章達，故中書舍人爲文士之極，任朝廷之盛選，諸官莫比焉。」

〔三〕按高郢此事，據其舊書本傳載，高郢性恭愼、廉潔，罕與人交遊，守官奉法勤恪，掌誥累年，家無制草。或謂之曰：「前輩皆留制集，公焚之何也？」答曰：「王言不可存私家。」時人重其愼密。高郢愼密，可與漢孔光「不言溫室樹」相埒，且人品優於後者。

楊穆分優劣

貞元中，楊氏、穆氏兄弟，人物氣概，不相上下。或言，楊氏兄弟賓客皆同，穆氏兄弟賓客各殊，以此爲優劣〔一〕。

箋注

〔一〕貞元句：按「楊氏兄弟」，考《柳河東集》卷十二載，楊氏兄弟者，弘農人，皆友孝，有文章，楊憑由江南西道入爲散騎常侍；楊凝以兵部郎中卒；楊淩以大理評事卒，最善文。《舊唐書》有《楊憑傳》，據其本傳（《舊唐書》卷一百四十六）載，其人字虛受，弘農人。舉進士，累佐使府，

徵爲監察御史，不樂檢束，遂求免。累遷起居舍人、左司員外郎、禮部
兵部郎中、太常少卿、湖南、江西觀察使，入爲左散騎常侍、刑部侍郎、
京兆尹。楊憑工文辭，少負氣節，與母弟楊凝、楊凌相友愛，皆有時名。
楊憑重交遊，尚然諾，與穆質、許孟容、李廊、王仲舒爲友，故時人稱
楊、穆、許、李之友。元和四年，拜京兆尹，爲御史中丞。未幾因貪贓
罪遭到彈劾，發遣至賀州臨任賀縣尉。按「穆氏兄弟」，考《柳河東集》
卷十二載，穆氏兄弟者，河南人，皆強毅仁孝。穆贊爲御史中丞，捍佞
倖，得貶至宣池歙處置使，卒。穆質爲尚書郎，以侍御史內供奉，卒，
最善文。穆氏兄弟乃穆寧之子，其事蹟見於舊書本傳（《舊唐書》卷一百
五十五）後。據《舊唐書·穆寧傳》載，穆贊與弟穆質、穆員、穆賞，
以家行、人材爲搢紳所仰慕。穆贊官場騰達之時，父母尚無恙，家法清
嚴。穆贊兄弟奉指使，笞責如童僕。穆贊最孝謹，穆質強直，應制策入
第三等，其所條對至今傳之，自補闕至給事中，時政得失未，嘗不先論
諫。憲宗以王承宗叛，用內官吐突承璀爲招討使，穆質率同列伏閣論奏，
言自古無以中官爲將帥者。憲宗雖改其名，心頗不悅，尋改穆質爲太子
左庶子，五年坐與楊憑善，出爲開州刺史，未幾，卒。穆員工文辭，尚
節義，杜亞爲東都留守辟爲從事、檢校員外郎，早卒，有文集十卷。

穆氏四子目

穆氏兄弟四人，贊、質、員、賞。時人謂，贊俗而有格爲酪，
質美而多入爲酥。員爲醍醐，言粹而少用。賞爲乳腐，言最凡固
也〔一〕。

箋注

〔一〕穆氏兄弟，乃穆寧之子。其爵里事跡不詳，考《舊唐書·穆寧傳》（《舊
唐書》卷一百五十五）載，穆質兄弟俱有令譽，世以滋味目之。以穆贊
俗而有格爲酪，穆質美而多入爲酥，穆員爲醍醐，穆賞爲乳腐。近代士
大夫言家法者，以穆氏爲高。舊傳所載與李肇記載大率相同，足與《國
史補》相互發明參證。且《國史補》道出穆原、穆賞緣何稱爲「醍醐、
乳腐」，正可補苴正史之所未及，蓋國史之補，洵名副其實矣。

孟容拒宦者

許孟容爲給事中，官者有以台座誘之者，拒而絕之，雖不大拜，
亦不爲患〔一〕。

箋注

〔一〕許孟容句：許孟容，字公範，京兆長安人。少以文詞知名，舉進士甲科，後究王氏易登科，授秘書省校書郎。趙贊爲荊襄等道黜陟使，表爲判官。貞元初，徐州節度使張建封辟爲從事，四遷侍御史，後表孟容爲濠州刺史。無幾，德宗知其才，徵爲禮部員外郎，遷本曹郎中。十四年，轉兵部郎中，未滿歲，遷給事中，改太常少卿。元和初，遷刑部侍郎、尙書右丞。四年，拜京兆尹，賜紫，改兵部侍郎。俄以本官權知禮部貢舉，頗抑浮華，選擇才藝，出爲河南尹，亦有威名。俄知吏部選事，徵拜吏部侍郎，拜東都留守。元和十三年四月卒，年七十六，贈太子少保，諡曰「憲」。其事跡具兩《唐書》本傳（《舊唐書》卷一百五十四；《新唐書》卷一百六十二）。按「許孟容爲給事中」事，考《舊唐書‧許孟容傳》載，貞元十四年，轉兵部郎中，未滿歲，遷給事中，改太常少卿。按「臺座」，蓋指唐時宰相之位。考《唐大詔令集》卷四十四《張說兼中書令制》云「臺座訏謨，備陳匡益」，及同書卷四十八《李宗閔平章事制》謂「爰登臺座，弼我元化」，可知臺座實乃宰相之稱謂。又按《卓異記》卷「與使主同時爲相」條載，牛僧孺李玨二人同列相庭，故謂「晚聯臺座」。

德宗幸金鑾

德宗幸金鑾院，問學士鄭餘慶曰：「近日有衣作否？」餘慶對曰：「無之。」乃賜百縑，令作寒服〔一〕。

箋注

〔一〕德宗句：鄭餘慶，字居業，滎陽人，出自官宦名流之家。餘慶少勤學，善屬文，大曆中舉進士。建中末，山南節度使嚴震辟爲從事，累官殿中侍御史，丁父憂，罷。貞元初，入朝歷左司兵部員外郎、庫部郎中。八年，選爲翰林學士。十三年六月，遷工部侍郎，知吏部選事。十四年，拜中書侍郎平章事，未幾，貶郴州司馬，凡六載。順宗登極，徵拜尙書左丞。憲宗嗣位之月，又擢守本官平章事，降爲太子賓客，改爲國子祭酒。尋拜河南尹，元和三年，檢校兵部尙書兼東都留守。六年四月，拜兵部尙書，改太子少傅兼判太常卿事。九年，拜檢校右僕射兼興元尹，充山南西道節度觀察使。十二年，除太子少師，尋以年及懸車，請致仕，詔不許。十三年，拜尙書左僕射，改鳳翔尹鳳翔隴節度使。十四年，兼太子少師、檢校司空，封滎陽郡公，兼判國子祭酒事。及穆宗登極，以師傅之舊，進位檢校司徒，優禮甚至。元和十五年十一月卒，時年七十五，贈太保，諡曰「貞」。其事跡具兩《唐書》本傳（見《舊唐書》卷一

百五十八；《新唐書》卷一百六十五）。按鄭餘慶此事，考《舊唐書‧鄭餘慶傳》載，餘慶畏榮好古，薄身厚志，有顏回之風。砥名礪行，不失儒者之道，清儉率素，終始不渝。經歷四朝，出將入相近五十年，祿賜所得，分給親黨。其家頗類寒素。當時風氣，方鎮除授，必遣中使領旌節就第宣賜，皆厚以金帛遣之。而餘慶之貧，天子知之，故鄭餘慶每受方任，天子必誡其使曰：「餘慶家貧，不得妄有求取。」及鄭餘慶卒，穆宗以其家素清貧不辦喪事，宜令所司特給一月俸料，以充賻贈，用示哀榮。白居易《贈鄭餘慶太保制》（《元氏長慶集》卷五十）云：「金紫光祿大夫、檢校司徒兼太子少師鄭餘慶，始以衣冠禮樂行於山東，餘力文章，遂成儒學，出入清近，盈五十年。」又云：「凡所要職，無不踐更貴而能貧卑以自牧。

行狀比桓文

劉太真為陳少游行狀，比之齊桓、晉文，物議囂騰〔一〕。後坐貢院任情，責及前事，乃貶信州刺史〔二〕。

箋注

〔一〕劉太眞句：劉太眞，宣州人，涉學善屬文，少師事詞人蕭穎士。天寶末，舉進士，大曆中爲淮南節度使陳少遊掌書記，徵拜起居郎，累歷臺閣，自中書舍人轉工部、刑部二侍郎，轉禮部侍郎，掌貢舉。貞元五年，貶信州刺史，到州尋卒，尤善作詩，其應制和詩，德宗評爲第一。有《劉太眞集》三十卷，今存詩三首。事跡具兩《唐書》本傳（《舊唐書》卷一百三十七；《新唐書》卷二百三；《全唐詩》卷二百五十二）。按「爲陳少遊行狀」事，考《舊唐書‧劉太眞傳》云：「常敘少遊勳績，擬之桓、文，大招物論。」此語與《國史補》所記吻合。案：《陳少遊行狀》，其文已佚。《文苑英華》載有大曆八年劉太眞所撰《爲陳大夫謝上淮南節鎮表》（《文苑英華》卷七百十六），此陳大夫者，即揚州大都督長史充淮南節度使陳少遊。

〔二〕按「貢院任情」事，考舊傳（《舊唐書》卷一百三十七）謂太眞「性怯懦詭隨，任轉禮部侍郎掌貢舉，宰執、姻族、方鎮子弟先收擢之」云云。此蓋李肇所謂太眞「任情」之懲也。

閻吉州入道

閻寀爲吉州刺史，表請入道，賜名遺榮，隸桃源觀，朝端盛賦詩以贈之〔一〕。戎昱詩云：「廬陵太守近隳官，月帔初朝五帝壇。〔二〕」

箋注

〔一〕閻寀句：閻寀，唐史無傳，考《唐會要》卷五十云：「貞元七年四月，吉州刺史閻寀上言請爲道士，從之，賜名遺榮。」按「桃源觀」，《墨池編》載有董俌書《桃源觀三洞閻寀君碑》一文（見《六藝之一錄》卷三百三十四上），謂：「唐桃源觀三洞閻寀君碑，董俌書。」《文忠集》卷一百六十六稱南宋隆興元年，周必大遊吉州洞巖，聽故老云貞元中，刺史閻寀請立觀於此。按「朝端盛贈詩」，其人其事皆不可考，事跡僅見於《國史補》。然閻寀與司空曙、韋應物等有過交遊，韋應物有《送閻寀赴東川辟》（《韋蘇州集》卷四）詩，云：「冰炭俱可懷，孰云熱與寒，何如結髮友，不得攜手懽，晨登嚴霜野，送子天一端，祗承簡書命，俯仰多角冠，上陟白雲嶠，下冥玄壑湍，離羣自有託，歷險得所安，當念反窮巷，登朝成慨嘆。」司空曙亦有《過閻寀病居》詩（《全唐詩》卷二百九十三）云：「每逢佳節何曾坐，唯有今年不得遊，張邴臥來休送客，菊花楓葉向誰秋。」

〔二〕戎昱句：戎昱，唐史無傳，然據《全唐詩》作者小傳載，知其乃荊南人，登進士第，衛伯玉辟爲從事。建中中，爲辰、虔二州刺史。又據《唐詩紀事》載，憲宗朝，北狄頻頻寇邊，大臣奏議古者和親有五利，而無千金之費，帝曰：「比聞有士子能爲詩，而姓名稍僻是誰？」宰相對以包子虛、冷朝陽，皆非也。帝遂吟曰：「山上青松陌上塵，雲泥豈合得相親，世路盡嫌良馬瘦，惟君不棄臥龍貧，千金未必能移性，一諾從來許殺身，莫道書生無感激，寸心還是報恩人。」侍臣對曰：「此是戎昱詩也。」帝悅曰：「朕又記得《詠史》一篇，云『漢家青史內，計拙是和親。』」憲宗笑曰：「魏絳之功何其懦也。」大臣遂息和戎之論。按李肇所載戎昱此二句詩，出自《送吉州閻使君入道二首》，《文苑英華》卷二百二十八有收錄，其一云：「聞道桃源志，塵心忽自悲，余當從宦日，君是去官時，金籙封仙骨，靈津咽玉池，受傳三籙備，起坐五雲隨，洞裡花常發，人間鬢易衰，他年會相訪，莫作爛柯棊。」其二云：「廬陵太守近霑官，月皎初朝玉帝壇，風過鬼神迎受籙，夜深龍虎衛燒丹，水容入境纖埃靜，玉液添瓶漱齒寒，莫遣桃花迷客訪，千山萬水訪君難。」

韋聿白方語

國子司業韋聿〔一〕，皐之兄也，中朝以為戲弄。嘗有人言九宮休咎〔二〕，聿曰：「我家白方，常在西南二十年矣！」

箋注

〔一〕按韋聿，事跡附載於兩《唐書》《韋皋傳》後。(《舊唐書》卷一百四十，
《新唐書》卷一百五十八)。據傳載，韋聿以蔭調南陵尉，遷祕書郎，以
父嫌，名換太子司議郎，辟淮南杜佑府。元和初，爲國子司業。劉闢與
盧文若據西川叛，韋聿子韋行式先娶文若妹，而韋聿不奏。既收押韋行
式，以其妻沒官，詔御史臺按韋聿，下於獄中，有司以韋行式妻在遠，
不與兄同情，不當連坐，詔放歸行式妻，而釋韋聿，以太子右庶子終。
另據宋宋敏求《長安志》(《長安志》卷七)載，長安南崇義坊有太子右
庶子韋聿宅。

〔二〕九宮：指乾宮、坎宮、艮宮、震宮、中宮、巽宮、離宮、坤宮、兌宮。
其中，乾、坎、艮、震屬四陽宮，巽、離、坤、兌屬四陰宮，加上中宮
共爲九宮。(見《學易初津》卷下)

恥科第爲資

權相〔一〕爲舍人，以聞望自處，嘗語同僚曰：「未嘗以科第爲
資。」鄭雲逵〔二〕戲曰：「更有一人。」遽問：「誰？」答曰：「韋
聿者也。」滿座絕倒〔三〕。

箋注

〔一〕權相，指權德輿，元和五年，拜禮部尚書平章事，故有此稱。權德輿字
載之，天水略陽人。德輿生四歲能屬詩，七歲居父喪，以孝聞。十五爲
文數百篇，編爲《童蒙集》十卷，名聲遠播。韓洄黜陟河南，辟爲從事，
試秘書省校書郎。貞元初，復爲江西觀察使李兼判官，再遷監察御史。
德宗雅聞其名，徵爲太常博士，轉左補闕。九年，自司農少卿除戶部侍
郎，仍判度支。十年，遷起居舍人，歲中兼知制誥，轉駕部員外郎、司
勳郎中，遷中書舍人。貞元十七年冬，以本官知禮部貢舉，來年拜侍郎，
轉戶部侍郎。元和初，歷兵部、吏部侍郎，改太子賓客，復爲兵部侍郎，
遷太常卿。五年冬，拜禮部尚書平章事，與李藩同作相。尋以檢校吏部
尚書爲東都留守，後拜太常卿，改刑部尚書。十一年，復以檢校吏部尚
書出鎮。興元十三年八月，有疾，詔許歸，卒，年六十，贈左僕射，諡
曰「文德」。其事跡具兩《唐書》本傳(《舊唐書》卷一百四十八；《新唐
書》卷一百六十五)。

〔二〕鄭雲逵：榮陽人，大曆初舉進士，朱泚表爲節度掌書記、檢校祠部員外
郎，後貶莫州參軍，朱滔請爲判官。後朱滔助田悅爲逆，雲逵諭之不從，
遂棄妻子馳歸長安，帝嘉其來留，超拜諫議大夫。奉天之難，雲逵奔赴

肅宗行在，李晟以爲行軍司馬，歷祕書少監、給事中，尋拜大理卿，遷刑部、兵部二侍郎，遷御史中丞，充順宗山陵橋道置頓使。元和元年，拜右金吾衛大將軍，歲中改京兆尹，五年五月卒。事蹟具兩《唐書》本傳（《舊唐書》卷一百三十七；《新唐書》卷一百六十一）。

〔三〕按「鄭雲逵戲答權德輿」事，考《舊唐書‧鄭雲逵傳》謂其「性果誕敢言」，故有此事。復次，蓋因權德輿父與韋臯兄同名，皆爲「臯」字，且二人皆未經科考入仕。另考《舊唐書‧權德輿傳》（《舊唐書》卷一百四十八）載，權德輿父名權臯，字士繇，少以進士補貝州臨清尉，預知安祿山反，爲保全老母，詐死而得脫身，奉母南渡，由是名聞天下。淮南採訪使高適表爲試大理評事充判官，又遇永王璘亂，變名易服，得全身而退。當時江東知名之士如李華、柳識兄弟者，皆仰慕權臯之德，而友善之。又考《舊唐書‧韋臯傳》（《新唐書》卷一百五十八）載，韋臯兄名韋臯，鎮西川二十年，降吐蕃九節度，擒論莽熱以獻，大招附西南夷，任太尉，封南康王，更是顯赫一時。蓋權德輿未嘗中科第，韋臯亦未以科第爲資，故雲逵有此戲語。

誤造鄭雲逵

鄭雲逵與王彥伯鄰居，嘗有客來求醫〔一〕，誤造雲逵門，雲逵知之，延入與診候曰：「熱風頗甚。」客又請藥方。雲逵曰：「某是給事中，若覓國醫王彥伯，東鄰是也。」客驚走而出，自是京城有乖宜者，皆曰熱風，或云即劉侁也〔二〕。

箋注

〔一〕鄭雲逵句：鄭雲逵，其事跡見前條。按「王彥伯」，唐史無傳，考段成式《酉陽雜俎》（《酉陽雜俎》卷七）載，知其本荊楚人氏，爲道士，天性善醫，尤別脈斷人生死壽夭，百不差一。該書中，尚記載了一著名醫案：裴胄之子忽暴中病，眾醫拱手不能救，或說王彥伯，遽迎使視脈之，良久，曰：「都無疾。」乃煮散數味，入口而愈。裴胄問其狀，彥伯曰：「中無鰓鯉魚毒也。」其子因鱠得病，裴胄初不信，乃膾鯉魚無鰓者，令左右食之，其候悉同，始大爲驚異。吳均《續齊諧記》載，王彥伯善鼓琴，嘗以以玉琴贈一女子。按「鄭雲逵與王彥伯鄰居」語，考《太平廣記》卷二百四十二載，唐貞元中，時國醫王彥伯住太平里，與給事鄭雲逵比舍住。據宋敏求《長安志》卷九載，太平坊位於朱雀街西第二街北，當皇城南面之含光門街西，從北第一坊。坊內西南隅有溫國寺，西門之北有定水寺，且坊內滿布達官顯貴住所，如南隅舒王元名宅，節愍太子妃

楊氏宅，御史大夫王鍈宅，此外尙有戶部尙書王源中宅，京兆尹羅立言宅，中書侍郎同中書門下平章事裴垣宅，給事中鄭雲逵宅，國醫彥伯宅，騎都尉薛良佐宅，陸氏夫人宅等。按「嘗有客來求醫」語，據《國史補》卷下載，王彥伯醫術神妙，一時無兩，故造門者絡繹不絕。同卷亦謂：「王彥伯言醫道將行，時列三四竈，煮藥於庭，老少塞門而請。」又《太平廣記》卷三百六稱：「貞元末，渭南縣丞盧佩，性篤孝，其母病腰腳，曉夜痛楚，佩即棄官奉母歸長安寓長樂里，將欲竭產求國醫王彥伯，日往祈請。」

〔二〕按「或云即劉俛」語，考《太平廣記》卷二百四十二引《乾饌子》載，此人即是劉俛，唐貞元中，新及第，忽患寒熱，早詣彥伯求診，誤入雲逵第，會門人他適，鄭雲逵立於中門，劉俛前趨曰：「某前及第有期集之役，忽患病。」具說其狀，鄭雲逵命僕人延坐，爲診其臂曰：「據脈侯是心家熱風。雲逵姓鄭，若覓國醫王彥伯，東隣是也。」劉俛報然而去。按《乾饌子》乃溫庭筠撰，有三卷，今已佚。（見《新唐書》卷五十九《藝文志》）

何儒亮訪叔

進士何儒亮，自外州至，訪其從叔，誤造郎中趙需宅，白云：「同房。」會冬至，需家致宴揮霍，需曰既是同房，便令引入就宴。姊妹妻女並在座焉。儒亮食畢徐出，需細審之，乃何氏子也。需大笑。儒亮歲餘不敢出，京師自是呼爲何需郎中〔一〕。

箋注

〔一〕進士句：何儒亮，爵里始末不詳，據《全唐詩》詩人小傳，其與孟簡同時人，現存詩一首。趙需，唐史無傳，事跡不詳，考《柳河東集》卷十二載，趙需乃天水人，儒士，有名於時，至兵部郎中卒。按「何儒亮誤造趙需宅」事，宋王讜《唐語林》卷六考云：「按此事是趙贊侍郎與何文哲尙書。相與鄰居，時俱侍御史。水部趙郎中趙需方應舉，自江淮來投刺於贊，誤造何侍御第。何，武臣也，以需進士稱，猶子謁之，大喜，因召入宅。不數日，值元日，骨肉皆在坐，文哲因謂趙需曰：『侄之名宜改之，且何需似涉戲於姓也。』需乃以本氏告，文哲大愧，乃厚遣之而促去。需之孫頊，前國學明經；文哲姓孫，繼爲杭之戎吏。皆說之相符，而並無儒亮之說。《國史補》所記乃誤耶。」然不知王讜此說本自何書，闕疑待考。

陸羽得姓氏

竟陵僧有于水濱得嬰兒者，育爲弟子，稍長，自筮得蹇之漸繇曰：「鴻漸于陸，其羽可用爲儀。」乃令姓陸名羽，字鴻漸〔一〕。羽有文學，多意思〔二〕，恥一物不盡其妙，茶術尤著〔三〕。鞏縣陶者多爲瓷偶人，號陸鴻漸，買數十茶器得一鴻漸，市人沽茗不利，輒灌注之〔四〕。羽于江湖稱竟陵子，于南越稱桑苧翁。與顏魯公厚善，及玄眞子 {1} 張志和爲友。羽少事竟陵禪師智積，異日在他處聞禪師去世，哭之甚哀，乃作詩寄情，其略云：「不羨白玉盞，不羨黃金罍。亦不羨朝入省，亦不羨莫入臺。千羨萬羨西江水，曾向竟陵城下來。〔五〕」貞元末卒。

校勘記

【1】《四庫》本、《津逮》本均作「玄眞子」，《學津》本作「元眞子」，蓋避康熙皇帝諱，今從《津逮》本。

箋注

〔一〕陸鴻漸，即陸羽，陸羽字鴻漸，一名疾字、季疵，復州竟陵人，不知所生。或言有僧得諸水濱，畜之既長，以易自筮，得蹇之。漸曰：「鴻漸於陸，其羽可用爲儀。」乃以陸爲氏名而字之。貌陋，吃而辨，聞善若已，見過規切，與人期雨雪虎狼不避。上元初更隱苕溪，稱桑苧翁。久之詔拜羽太子文學，徙太常寺太祝，不就職。貞元末卒。《陸文學自傳》（《文苑英華》卷七百九十三）云：「陸羽，不知何許人，爲人才辯，爲性褊躁，多自用意，初結廬於苕溪之湄，閉關讀書，不雜非類，名僧高士談讌永日，常扁舟往來山寺，隨身唯紗巾、藤鞵、短褐、犢鼻。始三歲，惸露育於竟陵太師積公之禪寺，自九歲學屬文，無紙學書，以竹畫牛背爲字。天寶中，人召爲伶正之師，時河南尹李公齊甚異之，親授詩集。禮部郎中崔公國輔，出竟陵，因與之遊處，凡三年。洎至德初，過江，與吳興釋皎然爲忘年之交。其人事跡另具《新唐書》本傳（《新唐書》卷一百九十六《隱逸傳》）及《陸文學自傳》（《文苑英華》卷七百九十三）。

〔二〕按「羽有文學，多意思」語，考《陸文學自傳》載，陸羽好屬文，多所諷諭。自祿山亂中原，爲《四悲詩》。劉展窺江淮，作《天之未明賦》，皆見感激，當時行哭涕泗，著《君臣契》三卷，《源解》三十卷，《江表四姓譜》八卷，《南北人物志》十卷，《吳興歷官記》三卷，《湖州刺史記》一卷，《茶經》三卷，《占夢》上中下三卷。趙璘《因話錄》卷三亦謂：「陸

羽聰俊多能，學贍辭逸，詼諧縱辯，蓋東方曼倩之儔。」

〔三〕按「茶術尤著」語，考《新唐書・陸羽傳》載，陸羽嗜茶，著經三篇，言茶之原、之法、之具尤備，天下益知飲茶矣。時鬻茶者至陶羽形，置煬突間祀爲茶神。有常伯熊者，因羽論復廣著茶之功。御史大夫李季卿宣慰江南，次臨淮，知伯熊善煮茶，召之。伯熊執器前，季卿爲再舉杯。至江南，又有薦羽者，召之。羽衣野服挈具而入，季卿不爲禮，羽愧之，更著《毀茶論》。其後尙茶成風，時回紇入朝始驅馬市茶。趙璘《因話錄》卷三謂其「始創煎茶法，至今鬻茶之家，陶爲其像，置於煬器之間，云宜茶足利。」據唐張又新《煎茶水記》引《煮茶記》載，代宗朝時，李季卿刺湖州，至維揚，逢陸鴻漸。李素知陸名，十分傾慕，因會之於揚子驛。將食，李季卿曰：「陸君善於茶，蓋天下聞名矣。況揚子南零水又殊絕，今日二妙千載一遇，何曠之乎？」因命軍士謹信者挈瓶操舟深詣南零取水。陸羽利器以俟之，俄頃，水至，陸以杓揚其水曰：「江則江矣，非南零者，似臨岸之水。」使曰：「某櫂舟深入，見者累百，敢虛紿乎？」陸不言，既而傾諸盆至半，陸遽止之，又以杓揚之曰：「自此南零者矣。」使蹶然大駭，馳下曰：「某自南零，齎至岸，舟蕩覆半，懼其尠，挹岸水增之，處士之鑒神鑒也，其敢隱焉。」李季卿因問陸羽各處之水優劣，陸羽曰：「楚水第一，晉水最下。」李因命筆口授，而次第之。宋代陳師道爲《茶經》做序（《續茶經》卷上）謂：「夫茶之著書，自羽始。其用於世，亦自羽始。羽誠有功於茶者也！」《四庫全書總目》卷一百十五稱：「言茶者莫精於羽，其文亦樸雅有古意。七之事所引多古書，如司馬相如《凡將篇》一條三十八字，爲他書所無，亦旁資考辨之一端矣。」

〔四〕按「陶者多爲瓷偶人，號陸鴻漸」，考《新唐書・陸羽傳》載，陸羽卒後，後人尊其爲「茶神」，其始於晚唐。唐趙璘，曾任衢州刺史，其外祖與陸羽交契至厚。據其《因話錄》卷三載，陸羽性嗜茶，始創煎茶之法，至今鬻茶之家，陶爲其像，置於煬器之間，云宜茶足利，目之爲茶神。新傳云：「鬻茶者，陶羽形，置場突間，祀爲茶神」。入宋以來，賣茶家仍沿襲祀奉陸羽偶像。歐陽修《集古錄》云：「至今俚俗賣茶肆中置一瓷偶人於灶側，云此號陸鴻漸」。此說與《國史補》相符。據王鬱風《陸羽瓷偶人之迷》（《茶葉》）載，1959 年，於今河北省唐縣一帶出土五代時期邢窯瓷器，其中有茶臼、釜、茶灶、茶湯瓶等茶器，尙有一具邢窯瓷質人物塑像，據考證乃爲歷史上所稱陸羽瓷偶人。該瓷偶人高約 10cm，上身著衣，下身著裳，盤腿而坐，左腳放在右腿上，即佛教所稱之枷趺而坐，但非剃度僧人，頭上束髮，戴四瓣蓮花狀高冠，手捧書卷，當爲《茶經》。瓷偶人面孔圓形，眉、眼、口、鼻、耳等五官開相，雙手五指

立體雕塑清晰，衣紋刻劃凹形線條。瓷胎細膩，腿部以上全身飾施白釉，頭髮、雙眼和書卷的軸棒點染黑釉色。該文又云：「唐德宗建中元年，《茶經》最後完稿，時年陸羽48歲。現觀出土陸羽瓷偶人，與陸羽著《茶經》時年齡相比，顯得偏年輕，推測造像者當時沒有見過陸羽生前相貌，亦未見到《陸文學自傳》中陸羽自述：『有仲宣、孟陽之貌陋，相如、子雲之口吃……隨身帷紗巾、騰鞵、短褐（粗布短衣）、犢鼻（圍裙）』等這些有關陸羽相貌、衣著的資料。可知陸羽瓷偶人當是造像者的臆想之作，不是寫實肖像。」

〔五〕按「寄竟陵禪師詩」，考《唐詩紀事》卷四十「陸鴻漸」條云：「景陵龍蓋寺僧姓陸，於堤上得初生兒收育之，遂以陸為氏。」趙璘《因話錄》卷三云：「余幼年尚記識一復州老僧，是陸僧弟子，常諷其歌云：『不羨黃金罍，不羨白玉杯，不羨朝入省，不羨暮入臺，千羨萬羨西江水，曾向竟陵城下來。』又有追感陸僧詩至多。」此詩亦收入《全唐詩》。此陸僧者應指陸羽。

顧況多輕薄

吳人顧況〔一〕，詞句清絕，雜之以詼諧，尤多輕薄〔二〕。為著作郎，傲毀朝列，貶死江南〔三〕。

箋注

〔一〕吳人顧況：唐史無傳，事跡見於皇甫湜所撰《唐故著作佐郎顧況集序》（見《皇甫持正集》卷二）。據該序載，顧況，字逋翁，諱況，以文入仕。其為人類其詞章，嘗從韓晉公於江南，為判官。為江南郡丞，累歲脫靡，無復北意，起屋於茆山，意飄然，將續古三仙，以壽九十卒。據《唐詩紀事》（《唐詩紀事》卷二十八）載，顧況，字逋公，蘇州人。至德二年，江東進士。善為歌詩，性詼諧。德宗時，柳渾輔政，以秘書郎召。況素善李泌，及泌相，自謂當得達官，久遷著作郎。及泌卒，有調笑語，貶饒州司戶，卒。

〔二〕按「詞句清絕」，考顧況《悲歌》序（《華陽集》卷中）云：「審其音，理亂之所經，王化之所興，信無逃於聲教，豈徒文采之麗。」按此可窺其人生平作詩之旨。又考皇甫湜《唐故著作佐郎顧況集序》（《皇甫持正集》卷二）評顧況詩云：「吳中山泉氣狀，英淑怪麗，太湖異石，洞庭朱實，華亭清唳，與虎丘、天竺諸佛寺，鉤綿秀絕。君出其中間，翕輕清以為性，結泠汰以為質，煦鮮榮以為詞，偏於逸歌長句，駿發踔屬，往往若穿天心、出月脅，意外驚人語，非尋常所能及，最為快也。李白、杜甫

已死，非君將誰與哉。」

〔三〕按「顧況輕薄，傲毀朝列」之說，考《唐故著作佐郎顧況集序》稱其人「不能慕順，爲眾所排。」《舊唐書・李泌傳》(《舊唐書》卷一百三十) 稱其乃「輕薄之流」，「動爲朝士戲侮」。《舊唐書・白居易傳》(《舊唐書》卷一百六十六) 亦謂：「顧況能文而性浮薄。」

崔膺性狂率

崔膺〔一〕性狂率，張建封美其才，引以爲客〔二〕。隨建封行營，夜中大呼驚軍，軍士皆怒，欲食其肉，建封藏之。明日置宴，其監軍使曰：「某與尚書約，彼此不得相違。」建封曰：「諾。」監軍曰：「某有請，請崔膺。」建封曰：「如約。」逡巡，建封復曰：「某有請。」監軍曰：「唯。」卻請崔膺。合座皆笑，然後得免。〔三〕

箋注

〔一〕崔膺：唐史無傳，據《桂苑叢談》載，其人乃博陵人，性狂，少長於外家，不齒。及長，能文，首出眾子，作《道旁孤兒歌》以諷外氏，其文典而美，常在張建封書院，建封憐其才，引爲座上客。《唐詩紀事》卷四十三「崔膺」條云：「崔膺，博陵人，性狂，少長於外家，不齒，及長能文，作《道傍孤兒歌》以諷外家，張建封愛其才，以爲客，夜中大叫驚軍，眾欲食其肉，建封藏之。明日，置宴監軍曰：『某有請，請崔膺。』建封曰：『如約。』逡巡，建封又曰：『某亦有請，卻請崔膺。』坐中皆笑，乃獲免。崔膺賦《別佳人》云：『壠上流泉壠下分，斷腸嗚咽不堪聞，常娥一入月中去，巫峽千秋空白雲。』」此二首後收入《全唐詩》卷二百七十五。《唐詩紀事》此處所述應採自《國史補》及《桂苑叢談》。另《文苑英華》載有其《金鏡賦》一文 (《文苑英華》卷一百五)。李涉有《醉中贈崔膺》一詩 (《全唐詩》卷四百七十七)，其中可知崔膺與李涉乃爲故交，情意篤厚。

〔二〕張建封句：張建封，字本立，兗州人。建封少頗屬文，好談論，慷慨負氣，以功名爲己任。大曆初，道州刺史裴虯薦建封於觀察使韋之晉，辟爲參謀，奏授左清道兵曹，不樂吏役而去。滑亳節度使令狐彰聞其名辟之。彰既未曾朝覲，建封心不悅之，遂投刺於轉運使劉晏，自述其志，不願仕於彰也。劉晏奏試大理評事，勾當軍務，歲餘，復罷歸。張建封素與馬燧友善，大曆十年，馬燧爲河陽三城鎮遏使，辟爲判官，奏授監

察御史，賜緋魚袋。及馬燧爲河東節度使，復奏建封爲判官，特拜侍御史。建中初，馬燧薦之於朝，楊炎將用爲度支郎中，盧杞惡之，出爲岳州刺史。興元元年十二月，乃加兼御史大夫充濠、壽、盧三州都團練觀察使。及希烈平，進階封賜一子正員官。貞元四年，以建封爲徐州刺史兼御史大夫、徐、泗、濠節度支度營田觀察使。七年進位檢校禮部尚書，十二年加檢校右僕射，十三年冬入覲京師，德宗禮遇加等，特以雙日開延英召對，又令朝參入大夫班，以示殊寵。十四年春，上巳賜宰臣百僚宴於曲江亭，特令建封與宰相同座而食。十六年遇疾，連上表請速除代，方用韋夏卿爲徐、泗行軍司馬，未至而建封卒，時年六十六，冊贈司徒。其事跡具兩《唐書》本傳（《舊唐書》卷一百四十；《新唐書》卷一百五十八）。按「張建封美其才，引以爲客」事，考《舊唐書·張建封傳》載，建封好文學，且能詩，在彭城十年，軍州稱理，復又禮賢下士，無賢不肖遊其門者，皆禮遇之。天下名士向風延頸，其往如歸。貞元時，文人如許孟容、韓愈諸公皆爲之從事。

〔三〕按崔膺「夜中大呼驚軍」事，《桂苑叢談》所載較之更詳，謂：「因酒興偶畫得一疋馬，爲諸小兒竊去。一旦，崔膺至行營大叫，稱『膺失馬』，張公令捕之，廂將問毛色，崔膺答曰：『膺馬昨夜猶在氈下。』監軍怒，請殺之，建封與監軍先有約，彼此不相違，建封曰：『卻乞取崔膺軍中。』遂捨之。」復次，考《舊唐書·張建封傳》載，張建封觸事躬親，性寬厚，容納人過誤，而按據綱紀，不妄曲法貸人，每言事忠義感激，人皆畏悅。崔膺雖狂率如此，猶能得免，可見其人襟抱。

劉圓假官稱

江淮客劉圓，嘗謁江州刺史崔沆，稱前拾遺，沆引坐徐勸曰：「諫官不可自稱，司直評事可矣。」須臾他客至，圓抑揚曰：「大理評事劉圓。」沆甚奇之〔一〕。

箋注

〔一〕劉圓，其人事跡不詳，考《舊唐書·懿宗本紀》（《舊唐書》卷十九上）、《舊唐書·僖宗本紀》（《舊唐書》卷十九下）及《舊唐書·劉鄴傳》（《舊唐書》卷一百七十七）載，懿宗時有劉圓，爲中書舍人，後貶爲循州司戶，僖宗時，又由州司戶復爲中書舍人。崔沆，兩《唐書》無傳，考《舊唐書》（《舊唐書》卷十九上、卷十九下及卷一百七十八），其人等進士第，官至員外郎，知制誥，拜中書舍人。坐事貶循州司戶，復爲中書舍人。乾符末，本官同平章事。會黃巢軍犯長安，從駕不及被殺。

康崑崙琵琶

韋應物為蘇州刺史〔一〕，有屬官因建中亂〔二〕，得國工康崑崙琵琶〔三〕，至是送官表奏入內。

篇注

〔一〕韋應物：京兆人，唐史無傳，考宋姚寬《西溪叢語》載吳興、沈作喆為其作《補傳》，稱應物少遊太學。開元天寶間，充宿衛扈從遊幸，頗任俠負氣。兵亂後，流落失職，乃更折節讀書，由京兆功曹，累官至蘇州刺史、太僕少卿，兼御史中丞，為諸道鹽鐵轉運、江淮留後，年九十餘，不知其所終。嘉祐中，王欽臣校定其集，有序一首，述韋應物事蹟，與《補傳》皆合，惟云以集中及時人所稱，推其任宦本末，疑止於蘇州刺史。

〔二〕建中之亂：即指建中四年，涇原兵變，德宗倉皇出狩至奉天，朱泚尋稱帝，德宗下罪己詔。未久，後朔方節度使李懷光亦叛，德宗再此避難漢中。（見《舊唐書》卷十二《德宗本紀》）

〔三〕康崑崙：唐貞元時琵琶國手，京城第一，出入於王侯貴冑之門。考《文獻通考》一百三十七康崑崙條云：「唐貞元中，長安大旱，詔移兩市祈雨。街東有康崑崙，琵琶號為第一手。謂街西必無己敵也，遂登樓彈一曲新翻《調綠腰》。街西亦建一樓，東市大誚之。及崑崙度曲，西樓出一女郎，抱樂器亦彈此曲，移在《楓香調》中，妙絕入神。崑崙驚駭，請以為師，女郎遂更衣出，乃裝嚴寺段師善本也。翌日，德宗召之，加獎異常，乃令崑崙彈一曲。段師曰：『本領何雜，兼帶邪聲。』崑崙驚曰：『段師神人也。』德宗令授崑崙，段師奏曰：『且請崑崙不近樂器十數年，使忘其本領，然後可教。』詔許之，後果窮段師之藝矣。」《新唐書·禮樂志十二》（《新唐書》卷二十二）稱：「大曆元年，又有《廣平太一樂》、《涼州曲》，本西涼所獻也，其聲本宮調，有大遍、小遍。貞元初，樂工康崑崙寓其聲於琵琶，奏於玉宸殿因號《玉宸宮調》。宋程大昌《演繁露》卷十二引《段安節琵琶錄》云：「貞元中，康崑崙善琵琶，彈一曲新翻羽調《綠腰》。」宋曾慥《類說》卷四十三稱元載子伯和勢傾中外，康崑崙出入其門，有福州觀察厚遺康崑崙求通伯和。

懸買米畫圖

江淮賈人，積米以待踊貴，圖畫為人，持錢一千，買米一斗，以懸于市，揚子留後徐粲杖殺之〔一〕。

箋注

〔一〕江淮句：按「江淮賈人積米以待踴貴」，考《舊唐書・穆宗本紀》（《舊唐書》卷十六）載，長慶二年穆宗詔曰：「江淮諸州旱損頗多，所在米價不免踴貴，眷言疲困，須議優矜。宜委淮南、浙西東、宣歙、江西、福建等道觀察使，各於當道有水旱處，取常平義倉斛斗，據時估減半價出糶，以惠貧民。」江淮一旦有旱潦等災，米價騰貴，則商賈紛紛售出所積之米而謀去巨利矣。如據《新唐書・盧坦傳》（《新唐書》卷一百五十九）載，時江淮旱，穀踴貴，或請抑其價。盧坦曰：「所部地狹，穀來他州，若直賤，穀不至矣，不如任之。」既而商以米坌至，乃多貸兵食出諸市，估遂平。徐粲，唐史無傳，其人事跡不詳。考《舊唐書・班弘傳》（《舊唐書》卷一百二十三）載，「揚子院，鹽鐵轉運委藏也，班弘以御史中丞徐粲主楊子院鹽鐵轉運，既不理，且以賄聞。」同傳又云：「張滂至揚州，按徐粲，逮僕妾子姪，得贓鉅萬，乃徙嶺表。」另據《文獻通考》卷六十一「兩稅使」條載：「元和四年，制令鹽鐵使、楊子留後宜兼充淮南、浙西、浙東、宣歙、福建等道兩稅使。」

京兆府筵饌

德宗非時召吳湊為京兆尹〔一〕，便令赴上，湊疾驅諸客至府，已列筵畢。或問曰：「何速？」吏對曰：「兩市日有禮席，舉鐺金而取之，故三五百人之饌，常可立辦也。」

箋注

〔一〕德宗句：吳湊，其人乃章敬皇后弟，代宗舅。由布衣賜官，吳湊畏寵遇太盛，乞解太子詹事，換檢校賓客、兼家令，進累左金吾衛大將軍。吳湊才敏銳而謙畏，代宗數顧訪，尤見委信。元載當國久，愎狀日肆，代宗陰欲誅，顧左右無可與計，即召吳湊圖之。丁後母喪，解職，既除拜右衛將軍。德宗初，出為福建觀察使，政勤清，美譽四騰，擢湊陝虢觀察使。貞元十四年，為京兆尹。吳湊為人彊力，劬儉瞿瞿，未嘗擾民，卒年七十一，贈尙書右僕射，謚曰「成」。其事跡具《新唐書》本傳（《新唐書》卷一百五十九）。按「吳湊為京兆尹」事，考《舊唐書・德宗本紀》（《舊唐書》卷十三）載，貞元十四乙卯，貶京兆尹韓皋為撫州司馬，召右金吾將軍吳湊於延英殿，面授京兆尹，即令入府視事，是夏熱甚。另《新唐書・吳湊傳》載，貞元十四年夏，大旱，穀貴人流亡。德宗以為京兆尹韓皋之過，罷之。即召吳湊代韓皋為京兆尹。朱軾《史傳三編》卷五十四論曰：「湊之為京兆，上則革朝政之非，下則化羣吏之黠，至使

後之人追思其德，幾與甘棠等烈，可謂救時良牧矣。其鑒古外戚之禍，順化以盡，靡惑於生死之際，卓識定力，蔚爲世表，豈但錚錚於鐵中已哉。」

劉澭理普潤

劉澭〔一〕拔涿州，兵數千歸朝，法令齊整，雞犬無遺。受行秦州刺史，理普潤，軍中不置更漏，不設音樂，士卒疾者策杖問之，死者哭之，時人疑其奸雄，後拜節度而卒。

箋注

〔一〕劉澭：劉澭乃盧龍節度使劉怦之次子。劉澭涉書史，有材武，好施愛士，能得人死力。始事朱滔，常陳君臣大分，裁抑其凶。及劉怦得幽州，不三月病且死，劉澭侍湯液未嘗離左右。以父命召兄劉濟於莫州，劉濟嗣總軍事，故感戴劉澭之讓，以爲瀛州刺史，後率所部將士歸京師，德宗甚寵之，拜秦州刺史，屯普潤。軍中不設音樂，士卒病親存問所欲。不幸死，哭之。憲宗立，方士羅令則詣劉澭營，妄言廢立，以動劉澭。劉澭械送其於闕下殺之，錄功號其軍曰「保義」。蕃戎畏懼不敢入寇，常慨然有復河湟之志，屢爲朝廷言之，未見省封，累彭城郡公，及病，籍士馬求代，既還，卒於道，年四十九，贈尚書右僕射，諡曰「景」。其事跡具《新唐書》本傳（《新唐書》卷一百四十八）。

李惠登循吏

李惠登〔一〕自軍校授隨州刺史，自言：「吾二名，唯識惠字，不識登字。」爲理清儉，不求人知，兵革之後，闔境大化，近代循吏，無如惠登者〔二〕。

箋注

〔一〕李惠登：其人乃平盧人，少爲平盧裨將。安祿山反，遂從兵馬使董秦海轉收滄、棣等州。輕師遠闞，賊不能支。史思明反，復陷於賊，脫身投山南節度使來瑱，奏授試金吾衛將軍。李希烈反，授惠登兵二千，鎮隨州。貞元初，舉州歸順，授隨州刺史，兼御史中丞。加御史大夫，升其州爲上。尋加檢校國子祭酒，及卒，加贈洪州都督。其事跡具兩《唐書》本傳（《舊唐書》卷一百八十五下；《新唐書》卷一百九十七）。

〔二〕按「李惠登以循吏名」，考《舊唐書·李惠登傳》載，李惠登任隨州刺史，當時隨州遭李忠臣、李希烈兵燹殘殘之後，野曠無人。李惠登樸素，不

知學，居官無拔萃，率心爲政，皆與理順，利人者因行之，病人者因去之，二十年間，田疇廣闢，戶口增加，諸州奏吏入其境，無不歌謠其能。及于頔爲山南東道節度，以其績聞於上。新舊唐書均將其列入循吏傳。李肇謂「近代循吏，無如惠登者」，實乃平允持正之論。

陽城勉諸生

國子監諸館生，洿雜無良，陽城爲司業，以道德訓喻，有遺親三年者勉之歸覲，由是生徒稍變〔一〕。

箋注

〔一〕國子句：陽城，其傳略見前條，事跡具兩《唐書》本傳（《舊唐書》卷一百九十二；《新唐書》卷一百九十四）。按「其爲國子司業事」，考《舊唐書·陽城傳》載，時德宗朝夕欲相延齡，陽城曰：「脫以延齡爲相，城當取白麻壞之。」竟坐延齡事，改國子司業。同卷又謂陽城既至國學，乃召諸生告之曰：「凡學者所以學爲忠與孝也。諸生寧有久不省其親者乎？」明日，告城歸養者二十餘人。有薛約者，嘗學於陽城，性狂躁，以言事得罪，徙連州，客寄無根蔕。臺吏以蹤跡求，得之於陽城家。陽城坐臺吏於門，與約酒訣別，涕泣送之郊外。德宗聞之以城黨罪人，出爲道州刺史。太學生王魯卿、季償等二百七十人詣闕乞留，經數日，吏遮止之，疏不得上。舊書本傳所載與《國史補》相合。

置廣文館事

自天寶五年置廣文館〔一〕，至今堂宇未起，材木堆積，主者或盜用之。

箋注

〔一〕按「天寶五年置廣文館」，考《唐會要》卷六十六云：「天寶九年七月十三日置廣文館，領國子監進士業者博士助教各一人，品秩同太學，以鄭虔爲博士，至今呼鄭虔爲鄭廣文。」《唐會要》所記年月與《國史補》抵牾。今考《舊唐書·玄宗本紀》（《舊唐書》卷九），天寶九年七月己亥，國子監置廣文館徒，按此則知李肇實誤。按「廣文館」，屬國子監七學之一，爲生徒修進士之業者而設。據《舊唐書》卷四十四考證稱，祭酒、司業之職，掌邦國儒學訓導之政令，有六學。六學分別爲：一、國子學；二、太學；三、四門學；四、律學；五、書學；六、算學。《新唐書》並廣文館爲七學。又據《舊唐書》卷二十四謂國子監置廣文館，知進士業，

博士、助教各一人，秩同大學士。呂祖謙《歷代制度詳說》卷二稱廣文
館分設於西都和東都，西都生徒六十人，東都十人。據記載，廣文館最
初乃因一人而設。《文獻通考》卷四十一稱：「帝（唐玄宗）愛鄭虔之材，
欲置左右，以其不事事，更爲置廣文館，以虔爲博士。虔聞命，不知廣
文曹司何在，訴宰相。宰相曰：『上增國學，置廣文館以居賢者，令後世
言廣文博士自君始，不亦美乎？』虔乃就職。久之雨壞廡舍，有司不復
修完，寓治國子館，自是遂廢。」

李實薦蕭祐

　　李實爲司農卿，督責官稅〔一〕。蕭祐〔二〕居喪，輸不及期，實
怒召至，租車亦至，故得不罪〔三〕。會有賜與，當爲謝狀，嘗秉筆
者有故，實急乃曰：「召衣齊衰者。」祐至，立爲草狀。實大喜，
延英面薦德宗。聞居喪禮，屈指以待。及釋服，明日以處士拜拾
遺。祐雖工文章，善書畫，好鼓琴，其拔擢乃偶然耳〔四〕。

箋注

〔一〕李實句：李實，道王元慶玄孫，以蔭入仕。六轉至潭州司馬，洪州、山
　　　南東道節度使王皋辟爲判官。皋死，詣京師用爲司農少卿，加檢校工部
　　　尙書、司農卿。貞元十九年，爲京兆尹、卿及兼官如故，封嗣道王。後
　　　貶死。其事跡具兩《唐書》本傳（《舊唐書》卷一百三十五《李實傳》；《新
　　　唐書卷一百六十七《李實傳》）。司農卿，唐職官名，考《唐六典》卷十
　　　九稱：「司農卿之職掌邦國倉儲委積之政，令總上林、太倉、鉤盾、導官
　　　四署與諸晍之官屬，謹其出納而脩其職務。少卿爲之貳，凡京都百司官
　　　吏祿廩皆仰給焉。」

〔二〕蕭祐：乃韋溫摯友，蘭陵人。少孤貧，耿介苦學，事親以孝聞，自處士
　　　徵拜左拾遺，累遷至考功郎中。元和末進御，優詔嘉之，授兵部郎中。
　　　出爲虢州刺史，入爲太常少卿，轉諫議大夫。踰月，爲桂州刺史、中丞、
　　　桂管防禦觀察使。太和二年八月，卒於官，贈右散騎常侍。其事跡具兩
　　　《唐書》本傳（《舊唐書》卷一百六十八；《新唐書》卷一百六十九），舊
　　　傳附在《韋溫傳》後。

〔三〕按「李實怒召蕭祐」事，考《舊唐書・李實傳》稱其「恃寵強愎，不顧
　　　文法，人皆側目」，且「爲政猛暴，方務聚斂進奉，以固恩顧，百姓所訴
　　　一不介意」，「陵轢公卿百執事，隨其喜怒誣奏，遷逐者相繼，朝士畏而
　　　惡之。」蕭祐遇其怒而終得免，誠爲幸事。

〔四〕祐雖工文章句：考《舊唐書・崔祐傳》載，崔祐閑澹貞退，善鼓琴、賦
　　　詩、書畫，盡妙。遊心林壑，嘯詠終日，而名人高士多與之遊。給事中
　　　韋溫尤重之，結爲林泉之友。又蕭祐博雅好古，尤喜圖書，前代鍾、王
　　　遺法，蕭、張筆勢，編序眞僞，爲二十卷，《新唐書・藝文志》有著錄。
　　　《國史補》所載皆與舊傳相合，足與正史相參証。

任迪簡呷醋

　　任迪簡〔一〕爲天德軍判官，軍饌【1】後至，當飲䤉酒，軍吏誤
以醋酌，迪簡以軍使李景略〔二〕嚴暴，發之則死者多矣，乃強飲
之，吐血而歸，軍中聞者皆感泣。後景略因爲之省刑。及景略卒，
軍中請以爲主，自衛佐拜御史中丞，爲軍使，後至易定節度使。
時人呼爲呷醋節帥〔三〕。

校勘記

【1】《津逮》本、《學津討原》本「軍」後皆作「饌」字，《四庫》本此字脫漏。

箋注

〔一〕任迪簡，京兆萬年人。舉進士，初爲天德軍使李景略判官，及景略卒，
　　　眾以迪簡長者，議請爲帥監。軍使聞之，拘迪簡於別室，軍眾連呼而至，
　　　發戶扃取之。表聞德宗，使察焉，具以軍情奏，除豐州刺史、天德軍使。
　　　自殿中授兼御史大夫，再加常侍，追入，拜太常少卿、汝州刺史、左庶
　　　子。及張茂昭去易定，以迪簡爲行軍司馬。尋加檢校工部尚書，充節度
　　　使。三年，以疾代除工部侍郎，至京竟不能朝謝，改太子賓客，卒，贈
　　　刑部尚書。其事跡具兩《唐書》本傳，（《舊唐書》卷一百八十五下；《新
　　　唐書》卷一百七十）。

〔二〕李景略，幽州良鄉人，以門蔭補幽府功曹，朔方節度使李懷光招在幕府，
　　　授大理司直，遷監察御史。後爲靈武節度杜希全辟在幕府，轉殿中侍御
　　　史兼豐州刺史、西受降城使。因人誣奏，貶袁州司馬，後又徵爲左羽林
　　　將軍。因聞回紇南寇，復拜豐州刺史兼御史大夫、天德軍西受降城都防
　　　禦使。二歲後，軍聲雄冠北邊，迴紇畏之。貞元二十年，卒於鎮，年五
　　　十五，贈工部尚書。其事跡具兩《唐書》本傳（《舊唐書》卷一百五十二；
　　　《新唐書》卷一百七十）。

〔三〕按「李景略爲天德軍使」事，考《舊唐書・德宗本紀》（《舊唐書》卷十
　　　三）云：「九月甲午，以河東行軍司馬李景略爲豐州刺史、天德軍豐州、
　　　西受降城都防禦使。」另按「任迪簡呷醋」事，考《舊唐書・任迪簡傳》

云：「（任迪簡）性重厚，有軍宴行酒者，誤以醯進，迪簡知誤，以景略性嚴，慮坐主酒者，乃勉飲盡之，而僞容其過，以酒薄，白景略請換之，於是軍中皆感悅。又任迪簡爲張茂昭行軍司馬時，張茂昭奢蕩不節，公私彌罄，迪簡至欲饗士無所取給，乃以糲食與士同之，身居戟門下凡周月。軍吏感之，請歸堂寢，迪簡乃安其位。《舊唐書》將其列入《良吏傳》。

熊執易諫疏

熊執易爲補闕，上疏極諫，竊示僚友歸登〔一〕。登慘然曰：「願寄一名。雷霆之怒，恐足下不足以獨當也〔二〕。」

箋注

〔一〕歸登：乃兵部尚書歸崇敬之子，字沖之，雅實弘厚，事繼母以孝著稱。大曆七年，舉孝廉，高第補四門助教。貞元初，復登賢良科，自美原尉拜右拾遺。轉右補闕起居舍人三任十五年，同列嘗出其下者，多以馳騖至顯官。而歸登與右拾遺蔣武退然自守，不以淹速介意。後遷兵部員外郎，充皇子侍讀，尋加史館修撰。順宗初，以東朝舊恩，超拜給事中，旋賜金紫，仍錫衫笏。遷工部侍郎，與孟簡、劉伯芻、蕭俛受詔同翻譯《大乘本生心地觀經》，又爲東宮及諸王侍讀，獻《龍樓箴》以諷。久之，改左散騎常侍。後轉兵部侍郎兼判國子祭酒事，遷工部尚書。元和十五年卒，年六十七，贈太子少保。其事跡具兩《唐書》本傳（《舊唐書》卷一百四十九，《新唐書》卷一百六十四）。

〔二〕按「熊、歸二人聯名極諫」事，兩《唐書》皆有載。考《舊唐書·歸登傳》云：「時裴延齡以姦佞有恩，欲爲相。諫議大夫陽城上疏切直，德宗赫怒。右補闕熊執易等亦以危言忤旨。初，執易草疏成，示登。登愕然曰：『願寄一名，雷電之下，安忍令足下獨當。』自是同列切諫。」《新唐書·歸登傳》云：「裴延齡得幸，德宗欲遂以相。右補闕熊執易疏論之，以示登。登動容曰：『願竄吾名，雷霆之下，君難獨處故同列。』」

應制排公在

德宗晚年絕嗜慾，尤工詩句，臣下莫可及〔一〕。每御製奉和，退而笑曰：「排公在。」俗有投石之兩頭置標，號曰排公，以中不中爲勝負也。

箋注

〔一〕德宗句：按「德宗晚年工詩句」，考《舊唐書·劉太眞傳》（《舊唐書》卷

一百三十七）載，德宗文思俊拔，每有御製詩，即命朝臣畢和。《舊唐書・陸贄傳》（《舊唐書》卷一百三十九）、《舊唐書・令狐楚傳》（《舊唐書》卷一百七十二）皆謂「德宗好文」。《全唐詩》卷四《德宗小傳》稱其善屬文，尤長於篇什，每與學士言詩於浴堂殿，夜分不寐。三令節，御製詩敕羣臣賡和，品第優劣。四方貢藝者，帝多親試，或有乖謬，濃點筆抹之。稱旨，即翹足朗吟。詫宰相，此朕門生，無不服帝之藻鑑焉。《唐會要》卷二十九稱，貞元四年九月，賜宴曲江亭，帝爲詩序曰：「朕在位僅將十載，實賴忠賢左右克致小康。是以擇三令節，錫茲宴賞，俾大夫卿士得同歡洽也。夫共其戚者同其休，有其初者貴其終，諮爾羣寮，頒朕不暇，樂而能節，職思其憂，咸若時則，庶乎理矣。因重陽之會，聊示所懷。」其詩云：「早衣對廷燎，躬化勤意誠，時此萬樞暇，適與佳節並，曲池絜寒流，芳菊舒金英，乾坤爽氣澄，臺殿秋光清，朝野慶年豐，高會多歡聲，永懷無荒誡，良士同斯情。」因詔曰：「卿等重陽宴集，朕想歡洽，欣慰良多，情發於中，因製詩序，今賜卿等一本，可中書門下簡定文詞。士三五十人應制，同用『清』字，明日內，於延英門進來。」宰臣李泌等雖奉詔簡擇，難於取捨，由是百寮皆和，上自考其詩，乙太眞及李紓等四人爲上等，鮑防、于邵等四人爲次等，張濛、殷亮等二十三人爲下等，而李晟、馬燧、李泌三宰相之詩不加考第。

崔叔清惡詩

　　杜太保在淮南〔一〕，進崔叔清詩百篇。德宗謂使者曰：「此惡詩，焉用進？」時呼爲淮敕惡詩〔二〕。

箋注

〔一〕杜太保句：杜太保，指杜佑，《舊唐書・憲宗本紀下》稱其守太保致仕，
　　故有此稱。杜佑，字君卿，京兆萬年人。以父蔭入仕，補濟南郡參軍、
　　剡縣丞。韋元甫奏爲司法參軍，後元甫爲浙西觀察、淮南節度，辟爲從
　　事。累官至檢校主客員外郎，入爲工部郎中，充江西青苗使，轉撫州刺
　　史，改御史中丞，充容管經略使。楊炎入相，徵入朝，歷工部、金部二
　　郎中，並充水陸轉運使，改度支郎中，兼和糴等使。遷戶部侍郎，判度
　　支，爲盧杞所惡，出爲蘇州刺史，俄換饒州刺史，未幾兼御史大夫，充
　　嶺南節度使。貞元三年，徵爲尚書左丞，又出爲陝州觀察使，遷檢校禮
　　部尚書、揚州大都督府長史，充淮南節度使。丁母憂，特詔起復，累轉
　　刑部尚書、檢校右僕射。十九年，入朝拜檢校司空同平章事，充太清宮
　　使。尋進位檢校司徒充度支鹽鐵等使，依前平章事，旋又加弘文館大學

士。元和七年卒，壽七十八，廢朝三日，冊贈太傅，諡曰安簡。其事跡具兩《唐書》本傳（《舊唐書》卷一百四十七；《新唐書》卷一百六十六）。按「其在淮南」，考《舊唐書・德宗本紀》（《舊唐書》卷十三）載，貞元七年，以陝虢觀察使杜佑，檢校禮部尚書，兼揚州長史、淮南節度使。

〔二〕崔叔清，唐書無傳，然考《東雅堂韓昌黎集註》卷二十四載有《崔評事墓銘》。據銘文載，其人名翰，字叔清，博陵安平人，生於仕宦之家。貞元八年，自江南應節度使王棲曜命於鄜州，表授右衛冑曹參軍實參幕府事。既去職，汝州刺史吳郡陸長源，引爲防禦判官，表授試大理評事。十二年，相國隴西公董晉作藩汴州而吳郡爲軍司馬，署爲觀察巡官，實掌軍田等事宜。十五年正月五日，寢疾，終於家，年五十六。又考《韋蘇州集》卷四，韋應物有《送崔叔清遊越》詩，云：「忘茲適越意，愛我郡齋幽，野情豈好謁，詩興一相留，遠水帶寒樹，閶門望去舟，方伯憐文士，無爲成滯遊。」按「崔叔清惡詩」事，考韓昌黎《崔評事墓銘》稱其人「通儒書，作五字句詩，詼諧縱謔，卓詭不羈，又善飲酒，江南人士多從之遊。」蓋因叔清詼詭戲謔，「嘻嘻怡怡」，以之入詩，德宗不喜，故目之爲「惡詩」。此事最早應見於《國史補》，其他如《類書》、《紺珠集》、《太平廣記》皆有移錄。

馬暢宅大杏

馬司徒之子暢〔一〕，以第中大杏饋竇文場〔二〕。文場以進。德宗未嘗見，頗怪之，令使就第封杏樹。暢懼，進宅，廢爲奉誠園，屋木盡拆入內也〔三〕。

箋注

〔一〕馬暢：馬燧之子。以父蔭，累遷至鴻臚少卿，留京師，以終少府監，贈工部尚書。其事跡具兩唐書本傳（《舊唐書》卷一百三十四；《新唐書》卷一百五十五），附在其父《馬燧傳》後。

〔二〕竇文場：唐德宗時宦官。始在東宮，事德宗。貞元十二年六月，爲左神策護軍中尉，累加驃騎大將軍，請致仕，許之。其事跡具兩唐書《宦官傳》（《舊唐書》卷一百八十四；《新唐書》卷二百七）

〔三〕按「馬暢饋大杏及廢宅第」事，考《舊唐書・馬暢傳》載，馬燧貲貨甲天下，馬燧既卒，馬暢承舊業，屢爲豪幸邀取。貞元末，中尉申志廉諷暢，令獻田園第宅，順宗復賜暢。晚年財產並盡，身歿之後，諸子無室可居，以至凍餒。今奉誠園亭館即馬暢舊第也。另據《長安志》卷八謂奉誠園在長安安邑坊，馬燧子少府監暢以貲甲天下，暢亦善殖財。貞元

末神策中軍楊志廉諷使納田產，遂獻舊第爲奉誠園。

曹洽殺小使

　　姚南仲〔一〕滑州苦於監軍使薛盈珍，遣部將曹洽奏論盈珍，盈珍亦遣小使偕行。洽自度不得盡言于上，至滋水驛，夜半先殺小使，乃自殺，緘遺表于囊中〔二〕。

箋注

〔一〕姚南仲：華州下邽人。乾元初，制科登第，授太子校書。歷高陵昭應、萬年三縣尉，遷右拾遺轉，右補闕。南仲與宰相常袞善，常袞貶官，南仲坐出爲海鹽縣令。浙江東西道觀察使韓滉辟爲推官，奏授殿中侍御史內供奉，充支使。尋徵還歷左司兵部員外，轉郎中，遷御史中丞、給事中、同州刺史、陝虢觀察使。貞元十五年，代李復爲鄭滑節度使。後授尚書右僕射，貞元十九年七月終於位，年七十四，贈太子太保，諡曰「貞」。其事跡具兩《唐書》本傳（《舊唐書》卷一百五十三；《新唐書》卷一百六十二）。

〔二〕按「曹洽自殺」事，考《舊唐書·姚南仲傳》記其事始末甚詳，其略云：「監軍薛盈珍恃勢奪軍政，姚南仲數爲盈珍讒毀，德宗頗疑之。貞元十六年，薛盈珍遣小使程務盈馳驛奉表，誣奏姚南仲陰事。南仲裨將曹文洽亦入奏事，京師伺知盈珍表中語，曹文洽私懷憤怒，遂晨夜兼道追務盈至長樂驛。及之，與同舍宿中夜殺務盈，沉盈珍表於廁中，乃自殺。次日，盱驛吏闢門見血流塗地，旁得文洽二緘。一告於南仲，一表理南仲之冤，且陳首殺務盈。德宗聞其事，頗爲駭異。南仲慮譖深，遂乞入朝。德宗曰：『盈珍擾軍政耶？』南仲對曰：『盈珍不擾軍政，臣自隳陛下法耳。如盈珍輩所在，有之雖羊、杜復生，撫百姓，御三軍，必不能成愷悌父母之政，師律善陣之制矣。』上默然久之。」史傳所載與李肇紀述相合，可以互爲參考。

薛尚衍何祥

　　于司空頔方熾於襄陽〔一〕，朝廷以大閹薛尚衍監其軍〔二〕。尚衍至，頔用數不厚待，尚衍晏如也。後旬日，請出遊，及莫而歸，帟幕茵榻什器一以新矣。又列犢車五十乘實以綾綵，尚衍頷之而已，亦不形言。頔歎曰：「是何祥也！」

箋注

〔一〕于司空句：按「于司空句頔」，指于頔。《舊唐書·于頔傳》載，憲宗即
位，威肅四方，于頔稍戒懼，以第四子季友求尚公主。憲宗以長女永昌
公主降焉。其第二子方屢諷其父歸朝入覲，冊拜司空、平章事。故號于
司空頔。于頔字允元，行二十九，河南人。始以門蔭補千牛，調授華陰
尉。建中四年以攝監察御史充入蕃使判官。遷司門員外郎兼侍御史，充
入蕃計會使。歷長安令、駕部郎中。貞元七年出爲湖州刺史，有政聲，
與詩僧皎然等唱酬。十年改蘇州刺史。十二年入爲大理卿，十三年拜陝
虢觀察使。十四年移鎮山南東道。元和三年入覲，九月拜相。八年坐子
敏殺人及其他不法事，貶恩王傅。九月改太子賓客，十年爲戶部尚書。
十三年致仕，八月卒，諡厲，後改諡思。其事跡具兩《唐書》本傳（《舊
唐書》卷一百五十六；《新唐書》卷一百七十二）。按「按于司空頔」語，
考按「于頔方熾於襄陽」語，考舊傳載，貞元十四年，于頔爲襄州刺史，
充山南東道節度觀察，地與蔡州鄰。吳少誠之叛，頔率兵赴唐州，收吳
房、朗山縣，又破賊於濯神溝，於是廣軍籍，募戰士，器甲犀利，偭然
專有漢南之地，小失意者，皆以軍法從事，因請升襄州爲大都督府，府
比鄴魏時。德宗方姑息方鎮，聞頔事狀，亦無可奈何，但允順而已。然
善待士人，以市聲名，苻載隱廬山，乞百萬錢買山，頔遂與之，仍加紙
墨衣服等；韓愈亦曾奉書求其援引。憲宗即位，威肅四方，頔稍戒懼。
請以子尚公主，憲宗許之。

〔二〕薛尚衍，唐憲宗時宦官，唐史無傳，其人事跡不詳。據《舊唐書·憲宗
本紀》（《舊唐書》卷十四），詔淮南節度使王鍔，充諸道行營兵馬招討處
置使，以內官右監門衛大將軍薛尚衍，充都監招討宣慰使，進討江西。《唐
大詔令集》卷一百十九《討李錡詔》亦有載。

襄樣節度使

　　襄州人善爲漆器，天下取法，謂之襄樣〔一〕。及于司空頔爲帥，
多酷暴〔二〕，鄭元鎮河中，亦虐，遠近呼爲襄樣節度〔三〕。

箋注

〔一〕襄州句：襄州，屬今湖北襄陽市。考《舊唐書·地理志》（《舊唐書》卷
三十九）載，隋襄陽郡武德四年，平王世充改爲襄州，因隋舊名，領襄
陽、安養、漢南、義清、南漳、常平六縣。州置山南道行臺，統交廣安
黃壽等二百五十七州。五年，省鄀州，以陰城、穀城二縣來屬。七年罷
行臺，爲都督府，督襄、鄧、唐、均、浙、重七州。貞觀元年，廢重州，

以荊山縣來屬，六年廢都督府，八年廢鄧州，以率道樂鄉二縣來屬。又
省常平入襄陽，省陰城入谷城，省南津入義清，省漢南入率道。天寶元
年改爲襄陽郡，十四，載置防禦使，乾元元年復爲襄州。上元二年置襄
州節度使，領襄、鄧、均、房、金、商等州，自後爲山南東道節度使治
所，舊領縣七，戶八千九百五十七，口四萬五千一百九十五。天寶，戶
四萬七千七百八十，口二十五萬二千一，在京師東南一千一百八十二里，
至東都八百五十三里。又按「襄州人善爲漆器」語，考李吉甫《元和郡
縣志》稱，襄州貢賦，元和後貢麝香、綾紗、竹扇、柳丁、柘木、弩材、
漆器。此與《國史補》所記相符。《新唐書‧地理志》：「襄州土貢漆器、
庫路眞二品十乘、花文五乘。」庫路眞，漆器名，然其義不可曉。《新唐
書‧地理志》（《新唐書》卷四十）稱襄州土貢漆器庫路眞二品：十乘花
文、五乘碎石文。宋洪邁《容齋四筆》卷八謂：「庫路眞者漆器名也，然
其義不可曉。」皮日休詩《誚虛器》（《全唐詩》卷六百八）云：「襄陽作
髹器，中有庫露眞。持以遺北虜，紿云生有神。每歲走其使，所費如雲。
吾聞古聖王，修德來遠人，未聞作巧詐，用欺禽獸君。吾道尚如此，戎
心安足云，如何漢宣帝，卻得呼韓臣。」又宋薛季宣詩《還返釋言》（《浪
語集》卷六）有「襄陽庫露眞，木器塗髹漆，髹漆厚以堅」句。又據《歷
代詩話》卷五十二載：「楊升菴謂玲瓏空虛，故曰『庫露』，今諺呼『書
格』曰『庫露格』是也。」

〔二〕按「于頔酷暴」語，考《舊唐書‧于頔傳》（《舊唐書》卷一百五十六）
謂其「公然聚斂，恣意虐殺，專以淩上威下，驕橫不法，朝廷姑息，無
可如何。」

〔三〕鄭元：舉進士第，累遷御史中丞。貞元中，爲河中節度使、杜確行軍司
馬。確卒，遂繼爲節度使，入拜尙書左丞。元和二年，轉戶部侍郎兼御
史大夫、判度支。三年春，遷刑部尙書兼京兆尹。九月，復判度支，依
前刑部尙書兼御史大夫。元和四年，以疾辭職守本官，逾月卒。其事跡
具《舊唐書》本傳（《舊唐書》卷一百四十六）。按「鄭元亦虐」語，考
《舊唐書‧鄭元傳》稱其「性嚴毅，有威斷，更踐劇任，時稱其能。」
按「襄樣節度」，考《新唐書‧于頔傳》云：「初，襄有髹器天下以爲法。
至頔驕蹇，故方帥不法者號襄樣節度。」新傳此說應採自《國史補》。

史牟殺外甥

史牟榷鹽于解縣，初變榷法，以中朝廷。有外甥十餘歲，從
牟撿哇，拾鹽一顆以歸。牟知立杖殺之。其姊哭而出救，已不

及矣〔一〕。

筭注

〔一〕史侔句：史侔，應作史牟，唐史無傳。據《唐會要》卷七十六，八十八
載，其人乃貞元四年四月賢良方正能直言極諫科及第，與崔元翰、裴次
元等同列。同卷又載：「貞元十六年十二月，史牟奏澤、潞、鄭等州多食
私鹽，請一切禁斷，從之。」《舊唐書・食貨志》（《舊唐書》卷四十八）
亦謂：「貞元十六年十二月，史牟奏澤、潞、鄭等州多是末鹽，請禁斷從
之。」又同卷載：「貞元十六年，史牟以金部郎中主池務，恥同諸院，遂
奏置使額。」此數處記載均與鹽務有關，與《國史補》相合。按「唐時
榷法極嚴酷」，《新唐書・食貨四》，貞元中，盜鬻兩池鹽一石者死。至元
和中，減死流天德五城。度支使皇甫鎛鎛奏論死如初。一斗以上杖背，
沒其車驢，能捕斗鹽者賞千錢。……州縣團保相察，比於貞元加酷矣。
據《歷代職官表》卷六十一載，元和三年七月，復以度支安邑、解縣兩
池留後爲榷鹽使。先是兩池鹽務隸度支，其職視諸道巡院。貞元十六年，
史牟以金部郎中主池務，遂奏置使額。二十一年，鹽鐵度支合爲一，使
以杜佑兼領。佑遂奏院屬度支，亦有使名。則鹽務不合有使號，遂與東
渭橋給納使同奏罷之，至是判度支。裴均以其事益繁，遂奏置使焉。

鄭珣瑜罷相

鄭相珣瑜〔一〕方上堂食，王叔文〔二〕至，韋執誼遽起，延入閣
內〔三〕。珣瑜歎曰：「可以歸矣！」遂命駕，不終食而出，自是罷
相〔四〕。

筭注

〔一〕鄭相珣瑜：即鄭珣瑜，貞元初，以吏部侍郎召，進門下侍郎同中書門下
平章事，故有此稱。鄭珣瑜，字元伯，鄭州滎澤人。轉運使劉晏奏補寧
陵、宋城尉，山南節度使張獻誠表南鄭丞，皆謝不應。大曆中，以諷諫
主文科高第，授大理評事，調陽翟丞，以拔萃爲萬年尉。崔祐甫爲相，
擢左補闕，出爲涇原帥府判官，入拜侍御史刑部員外郎。貞元初，詔檢
校本官兼奉先令，明年，進饒州刺史，入爲諫議大夫，四遷吏部侍郎，
爲河南尹。復以吏部侍郎召進門下侍郎，同中書門下平章事。順宗立，
罷爲吏部尙書，亦會有疾，數月卒，年六十八，贈尙書左僕射、太常博
士，謚文獻。其事跡具《新唐書・鄭珣瑜傳》（《新唐書》卷一百六十五）。
〔二〕王叔文，越州山陰人。德宗令直東宮。順宗立，召自右銀臺門居於翰林

為學士。王叔文初入翰林，自蘇州司功為起居郎，俄兼充度支鹽鐵副使，以杜佑領使其實，成於叔文。數月，轉尚書戶部侍郎，領使學士如故。內官俱文珍惡其弄權，乃削去學士之職。制出，王叔文大駭，謂人曰：「叔文須時至此商量公事，若不帶此職，無由入內。」王伾為之論請，乃許三五日一入翰林，竟削內職。王叔文欲謀奪內官兵權，未果。皇太子監國，貶為渝州司戶，明年誅之。事跡具兩《唐書》本傳（《舊唐書》卷一百三十五；《新唐書》卷一百六十八）。

〔三〕韋執誼句：韋執誼，京兆人，進士擢第，應制策高等，拜右拾遺，召入翰林為學士。俄丁母憂，服闋，起為南宮郎。德宗時，召入禁中。及順宗即位，久疾不任朝政，王叔文用事，乃用執誼為宰相，乃自朝議郎、吏部郎中騎都尉賜緋魚袋，授尚書左丞同平章事，仍賜金紫。貶崖州司戶，卒於貶所。其事跡具兩《唐書》本傳（《舊唐書》卷一百三十五；《新唐書》卷一百六十八）。按「韋執誼立迎王叔文」，考《舊唐書·王叔文傳》謂叔文與吏部郎中韋執誼相善，請用為宰相。《舊唐書·韋執誼傳》亦謂韋「與叔文交甚密」。

〔四〕按此條，亦見於《舊唐書》，且紀述頗詳，可以與《國史補》互證。據《舊唐書·鄭珣瑜傳》載，順宗初立，詔鄭珣瑜即遷吏部尚書。時王叔文起州吏，為翰林學士、鹽鐵副使，內交奄人，攘撓政機，韋執誼為宰相，居外奉行。王叔文一日至中書見韋執誼，直吏白「方宰相會食，百官無見」。叔文恚叱吏，吏走入白執誼。執誼起就閣與王叔文語。鄭珣瑜與杜佑、高郢輟饔以待，頃之，吏白：「二公同飯矣。」鄭珣瑜喟曰：「吾可復居此乎？」命左右取馬歸臥家，不出七日。案：唐代有宰相會食制度，齊聚而共食。考唐裴庭裕撰《東觀奏記》卷上載，宰臣將會食，周墀駐於廳門，以待白敏中同食。白敏中傳語周墀云「正為一書生惱亂，但乞先之。」今參證《國史補》此條，亦可窺宰相會食之制度之一斑。韋執誼不顧鄭珣瑜等宰相停食以待之禮，顯然於後者不敬，故鄭珣瑜憤而辭歸。另考《舊唐書·楊炎傳》（《舊唐書》卷一百十八）載，盧杞無文學，儀貌寢陋，楊炎惡而忽之，每託疾息於他閣，多不與之會食，盧杞亦銜恨之。

王叔文揚言

王叔文以度支使設食于翰林中，大會諸閣，袖金以贈。明日又至，揚言聖人適于苑中射兔，上馬如飛，敢有異議者腰斬。其日乃丁母憂〔一〕。

箋注

〔一〕按王叔文此事，考《舊唐書・王叔文傳》（《舊唐書》卷一百三十五）亦有載，王叔文母死前一日，嘗置酒饌於翰林院，宴諸學士及內官李忠言、俱文珍、劉光奇等。酒過三巡，叔文白諸人曰：「叔文母疾病，比來盡心竭力爲國家，事不避好惡難易者，欲以報聖人之重知也。若一去此職，百謗斯至，誰肯助叔文一言者？望諸君開懷見察。」又曰：「羊士諤非毀叔文，欲杖殺之，而韋執誼懦而不遂；叔文平生不識劉闢，乃以韋皋意求領三川，闢排門相干，欲執叔文手，豈非凶人耶？叔文已令掃本場將斬之，韋執誼苦執不可。每念失此兩賊，令人不快。」又自陳判度支已來，興利除害，以爲己功。俱文珍隨語折之，王叔文無以爲對。

鄭絪草詔事

順宗風噤不言，太子未立，牛美人有異志〔一〕。上召學士鄭絪於小殿，令草立儲詔。絪搦管不請，而書立嫡以長四字，跪而上呈。帝深然之，乃定〔二〕。

箋注

〔一〕順宗句：據《舊唐書・王叔文傳》（《舊唐書》卷一百三十五）載，德宗崩逝，已宣遺詔傳位太子。時順宗寢疾，久而不復，不能聽政，深居施幄，閹官李忠言、美人牛昭容侍左右。王叔文、王伾與李忠言、牛昭容轉相攀附，勾結交通，欲謀其變。又考李肇《翰林志》云：「及順宗不豫，儲位未立，王叔文起於非類，竊學士之名，內連牛美人、李忠言，外結姦黨，取兵權，弄神器，天下震駭。」

〔二〕上召句：鄭絪，字文明，擢進士第登宏詞，授秘書省校書郎、鄠縣尉。入除補闕起居郎兼史職，無拔擢爲翰林轉司勳員外郎、知制誥。憲宗監國，遷中書舍人，依前學士，俄拜中書侍郎平章事加集賢殿大學士，轉門下侍郎、弘文館大學士。出爲嶺南節度觀察等使、廣州刺史，檢校禮部尚書。太和二年，入爲御史大夫、檢校左僕射兼太子，以太子太傅致仕。三年十月卒，年七十八，贈司空諡曰宣。其事跡具兩《唐書》本傳（《舊唐書》卷一百五十九；《新唐書》卷一百六十五），按「鄭絪草詔書」事，不載於舊傳而見於新傳。《舊唐書・鄭絪傳》云：「貞元末，德宗晏駕，順宗初即位，遺詔不時宣下，絪與同列衛次公密申正論，中人不敢違。及王伾、王叔文朋黨擅權之際，絪又能守道中立。」《新唐書・鄭絪傳》云：「順宗病不得語，王叔文與牛美人用事，權震中外，憚廣陵王雄睿，欲危之。帝召絪草立太子詔，絪不請，輒書曰『立嫡以長』跪白之，帝頷乃定。」按此可知，《新傳》所述當採自《國史補》此條。

謀始得邠公

憲宗固英主也〔一〕，然始即位得杜邠公，大啟胸臆，以致其道，作事謀始，邠公之力也〔二〕。

箋注

〔一〕按「憲宗固英主」語，考《唐鑑》卷二十四范祖禹云：「貞觀之治幾於三代，開元之治幾於貞觀，肅宗以後無稱者，惟憲宗元和之政號爲中興。」又考孔武仲《書唐憲宗紀後》（《清江三孔集》卷十八）文云：「唐有天下也更十八帝，而其間號爲賢明者太宗、玄宗、憲宗、宣宗、肅宗。玄宗始治終亂，宣宗無他大畧，時不足深議，而其尤卓越者太宗，其次憲宗。」同卷又謂：「憲宗亦以雄武之才，承久衰積廢之後，用兵選將，誅鋤不義，而河南、河北以次蕩平，自天寶以來，征伐之功未之有也。」據《唐會要》卷五十三載，元和三年十一月，憲宗銳於爲理，既相裴垍等，且喜於聽政之暇，徧讀列聖實錄、貞觀、開元故事，竦慕不能釋卷。嘗謂裴垍等曰：「太宗之創業如此，我讀國書始知萬倍不及。當先聖之代，猶須宰臣與百官同心輔助，豈朕今日獨能爲理哉？事有乖宜，望卿盡力匡救。」垍等蹈舞進賀。憲宗登基以來，先後平定劍南西川節度使劉闢、鎮海節度使李錡叛亂，招降河北強藩魏博節度使田弘正，消滅淮西節度使吳元濟，後又平定了淄青節度使李師道，其他藩鎮相繼歸命，一時「中外咸理，紀律再張」，唐室爲之中興。

〔二〕然始句：杜邠公，指杜悰，杜佑之孫，尙岐陽公主，嘗加太傅、邠國公，故稱杜邠公。杜悰字永裕，以蔭三遷太子司議郎。元和九年尙岐陽公主，加銀青光祿大夫、殿中少監駙馬都尉。太和初，由灃州刺史召爲京兆尹，遷鳳翔忠武節度使，入爲工部尙書判度支。會昌初，爲淮南節度使。踰年召拜檢校尙書右僕射、同中書門下平章事，仍判度支。未幾，以本官罷，出爲劍南東川節度使，徙西川，復鎮淮南。罷，兼太子太傅，分司東都。踰歲，起爲留守，復節度劍南西川。召爲右僕射，判度支，進兼門下侍郎同平章事。未幾，冊拜司空，封邠國公，以檢校司徒爲鳳翔、荊南節度使，加兼太傅。得疾卒，年八十，贈太師。其事跡具兩《唐書》本傳，附於《杜佑傳》後（《舊唐書》卷一百四十七；《新唐書》卷一百六十六）。按「憲宗謀始得杜邠公」語，考《新唐書・杜佑傳》云：「悰於大議論，往往有所合，然才不周用，雖出入將相而厚自奉養，未嘗薦進幽隱，佑之素風衰焉，故時號『禿角犀』。」又考《北夢瑣言》卷一稱杜悰尙憲宗岐陽公主，累居大鎮，復居廊廟，無他才，未嘗延接寒素，甘食竊位而已。有朝士貽書於悰曰：「公以碩大敦厐之德，生於文明之運，

矢厥謨猷，出入隆顯。」極言譏之，文多不錄，時人號爲「禿角犀」。凡
涖藩鎮，未嘗斷獄，繫囚死而不問，宜其責之。

劉闢爲亂階

元和初，陰陽家言：「五福太一在蜀〔一〕。」故劉闢造五福樓〔二〕，
符載爲之記〔三〕。初，劉闢有心疾，人自外至，輒如吞噬之狀〔四〕。
同府崔佐時體甚肥碩，闢據地而吞，皆裂血流。獨盧文若至不吞，
故後自惑爲亂。

箋注

〔一〕按「五福太一」之說，考沈括《夢溪筆談》卷三載云：「十神太一：一曰
太一，次曰五福太一，三曰天一太一，四曰地太一，五曰君基太一，六
曰臣基太一，七曰民基太一，八曰大遊太一，九曰九氣太一，十曰十神
太一。惟太一最尊，更無別名，止謂之太一，三年一移。」黃宗羲《易
學象數論》卷六「五福太一」條釋云：「一宮曰黃秘，在西河之乾地；二
宮曰黃始，在遼東之艮地；三宮曰黃室，在東之巽地；四宮曰黃庭，在
蜀川之坤地；五宮曰玄室，在洛邑之北宮。」

〔二〕劉闢句：劉闢，劉闢字太初，擢進士宏詞科。佐韋皋府，累遷御史中丞、
度支副使。皋卒，闢自爲留後。憲宗不許，以給事中召之，不奉詔。時
帝新即位，欲靜鎮四方，即拜檢校工部尚書、劍南西川節度使。兵敗被
俘，檻車送闢京師，獻廟社。徇於市斬於城西南獨柳下。子超郎等九人
與部將崔綱皆伏誅。其事跡具兩《唐書》本傳（《舊唐書》卷一百四十；
《新唐書》卷一百五十八），均附在《韋皋傳》後。按「五福樓」，考《新
唐書·劉闢傳》載，劉闢以術家言五福太一舍於蜀，乃造大樓以祈祥。
新傳此說似本於《唐國史補》。另據《四川通志》卷二十六載，五福樓，
位於成都縣城內，且言此樓乃唐韋皋建。今參校《唐國史補》等書，知
爲訛誤，造樓者爲劉闢，而非韋皋。此樓乾隆時已蕩然無存。

〔三〕按符載所作《五福樓記》，收入《古儷府》（《古儷府》卷十一），其文云：
「自下而望之也，若鼇山冠雲。蜃氣橫天，霓裳鶴駕，縹緲髣髴，及其登
也，居顥氣之中，坐青霞之側，怡悅自顧，謂生羽翼。二江東注，萬井如
畫，耳聞天語，目視鳥背，雪山嶔岑，山與雲齊，風從中來，肌骨淒淒。」

〔四〕按「劉闢有心疾」事，考《舊唐書·劉闢傳》亦有載，謂：「劉闢嘗病，
見諸問疾者來，皆以手據地，倒行入闢口，闢因磔裂食之。惟盧文若至，
則如平常。故尤與文若厚，竟以同惡，俱赤族，不其怪歟。」舊傳所記
劉闢病狀似與《唐國史補》不盡相同，可備參考。

韋李皆心疾

起居舍人韋綬，以心疾廢〔一〕。校書郎李播，亦以心疾廢〔二〕。播常疑遇毒，鑿井而飲。散騎常侍李益，少有疑病，亦心疾也〔三〕。夫【1】心者，靈府也，為物所中，終身不痊，多思慮，多疑惑，乃疾之本也。

校勘記

【1】《學津討源》本作「夫」字。《津逮》本作「天」字。《四庫》本作「矢」字，蓋筆誤也。今從前者，改作「夫」。

箋注

〔一〕起居句：韋綬，字子章，京兆人。于頔鎮襄陽，辟為賓佐。入朝為工部員外轉屯田郎中。元和十年，改職方郎中，充太子諸王侍讀，再遷諫議大夫。後出為虔州刺史。穆宗即位，以師友之恩，召為尚書右丞兼集賢院學士。韋綬御事無術，耄而貪，不能事軍政，綱維亂弛。長慶二年八月卒，贈尚書右僕射。事跡具兩《唐書》本傳（《舊唐書》卷一百六十二；唐書卷一百六十）。按「韋綬因心疾而廢」事，考《舊唐書‧韋綬傳》載，韋綬以人間鄙說戲言以取悅太子，故為憲宗所黜，似非心疾所致於此。新傳則云：「韋綬有至性，然好不經，喪父，鑱臂血寫浮圖書。」較之舊傳，新傳以為鑱臂血寫浮圖書為悠謬不經之事，與舊傳異，然並未言其有心疾事。

〔二〕校書句：李播，唐史無傳，事跡不詳，考《全唐詩》卷四百九十一，知其為元和時進士，以郎中典蘄州。李播心疾說，僅見於《唐國史補》。

〔三〕散騎句：李益，肅宗朝宰相李揆之族子，登進士第，長為歌詩。幽州劉濟辟為從事。入為秘書少監、集賢殿學士，為眾所排，降居散秩。俄復用為秘書監、遷太子賓客、集賢學士判院事，轉右散騎常侍。太和初，以禮部尚書致仕，卒。事跡具兩《唐書》本傳（《舊唐書》卷一百三十七；《新唐書》卷二百三）。按「李益心疾」事，考《舊唐書‧李益傳》謂李益「少有癡病，而多猜忌，防閑妻妾過為苛酷，而有散灰扃戶之譚，聞於時。故時謂妒癡為李益疾」云云。

唐衢唯善哭

唐衢，周鄭客也。有文學，老而無成〔一〕。唯善哭，每一發聲，音調哀切，聞者泣下。常遊太原，遇享軍，酒酣乃哭，滿坐不樂，

主人為之罷宴〔二〕。

箋注

〔一〕唐衢句：唐衢，《舊唐書》（《舊唐書》卷一百六十）有其傳，然所錄甚略，
　　爵里世次無考。據傳載，其人應進士，久而不第，能為歌詩，意多感發。
　　竟不登，一命而卒。

〔二〕按「唐衢善哭」事，考《舊唐書‧唐衢傳》謂其「見人文章有所傷歎者，
　　讀訖必哭，涕泗不能已。每與人言論，既相別，發聲一號，音辭哀切，
　　聞之者莫不悽然泣下。嘗客遊太原，屬戎帥軍宴，衢得預會，酒酣言事，
　　抗音而哭，一席不樂，為之罷會。故世稱唐衢善哭。」又引左拾遺白居
　　易贈詩云：「賈誼哭時事，阮籍哭路岐。唐生今亦哭，異代同其悲。唐生
　　者何人，五十寒且饑。不悲口無食，不悲身無衣。所悲忠與義，悲甚則
　　哭之。太尉擊賊日，尚書叱盜時。大夫死兇寇，諫議謫蠻夷。每見如此
　　事，聲發涕輒隨。我亦君之徒，鬱鬱何所為。不能發聲哭，轉作樂府辭。」
　　考白居易《與元九書》（《白氏長慶集》卷四十五）云：「有唐衢者，見僕
　　詩而泣，未幾而衢死。」另白居易尚有《傷唐衢》詩二首（《白氏長慶集》
　　卷一），其一云：「自我心存道，外物少能逼。常排傷心事，不為長歎息。
　　忽聞唐衢死，不覺動顏色。悲端從東來，觸我心惻惻。伊昔未相知，偶
　　遊滑臺側。同宿李翺家，一言如舊識。酒酣出送我，風雪黃河北。日西
　　並馬頭，語別至昏黑。君歸向東鄭，我來遊上國。交心不交面，從此重
　　相憶。憐君儒家子，不得詩書力。五十著青衫，試官無祿食。遺文僅千
　　首，六義無差忒。散在京洛間，何人為收拾。」其二云：「憶昨元和初，
　　忝備諫官位。是時兵革後，生民正憔悴。但傷民病痛，不識時忌諱。遂
　　作《秦中吟》，一吟悲一事。貴人皆怪怒，閒人亦非訾。天高未及聞，荊
　　棘生滿地。惟有唐衢見，知我平生志。一讀興歎嗟，再吟垂涕泗。因和
　　三十韻，手題遠緘寄。致吾陳杜閒，賞愛非常意。此人無復見，此詩猶
　　可貴。今日開篋看，蠹魚損文字。不知何處葬，欲問先歔欷。終去哭墳
　　前。還君一掬淚。」韓愈亦有詩《贈唐衢》，曰：「虎有爪兮牛有角，虎
　　可搏兮牛可觸。奈何君獨抱奇材，手把鋤犁餓空谷。當今天子急賢良，
　　甌函朝出開明光。胡不上書自薦達，坐令四海如虞唐。」其集注云：「唐
　　衢從退之遊，舊史附公傳末，新史削之。」（《五百家注昌黎文集》卷三）

得草聖三昧

　　長沙僧懷素好草書，自言得草聖三昧〔一〕。棄筆堆積，埋於山
下，號曰筆塚〔二〕。

箋注

〔一〕長沙句：僧懷素，唐史無傳。然據懷素《自敘帖》（《墨池編》卷四）載，知其乃長沙人，字藏眞，幼而事佛，經禪之暇，頗好筆翰。然恨未能遠覩前人之奇跡，所見甚淺，遂擔笈杖錫，西遊上國，謁見當代名公。又考《書小史》卷十載，懷素疎放，不拘細行，頗好筆翰，貧無紙可書，嘗於故里種芭蕉萬餘株，以供揮灑，書不足，乃漆一盤書之，又漆一方板書，至再三盤板皆穿。吏部尚書韋陟見而賞之曰：「此沙門箹翰當振宇宙大名。」授筆法於金吾兵曹鄔肜，鄔肜嘗謂懷素曰：「草書古勢多矣，惟太宗以獻之書，如淩多枯樹，寒寂勁硬，不置枝葉。」張旭長史又嘗私謂肜曰：「孤蓬自振，驚沙怒飛，余師而爲書，故得奇怪，凡草聖盡於此。」懷素不復應對，但連叫數十聲曰：「得之矣。」《集古錄》卷八載，懷素特以草書擅名當時，而尤見珍於宋代。按「得草聖三昧」，考《書小史》卷十載，顏魯公嘗問懷素曰：「夫草書於師授之外，師有自得之乎？」懷素答曰：「貧道觀夏雲多奇峰，輒嘗師之。夏雲因風變化，乃無常勢，又遇壁坼之路，一一自然。」顏公歎曰：「噫！草聖之淵妙，代不絕人，可謂聞所未聞之旨也。」

〔二〕按「筆塚」，考《詩話總龜》卷十六引《零陵總記》稱懷素臺有懷素筆塚遺跡。懷素臺，在零陵郡東五里橫隴之上。唐開元中，有僧懷素居是臺，學者因謂之懷素臺。今有墨池筆塚存焉。裴說有《題懷素臺歌》（《全唐詩》卷七百二十）云：「我呼古人名，鬼神側耳聽，杜甫李白與懷素，文星酒星草書星，永州東郭有奇怪，筆塚墨池遺跡在，筆塚低低高似山，墨池淺淺深如海，我來恨不已，爭得青天化爲一張紙，高聲喚起懷素書，捹管研朱點湘水，欲歸家重歎嗟，眼前只有三個字，枯樹槎，烏梢蛇，墨老鴉。」

李約買蕭字

梁武帝造寺，令蕭子雲飛白〔一〕大書蕭字〔二〕，至今一蕭字存焉。李約〔三〕竭產自江南買歸東洛，匾于小亭以翫之，號為蕭齋【1】。

校勘記

【1】《津逮》本、《四庫》本均作「厽」，《學津討原》本作「齋」。「厽」乃「齋」之異體字，今取本字「齋」。

箋注

〔一〕飛白：指書法筆法。考唐張懷瓘《書斷》卷上載，蔡邕始作飛白書，爲

飛白之祖。王隱、王愔並云：「飛白變楷制也，本是宮殿題署，勢亦勁大，字宜輕微不滿，名為飛白。」又引王僧虔云：「飛白八分之輕者，雖有此說，不言起由。」其後作按語云：「漢靈帝嘉平詔，蔡邕作《聖皇篇》，篇成詣鴻都門，上時方脩飾鴻都門，伯喈待詔門下，見役人以堊帚成字，心有悅焉，歸而為飛白之書。」又引張懷瓘贊飛白云：「妙哉飛白，祖自八分，有美君子，潤色斯文，絲縈箭激，電繞雪雰，淺如流霧，濃若屯雲，飛眾仙之，奕奕舞群，鶴之紛紛，誰其覃思，於戲蔡君。」梁武帝嘗謂蕭子雲曰：「蔡邕飛而不白，羲之白而不飛，飛白之間，在卿斟酌耳。」

〔二〕按蕭字，考唐崔備《壁書飛白蕭字記》（《法書要錄》卷三）云：「壁書蕭字者，梁侍中蕭子雲之所飛白也。」又云：「子雲與國同姓，所書蕭字，圓卷側掠，體法備焉。信眾賢之妙門，實後代之茂範，其飛白書，起於蔡中郎。」唐李約《壁書飛白蕭字贊》（同上）云：「梁侍中蕭子雲書，祖述鍾、王，備該眾體，始變蔡張、二王飛白古法，妙絕冠時，存傳記而跡絕，簡素惟建鄴古壁餘此『蕭』字焉。」又據唐高平公《蕭齋記》（同上）載，隴西李約，於江南得蕭子雲壁書飛白蕭字，以筆勢驚絕，遂匣而寶之，載舟還洛陽仁風里第，建精室陷列於垣壁，號其室為蕭齋。宋程大昌《演繁露續集》卷六駁劉禹錫詩句之誤用「蕭」字云：「蕭寺，《國史補》曰：『梁武帝造寺，令蕭子雲飛帛大書蕭字，至今一字猶在。李約竭產自江南買之，並洛建水亭目曰蕭齋。』按此，則蕭寺者乃因蕭字而名也。劉禹錫送《如智法師》曰：『前日過蕭寺，看師上法筵。』則是概以僧寺為蕭寺，恐不然也，今人亦多誤用。」乾隆（《御製詩五集》卷二十四）以為不然，稱「《南史任孝恭傳》云：『少從蕭寺雲法師讀經論。』則當時實以此為寺名，至唐而寺廢字存。」又云：「考晉王僧孺中寺銘云：『蕭宮改構，梵宇方壯。』事在晉太元五年，是蕭梁之前，已有稱寺為蕭宮者。況『蕭寺』乃蕭涼、清肅之意，即何晏注《論語》蕭牆云：『蕭之言肅也。』蓋蕭寺正與蕭牆、蕭宮、蕭齋之意同，若必泥蕭子雲事，則蕭牆又何取義乎？」

〔三〕李約：唐史無傳，其仕履始末無考。據《舊唐書》（《舊唐書》卷一百四十八；《舊唐書》卷一百八）載，知其曾為諫官，時裴均交接權倖，結交黨人，冀以搖動宰相李吉甫，李約遂與獨孤郁、李正辭、蕭俛等密疏陳奏，帝意乃解。李約又與韋顗、李正辭更進諷諫，數移大事，頗迴大政。《新唐書·藝文志》（《新唐書》卷五十七）著錄李約《東杓引譜》一卷。又據唐高平公《蕭齋記》（《法書要錄》卷三）載，李約以至行雅操著名當時，逍遙道樞，脫落榮利，識洞物表，神交古人，而風致之餘特精楷隸，所得魏晉已降名書祕跡多矣。

韓愈登華山

韓愈好奇，與客登華山絕峰，度不可返，乃作遺書，發狂慟哭，華陰令百計取之，乃下〔一〕。

箋注

〔一〕韓愈句：按韓愈登華山事，後世頗有爭議。唐天復進士沈顏《登華旨》（《唐文粹》卷四十八）為其辯云：「夫仲尼之悲麟，悲不在麟也。墨翟之泣絲，泣不在絲也。且阮籍縱車於途途窮輒慟，豈始慮不至邪？蓋假事諷時，致意於此爾。前賢、後賢道豈相遠？文公憤趣榮貪位之輩，若陟懸崖險不能止，俾至身危，踞蹶然後歎不知稅駕之所焉可及矣。悲夫！文公之旨微沈子幾晦乎？」宋邵博《聞見後錄》卷十七則謂《國史補》所記並非虛妄，以為沈子妄辨也，並引韓愈《答張徹詩》云「洛邑得休告，華山窮絕陘。倚巖睨海浪，引袖拂天星。日駕此回轄，金神所司刑。泉紳拖脩白，石劍攢高青。磴蘚澾拳跼，梯颷飚伶俜。悔狂已咋齒，垂誡仍鐫銘。」宋魏泰《東軒筆錄》卷十五對此亦有考辨，持論大抵與邵博同，謂「唐小說載韓退之嘗登華山，攀緣極峻而不能下，發狂大哭，投書與家人別。華陰令百計取，始得下。沈顏作《聲書》辨之，以為無此事，豈有賢者而輕命如此？予見退之答張徹詩，敘及遊華山事，句有『磴蘚澾拳跼，梯颷飚伶俜。悔狂已咋齒。垂戒仍刻銘。』則知小說為信，而沈顏為妄辨也。」又考宋胡仔《漁隱叢話後集》卷十引《藝苑雌黃》書中謝無逸作《讀李肇國史補》云：「肇之言為，不合於理。其論韓退之登華山窮絕處，下視不可返，則發狂慟哭，此尤不足信。雖婦人童子且知愛其身，不忍快一時之欲以傷其生。嗚呼！而謂退之賢者為之邪？觀其貽書諫張僕射云：『馳馬擊毬猶恐顛頓而至於殞命。』使退之妄人也，則為此言。而可若誠賢者，則必能踐其言。其不肯窮筋力登高臨深以取危墜之憂亦明矣。豈肇傳之誤也！何其信退之之不篤也？」胡仔辯駁云：「予謂無逸此語，謂之愛退之可也。謂之熟退之之文，則未也。登華之事，退之嘗載於其詩云：『洛邑得休告，華山窮絕陘。倚巖睨海浪，引袖拂天星。磴蘚澾拳局，梯颷飚伶俜。悔狂已咋指，垂誡仍鐫銘。』觀此則發狂慟哭，不可謂之無也。肇書此於《國史補》，蓋實錄耳。豈無逸未嘗見退之之詩乎？沈顏作《聲書》，其說亦與無逸相類。而《東軒筆錄》嘗辨之矣，豈無逸亦未見之乎？予恐學者信無逸之言，遂以李肇為妄故，復著此說。」

王先生名言

羅浮王先生，人或問為政難易。先生曰：「簡則易。」又問：「儒釋同道否？」先生曰：「直則同。〔一〕」

箋注

〔一〕羅浮句：羅浮王先生，不知何許人，其事蹟不詳。宋吳曾《能改齋漫錄》卷七「簡易字有出處」條云：「新唐史韋宙守洪，政簡易，人便安之。陳之茂守豫章，疑簡易無所本。余曰：『唐羅浮王生，人或問為政難易，生曰：『簡則易』。然楊雄《長楊賦》亦云：『出凱弟，行簡易。』」宋耿延禧《同庵記》（《成都文類》卷三十九）云：「而與萬象森羅同為一印，是猶五百大阿羅漢各解內外中間之言，不當佛意，而皆本乎佛之正理。又如眾大菩薩談不二法門，各隨所樂，而不出乎維摩之一默。蓋鉼盤釵釧吾見其為金，而查梨橘柚吾知其為味，爾惡覩其異耶？或問儒與老莊同異，阮瞻對以『將無同』。或問儒與釋迦同異，羅浮生對以『直則同』。咄哉！曲不失其為同，直何足盡同？有同何傷，乃必曰『無同』為貴乎？是未可與言同也。」

靈澈蓮化漏

越僧靈澈，得蓮花漏于廬山〔一〕，傳江西觀察使韋丹〔二〕。初，惠遠以山中不知更漏，乃取銅葉製器，狀如蓮花，置盆水之上，底孔漏水，半之則沈，每晝夜十二沈，為行道之節，雖冬夏短長，雲陰月黑，亦無差也〔三〕。

箋注

〔一〕靈澈，唐代高僧，唐史無傳，傳記散見於各處筆記叢書。考《剡錄》卷三載，靈澈字澄源，會稽湯氏子，風儀甚雅，談笑多味，雖受經論，心好篇章，語甚平易，如不出常境，而諸生思慮終不可至。從嚴維學詩，抵吳興與皎然遊，後自廬山入剡，歸沃洲。然《剡錄》所載，不曾言及其出家為僧之事。另據《宋高僧傳》（《宋高僧傳》卷十五），靈澈乃唐會稽雲門寺僧，稟氣貞良，執操無革，而吟詠性情，尤見所長。居越谿雲門寺，成立之歲，文譽遠播，講學無倦。故秘書郎嚴維、劉隋州長卿、前殿中侍御史皇甫曾，覿面論心，皆如膠固，分聲唱和，名散四陬。靈澈遊吳興，與杼山畫師一見為林下之遊，互相擊節。靈澈秉心立節，不可多得，其道行空慧，無慙安遠，復著《律宗引源》二十一卷，為緇流

所歸，爲同曹所重。建中、貞元已來，江表諺曰：「越之澈洞冰雪，可謂一代勝士，與杭標、雪晝分鼎足矣，不測其終。按「靈澈居廬山」事，《廬山記》卷二載，元和四年，雲間僧靈澈流竄而歸，棲泊此山，將去，言於江南西道觀察使武陽公韋公丹。

〔二〕韋丹：字文明，京兆萬年人。韋丹早孤，從外祖顏眞卿學，擢明經，調安遠令。復舉五經高第，歷咸陽尉。張獻甫表佐邠寧幕府，順宗爲太子以殿中侍御史召爲舍人。後爲容州刺史。遷河南少尹，未至，徙義成軍司馬，以諫議大夫召，有直名。會劉闢圍梓州，乃授韋丹劍南東川節度使，代李康，後又徙爲江南西道觀察使，治法嚴明，與民興利，政通人和。卒，年五十八。《舊唐書》無傳，《新唐書》將其列入循吏傳（《新唐書》卷一百九十七）。據《新唐書·韋丹傳》載，韋丹，太和中，裴誼觀察江西，上言爲韋丹立祠堂，刻石紀功，不報。宣宗讀《元和實錄》，見丹政事卓然，它日與宰相語「元和時治民孰第一？」周墀對：「臣嘗守江西，韋丹有大功，德被八州，歿四十年老幼思之不忘。」乃詔觀察使紇干泉上丹功狀，命刻功於碑。

〔三〕按「靈澈與韋丹交往」事，考《雲谿友議》卷中載，江西觀察使韋丹與廬山東林寺靈澈上人爲忘形之契，篇什唱和，一月居四五焉。又同書稱韋丹寄詩與靈徹，其序云：「徹公近以匡廬七詠見寄，及吟詠之，皆麗絕於文圃也。此七詠者，俾予益發歸歟之興。且芳時勝侶上遊於三二道人，必當攀躋千仞之峰，觀九江之波。是時也，飄然而去，不希京口之顧，默然而遊，不假東門之送。天地爲一朝，萬物任陶鑄。夫青山羽翼，松逕幽邃，則何必措足於丹霄，馳心於太古矣。偶爲思歸絕句詩一首，以寄上人法友，幸先達其深趣耳。」其詩曰：「王事紛紛無暇日，浮生冉冉只如雲，已爲平子歸休計，五老巖前必共君。」靈徹答曰：「年老身閒無外事，麻衣草坐亦容身，相逢盡道休官去，林下何曾見一人。」

百官待漏院

舊百官早朝，必立馬于望仙、建福門〔一〕外宰相于光宅車坊，以避風雨。元和初，始制待漏院〔二〕。

箋注

〔一〕按「望仙、建福門」，考《長安志》卷六載，大明宮南面五門，正南曰「丹鳳門」，至德三載改爲「明鳳門」，尋復舊名「丹鳳」，東曰「望仙門」，丹鳳西曰「建福門」，門外有百官待漏院，次西曰「興安門」，東面一門

日「大和門」，西面一門曰「日營門」，次北面一門曰「玄武門」。

〔二〕元和句：按「元和初，始置待漏院」事，考《舊唐書·憲宗本紀》（《舊唐書》卷十四）載，元和二年六月丁巳朔，百官初入待漏院，候禁門啓入朝。故事：建福、望仙等門昏而闔，五更而啓，與諸里門同時。至德中，有吐蕃內自金吾仗亡命，因勑晚開。宰相待漏於太僕寺車坊，至是始命有司各據班品，置院於建福門外。《唐會要》（《唐會要》卷二十五）亦有載，且記其年爲元和三年。

封山輒有雨

京輔故老言：「每營山陵封〔一〕輒雨，至少霖淫亦十餘日矣。」

箋注

〔一〕按「營山陵」，乃營造陵墓之意。如《新唐書》卷九十五載：「高祖崩，攝司空，營山陵。」《新唐書·陳子昂傳》云：「子昂盛言東都勝壃，可營山陵。」《明會典》卷八十三謂「七年，營山陵於昌平縣黃土山，封其山爲天壽山。」

役者將化虎

元和初，洪崖冶有役者，將化爲虎，羣眾呼，以水沃之，乃不得化〔一〕。或問苕谿子：「是何謂也？」答曰：「陽極而陰，晦極而明，爲雷爲電，爲雪爲霜，形之老之死之，八竅者卵，九竅者胎，推遷之變化也。燕雀爲蛤，野雞爲蜃，蝦蟇爲鶉，蠶蛹爲蛾，蚯蚓爲百合，腐草爲螢火，鳥足之根爲蠐螬，久竹生青蜓，田鼠爲鴽，老貐爲猿，陶蒸之變化也。仁而爲暴，聖而爲狂，雌雞爲雄，男子爲女人，爲蛇爲虎，耗亂之變化也。是必生化而後氣化，氣化而後形化，俗言四指者，天虎也，五指者，人虎也，唯道德者窮焉。

箋注

〔一〕元和句：洪崖冶，蓋指地名，疑爲洪崖，屬商州境。《舊唐書》卷三十七考證云：「元和二年，開紅崖冶。新書作洪崖冶。」司馬光《殿中丞薛府君墓誌銘》（《傳家集》卷七十七）稱薛田嘗知商州。屬縣宰有建言商山產銅，請置監鑄錢。薛田上言曰：「朝廷前置追民監於州境洪崖冶，鑄鐵錢。未數年，鐵已竭，其監當廢。」按「洪崖冶有役者，將化爲虎」事，

考《舊唐書·五行志》(《舊唐書》卷三十七) 云：「元和二年，開紅崖冶，役夫將化爲虎，眾以水沃之化，而不果。」《新唐書》亦有載。新書作洪雅冶，蓋據《國史補》此條改。按「人化虎」之說，久已有之，明徐應秋《玉芝堂談薈》卷十引《述異記》稱，宋元嘉中，南康黃苗爲州史，爲神所譴，忽體生斑毛，性樂搏噬，後還如人形。又引《冥祥記》載，魏時尋陽縣北山中蠻人，有術能使作虎。鄉人周眕有一奴，使入山伐薪，與其妹婦俱往。奴語二人云：「且上高樹去，我欲有所爲。」既而入草化成一大黃斑虎，奮迅哮吼。《齊諧記》載，晉太元元年，安陸縣師道宣忽發狂變虎食人，遇一女子採桑，取食之，藏其叉釧山石間，後復人形而取之。遂出仕，官爲殿中令史，某夜共人語，自云曾化虎啗人，言其姓名，同坐人或有父子兄弟被食者，共捉送官，餓死建康獄中。《廣異記》亦云：「荊州有人山行，忽遇悵鬼，以虎皮冒己，遂化虎。」徐氏此處所載蓋皆荒唐神怪之說，不足徵信，聊備談資而已。

鴆鳥久愈毒

松脂入地，千歲爲茯苓，茯苓千歲爲琥魄，琥魄千歲覭玉，愈久則愈精也〔一〕。鷦鳥千歲爲鴆，愈老則愈毒也〔二〕。

箋注

〔一〕 松脂句：按松脂之說，考《太平御覽·妖異部四》(《太平御覽》卷八百八十八) 引《老子玉策》案語云：「松脂入地，千年變爲茯苓，茯苓千年變爲琥珀，琥珀千年變爲石膽，石膽千年變爲威喜。」又云：「千歲之狐豫知將來，千歲之貍變爲好女，千歲之猿變爲老人。」又宋鄭樵《通志·昆蟲草木略第二·木類》(《通志》卷七十六) 稱，「伏苓曰茯菟，其抱根者曰茯神。」其書又引《典術》云：「松脂入地千年爲茯苓。」且曰：「今詳茯苓乃松脂所化，而云千年未必耳。《龜策傳》謂：『茯苓在菟絲之下。』今詳茯苓生山林，而菟絲生人間叢薄，自清濁異趣，非同類相感者。」按「琥珀」，考同書又謂：《漢書》云出罽賓國，舊云松脂入地千年化成，又云茯苓千年爲琥珀，又云松脂內溢入地而爲茯苓，外溢入地而爲琥珀。今之所得其中則有蚊蟲蜂蠍之類，如生，此皆是未入地所著者。又云楓脂千年爲琥珀，大體中土不生，來從外國。皆云初得之如桃膠，便可啗，須臾則堅凝。」同書又釋云：「覭曰覭珀，舊云琥珀，千年爲覭，然不生中國，不可知也。」宋唐愼微《證類本草》卷十二亦云：「古來相傳云『松脂千年爲茯苓，又千年爲琥珀，又千年爲覭』。然二物燒之，皆有松氣，爲用與琥珀同，補

心安神，破血尤善，狀似玄玉而輕，出西戎，而有茯苓處，見無此物。今西州南三百里磧中得者，大則方尺，黑潤而輕，燒之腥臭，高昌人名爲木礜，謂玄玉爲石礜。洪州土石間得者，燒作松氣，破血生肌與琥珀同，見風坼破，不堪爲器量，此二種及琥珀或非松脂所爲也，有此差舛，今畧論也。」

〔二〕鵯鳥句：按「鵯鳥」，鳥名，鷦屬。考《元氏長慶集》卷四《巴虵三首》序云：「巴之蛇，百類其大蟒，其毒襄鼻。蟒，人常不見，襄鼻，常遭之，毒人則毛髮皆豎起，飲溪澗而泥沙盡沸。」又謂「鵯鳥」能食其小者。且「鵯」字下注云其乃「鷦屬」。又《爾雅翼・釋鳥四》（《爾雅翼》卷十六）謂：「鴆，毒鳥也，似鷹，大如鴞，毛紫黑色，長頸赤喙，雄名運日，雌名陰諧，天晏靜無雲則運日先鳴，天將陰雨則陰諧鳴之。食蝮蛇及橡實，知巨石大木間有蛇虺，即爲禹步以禁之，或獨或羣，進退俯仰有度，逡巡石樹爲之崩倒，蛇虺無脫者。」又云：「古人以其羽翮歷酒中，則能殺人，謂之酖酒。管仲曰：『燕安酖毒，不可懷也。』凡鴆飲水處，百蟲吸之皆死。」考《太平寰宇記》卷一百五十七「嶺南道一」條謂雲白鳥，一名雲鳥，亦曰同力鳥，千歲則化爲鴆，能超石禁蛇，鳥形如雉尾，如雀有碎文，背上連錢，左足三距，其鳴先顧。

犀牛解鴆毒

南中〔一〕山川，有鴆之地，必有犀牛〔二〕。有沙蝨水弩之處，必有鸐瑪〔三〕，及生可療之草。

箋注

〔一〕南中：考《辭源》（《辭源》第0419頁）「南中」條云：「泛指國土南部，即今川黔滇一帶，也指嶺南。」考常璩《華陽國志》卷四載，南中，在昔蓋夷越之地，滇濮、句町、夜郎、葉榆、桐師、嶲唐侯王國以十數。又據《舊唐書・地理志》（《舊唐書》卷四十一）載，南中唐時屬劍南道，武德元年開南中，置也領縣，恭州，南寧州。武德八年改恭州爲曲州。南寧州轄立味、同樂、升麻、同起、新豐、隴隄、泉麻、梁水、降九縣，武德四年置總管府，管南寧、恭協、昆尹、曾姚、西濮、西宋九州。五年罷總管，其年多，復置寄治益州。七年，改爲都督，督西寧、豫西、利南、雲麼、南籠七州，並前九州，合十六州，仍割南寧州之降縣屬西寧州。八年，自益州移都督於今治，貞觀六年，罷都督置刺史。八年，改南寧爲郎州。《蜀鑑》卷九云：「元和五年，以王阜爲益州太守，始興學校於南中。」

〔二〕考《爾雅翼》卷十六「釋鳥」云：「凡鳩飲水處，百蟲吸之皆死。或得犀牛，蘸角其中，則水無毒。此鳥與犀相伏，今南方山川有鳩處，必有犀，蓋天資之以育物。」據《華陽國志》載，南中闡縣產犀牛，山色青碧。（《華陽國志》卷三）又《滇考》卷上謂「西漢成帝河平三年，黃支國獻犀牛。東漢和帝永元六年，郡徼外敦忍乙王慕延慕義遣使譯獻犀牛、大象」云云。又《舊唐書·德宗本紀》（《舊唐書》卷十三）載，貞元八年，環王國獻犀牛，德宗令見於太廟，甚珍愛之，十二年多死。

〔三〕鸚鵡：鳥名，考《周氏雜字》曰「鸚鵡，鳥，似鳧。」左太沖《吳都賦》（《文選》卷五）云：「鳥則鷗鶁、鸚鵡、鸖鵠、鷺鴻。」李白《大獵賦》（《李太白文集》卷二十四）云：「墜鸚鵡於青雲，落鴻雁於紫虛。」

張氏三代相

張氏嘉貞生延賞，延賞生弘靖〔一〕。國朝已來，祖孫三代為相，唯此一家〔二〕。弘靖既拜，薦韓皋自代，韓氏休生滉，滉生皋，二代為相，一為左僕射，終不登廊廟〔三〕。

箋注

〔一〕張氏句：張嘉貞，蒲州猗氏人。弱冠應五經舉，拜平鄉尉，坐事免歸鄉里。長安中，侍御史張循憲為河東採訪使，薦嘉貞材堪憲官，請以己之官秩授之，擢拜監察御史，累遷中書舍人，歷秦州都督、并州長史。開元八年春，擢嘉貞為中書侍郎、同中書門下平章事。數月，加銀青光祿大夫，遷中書令。開元十一年，出為幽州刺史。明年，復拜戶部尚書兼益州長史，判都督事。又明年，坐與王守一交往，左轉台州刺史，復代盧從願為工部尚書、定州刺史，知北平軍事，累封河東侯。開元十七年秋卒，年六十四，贈益州大都督，諡曰「恭肅」。其事跡具兩《唐書》本傳（《舊唐書》卷九十九；《新唐書》卷一百二十七）。張延賞，中書令嘉貞之子，幼孤，本名寶符。開元末，玄宗召見，賜名延賞，取賞延於世之義。特授左司禦率府兵曹參軍。延賞博涉經史，達於政事，侍中韓國公苗晉卿見而奇之，以女妻之。肅宗在鳳翔，擢拜監察御史，賜緋魚袋，轉殿中侍御史。關內節度使王思禮請為從事，思禮領河東，又為太原少尹兼行軍司馬、北都副留守。代宗幸陝，除給事中轉御史中丞、中書舍人。大曆二年，拜河南尹，充諸道營田副使。未幾，知東都留守。以理行第一，入朝拜御史大夫。尋出為揚州刺史、淮南節度觀察等使。尋以母憂去職。終制，授檢校禮部尚書、江陵尹兼御史大夫、荊南節度觀察使。數年，改檢校兵部尚書、成都尹劍南西川節度觀察使，依前兼御史

大夫。尋就加吏部尚書。貞元元年，以宰相劉從一有疾，詔徵延賞爲中書侍郎同中書門下平章事。貞元三年七月薨，年六十一，廢朝三日，贈太保，賻禮加等，諡曰「成肅」。事跡具兩《唐書》本傳（《舊唐書》卷一百二十九；《新唐書》卷一百二十七），新傳則附在《張嘉貞傳》後。張弘靖，張延賞之子，張嘉貞之孫，字元理，雅厚信直，少以門蔭授河南府參軍，調補藍田尉。東都留守杜亞辟爲從事，奏改監察御史裏行，轉殿中侍御史、內供奉。德宗擢授監察御史轉殿中侍御史、禮部員外郎，遷兵部郎中知制誥、中書舍人知東都選事，拜工部侍郎轉戶部侍郎、陝州觀察河中節度使。拜刑部尚書同中書門下平章事，俄檢校吏部尚書。未幾，充太原節度使制，加檢校司空平章事，充幽州盧龍等軍節度使。因兵變被囚，後貶爲撫州刺史，未幾遷太子賓客，少保、少師，長慶四年六月卒，年六十五。其事跡具兩《唐書》本傳，舊傳附於其父《張延賞傳》之後，新傳則附在其祖張嘉貞及其父張延賞傳後。

〔二〕按「祖孫三代爲相」句，考《舊唐書·張嘉貞》載，開元八年春，張嘉貞爲中書侍郎、同中書門下平章事。貞元元年，其子張延賞爲中書侍郎同中書門下平章事。其子張弘靖拜刑部尚書同中書門下平章事，故云三代爲相。

〔三〕弘靖句：按「韓氏休生滉，滉生皋」，考《舊唐書·韓滉傳》（《舊唐書》卷一百二十九）載，韓滉，太子少師韓休之子。韓滉子韓羣、韓皋。韓羣官至考功員外郎，韓皋，字仲聞，夙負令名，而器質重厚，有大臣之度。韓休，京兆長安人，韓休早有詞學，初應制舉，累授桃林丞，又舉賢良。玄宗時，在春宮親問國政休對策，與校書郎趙冬曦並爲乙第，擢授左補闕，尋判主爵員外郎，歷遷中書舍人、禮部侍郎兼知制誥，出爲虢州刺史。歲餘，以母艱去職。服闋，除工部侍郎仍知制誥，遷尚書右丞，拜黃門侍郎同中書門下平章事。其年夏，加銀青光祿大夫。十二月轉工部尚書，罷知政事。開元二十四年，遷太子少師，封宜陽子。二十七年，病卒，年六十八，贈揚州大都督，諡曰「文忠」。事跡具兩《唐書》本傳（《舊唐書》卷九十八；《新唐書》卷一百二十六）。其子韓滉，兩《唐書》有傳（《舊唐書》卷一百二十九；《新唐書》卷一百二十六），《新唐書》將其本傳置於其父《韓休傳》之後。韓皋，韓滉之子，韓休之孫，字仲聞，夙負令名，而器質重厚，有大臣之度。由雲陽尉擢賢良科拜左拾遺，轉左補闕。累遷起居郎考功員外郎。俄丁父艱，免喪，執政者擬考功郎中，御筆加知制誥，遷中書舍人、御史中丞、尚書右丞、兵部侍郎，皆稱職，改京兆尹。無幾，移杭州刺史，復拜尚書右丞。未幾，出爲鄂州刺史，岳、鄂、蘄、沔等州觀察

使，入爲東都留守。元和八年六月，加檢校吏部尚書兼許州刺史，充忠武軍節度等使，入爲吏部尚書兼太子少傅，判太常卿事。元和十一年三月，穆宗加檢校右僕射。長慶元年正月，正拜尚書右僕射。二年四月，轉左僕射赴尚書省。其年，以本官東都留守，行及戲源驛，暴卒，年七十九，贈太子太保，太和元年諡曰「貞」。其事跡具兩《唐書》本傳（《舊唐書》卷一百二十九；《新唐書》卷一百二十六），舊傳見於其父《韓滉傳》後，新傳附在其祖韓休、其父韓滉傳後。按「二代爲相，一爲左僕射」，考韓休祖孫三人舊傳載，韓休嘗拜黃門侍郎同中書門下平章事，其子韓滉貞元元年七月，拜檢校左僕射同平章事，父子並爲相。韓皋元和二年由尚書右僕射轉左僕射。

高郢致仕制

高貞公致仕，制云：「以年致政，抑有前聞。近代寡廉，罕由斯道。」〔一〕是時杜司徒年七十，無意請老〔二〕。裴晉公爲舍人，以此譏之〔三〕。

箋注

〔一〕高貞公句：按高貞公，即高郢，高郢卒諡曰「貞」，故曰高貞公。高郢，字公楚，其先自渤海徙衛州，遂爲衛州人。九歲通春秋，工屬文著語默賦，諸儒稱之。後舉進士，擢第應制舉，登茂才異行科，授華陰尉。授咸陽尉，下徙猗氏丞。李懷光引佐邠寧府，奏爲從事，累轉副元帥判官、檢校禮部郎中。奏管書記，召拜主客員外郎，遷中書舍人。久之，進禮部侍郎，遷太常卿。貞元末，擢中書侍郎同中書門下平章事。以刑部尚書罷。明年，爲華州刺史，政尚仁靜。復召爲太常卿除御史大夫，數月，改兵部尚書，固乞骸骨，以尚書右僕射致仕。卒，年七十二，贈太子太保，諡曰「貞」。事跡具兩《唐書》本傳（《舊唐書》卷一百四十七；《新唐書》卷一百六十五）。按「高郢此制文」，史志所未及，足以補國史之闕。

〔二〕是時句：杜司徒，即杜佑，元和元年，冊拜司徒同平章事封岐國公，故號杜司徒，事跡具兩唐書本傳（《舊唐書》卷一百四十七；《新唐書》卷一百六十六），其傳略參見前條。按「是時杜佑年七十，無意請老」，考《舊唐書·杜佑傳》載，元和七年，杜佑薨，壽七十八。則杜佑七十之時，應在元和元年。又考《舊唐書·高郢傳》，元和元年，固乞骸骨，以尚書右僕射致仕。此與李肇所載合。

〔三〕裴晉公句：裴晉公，即裴度，元和十三年二月，詔加裴度金紫光祿大夫、

弘文館大學士，賜勳上柱國，封晉國公，食邑三千戶，復知政事。故號為裴晉公。裴度，字中立，河東聞喜人。貞元五年進士，擢第登宏辭科，應制舉賢良方正能直言極諫科，對策高等，授河陰縣尉。唐憲宗元和九年，累官至御史中丞。元和十二年八月，裴度以宰相領淮西節度使、淮西宣慰招討處置使，蕩平淮西，河北震懾，諸藩相繼歸順，貞元十四年，又平定淄青李師道，當此之時，唐之威令，幾於復振。史稱「元和中興」。敬宗、文宗二朝，裴度歷任淮南等四道節度使，其間雖曾短期入相，然遭李逢吉等所排，不能久任。卒於唐文宗開成四年。其事跡具兩《唐書》本傳（《舊唐書》卷一百七十；《新唐書》卷一百七十三）。按「裴晉公為舍人」，考之《舊唐書·裴度傳》，元和六年前，裴度為起居舍人，後以司封員外郎知制誥尋轉本司郎中。故李肇此處記載頗為可信。又考《舊唐書·杜佑傳》載，杜佑性敦厚，強力，尤精吏職，且勤而無倦，雖位極將相，手不釋卷，質明視事，接對賓客，夜則燈下讀書，孜孜不忘，與賓佐談論，人憚其辯，而伏其博。設有疑悮，亦能質正始終，言行無所玷缺。由此可見，杜佑年逾七十而不致仕，乃是因其精力過人，不可與其他老弱病羸之人同日而語，裴度此處所譏，似有不公之處。韓愈《論孔戣致仕狀》（《五百家注昌黎文集》卷四十）論云：「自古以來及聖朝故事，年雖八九十，但視聽心慮，苟未昏錯，尚可顧問委以事者，雖求退罷，無不慇懃留止，優以祿秩，不聽其去，以明人君貪賢敬老之道也。」又云：「七十求退，人臣之常禮，若有德及氣力尚壯，則君優而留之，不必年過七十盡許致事也。詩曰：『雖無老成，人尚有典刑。』」此言老成人重於典刑，不可不惜而留也。」

苗夫人貴盛

苗夫人，其父太師也，其舅張河東也，其夫延賞也，其子弘【1】靖也，其子壻韋太尉也，近代衣冠婦人之貴，無如此者〔一〕。

校勘記

【1】《津逮》本、《四庫》本均作「弘」，《學津討原》本作「宏」，今考兩《唐書》，知學津討原本乃避諱改，此當作「弘」字。

箋注

〔一〕苗夫人句：苗夫人，苗晉卿之女。考《舊唐書·張延賞傳》載，張延賞，博涉經史，達於政事，侍中韓國公苗晉卿見而奇之，以女妻之。故知李肇此處所言其父太師，當指苗晉卿，其舅張河東，當指張延賞之父張嘉

貞，其子婿爲韋臯。據《舊唐書・苗晉卿傳》（《舊唐書》卷一百十三）載，苗晉卿嘗爲太子太傅，故有此稱。據《舊唐書・張嘉貞傳》（《舊唐書》卷九十九）載，張嘉貞曾封河東侯，故稱張河東。又《雲谿友議》卷中載苗夫人故事，謂其乃太宰苗晉卿之女，系出名門，姿性敏慧，有鑒人之才，識見不讓鬚眉，其夫張延賞較之不如云云。先是苗晉卿擇婿，其女苗夫人慧眼識才，青眼獨對時爲白衣卿相韋臯，以爲能成大事者。韋臯性度高廓，不拘小節，故在張府時遭延賞白眼，一門婢僕亦日漸輕怠之，唯苗夫人待之獨厚。後韋臯別妻東遊，唐德宗幸奉天，韋臯以功持節西川，接替延賞之位。凱旋之日，改易姓名，自稱韓翶。有人特報延賞曰：「替相公者，金吾韋臯將軍，非韓翶也。」苗夫人曰：「若是韋臯，必韋郎也。」延賞以爲婦人之言，不以爲然。後發現果是韋臯，延賞慙懼交加，曰：「吾不識人。」張府舊時婢僕曾無禮於韋臯者，悉遭韋公棒殺，投於蜀江，獨苗氏夫人無愧於韋郎。郭圉有《詠韋臯》詩（《全唐詩》卷五百四十七）云：「宣父辭周儀入秦，昔賢誰不困風塵。當時甚訝張延賞，不識韋臯是貴人。」

李錡裂襟書

李錡之擒也，侍婢一人隨之〔一〕。錡夜則裂衿自書筭擢之功，言為張子良所賣〔二〕，教侍婢曰：「結之衣帶。吾若從容奏對，當為宰相，揚、益節度；不得，從容受極刑矣。吾死，汝必入內，上必問汝，汝當以此進之。」及錡伏法，京城三日大霧不開，或聞鬼哭，憲宗又得帛書，頗疑其冤，內出黃衣二襲賜錡及子，敕京兆府收葬之。

箋注

〔一〕李錡句：李錡，淄川王孝同五世孫，以父李國貞蔭，調鳳翔府參軍。貞元初，遷至宗正少卿，出爲杭、湖二州刺史。居三歲，遷潤州刺史、浙西觀察諸道鹽鐵轉運使。李錡多積奇寶，歲時奉獻，德宗昵之，李錡因恃恩驕橫天下，掌榷酒漕運，爲圖久安，乃募兵，德宗帝復鎮海軍，以錡爲節度使，罷領鹽鐵轉運。憲宗即位，有詔拜尚書左僕射，以御史大夫李元素代之，李錡無意離鎮赴京，遂反叛。憲宗下詔削其官爵，發兵圍剿，敗之，械送京師，與其子師回腰斬於城西南，年六十七。其事跡具兩《唐書》本傳，舊傳附在其父《李國貞傳》後（《舊唐書》卷一百十二），《新唐書》將其納入《叛臣傳》（《新唐書》卷二百二十四上）。按「侍

婢一人」，此侍婢或爲杜秋，建康人氏。考《太平廣記》卷二百七十五「李錡婢」載，憲宗前進李錡帛書，以義申李錡之冤者，蓋爲杜秋，而宮闈事秘，世莫得知。李錡敗後，杜秋沒入宮掖，有寵於穆宗。穆宗即位以爲皇子漳王傅姆。太和中，漳王得罪國除，詔賜杜秋歸老故鄉，朝饌不給，故名士聞而傷之。中書舍人杜牧作《杜秋娘詩》（《全唐詩》卷五百二十），其詩序云：「杜秋，金陵女也，年十五爲李錡妾，後錡叛滅籍之，入宮有寵於景陵，穆宗即位，命秋爲皇子傅姆，皇子壯，封漳王，鄭注用事，誣丞相欲去己者，指王爲根，王被罪，廢削，秋因賜歸故鄉，予過金陵感其窮且老，爲之賦詩。」

〔二〕按「爲張子良所賣」語，考《新唐書·李錡傳》載，朝廷派兵進討李錡，其時李錡以宣州富饒，遣四院隨身兵馬使張子良、李奉仙、田少卿領兵三千分下宣、歙、池，李錡甥裴行立雖預謀而欲效順朝廷，故相與密謀還兵，執李錡以獻，裴行立應於內。張子良等既行，其夕諭軍中曰：「僕射反矣，精兵四面皆至，常、湖鎭將干首通衢，勢蹙且敗，吾輩徒死，不如轉禍希福。」部眾大悅，遂迴趣城。裴行立舉火，內外合謀，行立攻牙門，李錡無備，遂被擒。解送京師，至闕下，憲宗御興安門問罪，李錡對曰：「張子良教臣反，非臣意也。」帝曰：「爾以宗臣爲節度使，不能斬子良，然後入朝邪？」李錡不能對。張子良等之所以歸順朝廷，實得力於憲宗所實施之分化瓦解之策。《討李錡詔》（《唐大詔令集》卷一百十九）云：「浙西將士素非同惡，朕所深知，迫於兇威，不能自達，但王師進討，因事立功梟斬渠魁以効節誠，必當特加爵秩、超異等倫，其將吏等以所領歸降者，超三資授官，以一身降者，亦超資改轉官健。歸順者以厚加賞給，仍與敍錄明諭，將士罪止一夫，其餘染污一切不問。」

李銛自拘囚

李銛，錡之從父兄弟也〔一〕。爲宋州刺史，聞錡反狀慟哭，悉驅妻子奴婢無長幼，量其頸爲枷，自拘于觀察使。朝廷聞而愍之，薄貶而已〔二〕。

箋注

〔一〕按李銛，唐史無傳，據《舊唐書·德宗本紀》（《舊唐書》卷十五）及《舊唐書·吐蕃傳》（《舊唐書》一百九十六下），元和七年司農卿李銛爲京兆尹，明年，爲鄜坊觀察使。以代裴武。曾爲左庶子，充入吐蕃使。

〔二〕朝廷句：考《舊唐書·李錡傳》（《舊唐書》卷一百十二）載，李錡既已伏誅，宰相鄭絪等議錡所坐，親疏未定，乃召兵部郎中蔣武問曰：「詔罪

李錡一房，當是大功內耶？」武曰：「大功是錡堂兄弟，即淮安王神通之下。淮安有大功於國，不可以孽孫而上累。」又問：「錡親兄弟從坐否？」武曰：「錡親兄弟是若幽之子，若幽有死王事之功，如令錡兄弟從坐，若幽即宜削籍，亦所未安。」宰相頗以爲然，故誅錡詔下，唯止元惡一房而已。所謂只誅元兇，不問親族，李銛由是得免。

裴垍報崔樞

裴相垍嘗應宏詞，崔樞考不中第〔一〕。及爲相，擢樞爲禮部侍郎〔二〕。笑而謂曰：「此報德也。」樞惶恐欲墜階。又笑曰：「此言戲耳！」

箋注

〔一〕裴相句：裴相垍，即裴垍，元和三年，拜中書侍郎同平章事，故有此稱。裴垍字弘中，河東聞喜人，弱冠舉進士。貞元中，制舉賢良極諫對策第一，授美原縣尉，秩滿，拜監察御史轉殿中侍御史，尚書禮部考功二員外郎。元和初，召入翰林爲學士，轉考功郎中知制誥，尋遷中書舍人。元和三年，李吉甫出鎮，代爲中書侍郎同平章事。明年，加集賢院大學士監修國史。因風疾罷爲兵部尚書，仍進階銀青。明年，改太子賓客卒，廢朝賻禮有加，贈太子少傅。事跡見兩《唐書》本傳（《舊唐書》卷一百四十八；《新唐書》卷一百六十九）。裴垍應宏詞科考試不中第事，史書不載，不知出自何典，闕疑待考。

〔二〕按「及爲相，擢樞爲禮部侍郎」事，史書不載，然據《舊唐書·裴垍傳》載，裴垍善於鑒人用人，量材賦職，野無遺賢，在翰林承旨，小心敬慎，甚稱中旨。及作相之後，懇請旌別淑慝，杜絕蹊徑，齊整法度，考誤吏理，皆蒙垂意聽納。在翰林時，舉李絳、崔羣同掌密命，及在相位，用韋貫之、裴度知制誥，擢李夷簡爲御史中丞，其後繼踵入相，咸著名跡，其餘量材賦職，皆叶人望，選任之精，前後莫及，議者謂垍作相才與時會，知無不爲，於時朝無倖人，百度浸理，而再周遘疾，以至休謝，公論惜之。故裴垍不計前嫌而擢用崔樞，亦在情理當中。

憲宗問京尹

憲宗久親政事〔一〕，忽問：「京兆尹幾員？」李吉甫對曰：「京兆尹三員，一員大尹，二員少尹。〔二〕」時人謂之善對。

箋注

〔一〕按「憲宗久親政事」，考《舊唐書》卷十五《憲宗本紀》，憲宗嗣位之初，讀列聖實錄，見貞觀開元故事，竦慕不能釋卷。自是發奮圖強，勤於政事，延英議政畫漏率下五六刻方退，遂有元和中興。新書亦謂憲宗剛明果斷，自初即位，慨然發憤，志平僭叛，能用忠謀，不惑羣議，卒收成功。（見《新唐書》卷七）

〔二〕李吉甫句：唐憲宗時宰相。李吉甫，字弘憲，趙郡人，少好學，能屬文，年二十七爲太常博士，該洽多聞，尤精國朝故實。憲宗嗣位，徵拜考功郎中、知制誥。既至闕下，旋召入翰林爲學士，轉中書舍人，賜紫。元和二年，擢吉甫爲中書侍郎、平章事。明年九月，拜檢校兵部尚書，兼中書侍郎、平章事，充淮南節度使。元和九年，暴病卒，年五十七。事跡具兩《唐書》本傳（《舊唐書》卷一百四十八；《新唐書》卷一百四十六）。按「京兆尹」，考《漢書》（《漢書》卷十九上《百官公卿表》；《漢書》卷二十八上《地理志》）載，乃爲三輔之一。秦以內史掌治京師，漢武帝時分置左右內史，太初元年，改右內史爲京兆尹，分原右內史東半部爲其轄區，因地屬畿輔，故不稱郡。職掌相當於郡太守，但參與朝議。治所在長安。三國魏轄區改稱京兆郡，官名改稱太守。西魏、周、隋仍稱郡，改太守爲尹。唐開元初改雍州爲京兆尹，並增設少尹，以理府事。後世不置，但習慣上稱呼京師所在地行政長官爲京兆尹。官職爲正四品上。又《舊唐書·職官志》（《舊唐書》卷四十二）載，唐最初未設京兆府，本爲雍州，以親王領州牧，唐太宗、中宗、睿宗未即位之前，皆領京兆尹銜，掛名而已，雍州府長史實掌其事。開元元年，玄宗設立京兆府，孟溫禮首京兆尹，從三品官秩，下設京兆少尹兩名，及功曹參軍、司錄參軍、司戶參軍、司法參軍、司兵參軍、司倉參軍、司士參軍等官員。京兆尹一職，更換頻繁如走馬，白居易詩（《白氏長慶集》卷二《贈友五首》）云：「京師四方則。王化之本根。長吏久於政，然後風教敦。如何尹京者，遷次不逡巡。請君屈指數，十年十五人。」按「李吉甫妙答憲宗」事，可想見其人風采。據《舊唐書·李吉甫傳》稱其性聰敏，且該洽多聞，尤精國朝故實、沿革折衷，時多稱之。

獨孤郁嘉壻

獨孤郁，權相子壻〔一〕，歷掌內職綸詔，有美名，憲宗嘗歎曰：「我女壻不如德輿女壻。〔二〕」

箋注

〔一〕獨孤句：獨孤郁，河南人，獨孤及之子。貞元十四年，登進士第。五年

召充翰林學士。貞元末，爲監察御史。元和初，應制舉才識兼茂明於體用策，入第四等，拜左拾遺。四年轉右補闕，五年兼史館修撰，尋召充翰林學士遷起居郎。遷考功員外郎充史館修撰，判館事，預脩《德宗實錄》，七年以本官復知制誥，八年轉駕部郎中，其年十月，復召爲翰林學士，九年以疾辭內職，十一月改祕書少監，卒。其事跡具兩《唐書》本傳（《舊唐書》卷一百六十八；《新唐書》卷一百六十二），新傳附在其父《獨孤及傳》後。按「權相子壻」語，據《舊唐書·獨孤郁傳》載，獨孤郁有乃父之風，善文學，尤爲舍人權德輿所稱，並以女妻之。

〔二〕按德宗所稱「我女婿」者乃杜佑之孫杜悰。據《舊唐書·杜悰傳》（《舊唐書》卷一百四十七）載，元和九年，選尚公主，召見於麟德殿，尋尚岐陽公主，加銀青光祿大夫、殿中少監、駙馬都尉。岐陽公主乃憲宗長女，郭妃之所生，多於貴戚或武臣節將之家選尚公主。《新唐書·杜悰傳》（《新唐書》卷一百六十六）云：「悰於大議論，往往有所合，然才不周用，雖出入將相而厚自奉養，未嘗薦進幽隱，佑之素風衰焉，故時號禿角犀。」權德輿之女壻乃翰林學士獨孤郁，時德輿作相，獨孤郁遂避嫌辭內職，憲宗頗重學士，不獲已許之，且歎曰：「德輿有佳壻。」遂令宰臣於卿士家選尚文雅之士，可居清列者。初於文學後進中選擇，皆辭疾不應，唯杜悰願應選。又據《舊唐書·獨孤郁傳》（《舊唐書》卷一百六十八）載，元和五年，獨孤郁本爲翰林學士、起居郎。權德輿作相，獨孤郁以婦公辭內職，憲宗曰：「德輿乃有此佳壻。」因詔宰相於士族之家，選尚公主者。

韋相叱廣宣

韋相貫之〔一〕，爲尚書右丞入內，僧廣宣〔二〕贊門曰：「竊聞閣下，不久拜相。」貫之叱曰：「安得不軌之言！」命紙草奏，僧恐懼走出〔三〕。

箋注

〔一〕韋相貫之：指韋貫之，元和二年，以本官同中書門下平章事，故有此稱。本名韋純，以憲宗廟諱，遂以字稱。少舉進士，貞元初，登賢良科，授校書郎，秩滿從調判入等，再轉長安縣丞。永貞中，始除監察御史，轉右補闕。元和元年，尋降爲左拾遺，轉禮部員外郎。出爲果州刺史，道中黜巴州刺史，俄徵爲都官郎中知制誥。踰年，拜中書舍人，改禮部侍郎，轉尚書右丞，賜金紫。明年，以本官同中書門下平章事，尋遷中書侍郎。爲仇家所搆，誣以朋黨，罷爲吏部侍郎。不涉旬，出爲湖南觀察

使，旋罷爲太子詹事分司東部。上即位，擢爲河南尹，徵拜工部尚書，未行，長慶元年卒於東都，年六十二，詔贈尚書右僕射。其事跡具兩《唐書》本傳（《舊唐書》卷一百五十八；《新唐書》卷一百六十九）。

〔二〕僧廣宣：唐史無傳，其人事跡不詳，然考宋計敏夫《唐詩紀事》（《唐詩紀事》卷七十二）載，僧廣宣，會昌間頗有詩名，與劉夢得最善。僧廣宣且與當時名公巨卿交遊唱和，如令狐楚、李益、鄭絪、韓愈、白居易等。《新唐書·藝文志》（《新唐書》卷六十）著錄其《與令狐楚倡和》一卷，《名公倡和集》二十三卷，《漢上題襟集》十卷。王起於會昌中放第二榜，廣宣以詩寄賀曰：「從辭鳳閣掌絲綸，便向青雲領貢賓。」白樂天《別宣上人》（《白氏長慶集》卷十四）詩云：「上人處世界，清淨何所似，似彼白蓮花，在水不著水，性真悟泡幻，行潔離塵滓，修道未幾時，身心俱到此，嗟予牽世網，不得長休止，離念與碧雲，秋來朝夕起。」又李益《贈宣大師》（《全唐詩》卷二百八十三）云：「一國沙彌獨解詩，人人道勝惠休師，先皇詔下徵還日，今上龍飛入內時，看月憶來松寺宿，尋花思作杏溪期，因論佛地求心地，只說常吟是住持。」韓愈雖以攘佛著名，然亦與廣宣有酬酢往來，有《廣宣上人頻見過》（《全唐詩》卷三百四十四）詩爲證。廣宣亦與名妓薛濤有交，有《宣上人見示與諸公唱和》（《全唐詩》卷八百三）詩云「許廁高齋唱，涓泉定不如，可憐譙記室，流水滿禪居。」可見廣宣交遊之廣。《唐音癸籤》卷二十九云：「唐名緇大抵附青雲士始有聞，後或賜紫，參講禁近，階緣可憑，青雲士亦復藉以自梯。」按此可知唐時士人多愛與僧人交遊，據統計，《全唐詩》中反映士人、僧人交往詩作多達兩千多首。

〔三〕按此事亦見於《新唐書·韋貫之傳》（《新唐書》卷一百六十九），與此條同，當採自《國史補》，謂：「爲右丞時，內僧造門曰：『君且相。』貫之命左右引出曰：『此妄人也。』」另考《舊唐書·韋貫之傳》（《舊唐書》卷一百五十八）載：「德宗末年，京兆尹李實權移宰相，言其可否，必數日而詔。行人有以貫之名薦於實者，答曰：『是其人，居與吾同里，亟聞其賢，但吾得識其面而進於上。』舉笏示說者曰：『實已記其名氏矣。』說者喜，驟以其語告於貫之，且曰：『子今日詣實，而明日受賀矣。』貫之唯唯，數歲終不往，然是後竟不遷。」故史官評曰：「貫之自布衣至貴位，居室無改易，歷重位二十年，苟苴寶玉不敢到門，性沉厚寡言，與人交終歲，無欸曲，未曾僞詞以悅人，身歿之後家無羨財。」舊傳對其人品評頗高，謂貫之「自布衣至貴位，居室無改易。歷重位二十年，苟苴寶玉不敢到門。性沉厚寡言，與人交，終歲無欸曲，未曾僞詞以悅人。身歿之後，家無羨財。」

韋相拒碑誌

長安中，爭爲碑誌，若市賈然，大官薨卒，造其門如市，至有喧競構致，不由喪家〔一〕。是時裴均之子，將圖不朽，積縑帛萬匹，請於韋相貫之，舉手曰：「寧餓死，不苟爲此也〔二〕。」

箋注

〔一〕長安句：按「長安人爭爲碑誌」，考《容齋續筆》卷六云：「作文受謝自晉、宋以來有之，於唐始盛，至宋不減。」另據《舊唐書・李邕傳》（《舊唐書》卷一百九十中）載，李邕尤長碑頌，中朝衣冠及天下寺觀多齎持金帛往求其文，前後所製，月數百首，受納饋遺亦至巨萬，時議以爲自古鬻文獲財未有如邕者。《容齋續筆》卷六「文字潤筆」條載，韓愈撰《平淮西碑》，憲宗以石本賜韓宏，宏集寄絹五百匹，作《王用碑》，用男寄鞍馬並白玉帶。劉又持韓愈金數斤去，曰：「此諛墓中人得耳，不若與劉君爲壽。」韓愈不能止。同卷又稱皇甫湜爲裴度作《福先寺碑》，裴度贈以車馬繪綵甚厚，皇甫湜大怒曰：「碑三千字，字三縑，何遇我薄邪？」裴度笑酬以絹九千匹。白居易《修香山寺記》（《白氏長慶集》卷六十八）云：「予與元微之定交於生死之間，微之將薨，以墓誌文見託，既而元氏之老，狀其臧獲與馬綾帛泊銀鞍玉帶之物價當六七十萬爲謝文之贄，予念平生分，贄不當納，往反再三訖不得已，回施茲寺，凡此利益功德應歸微之。」

〔二〕按韋貫之此事，《新唐書》亦有載（《新唐書》卷一百六十九《韋貫之傳》），當採自《國史補》，云：「居輔相，嚴身律下，以正議裁物，室居無所改易，裴均子持萬縑請撰先銘，答曰：『吾寧餓死，豈能爲是哉。』生平未嘗通饋遺，故家無羨財。」

杜羔有至行

杜羔〔一〕有至行，其父爲河北一尉而卒。母氏非嫡，經亂不知所之，羔嘗抱終身之感。會堂兄兼〔二〕爲澤潞判官，嘗鞫獄于私第，有老婦辯對，見羔出入，竊謂人曰：「此少年狀類吾兒。」詰之，乃羔母也，自此迎侍而歸。又往來河北求父厝所，邑中故老已盡，不知所詢，館于佛廟，日夜悲泣，忽覩屋柱煙煤之下，見字數行，拂而視之，乃其父遺跡，言：「後我子孫，若求吾墓，當于某村某家詢之。」羔號泣而往，果有老父年八十歲餘，指其丘壠，

因得歸葬〔三〕。羔至工部尚書致仕。

箋注

〔一〕杜羔：貞元初及進士第，元和中爲萬年令。未幾，授戶部郎中。後歷振武節度使，以工部尚書致仕。卒，贈尚書右僕射，諡曰敬。其事跡具《新唐書》本傳（《新唐書》卷一百七十二），附在其從兄《杜兼傳》後。白居易《故工部尚書致仕杜羔贈右僕射制》（《白氏長慶集》卷五十二）勅略云：「杜羔生於仁族，發爲公器，敦厚孝友，本乎天性，文學政事，出於餘力，自立朝右，藹然素風，凡所踐歷，不懈於位，以年致政，以疾就第，可贈尚書右僕射。」

〔二〕堂兄兼：指杜兼，京兆人，貞觀中宰相杜正倫五代孫。舉進士，累辟諸府從事，拜濠州刺史。元和初，入爲刑部、吏部郎中，拜給事中，除金商防禦使，旋授河南少尹、知府事。尋，正拜河南尹。元和四年，卒於官。事跡具兩《唐書》本傳（《舊唐書》卷一百四十六；《新唐書》卷一百七十二）。

〔三〕按李肇所載杜公此二事，《新唐書》皆採入《杜羔傳》，它書亦多有移錄。《唐詩紀事》卷七十八又載其妻劉氏故事，別本又作趙氏。是書謂杜羔妻「雅擅華藻，才色雙美。」杜羔應試不第，將會至家中，其妻劉氏先寄詩云：「良人的的有奇才，何事年年被放回，如今妻面羞君面，君到來時近夜來。」杜羔見詩即回京師，不久登第。其妻又寄詩云：「長安此去無多地，鬱鬱蔥蔥佳氣浮，良人得意正年少，今夜醉眠何處樓。」考《全唐詩》，存杜羔詩一首，其妻詩四首。（《唐詩紀事》卷七十八；《全唐詩》卷三百十九）《才調集》（《才調集》卷十）杜羔妻作趙氏，記其《雜言寄杜羔》，《聞夫杜羔登第》二首。

余長安復讐

衢州余氏子名長安，父叔二人，爲同郡方全所殺。長安八歲自誓，十七乃復讐，大理斷死〔一〕。刺史元錫〔二〕奏言：「臣伏見余氏一家遭橫禍死者實二平人，蒙顯戮者乃一孝子。」又引《公羊傳》「父不受誅，子得讐。〔三〕」之義，請下百僚集議其可否。詞甚哀切。時裴中書垍當國〔四〕，李刑部鄘司刑〔五〕。事竟不行。有老儒薛伯高〔六〕遺錫書曰：「大司寇是俗吏，執政柄乃小生，余氏子宜其死矣！〔七〕」

箋注

〔一〕衢州句：按「余長安事」，最早見於《國史補》，《唐語林》、《太平廣記》等書皆有抄錄。

〔二〕元錫，唐史無傳，考《舊唐書‧憲宗本紀》（《舊唐書》卷十五）、《舊唐書‧敬宗本紀》（《舊唐書》卷十七上）及《韋蘇州集》卷三、四、七諸書記載，元和十二年，以福建觀察使元錫，爲宣州刺史、宣、歙、池觀察使，與韋應物有交遊。寶曆元年卒，時任淄王傳分司。

〔三〕按「父不受誅，子復讎可也」，考《春秋公羊傳注疏》卷二十五何休注引《孝經》云：「資於事父以事君，而敬同。本取事父之敬以事君，而父以無罪爲君所殺。諸侯之君與王者異，於義得去，君臣已絕，故可也。」

〔四〕按「裴中書垍當國」語，考《舊唐書‧裴垍傳》（《舊唐書》卷一百四十八）載，元和三年，罷裴垍翰林學士，除戶部侍郎。逢李吉甫出鎮，遂遷裴垍代爲中書侍郎同平章事。其人事跡具兩《唐書》本傳（《舊唐書》卷一百四十八；《新唐書》卷一百六十九）。

〔五〕按「李刑部鄘司刑」語，考《舊唐書‧李鄘傳》（《舊唐書》卷一百五十七）載，元和初，李鄘入爲刑部尚書兼御史大夫，故曰司刑。其人事跡具兩《唐書》本傳（《舊唐書》卷一百五十七；《新唐書》卷一百四十六）。

〔六〕薛伯高，唐史無傳，考《柳河東集》卷十二云：「薛伯高，東郡人，好讀書，號爲長者。後至尚書卒。」《文苑英華》卷八百十四收錄柳宗元《斥鼻亭神記》一文，稱「元和九年，河東薛公由刑部郎中刺道州，除穢革邪，敷和於下。州之罷人去亂即治變蜀本作元」云云。又考《白氏長慶集》卷四十九「御史賜緋紫制」云：「工部尚書薛伯高，父懌，贈尚書、司封郎中。」同書卷五十三云錄有「薛伯高等亡母追贈郡夫人制」文。另《文苑英華》卷三百九十九載有《授薛伯高少府少監制》文，稱其此前爲澧州刺史。《輿地廣記》卷二十六云：「道州有象祠，唐元和中，刺史薛伯高毀之。」《方輿勝覽》卷二十四道州條謂：「唐元和七年，由刑部郎爲州刺史，遷州學於城西，柳宗元爲記。」

〔七〕按「執政柄乃小生」，此指裴垍。考《舊唐書‧裴垍傳》載，裴垍在翰林，舉李絳、崔羣同掌密命，及在相位，用韋貫之知制誥，擢李夷簡爲御史中丞，其後繼踵入相，咸著名跡。其餘量材賦職，皆叶人望，選任之精，前後莫及，議者謂裴垍作相，「才與時會，知無不爲，于時朝無倖人，百度浸理」。故薛伯高「小生」之議不知何謂。按「大司寇是俗吏」乃指李鄘。考《舊唐書‧李鄘傳》載，元和初以京師多盜，李鄘爲京兆尹，擒

奸禁暴，威望甚著。史官以爲，李鄘當官嚴重，爲吏以峻法立操所至稱理，而剛決少恩。鎮揚州七年，令行禁止，擒摘生殺，一委軍吏，參佐束手。其地居民頗陷非法，物議以此菲薄之。薛伯高以其爲俗吏，持論可稱公允。

孔戣論海味

孔戣〔一〕為華州刺史，奏江淮海味無堪，道路擾人，并其類數十條上〔二〕。後欲用戣，上不記名，問裴晉公。不能答。久之方省，乃拜戣嶺南節度使〔三〕。有殊政，南中士人死于流竄者，子女皆為嫁之〔四〕。

箋注

〔一〕孔戣：字君嚴，魯國人，孔子三十八世孫。等進士第，鄭滑節度使盧羣辟爲從事。入爲侍御史，累轉尚書郎。元和初，改諫議大夫。俄兼太子侍讀，遷吏部侍郎轉左丞。爲中官所惡，尋出爲華州刺史、潼關防禦等使。入爲大理卿，改國子祭酒。改右散騎常侍，二年，轉尚書左丞，累請老，詔以禮部尚書致仕。長慶四年，正月卒，時年七十三。贈兵部尚書，諡曰「正」。事跡具兩《唐書》本傳（《舊唐書》卷一百五十四；《新唐書》卷一百六十三），皆附在其父《孔巢父傳》後。

〔二〕按「奏江淮海味無堪」事，韓愈《唐故正議大夫尚書左丞孔公墓誌銘》（《五百家注昌黎文集》卷三十三）載，明州歲貢淡菜蚶蛤之屬，孔戣以爲自海抵京師，道路迢遙，役夫多達四十三萬人，遂奏罷之。

〔三〕按「憲宗問孔戣於裴度」事，考舊傳載，元和十二年，嶺南節度使崔詠卒，三軍請帥。宰相奏擬皆不稱旨，因入對。憲宗謂裴度曰：「嘗有上疏論南海進蚶菜者，詞甚忠正，此人何在？卿第求之。」度退訪之，或曰：「祭酒孔戣嘗論此事。」度徵疏進之，即日授廣州刺史兼御史大夫、嶺南節度使。

〔四〕按「有殊政」語，考《舊唐書·孔戣傳》載，戣剛正清儉，在南海，請刺史俸料之外，絕其取索。先是帥南海者，京師權要多託買南人爲奴婢，戣不受託。至郡，禁絕賣女口。韓愈在潮州，作詩以美之。戣以清儉爲理，不務邀功，交、廣大理。又據《新唐書·孔戣傳》載，南方鬻口爲貨，掠人爲奴婢，孔戣立峻法禁之。親吏得嬰兒於道，收育之，戣論以死，由是閭里相約不敢犯。士之斥南不能北歸與有罪之後百餘族，才可用，用之，稟無告者，女子爲嫁遣之。

侯高試縣令

　　李遜為衢州刺史，以侯高試守縣令，高策杖入府，以議百姓，亦近代所難也〔一〕。

箋注

〔一〕李遜句：李遜，字友道，登進士第，辟襄陽掌書記，復從事於湖南，主其留務，頗有聲績，累拜池、濠二州刺史，入拜虞部郎中。元和初，出為衢州刺史，以政績殊尤，遷越州刺史，兼御史大夫、浙東都團練觀察使。九年，入為給事中，俄遷戶部侍郎。元和十年，拜襄州刺史，充山南東道節度觀察等使。後左授太子賓客分司，又降為恩王傅。未幾，除京兆尹，改國子祭酒，十四年，拜許州刺史充忠武節度，陳、許、溵、蔡等州觀察處置等使。長慶元年，進位檢校吏部尚書，尋改鳳翔節度使，行至京師，以疾陳，乞改刑部尚書。長慶三年正月，卒，年六十三，廢朝一日，贈右僕。其事跡具兩《唐書》本傳（《舊唐書》卷一百五十五；《新唐書》卷一百六十二）。按其「為衢州刺史」事，考《舊唐書·李遜傳》載，元和初，出為衢州刺史，以政績殊尤聞。李遜為政以均一貧富，扶弱抑強為己任，故所至稱理。白居易《授李遜京兆尹制》（《文苑英華》卷四百六）云：「李遜十年以來，連守四郡，或紛擾之際，或荒饉之餘，威惠所加，罔不和輯，賞其殊績，擢在大藩。自臨會稽，一如舊政，況省科禁以便俗，通津梁以息徵，動遵詔條，深副朝旨，江南列鎮，良師則多集，課程功爾為稱首。」

毬場草生對

　　憲宗問趙相宗儒〔一〕曰：「人言卿在荊州，毬場草生，何也？〔二〕」對曰：「死罪，有之，雖然草生，不妨毬子往來。」上為之啟齒。

箋注

〔一〕趙相宗儒：指趙宗儒，建中十一年，遷給事中，以本官同中書門下平章事，故有此稱。趙宗儒字秉文。宗儒舉進士，初授弘文館校書郎，滿歲又以書判入高等補陸渾主簿。數月，徵拜右拾遺充翰林學士。建中四年，轉屯田員外郎，內職如故。居父憂，免喪，授司門司勳二員外郎。貞元六年，領考功事，定百吏考績黜陟，遷考功郎中。丁母憂終喪，授吏部郎中。十一年，遷給事中，以本官同中書門下平章事，賜紫金魚袋。十四年，罷相，為右庶子。二十年，遷吏部侍郎。元和初，檢校禮部尚書，判東都尚書省事，兼御史大夫，充東都留守、畿汝都防禦使，入為禮部、

戶部二尚書，尋檢校吏部尚書，守江陵尹兼御史大夫、荊南節度營田觀察等使。六年，又入爲刑部尚書。八年，轉檢校吏部尚書興元尹兼御史大夫，充山南西道節度觀察等使。九年，召拜御史大夫，俄遷檢校右僕射、河中尹，兼御史大夫、晉絳磁隰節度觀察等使赴鎮。十一年七月，入爲兵部尚書，九月，改太子少傅權知吏部尚書銓事。十四年九月，拜吏部尚書復拜太子少傅，判太常卿事。長慶元年二月，檢校右僕射，守太常卿改太子少師。寶曆元年，遷太子太保。太和四年，拜檢校司空兼太子太傅。六年，詔以司空致仕。是歲九月，卒，年八十七，廢朝，冊贈司徒。其事跡具兩《唐書》本傳（《舊唐書》卷一百六十七；《新唐書》卷一百五十一）。

〔二〕人言句：按「卿在荊州」，考《舊唐書‧趙宗儒傳》載，元和初，趙宗儒任檢校吏部尚書，守江陵尹兼御史大夫、荊南節度營田觀察等使，故言出鎮荊州。按德宗所言「球場」，乃指唐馬球場，唐代打毬之風盛行。《封氏聞見記》卷六「打毬」條載，景雲中，吐蕃遣使迎金城公主。中宗於梨園亭子賜觀打毬。吐蕃贊咄奏言：「臣部曲有善毬者，請與漢敵。」上令仗內試之，決數都，吐蕃皆勝。時玄宗爲臨淄王，中宗又令與嗣虢王邕、駙馬楊慎交、武秀等四人敵吐蕃十人。玄宗東西驅突，風回電激，所向無前。同卷又載，開元天寶中，玄宗數御樓觀打毬，爲事能者左縈右拂，盤旋宛轉。殊可觀。然馬或奔逸，時致傷斃。《松窗雜錄》云：「上好馬上擊毬，內廏所飼者，意猶未甚。」唐宣宗亦善打毬，《唐語林》卷七謂其「弧矢擊鞠，皆盡其妙。所御馬銜勒之外，不加雕飾，而馬尤矯捷，每持鞠杖乘勢奔躍，運鞠於空中，連擊至數百而馬馳不止，迅若流電。二軍老手，咸服其能。」唐人閻寬《溫湯御球賦》（《文苑英華》卷五十）云：「擊鞠之戲者，蓋用兵之技也。武由是存，義不可捨。」按唐代球毬場乃宴集娛樂之所，考《舊唐書》卷七《中宗、睿宗本紀》載，文武官員並諸學士等，自芳林門入，集於梨園毬場，分朋拔河。帝與皇后、公主親往觀之。唐代球場耗費頗高，《資治通鑑》卷二百九載，上好擊毬，由是風俗相尚。駙馬武崇訓、楊慎交灑油以築毬塲。閻寬《溫湯御毬賦》（《文苑英華》卷五十九）云：「廣場惟新，掃除克淨，平望若砥，下看猶鏡，微露滴而必聞，纖塵飛而不映。」

鄭陽武易比

　　鄭陽武〔一〕常言欲為易比，以三百八十四爻各比以人事。又云：「玄【1】義之有莊周，猶禪律之有維摩詰，欲圖畫之，俱恨未能。

〔二〕」

校勘記

【1】《津逮》本、《四庫》本均作「玄」字，《學津討原》本作「元」，蓋避清朝皇帝諱，今從「玄」。

箋注

〔一〕鄭陽武：指鄭絪，字文明。少有奇志，好學善屬文，擢進士第，登宏詞授秘書省校書郎、鄠縣尉。張延賞鎮西川，辟爲書記，入除補闕起居郎兼史職。無幾，擢爲翰林轉司勳員外郎，知制誥。憲宗監國，遷中書舍人，依前學士，俄拜中書侍郎平章事，加集賢殿大學士，轉門下侍郎、弘文館大學士。久之，貶爲太子賓客，出爲嶺南節度觀察等使、廣州刺史、檢校禮部尚書。以廉政稱爲工部尚書，轉太常卿。又爲同州刺史、長春宮使，改東都留守，入歷兵部尚書，旋爲河中節度使。太和二年，入爲御史大夫、檢校左僕射兼太子少保。及文宗即位，以年力衰耄，累表陳乞，遂以太子太傅致仕。三年十月卒，年七十八，贈司空，諡曰「宣」。其事跡具兩《唐書》本傳（《舊唐書》卷一百五十九；《新唐書》卷一百六十五）。

〔二〕按「鄭絪論易及儒佛」事，考《舊唐書・鄭絪傳》載，鄭絪以文學進，恬澹，踐歷華顯，出入中外者踰四十年。所居雖無赫奕之稱，而守道敦篤，耽悅墳典，與當時博聞好古之士，爲講論名理之遊，時人皆仰其耆德焉。

王相注太玄

王相〔一〕注《太玄【1】經》〔二〕，常取以卜，自言：「所中多于《易》筮。」

校勘記

【1】《津逮》本、《四庫》本均作「玄」字，學津討原本作「元」，蓋避清朝皇帝諱，今從玄。

箋注

〔一〕王相：指王涯，元和十一年十二月，加中書侍郎同平章事，故稱王相。王涯字廣津，太原人。貞元八年進士，擢第登宏辭科，釋褐藍田尉。貞元二年十月，召充翰林學士，拜右拾遺左補闕、起居舍人，皆充內職。元和三年，爲宰相李吉甫所怒，罷學士，守都官員外郎，再貶虢州司馬。

五年，入爲吏部員外，七年，改兵部員外郎知制誥，九年八月，正拜舍人，十年，轉工部侍郎知制誥，加通議大夫，清源縣開國男，學士如故。十一年十二月，加中書侍郎同平章事，十三年八月，罷相，守兵部侍郎，尋遷吏部。穆宗即位，以檢校禮部尚書、梓州刺史、劍南東川節度使。三年，入爲御史大夫。敬宗即位，改戶部侍郎兼御史大夫，充鹽鐵轉運使。俄遷禮部尚書。寶曆二年，檢校尚書左僕射，加檢校司空。太和三年正月，入爲太常卿。四年正月守吏部尚書、檢校司空，復領鹽鐵轉運使。其年九月，守左僕射。七年七月，以本官同平章事，進封代國公，食邑二千戶。八年正月，加檢校司空門下侍郎、弘文館大學士、太清宮使。九年五月，正拜司空，仍令所司冊命加開府儀同三司，仍兼領江南榷茶使。十一月二十一日，李訓事敗，爲閹黨所害，腰斬於子城西南隅獨柳樹下。其事跡具兩《唐書》本傳（《舊唐書》卷一百六十九；《新唐書》卷一百七十九）。

〔二〕按「王涯注《太玄經》」事，考《新唐書‧藝文志》載（《新唐書》卷五十九），王涯注太玄經六卷。考《太玄經》，有王涯說玄五篇。按舊史本傳，王涯博學好古，能爲文，以辭藝登科，家藏書數萬卷，侔於秘府。《太玄經》，漢揚雄撰，亦名《揚子太玄經》，簡稱《太玄》、《玄經》。《新唐書‧藝文志》作十二卷，《文獻通考》作十卷。其書仿《周易》體裁而成，分一玄、三方、九州、二十七部、八十一家、七百二十九贊，以擬《周易》之兩儀、四象、八卦、六十四重卦、三百八十四爻。其贊辭，相當於《周易》之爻辭。《周易》有《彖傳》、《象傳》等「十翼」，《太玄經》亦作《玄沖》、《玄摛》等十篇。歷朝皆有人爲此經作注，如東漢宋衷及三國吳人陸績曾爲《太玄經》作注。晉人范望又刪定二家之注，並自注贊文。《四庫全書提要》（《四庫全書總目》卷一百八）云：「注其書者，自漢以來惟宋衷、陸績最著，至晉范望乃因二家之注，勒爲一編。」另有北宋司馬光《太玄經集注》、清人陳本禮《太玄闡秘》等。又據《新唐書‧藝文志》載，爲《太玄經》作注者，除宰相王涯外，尚有虞翻注十四卷，范望注十二卷，宋仲孚注十二卷，蔡文邵注十卷。按「所中多於易筮」語，《四庫全書提要》云：「楊雄《太玄經》本擬《易》而作，以家準卦，以首準象，以贊準爻，以測準象，以文準文，言以攤瑩，挹圖告準繫辭，以數準說卦，以衝準序卦，以錯準雜卦，全仿周易古本經傳各自爲篇。漢末名士陸績《述玄》（《太玄經》卷首）云：「雄受氣純合韜眞含道，通敏睿達、鉤深致遠，建立《玄經》與聖人同趣，雖周公繇大《易》孔子修《春秋》不能是過，論其所述，終年不能盡其美也，考之古今，宜曰聖人。」

蔣乂宰臣錄

蔣乂〔一〕撰《宰臣錄》〔二〕，每拜一相，旬月必獻一卷，故得物議所嗤〔三〕。

箋注

〔一〕蔣乂：字德源，常州義興人。本名武，因憲宗召對奏曰：「陛下已誅羣寇，偃武修文，臣名於義未允，請改名乂。」上忻然從之。以聰悟強力，聞於親黨間。弱冠博通羣籍而史才尤長，宰相張鎰署爲集賢小職，再遷王屋尉，充太常禮院修撰。貞元九年，轉右拾遺，充史館修撰。十八年，遷起居舍人，轉司勳員外郎，皆兼史職。元和二年，遷兵部郎中，改秘書少監，復兼史館修撰。尋奉詔與獨孤郁、韋處厚同修《德宗實錄》，五年書成，以功拜右諫議大夫。明年，監修國史，改授太常少卿。久之，遷秘書監。長慶元年卒年七十五贈禮部尚書諡曰「懿」。其事跡具兩《唐書》本傳（《舊唐書》卷一百四十九；《新唐書》卷一百四十九）。

〔二〕按「蔣乂撰《宰臣錄》」，考《舊唐書・蔣乂傳》（《舊唐書》卷一百四十九）及《新唐書・藝文志》（《新唐書》卷五十八）載，蔣乂著《大唐宰輔錄》七十卷。本傳又稱蔣乂居史官任二十年，所著甚豐，除《大唐宰輔錄》七十卷外，尚有《淩煙閣功臣》、《秦府十八學士》、史臣等傳四十卷。

〔三〕按蔣乂此事，考《舊唐書・蔣乂傳》載，蔣乂博聞強記，下筆千言，旬月一卷，情理之中，然新相上任旬月，所錄言行便達一卷之繁，似嫌輕意，物議所嗤，在所難免。而蔣乂決非輕薄之徒，且舊傳其人性樸直，不通人事，有權臣專政，輒數歲不遷官，在朝垂三十年，前後每有大政事、大議論，宰執不能裁決，必召以諮訪蔣乂，徵引典故，以參時事，多合其宜。然亦以此自滯，而好學不倦，老而彌篤，雖甚寒暑手不釋卷，旁通百家，尤精歷代沿革，家藏書一萬五千卷。

陳諫閱染簿

陳諫者，市人，強記。忽遇染人歲籍所染綾帛尋丈尺寸，爲簿合圍，諫泛覽悉記之。州縣籍帳，凡所一閱，終身不忘〔一〕。

箋注

〔一〕陳諫，事跡不可考，然唐書中有同名者。考《舊唐書・王叔文傳》（《舊唐書》卷一百三十五）載，順宗太子時，王叔文與韋執誼、陸質、呂溫、李景儉、韓曄、韓泰、陳諫、柳宗元、劉禹錫等十數人定爲死交，與之

唱和。至叔文敗，陳諫出爲河中少尹，自台州司馬量移封州刺史轉通州，卒。然李肇謂此條中陳諫爲市人，不知是否是同一人，存疑待考。

求碑誌救貧

王仲舒爲郎中，與馬逢有善〔一〕。每責逢曰：「貧不可堪，何不求碑誌見救？〔二〕」逢笑曰：「適有人走馬呼醫，立可待否？」

箋注

〔一〕王仲句：王仲舒，字弘中，太原人。貞元十年，策試賢良方正能直言極諫等科，仲舒登乙第，超拜右拾遺累轉尙書郎。元和五年，自職方郎中知制誥。坐貶硤州刺史，遷蘇州。穆宗即位，復召爲中書舍人，其年出爲洪州刺史、御史中丞、江南西道觀察使。長慶三年冬，卒於鎮。事跡具兩《唐書》本傳（《舊唐書》卷一百九十下；《新唐書》卷一百六十一）。馬逢，唐史無傳，其人不可考。按馬逢，其人不可考，僅見於《國史補》。

〔二〕按「貧不可堪，何不求碑誌見救」語，可參考《國史補》前條，云：「長安中，爭爲碑誌，若市賈然，大官薨卒，造其門如市，至有喧競構致，不由喪家。是時裴均之子，將圖不朽，積縑帛萬匹，請於韋相貫之，舉手曰：『寧餓死，不苟爲此也。』」洪邁《容齋續筆》（《容齋續筆》卷六）潤筆條所記甚爲詳贍，云「有唐一朝，多有以爲人寫碑誌而得巨萬者」。《舊唐書‧王仲舒傳》云：「王仲舒文思溫雅，制誥所出，人皆傳寫。」而勸人寫碑誌而脫貧，可知其人碑誌潤筆之酬當爲不菲，不若韋貫之「窮且益堅」之志。馬逢並非迂闊之人，其答王仲舒語，可比莊周涸轍之鮒之寓言。

崔昭行賄事

裴佶〔一〕常話少時姑夫爲朝官不記名姓，有雅望，佶至宅看其姑，會其朝退，深歎曰：「崔昭〔二〕何人，眾口稱美，此必行賄者也。如此安得不亂？」言未竟，閽者報壽州崔使君候謁。姑夫怒呵閽者，將鞭之。良久，束帶強出，須臾，命茶甚急，又命酒饌，又令秣馬飯僕。姑曰：「前何倨而後何恭也？」及入門，有得色，揖佶曰：「且憩學院中。」佶未下堦，出懷中一紙，乃昭贈官絁千匹。

箋注

〔一〕裴佶：裴耀卿孫。字弘正，幼能屬文，弱冠舉進士，補校書郎，判入高等，授藍田尉。德宗南狩，裴佶詣行在，拜拾遺轉補闕。李懷光以河中

叛，朝廷欲以含垢忍辱爲意，裴佶抗議請討，上深器之，前席慰免，三遷吏部員外，歷駕部、兵部郎中遷諫議大夫，拜吏部侍郎，以疾除國子祭酒，尋遷工部尙書致仕。元和八年，卒，年六十二，贈吏部尙書。裴佶清勁溫敏，凡所定交，時稱爲第一流，與鄭餘慶特相友善。裴佶歿後，餘慶行朋友之服，搢紳美之。事跡具兩《唐書》本傳（《舊唐書》卷九十八；《新唐書》卷一百二十七），事跡附在其祖父《裴耀卿傳》後。

〔二〕崔昭：唐史無傳。據《舊唐書·代宗本紀》（《舊唐書》卷十一）及《舊唐書·德宗本紀》（《舊唐書》卷十二）載，代宗三年，崔昭由左散騎常侍擢爲京兆尹，建中元年，任江西觀察使，奉詔冊命廻紇可汗。又據《舊唐書·房琯傳》（《舊唐書》一百十一）載，房琯子房孺復娶台州刺史崔昭女，崔氏妬悍，一夕杖殺孺復侍兒二人，埋之雪中。觀察使聞之，詔發使鞫案有實，孺復坐貶連州司馬，仍令與崔氏離異。按此，則知崔昭曾爲台州刺史。

夜不開女牆

呂元膺〔一〕爲鄂岳都團練使，夜登城，女牆已鏁，守陴者曰：「軍法，夜不可開。」乃告言中丞自登。守者又曰：「夜中不辨是非，雖中丞亦不可。」元膺乃歸，明日擢守陴者為大職〔二〕。

箋注

〔一〕呂元膺：字景夫，鄆州東平人。建中初策賢良對問第，授同州安邑尉，累轉殿中侍御史。丁繼母憂，服闋除右司員外郎，出爲蘄州刺史。元和初，徵拜右司郎中兼侍御史，知雜事，遷諫議大夫、給事中，出爲同州刺史，改給事，尋兼皇太子侍讀，賜以金紫。尋拜御史中丞，未幾除鄂岳觀察使，入爲尙書左丞、度支使。代權德輿爲東都留守、檢校工部尙書兼御史大夫。都畿防禦使數年，改河中尹，充河中節度等使。後入拜吏部侍郎，因疾固讓，改太子賓客。元和十五年二月，卒，年七十二，贈吏部尙書。其事跡具兩《唐書》本傳（《舊唐書》卷一百五十四；《新唐書》卷一百六十二）。

〔二〕按呂元膺此事，《新唐書·呂元膺傳》有載，當採自《國史補》：「進御史中丞，拜鄂岳觀察使，嘗夜登城，守者不許。左右曰：『中丞也。』對曰：『夜不可辨。』乃還，明日擢守者爲大將。」此事足可見呂元膺之見識氣度，誠可侔於漢文帝閱兵細柳營故事。另據《舊唐書·呂元膺傳》載，呂元膺質度瓌偉，有公侯之器，學識深遠，處事得體，正色立朝，有臺輔之望。爲蘄州刺史，頗著恩信，嘗歲終閱郡獄囚，囚有自告者曰：「某

有父母在明日元正，不得相見。」因泣下，元膺憫焉，盡脫其械縱之，與爲期。守吏曰：「賊不可縱。」元膺曰：「吾以忠信待之，及期無後到者。」由是羣盜感義，相引而去。元和十年七月，鄆州李師道留邸伏甲謀亂，呂元膺時爲東都留守，因招募山河子弟以衛宮城，盜發之日，都城震恐，留守兵寡弱不可倚，而呂元膺坐皇城門指揮，意氣自若，故城內居民帖然而安。

王鍔散財貨

王鍔〔一〕累任大鎮，財貨山積〔二〕，有舊客誡鍔以積而能散之義。後數日，客復見鍔，鍔曰：「前所見教，誠如公言，已大散矣！」客曰：「請問其目。」鍔曰：「諸男各與萬貫，女壻各與千貫矣！〔三〕」

箋注

〔一〕王鍔：字昆吾，自言太原人，本湖南團練營將，曹王皋先後表爲邵州刺史，江州刺史兼中丞充都虞侯、爲江陵少尹兼中丞，皋進京，薦於德宗，遂拜鴻臚少卿，尋除容管經畧使，拜刑部尚書，八年，遷廣州刺史御史大夫、嶺南節度使。時淮南節度使杜佑屢請代，乃以王鍔檢校兵部尚書，充淮南副節度使代杜佑。在鎮四年，累至司空。元和二年，來朝，拜左僕射，未幾除檢校司徒、河中節度，居三年，兼太子太傅，移鎮。九年，加同平章事，十年卒，年七十六，贈太尉。其事跡具兩《唐書》本傳（《舊唐書》卷一百五十一；《新唐書》卷一百七十）。

〔二〕按「累任大鎮，財貨山積」語，考《舊唐書·王鍔傳》載，王鍔歷任嶺南節度使、淮南節度使等使、太原節度使，皆爲重鎮。其任廣州刺史、嶺南節度使時，廣人與夷人雜處，王鍔能計居人之業而榷其利，所得與兩稅相埒。王鍔以兩稅錢上供時進及供奉外，餘皆自入。西南大海中，諸國舶至則盡沒其利，由是王鍔家財富勝於公藏。日發十餘艇，載以犀象珠貝，稱商貨而出諸境，周以歲時，循環不絕，歷八年之久，京師權門多得王鍔之財。王鍔長於理財節用，性纖嗇，軍州所用竹木，其餘碎屑無所棄，皆復爲用，故鍔錢流衍天下。又《新唐書·王鍔傳》載，河東自范希朝討鎮無功，兵才三萬，騎六百，府庫殘耗。王鍔當鎮，未幾兵至五萬，騎五千，財用豐餘。憲宗除爲檢校司空同中書門下平章事，且贊曰：「鍔當太原殘破，後成雄富之治。官爵所以待功，功之不圖，何以爲勸？」

〔三〕按「王鍔散財」事，考《舊唐書·王鍔傳》，王鍔善斂財，家中財富山積，然其人並非守財奴，亦能以財賂上，四處打通關節，京師權家無不富鍔

之財，王鍔亦知財多招謗，一此納錢二千萬。其子常留京師，納賄權要，視其權勢高下輕重，以納貲。《國史補》此條爲舊傳所爲詳，足與史文相參考。

韓弘賊張圓

張圓者〔一〕，韓弘【1】舊吏。初弘秉節，事無大小委之。後乃奏貶，圓多怨言，乃量移誘至汴州，極歡而遣，次八角店，白日殺之，盡收所賂而還〔二〕。

校勘記

【1】《津逮》本、《四庫》本均作「弘」字，《學津討原》本作「宏」，蓋避清諱，今考兩《唐書》，知應作「弘」。

箋注

〔一〕張圓，唐史無傳，事跡具韓愈所撰《唐河中府法曹張君墓碣銘》（《五百家注昌黎文集》卷二十五）。據銘文載，其人字直之，初舉進士，再不第，因去事宣武軍節度使，官至監察御史。坐事，貶嶺南，再遷至河中府法曹參軍，攝虞鄉令，有能名。進攝河東令，又有名，遂署河東從事，絳州闕刺史攝絳州事。元和四年，死於汴城西雙丘，年四十有七。

〔二〕按「韓弘白日殺張圓」事，考《舊唐書·韓弘傳》載，韓弘以峻法樹威，隣封如吳少誠、李師道輩皆憚之。初爲汴軍節度使時，軍士驕恣，頗輕主帥，其爲亂魁黨數十百人，韓弘視事數月，皆知其人，有部將劉鍔者乃兇卒之魁首，韓弘欲大振威望，殺一儆百，一日引短兵於衙門，召劉鍔與其黨三百，數其罪，盡斬之以徇，血流道中，韓弘對賓僚言笑自若，自是一軍皆懼。考韓愈所撰《唐河中府法曹張君墓碣銘》云「不幸夫遇盜，死途中。」韓文未詳及張圓死因，《國史補》此條所記可補銘文之闕，可備考證之資。

陳儀刺高洪

于頔〔一〕任高洪，苛刻剝下，一道苦之。小將陳儀，白日袖刃，刺洪于府，羣胥奔潰，洪走案庫而伏，中刃七八不死〔二〕。

箋注

〔一〕于頔：字允元，行二十九，河南人。始以門蔭補千牛，調授華陰尉。建中四年，以攝監察御史充入蕃使判官。遷司門員外郎兼侍御史，充

入蕃計會使。歷長安令、駕部郎中。貞元七年出爲湖州刺史，有政聲，與詩僧皎然等唱酬。十年，改蘇州刺史，十二年，入爲大理卿，十三年，拜陝虢觀察使。十四年，移鎮山南東道，元和三年，入覲，九月，拜相。八年，坐子敏殺人及其他不法事，貶恩王傅。九月，改太子賓客，十年，爲戶部尚書。十三年致仕，八月卒，謚「厲」，後改謚「思」。其事跡具兩《唐書》本傳（《舊唐書》卷一百五十六；《新唐書》卷一百七十二）。

〔二〕按「陳儀刺高洪」事，《新唐書・于頔傳》有載（《新唐書》卷一百七十二），當本自《國史補》，云：「于頔鎮襄州，爲大都督府廣募戰士，儲良械，驕蹇不法，其手下高洪縱使剝下，別將陳儀不勝忿，刺殺洪，一府驚潰。」《舊唐書・于頔傳》稱于頔「公然聚斂，恣意虐殺，專以凌上威下爲務」。其時，德宗姑息方鎮，雖聞頔惡行，亦無可奈何。

論害武相事

武相元衡〔一〕遇害，朝官震恐，多有上疏請不窮究。唯尚書左丞許孟容奏言：「當罪京兆尹，誅金吾鋪官，大索求賊。〔二〕」行行然有前輩風采。時京兆尹裴武〔三〕問吏。吏曰：「殺人者未嘗得脫。」數日果擒賊張晏輩〔四〕。

箋注

〔一〕武相元衡：指武元衡。字伯蒼，河南緱氏人。歷官監察御史、華原縣令、比部員外郎、右司郎中、御史中丞。元和二年正月，拜門下侍郎、平章事。十月封臨淮郡公，充劍南西川節度使。元和八年召還，復爲相。其事跡具兩《唐書》本傳（《舊唐書》卷一百五十八；《新唐書》卷一百五十二）。按「元衡遇害事」，考《舊唐書・武元衡傳》云：「時，王承宗遣使奏事，請赦吳元濟，請事於宰相，辭禮悖慢。元衡叱之，承宗因飛章詆元衡，咎怨頗結。元衡宅在靜安里，十年六月三日，將朝，出里東門，有暗中叱使滅燭者，導騎訶之。賊射之中肩，又有匿樹陰突出者，以梃擊元衡左股，其徒馭已爲賊所格，奔逸。賊乃持元衡馬東南行十餘步，害之。批其顱骨懷去，及眾呼偕至，持火照之，見元衡已踣於血中，即元衡宅東北隅墻之外。時夜漏未盡，陌上多朝騎及行人，鋪卒連呼十餘里，皆云賊殺宰相，聲達朝堂，百官恟恟，未知死者誰也。須臾元衡馬走至，遇人始辨之，既明仗至紫宸門，有司以元衡遇害聞。上震驚，卻朝而坐，延英召見宰相，惋慟者久之，爲之再不食，冊贈司徒，贈賻布帛五百匹，粟四百石，輟朝五日，謚曰『忠愍』。」

〔二〕唯尙書句：許孟容，字公範，京兆長安人。擢進士異等。貞元初，爲張建封從事，四遷侍御史。德宗知其才，徵爲禮部員外郎，遷給事中，多所論奏。元和中，由太常卿爲尙書左丞。居官守正，善拔士，議論人物，有大臣風采。其事跡具兩《唐書》本傳（《舊唐書》卷一百五十四；《新唐書》卷一百六十二）。按「許孟容奏言索賊」事，《國史補》此處所載，與《舊唐書》所載略有不同，蓋各採許孟容諫言，各有側重之故。據《舊唐書·許孟容傳》載，十年六月，盜殺宰相武元衡，並傷議臣裴度。時淮夷逆命，兇威方熾，王師問罪未有成功，言事者繼上章疏請罷兵。是時盜賊竊發，人情甚惑。獨孟容詣中書雪涕而言曰：「昔漢廷有一汲黯，姦臣尙爲寢謀。今主上英明，朝廷未有過失，而狂賊敢爾無狀，寧謂國無人乎？然轉禍爲福，此其時也。莫若上聞，起裴中丞爲相，令主兵柄，大索賊黨，窮其姦源。」後數日，裴度果爲相，而下詔行誅。

〔三〕裴武，唐史無傳，爵里不詳。考《舊唐書·憲宗本紀下》（《舊唐書》卷十五）載，元和八年八月，以司農卿裴武爲鄜坊觀察使。十一月，以京兆尹李銛爲鄜坊觀察使，以代裴武，入爲京兆尹。九年，以捕賊弛慢故，降爲司農卿。

〔四〕按「擒張晏」事，考《舊唐書·張弘靖傳》（《舊唐書》卷一百二十九）載，盜殺宰相武元衡，京師索賊未得。時，王承宗邸中有鎮卒張晏輩數人，行止無狀，人多意之，詔錄付御史陳中師按之，皆附致其罪如京中所說。弘靖疑其不直，驟於上前言之，憲宗不聽，竟殺張晏輩。及田弘正入鄆，按簿書亦有殺元衡者，但事曖昧，互有所說，卒未得其實。《舊唐書·武元衡傳》未詳及緝捕刺客事，然新書《武元衡傳》記之頗詳，謂「詔金吾府縣大索，或傳言曰：『無摋賊，賊窮必亂。』又投書於道曰：『母急我，我先殺汝。』故吏卒不窮捕。兵部侍郎許孟容言於帝曰：『國相橫屍路隅，而盜不獲，爲朝廷辱。』帝乃下詔能得賊者賞錢千萬，授五品官。與賊謀及捨賊能自言者，亦賞。有不如詔，族之。積錢東西市以募告者。於是左神策將軍王士則、左威衛將軍王士平，以賊聞，捕得張晏等十八人，言爲承宗所遣，皆斬之。」同傳又云：「逾月，東都防禦使呂元膺執淄青留邸賊門察訾嘉珍自言始謀殺元衡者，會晏先發，故藉之以告師道，而竊其賞，帝密誅之。」由此故知，謀刺元衡者，非王承宗，李師道實爲元謀。《資治通鑑考異》考《舊唐書·呂元膺傳》（《資治通鑑》卷二百三十九）云：「獲李師道將訾嘉珍，門察皆稱害武元衡者，然則元衡之死，必師道所爲也。但以元衡叱尹少卿，及承宗上表詆元衡，故時人皆指承宗耳。今從薛圖存《河南記》。」又《資治通鑑》卷二百四十一謂：「及田弘正入鄆，閱李師道簿書，有賞殺武元衡人王士元等。」

晉公祭王義

裴晉公為盜所傷刺，隸人王義扞刃死之。公乃自為文以祭，厚給其妻子。是歲進士撰王義傳者，十有二三。〔一〕

箋注

〔一〕裴晉公句：裴晉公，即裴度，事跡具兩《唐書》本傳（《舊唐書》卷一百七十；《新唐書》卷一百七十三），此書前條已略及。元和十三年二月詔加裴度金紫光祿大夫、弘文館大學士，賜勳上柱國，封晉國公，食邑三千戶，復知政事。故號為裴晉公。按「裴度被刺事」，考《舊唐書·裴度傳》云：「十年六月，王承宗、李師道俱遣刺客刺宰相武元衡，亦令刺度。是日，度出通化里，盜三以劍擊度。初斷靴帶，次中背，纔絕單衣，後微傷其首。度墮馬，會度帶氊帽，故瘡不至深。賊又揮刃追度，度從人王義乃持賊連呼甚急，賊反刃斷義手，乃得去，度已墮溝中，賊謂度已死，乃捨去。」然舊傳未及王義死事，考新傳亦然，未載王義之死。《國史補》此條正可補正史之闕。按今不見裴度為王義所撰祭文，蓋已亡佚。元陳世隆《北軒筆記》評云：「淮蔡大功，皆以為成於裴度、李愬，而不知無王義，度與元衡同鬼錄矣。朝廷論淮蔡功，而不及義。稗官小說安可廢乎？」

張仲方駁謚

近俗以權臣所居坊呼之，李安邑最著，如爵邑焉〔一〕。及卒，太常議謚，度支郎中張仲方駁曰：「吉甫議信不著，又興兵戎，以害生物，不可美謚。」其子上訴，乃貶仲方。〔二〕

箋注

〔一〕近俗句：李安邑，指李吉甫，因居安邑坊，故稱此。安邑坊，考宋敏求《長安志》卷八載，安邑坊在朱雀街東第三街，即皇城東之第一街，北鄰東市，南鄰宣平坊。街之北玄法寺，西南隅左衛大將軍范陽公、張延師宅。東金吾大將軍楊執一宅、太眞觀、中書侍郎同中書門下平章事趙國公李吉甫宅。《司空表聖文集》卷一載云：「杜司徒之治道，李安邑之地志，元中書之安邊。」《文苑英華》卷二百六十七錄有李嶠《送李安邑》詩。

〔二〕按「張仲方駁謚」事，考《舊唐書·李吉甫》載，吉甫初為相，頗洽時情，及淮南再徵，中外延望風采。秉政之後，視聽時有所蔽，人心疑憚之。服物食味，必極珍美，而不殖財產，京師一宅之外，無他第墅，公

論以此重之。有司謚曰：「敬憲」。及會議，度支郎中張仲方駁之，以爲太優。憲宗怒貶仲方。賜吉甫謚曰「忠懿」。舊書所載與《國史補》相合，可互爲參證。

李氏公懃卿

李載者，燕代豪傑。常臂鷹攜妓以獵，旁若無人，方伯爲之前席，終不肯任。載生栖筠，爲御史大夫，磊落可觀，然其器不及父〔一〕。栖筠生吉甫，任相國八年，柔而多智〔二〕。公懃卿，卿懃長，近之矣。吉甫生德裕，爲相十年，正拜太尉，清直無黨〔三〕。

箋注

〔一〕載生句：李載，唐史無傳，其事跡僅見於《國史補》。李栖筠，字貞一，世爲趙人。李華爲其族子。爲人有遠度，莊重寡言，體貌軒特，喜書，多所通曉，爲文章勁迅有體要，不妄交遊。栖筠魁然有宰相望，喜獎善而樂人攻己短，爲天下士歸重，稱贊皇公。子吉甫。《舊唐書·李吉甫傳》略及之，謂其代宗朝爲御史大夫，名重於時。《新唐書》有其傳（《新唐書》卷一百四十六）。

〔二〕栖筠句：按「李栖筠生李吉甫」，見於《新唐書·李栖筠傳》。李吉甫，字弘憲，趙郡人，少好學，能屬文，年二十七爲太常博士，該洽多聞，尤精國朝故實。吉甫初爲相，頗洽時情，及淮南再徵，中外延望風采，秉政之後視聽時有所蔽，人心疑憚之，時負公望者慮爲吉甫所忌，多避畏。其事跡具兩《唐書》本傳，新傳見於其父《李栖筠傳》傳後（《舊唐書》卷一百四十八；《新唐書》卷一百四十六）。按「吉甫任相八年」事，考《舊唐書·李吉甫傳》可知，自吉甫元和二年春擢爲中書侍郎、平章事，至元和九年卒於任上，前後共計八年。又按其「柔而多智」語，考舊傳稱其性聰敏，詳練物務，遇劉闢反，吉甫「密贊其謀」，足可當一「智」字；又謂其「性畏慎，雖其不悅者，以無所傷」，則一「柔」字可形之。

〔三〕吉甫句：李德裕，字文饒，趙郡人。祖栖筠，御史大夫，父吉甫，趙國忠公。元和初宰相，祖父自有傳。其事跡具兩《唐書》本傳（《舊唐書》卷一百七十四；《新唐書》卷一百八十）。按「李德裕任相十年」事，考《舊唐書·李德裕傳》載，李德裕文宗太和七年和武宗開成五年兩度爲相，前一次爲相自太和七年二月至太和九年，後一次自開成五年（840）

武宗即位至會昌六年（846），居相位六年，直至武宗去世，前後共計八年。又唐人以尚書僕射爲宰相，據《舊唐書・文宗本紀》，李德裕於大和八年（834 年）十一月以兵部尚書檢校右僕射，充鎮海節度、浙江西道觀察使。九年（835 年）四月轉爲太子賓客，分司東都，已不帶檢校右僕射之號。又《舊唐書・李德裕傳》稱，開成四年（839 年）四月，李德裕加檢校尚書左僕射之稱。按此知李德裕任尚書左右僕射歷兩年，加上其任相時間則共爲十年，故《國史補》稱「爲相十年」。此亦可證李肇應卒於會昌六年以後，而非岑仲勉所稱開成元年（836 年），不然李肇何以知李德裕任相十年後事。

李愬用李祐

李司空愬〔一〕之討吳元濟〔二〕也，破新柵，擒賊將李祐〔三〕，將斬而後免之。解衣輟食，與祐臥起帳中半歲，推之肝膽，然後授以精甲，使爲先鋒，雖祐妻子在賊中，愬不疑也。夜冒風雪，行一百六十里，首縛元濟而成大功，乃祐之力也。〔四〕

箋注

〔一〕李司空愬：指李愬，字元直，洮州臨潭人，李晟子。有韜略，善騎射。初任坊、晉二州刺史。元和十一年，任唐、隨，鄧節度使，率兵討伐吳元濟。次年冬，乘敵鬆懈，雪夜攻克蔡州，生擒吳元濟，進授山南東道節度使，封涼國公。十三年，任武寧節度使，和宣武、魏博等軍共討淄青節度副大使李師道。後歷任昭義、魏博等節度使，進同中書門下平章事。後疾甚，不能軍，以太子少保還東都卒。其事跡具兩《唐書》本傳（《舊唐書》卷一百三十三；《新唐書》一百五十四），附於其父《李晟傳》後。

〔二〕吳元濟，淮西節度使吳少陽之子，初爲試協律郎兼監察御史，攝蔡州刺史。及父死，請以爲留後，詔不許，遂起兵叛，狂悍而不可遏，屠舞陽，焚葉縣，攻掠魯山、襄城、汝州、許州及陽翟。元和十二年十月，爲李愬軍所擒，斬於京師，年三十五。事跡具新舊《唐書》本傳（《舊唐書》卷一百四十五；《新唐書》卷二百十四），舊傳附在其伯父吳少誠傳之後，新傳則附見其父吳少陽傳後。

〔三〕李祐：本蔡州牙將，事吳元濟，驍勇善戰，擒元濟，以功授神武將軍遷金吾將軍、檢校左散騎常侍、夏州刺史、御史大夫夏綏銀宥節度使。寶曆初，入爲右金吾大將軍，尋以吐蕃入寇出爲涇州刺史、涇原節度使。太和初，討李同捷遷檢校戶部尚書、滄州刺史、滄德景節度使，太和三

年五月卒。事跡具舊書本傳（《舊唐書》卷一百六十一）。

〔四〕按「李愬用李祐」事，兩《唐書》皆有載。據《舊唐書・李愬傳》載，李愬初入軍中，示柔弱，以撫敗軍，養其士氣。且以誠感化降將，爲己效力。擒丁士良不殺，擒陳光洽而吳秀林降又不殺，用其策擒李祐，又不殺，而襲蔡之謀定，遂終擒賊魁吳元濟，成不世之功。《舊唐書・李祐傳》（《舊唐書》卷一百六十一）亦載此事甚詳：「元和十二年，（李祐）爲李愬所擒，愬知祐有膽畧，釋其死，厚遇之，推誠定分，與同寢食，往往帳中密語達曙不寐。人有耳屬於外者，但屢聞祐感泣聲，而軍中以前時爲祐殺傷者多，營壘諸卒會議皆恨不殺祐。愬以衆情歸怨，慮不能全，因送祐於京師，乃上表救之。憲宗特恕，遂遣祐賜愬，愬大喜，即以三千精兵付之。祐所言無有所疑，竟以祐破蔡擒元濟。」《新書書・李愬傳》傳末贊曰：「愬得李祐不殺，付以兵不疑，知可以破賊也。祐受任不辭，決策入死，以愬能用其謀也。祐之才，待愬乃顯，故曰平蔡功，愬爲多。」

誅貶同晦朔

德宗建中元年，貶御史中丞元令柔，二年貶御史中丞袁高，三年貶御史中丞嚴郢，四年貶御史中丞楊頊，皆四月晦，談者爲異〔一〕。及元和擒劉闢、李錡、吳元濟，行大刑者，皆十一月朔，豈偶然耳〔二〕。

箋注

〔一〕德宗句：元令柔，唐史無傳，其人仕履不詳。袁高，字公頤，少慷慨，慕名節登進士第。代宗登極，徵入朝，累官至給事中、御史中丞。建中二年，擢爲京畿觀察使，以論事失旨，貶韶州長史。復拜爲給事中，卒於官，年六十。中外歎惜，憲宗朝宰臣李吉甫嘗言袁高之忠鯁，詔贈禮部尚書。事跡具舊書本傳（《舊唐書》卷一百五十三）。按「袁高之貶」，考《舊唐書・德宗本紀》（《舊唐書》卷十二）載，建中二年四月丁巳，貶御史中丞袁高韶州長史。按此與《國史補》合。嚴郢，字叔敖，華州華陰人。及進士第，補太常協律郎，守東都太廟。至德初，擢大理司直。呂諲鎮江陵，表爲判官，後因得罪流建州。代宗初，召爲監察御史，連署帥府司馬。郭子儀表爲關內河東副元帥府判官，遷行軍司馬。拜河南尹、水陸運使。大曆末進拜京兆尹，嚴明持法，號爲稱職，削兼御史中丞，以奏議不實罷爲大理卿。後出爲費州刺史，卒。事跡具《新唐書》本傳（《新唐書》卷一百四十五）。按「嚴郢之貶」，考《舊唐書・德宗本

紀》（《舊唐書》卷十二）載，嚴郢自御史中丞罷爲大理卿在建中元年。自御史大夫貶爲費州長史則在建中三年四月壬午。楊頊，唐史無傳，事跡不詳。

〔二〕按「劉闢之擒」，考《舊唐書·憲宗本紀》（《舊唐書》卷十四）載，元和元年九月辛亥，高崇文奏收成都擒劉闢以獻。《唐會要》卷六亦載：「元和元年十月，東川節度使高崇文平西蜀，生擒逆賊劉闢以獻，憲宗命斬於子城之西南隅。」按李錡之擒，考之《舊唐書·憲宗本紀》，元和二年十月癸酉，潤州大將張文良、李奉僊等執李錡以獻，十一月甲申，斬李錡於獨柳樹下。《唐會要》卷十四亦載，謂元和十二年十一月，唐鄧隨節度使李愬平淮西，擒逆賊吳元濟以獻云云。按此三人之擒皆與李肇此條所記相符，互爲參證。

鑒虛煮胏法

鑒虛爲僧，頗有風格，而出入內道場，賣弄權勢，杖殺于京兆府〔一〕。城中言鑒虛善煮羊胏，傳以爲法〔二〕。

箋注

〔一〕鑒虛句：僧鑒虛，兩《唐書》無傳，事跡散見《舊唐書》中。據《舊唐書·杜黃裳傳》（《舊唐書》卷一百四十七）載，杜黃裳歿後，賄賂事發，元和八年四月御史臺奏前永樂令吳憑爲僧鑒虛受託，與故司空杜黃裳於故邠寧節度使高崇文處納賂四萬五千貫。又考《舊唐書·于頔傳》（《舊唐書》卷一百五十六）謂，梁正言、僧鑒虛並付京兆府決殺。《資治通鑑考異》卷二十云：「元和八年三月丙辰，杖殺僧鑒虛。」另《唐會要》卷四十記之甚詳，云：「八年二月，僧鑒虛付京兆府決重杖一頓處死，仍籍其財產。鑒虛在貞元中以講說丐斂，用貨利交權貴，恣爲姦濫。事發，中外掌權者便欲搖動之，有詔復命釋其罪，時御史中丞師存誠不受詔。翌日，又宣旨『吾要此僧面詰其事，非赦之也』。存誠又奏曰：『鑒虛陛下欲召之，請先臣，然後取。』上嘉其有守，遂令杖殺之。」《宋高僧傳》卷三稱成都府正覺寺有僧名鑒虛，曾於崇福寺參與翻譯《罽賓沙門般若》，負責潤文云云。按此書記載，翻譯佛經事應在元和十一年至十二年六月，而《國史補》所載鑒虛被杖殺於元和八年，故可知此鑒虛非彼鑒虛。

〔二〕按「鑒虛善煮羊胏」事，考唐趙璘《因話錄》卷四云：「元和中僧鑒虛本爲不知肉味，作僧素無道行，及有罪伏誅，後人遂作『鑒虛煮肉法』大行於世，不妨他僧爲之，置於鑒虛耳。」趙璘似於此處質疑鑒虛善煮肉

之說，以爲後人無妄加之此僧，非事實也。《靖康緗素雜記》卷二對此亦有記載，云：「元和中，有姦僧鑒虛以羊之六腑，特造一味傳之於今，時人得其名，遂以其號目之曰『鑒虛』，往往俗字又加食旁。」《能改齋漫錄》、《演繁露》亦稱有食物名「鑒虛」。（見《能改齋漫錄》卷十五）；《演繁露》卷一）

盧昂瑟瑟枕

盧昂主福建鹽鐵，贓罪大發〔一〕，有瑟瑟〔二〕枕大如半斗，以金牀承之。御史中丞孟簡〔三〕案鞫旬月，乃得而進，憲宗召市人估其價直，或云：「至寶無價。」或云：「美石，非真瑟瑟也。」

箋注

〔一〕盧昂，唐史無傳，其爵里世次不可考。據白居易所撰《盧昂量移虢州司戶長孫鉉量移遂州司戶同制》（《白氏長慶集》卷五十一），云：「勅萬州司戶參軍盧昂等，頃負疵瑕，各從譴謫，或遠竄荒裔，或未復班資，既逢蕩滌之恩，俾及轉遷之命。況聞修省以克己，固將校試而用能，吾無棄人，汝宜自効，可依前件。」同書另載白氏《盧昂可監察御史裏行知轉運永豐院制》（《白氏長慶集》卷五十三），云：「敕虢州司戶參軍盧昂，前負瑕疵事，多曖昧。今聞修省，善亦昭彰，況有大僚同知，情狀且明非罪，仍舉有才，吾信人言，遂可其奏（時王播奏請），爾思自効，無辱所知，可依前件。」據此可知盧昂坐貪汙事，曾貶爲虢州司戶參軍，隨後量移虢州司戶，且有改過自修之狀，經王播爲之說項，又遷爲監察御史裏行知轉運永豐。按「盧昂贓」事，考《舊唐書・盧簡辭傳》（《舊唐書》卷一百六十三）載：「福建鹽鐵院官盧昂，坐贓三十萬，簡辭按之，於其家得金牀瑟瑟枕，大如斗，昭湣見之曰：『此宮中所無，而盧昂爲吏可知也。』」

〔二〕瑟瑟：寶石名，蓋指藍寶石。地質學家章鴻釗（《石雅》1921 年）稱瑟瑟是藍寶石，其根據是瑟瑟寶石乃外來音對應之中國字，瑟瑟古漢語音「sat-sat」，現代寶石中只有藍寶石的發音是「sapphiros」與「sapphire」。或以爲藍寶石結晶一般不大，而《國史補》所載瑟瑟大如半斗，其爲藍寶石可能性不大。據 Walter Schumann 所著《寶石的世界》（《寶石的世界》2002 年第 102 頁）（Germstones of the World），自遠古直至中世紀，「sapphire」多指青金石（lapis Lasurite），（In antiquity and as late as the Middle Ages，the name sapphire was understood to mean what is today described as lapis lazuli.）後漸被轉用來指藍寶石。瑟瑟既如寶石，其色

藍，則唐人詩詞中多以「瑟瑟」二字形容碧色，而非秋風蕭瑟之意。如白樂天《琵琶行》：「楓葉荻花秋瑟瑟」，此「瑟瑟」非蕭瑟之意。故明楊慎《丹鉛摘錄》卷十曰：「楓葉紅，荻花白，映秋色碧也。瑟瑟珍寶名，其色碧，故以瑟瑟影指碧字。讀者作蕭瑟解，非是樂天。」又有《暮江曲》云：「一道殘陽照水中，半江瑟瑟半江紅。」此詩中「瑟瑟」決非蕭瑟之意，而指殘陽照江半紅半碧之狀。楊慎又云：「韋莊詩『留得溪頭瑟瑟波，潑成紙上猩猩色』，丁謂詩『翠影踈踈渡，波光瑟瑟凝』，王周詩『嘉陵江水色，一帶柔藍碧，天女瑟瑟衣，風梭晚來織』，林逋《詠茶詩》『石碾輕飛瑟瑟塵』，魯交《野果詩》『碧如瑟瑟紅韘韝』，均有『瑟瑟』二字。」至於劉楨「瑟瑟谷中風」之「瑟瑟」則非樂天詩中「瑟瑟」，前者言聲，後者言色。如盧照鄰《秋霖賦》「風橫天而瑟瑟，雲覆海而沉沉」中「瑟瑟」則與劉楨詩中「瑟瑟」同，蓋指風聲。

〔三〕孟簡：字幾道，平昌人，武則天時同州刺史孟詵之孫。擢進士第，登宏辭科，累官至倉部員外郎、戶部侍郎。尋遷司封郎中。元和四年，超拜諫議大夫、知匭事。出為常州刺史，八年，加金紫光祿大夫。以工部侍郎召還，進戶部加御史中丞。後坐吐突承璀贓資事，左授太子賓客分司東都，再貶吉州司馬，以赦令進睦州刺史，復徙常州，仍太子賓客分司，卒。其事跡具兩《唐書》本傳（《舊唐書》卷一百六十三；《新唐書》卷一百六十）。

京師尚牡丹

京城貴遊尚牡丹三十餘年矣。每春莫車馬若狂，以不耽玩為恥。執金吾鋪官圍外寺觀種以求利，一本有直數萬者〔一〕。元和末，韓令始至長安，居第有之，遽命斸去，曰：「吾豈效兒女子耶！〔二〕」

箋注

〔一〕京城句：自李唐來世人好牡丹，但凡「花開花落」之時，「一城之人皆若狂」（見《白氏長慶集》卷四《牡丹芳》詩），且唐詩人多好詠牡丹。白居易《買花》詩（《白氏長慶集》卷二），云：「帝城春欲暮，喧喧車馬度，共道牡丹時，相隨買花去。」又云：「一叢深色花，十戶中人賦」文人士子更是以賞牡丹為樂，寫詩歌詠之。或種之於私第，或紛至於某處看花，《酉陽雜俎》卷十九稱開元末，裴士淹使幽冀，過汾州眾香寺，得白牡丹一株，移植於長安私第，為都城奇賞。更有甚者，有為牡丹而強搶者。唐人詩中歌詠牡丹者，更是指不勝屈，宜乎眾矣。《唐詩紀事》卷四十載，

唐文宗好詩，大和中賞牡丹，文宗謂程脩己曰：「今京邑人傳牡丹詩，誰
爲首？」程脩已對曰：「中書舍人李正封詩『天香夜染衣，國色朝酣酒』。」
唐朝宮廷內多喜植牡丹。《說郛》卷二十六下載曰：「玄宗時宮中貢一尺
黃，乃山下民王文仲所接。花面一尺高數寸。」唐李濬《松窗雜錄》稱：
「玄宗植牡丹花數本於沈香亭前。花方盛開，上乘照夜白，妃子以步輦
從，詔李龜年手捧檀板押眾樂前將欲歌。上曰：『賞名花對妃子，焉用舊
樂詞爲？遂命龜年持金花箋，賜李白，進《清平樂》詞三章。」一時傳
爲美談。上有所好，下必甚焉。

〔二〕元和句：韓令，即韓弘，元和十四年授中書令，故有此稱，事跡具兩唐
書本傳（《舊唐書》卷一百五十六；《新唐書》卷一百五十九），其人傳略
請參見前條箋注。按韓弘「始至長安」當在元和十四年。考《舊唐書·
韓弘傳》載，元和十四年，朝廷誅李師道，收復河南二州，韓弘大懼，
其年七月入覲，遂罷宣武節度使，歸長安私第。

郝玼食吐蕃

　郝玼〔一〕鎮良原，捕吐蕃而食之，西戎大懼，憲宗召欲授鉞，
睹其老耄乃止〔二〕。

箋注

〔一〕郝玼：其爵里不詳，乃涇原之戍將。貞元中，爲臨涇鎮將，勇敢無敵，
聲振虜庭。元和三年，佐請築臨涇城，朝廷從之，仍以爲行涼州，詔爲
刺史，以戍該城。自此西蕃入寇，不過臨涇。十三年，遷檢校左散騎常
侍、渭州刺史、御史大夫充涇原行營節度、平涼鎮遏都知兵馬使，封保
定郡王，後移授慶州刺史，竟終牖下。事跡具《舊唐書》本傳（《舊唐書》
卷一百五十二）。

〔二〕按「郝玼捕吐蕃而食」事，考《舊唐書·郝玼傳》載，郝玼在邊三十年，
每戰得蕃俘，必刳剔而歸其屍，蕃人畏之如神。吐蕃贊普下令國人曰：「有
生得郝玼者，賞之以等身金。」蕃中兒啼者，呼郝玼名以嚇之。按郝玼
終老牖下，考《舊唐書·穆宗本紀》（《舊唐書》卷十六）云：「玼勇，將
深入吐蕃接戰，朝廷恐失勇將，故移之內地。」

王忱百日約

　王忱〔一〕爲蟊屋〔二〕鎮將，清苦肅下，有軍士犯禁，杖而枷
之，約曰：「百日而脫，未及百日而脫者有三，我死則脫，爾死

則脫，天子之命則脫，非此，臂可折，約不可改也。」由是秋毫
不犯。

箋注

〔一〕王忱：爵里始末不可考。宋曾慥《類說》宋王讜《唐語林》皆作「王悅」。
（《類說》卷二十六；《唐語林》卷二）然考唐史，亦無王悅之記載，存
疑。

〔二〕鼇屋：地名，乃爲歷代兵家要地。據《元和郡縣志》卷一載，鼇屋乃漢
舊縣，武帝置，屬右扶風。山曲曰鼇，水曲曰屋。後漢省，晉復立。武
德三年，屬稷州。貞觀元年，廢稷州，復屬雍州。天寶中，改名宜壽，
後復名鼇屋。駱谷關在縣西南一百二十里，武德七年，開駱谷道以通梁
州。駱谷道，乃漢魏舊道，南通蜀漢。魏少帝正始四年，曹爽諸軍經此
道伐蜀。少帝甘露三年，蜀將姜維出駱谷，圍長城，亦經此道。

公主降回鶻

太和公主出降回鶻〔一〕，上御通化門〔二〕送之，百僚立班于章
敬寺〔三〕門外，公主駐車幕次，百僚再拜，中使將命出幕，答拜
而退。

箋注

〔一〕太和公主句：《舊唐書・廻紇傳》（《舊唐書》卷一百九十五載）載之甚詳。
考此書及《唐會要》卷六載，廻鶻自咸安公主歿後，屢請繼前好，久未
之許婚姻。至元和末，廻鶻請婚彌切，憲宗以北虜有勳勞於王室，又西
戎比歲爲邊患，遂許以妻之。既許，而憲宗崩。踰年，穆宗登基。長慶
元年五月，廻鶻宰相都督公主摩尼等五百七十三人入朝迎娶公主，於鴻
臚寺安置。遂下勅詔，封第十妹爲太和公主，出降廻紇，爲可敦。令中
書舍人王起赴鴻臚寺宣示，以左金吾衛大將軍胡証檢校戶部尚書持節充
送公主入廻鶻，及冊可汗使。光祿卿李憲加兼御史中丞，充副使，太常
博士殷侑改殿中侍御史，充判官。時，吐蕃犯青塞堡，以廻紇和親故，
鹽州刺史李文悅發兵擊退之，廻鶻亦奏以一萬騎出北庭，一萬騎出安西，
以抗擊吐蕃，迎太和公主歸國。太和公主出降之日，登邏骨沒密施合毘
伽可汗遣使伊難珠句錄、都督思結等並駝馬千餘來迎太和公主，發赴廻
紇國。其時，穆宗御通化門臨送，使百寮章敬寺前立班，儀衛甚盛，士
女傾城觀禮。

〔二〕通化門：考《長安志》卷七載，唐長安城外郭城東西一十八里一百一十

五步，南北一十五里一百七十五步，周六十七里，其崇一丈八尺，南面三門。正中曰「明德門」，東曰「啓夏門」，西曰「安化門」。東面三門，北曰「通化門」，中曰「春明門」，南曰「延興門」。

〔三〕章敬寺：考《長安志》卷十載，乃大曆元年所造，位於長安之東門，房屋總數達四千一百三十餘間，四十八院。內侍魚朝恩請以通化門外莊爲章敬皇后立寺，故以章敬爲名。《舊唐書·魚朝恩傳》（《舊唐書》卷一百八十四）稱：「是莊連城對郭，林沼臺樹形勝第一。朝恩初欲得之，及是建寺，窮極壯麗，以爲城市材木不足充費，乃奏壞曲江亭館、華清宮觀風樓，及百司行廨，並將相沒官宅，給其用。土木之役僅逾萬億。《唐會要》卷四十八云：「因坼哥舒翰宅，及曲江百司館室，及華清宮之觀風樓造焉。」

趙太常精健

長慶初，趙相宗儒爲太常卿，贊郊廟之禮〔一〕。時罷相二十餘年，年七十六，眾論伏其精健〔二〕。右常侍李益笑曰：「是僕東府試官所送進士也。」〔三〕

箋注

〔一〕長慶句：趙相宗儒，即趙宗儒，建中十一年，遷給事中，以本官同中書門下平章事，故有此稱。事跡具兩《唐書》本傳（《舊唐書》卷一百六十七；《新唐書》卷一百五十一），其傳略請參見前條。按「爲太常卿，贊郊廟之禮」，考《唐六典》卷十四曰：「太常卿之職，掌邦國禮樂、郊廟、社稷之事，以八署分而理焉。一曰郊社，二曰太廟，三曰諸陵，四曰太樂，五曰鼓吹，六曰太醫，七曰太卜，八曰廩犧，總其官屬，行其政令，少卿爲之貳。凡國有大禮則贊相禮儀，有司攝事，則爲之亞獻。率太樂之官屬設樂縣以供其事。燕會亦如之。若三公行園陵，則爲之副。公服乘輅備鹵簿而奉其禮。若大祭祀，則先省其牲器。凡太卜占國之大事及祭祀卜日，皆往涖之於太廟南門之外。凡大駕巡幸出師克獲，皆擇日告於太廟。凡仲春薦冰及四時品物甘滋新成者，皆薦焉。」同書卷四又載，「凡國有大祭祀之禮，皇帝親祭，則太尉爲亞獻，光祿卿爲終獻。若有司攝事，則太尉爲初獻，太常卿爲亞獻，光祿卿爲終獻。孔宣父廟，則國子祭酒爲初獻，司業爲亞獻，國子博士爲終獻。齊太公廟，則太常卿爲初獻，少卿爲亞獻，丞爲終獻。」

〔二〕時罷相句：考《舊唐書·趙宗儒傳》（《舊唐書》卷一百六十七）載，貞元十四年，即西元 799 年，趙宗儒罷相，至長慶初，約 821 年，前後歷

二十餘年，與李肇所說相符。

〔三〕李益：事跡具兩《唐書》本傳（《舊唐書》卷一百三十七；《新唐書》卷二百三），其傳略見前條。按「李益為右常侍」，考舊書《文宗本紀》（《舊唐書》卷一十七上）載，以左散騎常侍李益為禮部尚書致仕。則太和之前，李益任右常侍。

田孝公自殺

田令既為成德所害〔一〕，天子召其子布于涇州，與之舉哀，而授魏博節度〔二〕。布乃盡出妓樂，捨鷹犬，哭曰：「吾不回矣！」次魏郊三十里，跣足被髮而入，後知力不可報，密為遺表，伏劍而終〔三〕。

箋注

〔一〕田令句：田令，指田弘正，元十五年十月，為中書令，故稱此。本名田興，乃田廷玠之第二子，少習儒書，頗通兵法，善騎射，勇而有禮。伯父承嗣愛重之。元和七年，田承嗣之孫田季安死，眾推田弘正繼任節度使。翌日具事上聞，憲宗嘉之，加興銀青光祿大夫、檢校工部尚書、魏州大都督府長史、兼御史大夫、上柱國、沂國公，充魏博等州節度觀察處置支度營田等使，仍賜名弘正。元和十年，朝廷用兵討吳元濟，弘正遣子布率兵三千進討，屢戰有功。論功，加檢校司徒同中書門下平章事。是年八月，弘正入覲，憲宗待之隆異，對於麟德殿，參佐、將校二百餘人皆有頒錫，進加檢校司徒兼侍中，實封三百戶。十五年十月，鎮州王承宗卒，穆宗以弘正檢校司徒兼中書令、鎮州大都督府長史，充成德軍節度，鎮冀、深、趙觀察等使。長慶元年十一月二十八日夜，軍亂，田弘正並家屬、參佐、將吏等三百餘口，並遇害。穆宗聞之，震悼，冊贈太尉，賵賻加等。其事跡具兩《唐書》本傳（《舊唐書》卷一百四十一；《新唐書》卷一百四十八）。

〔二〕天子句：田布，乃田弘正第三子。田弘正節制魏博，田布掌親兵。唐廷討淮蔡，田布率偏師隸嚴綬軍於唐州，授檢校秘書監兼殿中侍御史，前後十八戰，因功擢授御史中丞。淮西平，拜左金吾衛將軍兼御史大夫。十三年，丁母憂，起復舊官。十五年冬，弘正移鎮成德軍，仍以布為河陽三城懷節度使。長慶元年，以布為魏博等州節度，使討王廷湊，無功，遂引刀自盡。事跡具兩唐書本傳（《舊唐書》卷一百四十一；《新唐書》卷一百四十八），附在其父田弘正傳之後。按「授魏博節度」事，考《元氏長慶集》卷四十三《授田布魏博節度使制》云：「起復寧遠將軍、守右

金吾衛大將軍員外同正員、檢校工部尙書兼魏州大都督府長史、御史大
夫充魏博等州節度觀察處置等使。」

〔三〕按田布此事，考《舊唐書·田布傳》載，田弘正罹難之後，朝廷乃急
詔田布起復爲魏博節度使，仍遷檢校工部尙書令。急詔促令田布進軍
討伐叛軍。無奈魏軍驕侈，怯於格戰，又憲誠離間其中。田布無可奈
何，嘆曰：「功無成矣。」即日，密表陳軍情且稱遺表，署曰：「臣觀
衆意，終負國恩，臣既無功，不敢忘死，伏願陛下速救光顏、元翼，
不然則義士忠臣皆爲河朔屠害。」奉表號哭，拜授其從事李石乃入啓
父靈，抽刀自刺曰：「上以謝君父，下以示三軍。」言訖而絕。時議以
田布才雖不足，能以死謝家國，心志決烈，得燕趙之古風。穆宗聞之
駭嘆，廢朝三日。

韋山甫服餌

韋山甫以石流黃濟人嗜欲，故其術大行，多有暴風死者〔一〕。
其徒盛言山甫與陶貞白同壇受籙，以為神仙之儔。長慶二年卒於
餘干，江西觀察使王仲舒〔二〕遍告人曰：「山甫老病而死，死而速
朽，無小異于人者。〔三〕」

箋注

〔一〕韋山甫句：韋山甫，其人世履不詳，考《廣川畫跋》卷三《書韋山甫畫
像後》謂唐人稱其與陶貞白同壇受籙，亦莫得而考也。據《舊唐書·憲
宗本紀》（《舊書卷》十五）載，憲宗晚年，頗信金丹藥石之說，推心服
之無疑，起居舍人裴潾抗疏論以諫，憲宗不聽，貶裴潾爲江陵令。元和
十五年，憲宗暴薨。《唐會要》卷五十六錄有起居舍人裴潾上憲宗表疏，
云：「自去年以來，諸處薦藥術之士，有韋山甫、栁泌等，或更相稱引，
迄今薦送漸多。臣伏以古眞仙有道之士，皆匿其名，無求於世，潛遯山
林，滅影雲壑，唯恐人見，唯恐人聞，豈有干謁公卿，自鬻其術？今者
所奏有誇衒其藥術者，必非知道之士，咸爲求利而來。自言飛鍊爲神，
以誘權貴賄賂，大言怪論，驚聽惑時，及其假僞敗露曾不恥於遯逃，如
此情狀，豈可信其術，親餌其藥哉？」按「石流黃」，《緯略》卷六引《神
仙列傳》云：「許由、巢父服箕山石流丹。」引《抱朴子》曰：「石流丹
者，山之赤精，蓋石流黃之類也。」《神農經》謂「石英有五色者，石脂
有五色者，流石有黃、青、白三色，今藥中流石用黃石英」云云。唐孫
思邈《備急千金要方卷》七十三云：「人年五十已上，精華消歇，服石猶
得其力；六十已上，轉惡，服石難得力，所以常須服石，令人手足溫煖，

骨髓充實，能消生冷，舉措輕便，復耐寒暑，不著諸病，是以大須服之。凡石皆熟鍊用之，凡石之發當必惡寒、頭痛、心悶，發作有時，狀如溫瘧，但有此兆無過，取冷水淋之，得寒乃止。一切冷食惟酒須溫，其諸解法備如後說，其發背疽腫方見別卷。」宋董逌《廣川畫跋》卷三云：「考之《書傳》，石硫黃本出說般南界火山山旁，石皆焦鎔，流地數千里乃凝堅。人取為藥，為石硫黃，今《方書》皆謂出東海火山。陶貞白謂出箕山，又謂出扶南林邑，形如雞子，出殼名崑崙黃。」又云：「神農《藥錄》謂有毒，而扁鵲《方書》獨謂無毒，《仙經》以為可以長生，此疑世人蔽於方家所說，至其暴死，猶以為服之未至也。」按「多有暴風死者」語，韓愈《故太學博士李君墓誌》（《五百家注昌黎文集》卷三十四）云：「余不知服食說自何世起，殺人不可計，而世慕尚之益至，此其惑也。在文書所記及耳聞相傳者不說，今直取目見親與之遊而藥敗者六七公，以為世誡。」然韓昌黎竟以服食丹藥而死。白居易《思舊》（《白氏長慶集》卷二十九）詩云：「閑日一思舊，舊遊如目前。再思今何在？零落歸下泉。退之服硫礦，一病迄不愈。微之煉秋石，未老身溘然。杜子得丹訣，終日斷腥羶。崔君誇藥力，經多不衣綿。或疾或暴夭，悉不過中年。惟余不服食，老命反延遲。」宋沈括《夢溪筆談》卷十八引孫思邈云：「五石散太猛毒，寧食野葛，不服五石。遇此方，即須焚之，勿為含生之害。」又引孫氏語曰：「人不服石，庶事不佳，石在身中，萬事休泰。」沈括論曰：「惟不可服五石散，蓋以五石散聚其所惡，激而用之，其發暴故也。」

〔二〕王仲舒：字弘中，太原人。貞元十年，策試賢良方正能直言極諫等科，仲舒登乙第，超拜右拾遺累轉尚書郎。元和五年，自職方郎中知制誥。坐貶硤州刺史，遷蘇州。穆宗即位，復召為中書舍人，其年出為洪州刺史、御史中丞、江南西道觀察使。長慶三年冬，卒於鎮。事跡具兩《唐書》本傳（《舊唐書》卷一百九十下；《新唐書》卷一百六十一）

〔三〕按王仲舒「韋山甫老病而死，死而速朽爛」語，唐史未及韋山甫之病死事，《國史補》此處所載，正可補史書之闕。考《舊唐書·裴潾傳》（《舊唐書》卷一百七十一載，穆宗即位後，柳泌等術士伏誅。張祜《硫黃》（《全唐詩》卷五百十一）詩諷云：「一粒硫黃入貴門，寢堂深處問玄言，時人盡說韋山甫，昨日餘干弔子孫。」

僧薦重玄閣

蘇州重玄【1】寺閣〔一〕，一角忽墊，計其扶薦之功，當用錢數千貫。有遊僧曰：「不足勞人，請一夫斫木為楔，可以正也。」寺主

從之。僧每食畢，輒持楔數十，執柯登閣，敲琢其間，未逾月，閣柱悉正。

校勘記

【1】《津逮》本、《四庫》本均作「玄」，《學津討原》本作「元」，今考《吳郡志》知應爲「重玄寺」。

箋注

〔一〕蘇州重玄寺：一名承天寺、能仁寺，後又恢復重玄寺，清時因避康熙帝玄燁之諱，易「玄」爲「元」，重元寺名就一直沿用至今。唐陸廣微《吳地記》記云：「重玄寺，梁衛尉卿陸僧瓚，天監二年旦暮見住宅有瑞雲重重覆之，遂奏請捨宅爲重雲寺。臺省誤寫爲重玄，時賜大樑廣德重玄寺。」考范成大《吳郡志》（《吳郡志》卷三十一）載，此寺又名「能仁寺」，在長洲縣西北二里，梁時名「重玄寺」，至宋朝爲「承天寺」，庭列怪石，俗傳錢王所立。前有二土山，中有銅無量壽佛像，高丈餘。宣和中，禁寺觀橋梁，名字以天聖皇王等爲名。白居易爲蘇州刺史時，於重玄寺撰寫碑文（《佛祖歷代通載》卷十六），碑文云：「 碑在石壁東次，石壁在廣德法華院西南隅，院在重玄寺西若干步，寺在蘇州城北若干里。」韋應物亦做過蘇州刺史，有《登重玄寺閣》（《韋蘇州集》卷七）詩云：「時暇陟雲構，晨霽澄景光，始見吳都大，十里鬱蒼蒼，山川表明麗，湖海吞大荒，合遝臻水陸，駢闐會四方，俗繁節又暄，雨順物亦康，禽魚各翔泳，草木遍芬芳，於茲省氓俗，一用勸農桑，誠知虎符忝，但恨歸路長。」

貯醋辟蛟龍

舊說，聖善寺閣〔一〕，常貯醋數十甕，恐爲蛟龍所伏，以致雷霆也。

箋注

〔一〕聖善寺閣：考《唐會要》（《唐會要》卷四十八）載，聖善寺在章善坊，神龍元年二月，立爲中興寺。二年，中宗爲武太后追福，改爲聖善寺。寺內報慈閣，中宗爲韋后所立。又據《舊唐書》卷七《中宗本紀》載，景龍三年正月二十八日，制東都改造聖善寺，更開拓五十餘步，以廣僧房，計破百姓數十家。僧惠範、道士史崇玄等十餘人授官，封公，以賞造聖善寺功。另《新唐書·許景先》（《新唐書》卷一百九十中）載，神龍初，東都起聖善寺報慈閣，許景先詣闕，獻《大像閣賦》。《舊唐書·

廻紇傳》（《舊唐書》卷一百九十五）稱，寶應元年，光復東都，廻紇恣行殘忍，士女懼之，皆登聖善寺及白馬寺二閣以避之。廻紇縱火焚二閣，傷死者萬計，累旬火焰不止。

王彥伯治疾

王彥伯〔一〕自言醫道將行，時列三四甕煮藥于庭，老少塞門而請，彥伯指曰：「熱者飲此，寒者飲此，風者飲此，氣者飲此。」皆飲之而去。翌日，各負錢帛來酬，無不效者。

箋注

〔一〕王彥伯：唐史無考，考段成式《酉陽雜俎》（《酉陽雜俎》卷七）載，其人本荊楚人氏，爲道士，天性善醫，尤別脈斷人生死壽夭，百不差一。該書中，尚記載了一著名醫案：裴胄之子忽暴中病，眾醫拱手不能救，或說王彥伯，遽迎使視脈之，良久，曰：「都無疾。」乃煮散數味，入口而愈。裴胄問其狀，彥伯曰：「中無腮鯉魚毒也。」其子因鱠得病，裴胄初不信，乃膾鯉魚無腮者，令左右食之，其候悉同，始大爲驚異。另《太平廣記》卷三百六引《出河東記》謂國醫王彥伯聲勢重，造次不可一見。《樂書》引吳均《續齊諧記》（《樂書》卷一百三十六）載，王彥伯善鼓琴，嘗以以玉琴贈一善琴女子。

宋清有義聲

宋清〔一〕賣藥于長安西市〔二〕，朝官出入移貶，清輒賣藥迎送之。貧士請藥，常多折券，人有急難，傾財救之。歲計所入，利亦百倍。長安言：「人有義聲，賣藥宋清。」

箋注

〔一〕宋清：唐代長安藥商，柳宗元嘗爲其作傳。《柳河東集》卷卷十七該傳文條下注云：「觀其文，當作於謫永州後。」據《宋清傳》載，「宋清，長安西部藥市人也，居善藥。有自山澤來，必歸宋清氏，清優主之。長安醫工得清藥輔其方，輒易讎，咸譽清。疾病疕瘍者，亦畢樂就清求藥，冀速已。清皆樂然回應，雖不持錢者，皆與善藥，積券如山，未嘗詣取直。或不識遙與券，清不爲辭。歲終，度不能報，輒焚券，終不復言。市人以其異，皆笑之曰：『清，蚩妄人也。』或曰：『清其有道者歟？』清聞之曰：『清逐利以活妻子耳，非有道也。然謂我蚩妄者也亦謬。』清居藥四十年，所焚券者百數十人，或至大官，或連數州，受俸博，其饋

遺清者，相屬於戶。雖不能立報，而以賒死者千百，不害清之爲富也。清之取利遠，遠故大，豈若小市人哉？一不得直，則怫然怒，再則罵而仇耳。彼之爲利，不亦翦翦乎？吾見蚩之有在也。清誠以是得大利，又不爲妄，執其道不廢，卒以富。」柳宗元又於文尾評云：「吾觀今之交乎人者，炎而附，寒而棄，鮮有能類清之爲者。世之言，徒曰『市道交』。嗚呼！清，市人也，今之交有能望報如清之遠者乎？幸而庶幾，則天下之窮困廢辱得不死亡者眾矣。柳先生曰：『清居市不爲市之道，然而居朝廷、居官府、居庠塾鄉黨以士大夫自名者，反爭爲之不已，悲夫！然則清非獨異於市人也。』」按此，則與《國史補》所載合，可備考證。

〔二〕西市：考《長安志》卷十載，西市位於醴泉坊正南，懷遠坊正北，南北盡兩坊之地，市內有西市局，放生池，平準局，獨柳。且其下注云：「隸太府寺，市內店肆如東市已制，長安縣所領四萬餘戶，比萬年爲多。浮寄流寓不可勝計，市西北有池，長安中沙門法成所穿，支分永安渠以注之，以爲放生池。」《太平廣記》卷二百十九「田令孜」條載，長安完盛日，有一家於西市賣飲子。用尋常之藥。不過數味。亦不閑方脈，無問是何疾苦，百文售一服，千種之疾，入口而愈。人無遠近，皆來取之，門市駢羅，喧闐京國，至有齎金守門五七日間未獲給付者。

王四舅一字

　　揚州有王生者，人呼爲王四舅，匿跡貨殖，厚自奉養，人不可見。揚州富商大賈，質庫酒家，得王四舅一字，悉奔走之〔一〕。

箋注

〔一〕揚州句：揚州，據《舊唐書》卷八十八《蘇瓖傳》載，揚州地當衝要，多富商大賈，珠翠珍怪之產。張祜《縱遊淮南》（《全唐詩》卷五百十一）詩云：「十里長街市井連，月明橋上看神仙，人生只合揚州死，禪智山光好墓田。」且揚州釀造業發達，據《唐會要》卷八十八「榷酤」條載，「會昌六年九月勅揚州等八道州置榷麴，並置官店酤酒，代百姓納榷酒錢，並充資助軍用，各有榷許。限揚州、陳許、汴州、襄州、河東五處榷麴，浙西、浙東、鄂岳三處置官店酤酒。」王四舅當爲揚州釀造業商賈之首代表，按「匿跡貨殖，人不可見」語，考之《唐會要》卷八十八「榷酤」條，蓋因官府設官店酤酒，「禁止私酤，過於嚴酷，一人違犯，連累數家」，故而如此。

竇氏白麥麵

竇氏子言家方盛時，有奴厚斂羣從數宅之資，供白麥麵，醫云：「白麥性平。」由是恣食不疑。凡數歲，未嘗生疾，其後有奴告其謬妄，所輸麵乃常麥，非白麥也。羣從諸宅，一時暴熱皆發。〔一〕

箋注

〔一〕竇氏句：竇氏子，其人不可考。此條所載，亦見於《紺珠集》卷三，《海錄碎事》卷九上，皆抄錄自《國史補》。白麥，據《新安志》卷二「穀粟」條謂其麵白，少赤殼，麥麩薄而麵多。《白孔六帖》卷八十「白麥」下注稱回鶻之地宜白麥。《新唐書》卷三十七《地理志》謂豐州九原郡貢白麥。杜工部《送蔡希魯都尉還隴右寄高三十五書記》詩有「漢使黃河遠，涼州白麥枯」句，且其下注引唐陳藏器《本草》云：「小麥秋種夏熟，受四時氣足，兼有寒溫，麵熱麩泠，宜其然也。河渭以西，白麥麵涼，以其春種，闕二時之氣故也。」又謂「涼州正在河渭之西，其出白麥，蓋土地所宜」云云。（見《九家集注杜詩》卷十八）

灞滻中浸黃

故老言五十年前，多患熱黃〔一〕，坊曲必有大署其門，以烙黃〔二〕為業者。灞滻水中，常有晝至莫去者，謂之浸黃。近代悉無，而患腰腳者眾耳。疑其茶為之也。

箋注

〔一〕熱黃：亦稱黃病，考《諸病症候論》卷十二云：「黃病者，一身盡疼，發熱，面色洞黃。七、八日後，壯熱在裏，有血當下之法如肝狀。其人少腹內急。若其人眼睛澀疼，鼻骨疼，兩膊及項強，腰背急，即是患黃。多大便澀，但令得小便快，即不慮死。不用大便多，多即心腹脹不存。此由寒濕在表，則熱蓄於脾胃，腠理不開，瘀熱與宿穀相搏，煩鬱不得消，則大小便不通，故身體面目皆變黃色。凡黃候，其寸口近掌無脈，口鼻冷氣，並不可治也。」

〔二〕烙黃：考宋劉守眞《傷寒直格方》卷下云：「世俗有傳烙黃而或愈者，此強實之人，素本中氣不衰以及濕熱鬱之微者，烙之，而誤中強劫開發，得開氣血，宣通即作汗而愈。或體質本虛濕熱結甚，則劫發不開，而反致死者，不為少矣。」《聖濟總錄》卷第六十一亦有「烙黃」之說，醫治

除多用灸法外，尙有少數較爲特殊，如脾黃「先烙頰上青脈」，肺黃「先烙足心」，肝黃「先烙手心，次烙第三指間」，白黃「先烙舌上青脈」云云。

射雉兔之法

凡射知雉兔頭腳之法云：先以加其頭，次減其腳。以見腳除頭，以本頭除腳。飛者在上，走者在下。〔一〕

箋注

〔一〕凡射句：此條所載，蓋指唐人算數之法，《天中記》將此納入六藝之一「數」類（見《天中記》卷四十一）。《南部新書》卷五載：「《國史譜》紀之，尙不明，上下頭，下下腳，腳即折半下，見頭除腳，見腳除頭，上是鷄，下是兔。案：《國史譜》即爲《國史補》，蓋傳抄之誤。

古屋東爲戶

古之屋室，中爲牖，東爲戶。故今語曰：「二十三日正南，二十五日當戶。」〔一〕

箋注

〔一〕古代房室之門稱「戶」；窗南向，稱「牖」；北窗則稱「向」。屋室面南背北，且南牆上「戶」、「牖」各分東西。（參見許嘉璐《中國古代衣食住行》第 131～132 頁）《說文解字》「囪」字（《說文解字》卷十下）釋云：「在牆曰牖，在屋曰囪，象形，凡囪之屬，皆從囪。」《說文解字》「戶」字（《說文解字》卷十二上）釋曰：「護也，半門曰戶，象形，凡戶之屬皆從戶。」《宮室考》卷上稱「堂之北爲室，且西爲牖，東爲戶」。《說文解字系傳》「家」字注亦云：「東爲戶，西爲牖。」李肇此處似在暗指唐代宮室佈局已與古代不同矣。《說文》「牖」段玉裁注亦云：「古者室必有戶有牖，牖東戶西，皆南向。」按「當戶」，此處蓋指門戶向著日光之意。《禮記集說》卷七十四云：「君子之居恒當戶，寢恒東首，若有疾風、迅雷、甚雨，則必變，雖夜必興，衣服冠而坐。」鄭氏註曰：「『當戶』，鄉明也；東首，首生氣也；衣服冠而坐，敬天怒也。」嚴陵方氏註曰：「凡戶必面南而啓，居恒當戶，則向天明故也。」按「二十三日正南，二十五日當戶」語，考《欽定星曆考原》卷五「太白逐日遊方」條引《曆例》云：「一日、十一日、二十一日，震方；二日、十二日、二十二日，巽方；三日、十三日、二十三日，離方；四日、十四日、二十四日，坤方；五日、十

五日、二十五日，兌方。…」此處「離方」、「兌方」蓋指太陽所照方位。李肇於此稱古代「中為牖」，且又南向，二十三日日光恰移至離方，即正南位置，日照南窗，明光滿室，故而曰「二十三日正南」。然「二十五日當戶」，頗難得其解，《曆例》稱二十五日日在兌方，即正西位置，焉何能與東邊之戶相對呢？闕疑待考焉。

故囚報李勉

或說天下未有兵甲時，常多刺客〔一〕。李汧公勉為開封尉〔二〕，鞫獄，獄囚有意氣者，感勉求生，勉縱而逸之。後數歲，勉罷秩，客遊河北，偶見故囚，故囚喜迎歸，厚待之。告其妻曰：「此活我者，何以報德？」妻曰：「償縑千匹可乎？」曰：「未也。」妻曰：「二千匹可乎？」亦曰：「未也。」妻曰：「若此，不如殺之。」故囚心動。其僮哀勉，密告之。勉衩衣乘馬而逸。比夜半，行百餘里，至津店，店老父曰：「此多猛獸，何敢夜行？」勉因話言，言未畢，梁上有人瞥下曰：「我幾誤殺長者！」乃去。未明，攜故囚夫妻二首以示勉〔三〕。

箋注

〔一〕或說句：考《北夢瑣言》卷九云：「天寶以前多刺客報恩。」唐朝豪俠之風興盛，唐詩多有描寫，如：「十步殺一人，千里不留行」（《全唐詩》卷一百六十二《俠客行》）；「殺人莫敢前，鬚如蝟毛磔」（同書卷一百三十三《古意》）。尤自安史之亂以來，藩鎮對抗中央，多豢養刺客，招攬豪傑。據《新唐書·李石傳》載，「兩河諸侯競引豪英，士之喜利者多趨之，用為謀主，故藩鎮日橫，天子為旰食。」宰相武元衡即為藩鎮豢養刺客所殺，裴度亦遭刺客刺傷。杜牧《唐故岐陽公主墓誌銘》（《樊川集》卷五）：「憲宗初寵于頔，來朝以其子配以長女，皆挾恩佩勢，聚少俠狗馬為事，日截馳道，縱擊平人，豪取民物，官不敢問，戚里相尚，不以為窮弱。」另《新唐書·于頔傳》（《新唐書》卷一百七十二）載，于頔子于方，「長慶時以勳家子通豪俠，欲事河朔，以策干宰相元稹。」

〔二〕李汧公句：李汧公勉，即李勉，字玄卿，鄭王元懿曾孫，封汧國公。幼勤經史，長而沉雅清峻。李勉性剛直不阿，嫉惡如仇，不附權幸，先後為李輔國、魚朝恩所銜。為人坦率素淡，好古尚奇，清廉簡易，禮賢下士，為宗臣之表。善鼓琴，好屬詩，在相位二十年，後因得罪盧杞，見疏，居相二歲，辭位以太子太師罷。卒年七十二，贈太傅，諡曰「貞簡」。

按「李汧公勉爲開封尉」，考舊書本傳載，李勉累授開封尉。時，太平日久，且汴州水陸便利，邑居龐雜，號爲難理，李勉與聯尉盧成軌等，並有擒奸擿伏之名。事跡具兩《唐書》本傳（《舊唐書》卷一百三十一；《新唐書》卷一百三十一）

〔三〕按此事最早見於《國史補》，頗類傳奇，《唐語林》、《類書》等亦有抄錄。《北夢瑣言》卷九載一軼事，名曰「穆李非命」：「唐監察李航，福相之子，美茂洽暢，播於時流。黃巢後，扶侍聖善歸東都別墅，與御史穆延晦同行，宿於虢州公館。翌日，穆脩謁見郡牧張存。張存即王拱下部將，謂典客曰：「我受穆家恩命，今穆侍御經過，必須展分報答。」典客詣館話於穆生，因修狀謁謝，張公大怒且曰：「此言得自何人？」具以典謁爲對，乃斬謁者。穆生驚怪，失意歸館，尋遣人就而害之。李監察不喻，方抱憂惶，俄亦遇害，將以滅口。於時李公遶聖善所憩之牀，無以求活，竟同非命。他日，兄弟訴冤，夢航謂骨肉間曰：「張存已得，請於上帝，不日即死。」果爲王拱所誅。其文又謂葆光子嘗讀李肇《國史補》，曰：「李公沂曾放死囚，他日道次遇之，其人感恩，延歸其家，與妻議所酬之物。妻嫌數少，此人曰『酬物少，不如殺之。』李公急走，遇俠士方免此禍。常以爲虛誕，今張存翻害穆、李，即《國史補》之說，信非虛誕也，怪哉！」

妾報父冤事

貞元中，長安客有買妾者，居之數年，忽爾不知所之。一夜，提人首而至，告其夫曰：「我有父冤，故至于此，今報矣！」請歸，泣涕而訣，出門如風，俄頃卻至，斷所生二子喉而去。〔一〕

箋注

〔一〕貞元句：長安客，乃指唐餘干縣尉王立，其人軼事頗類傳奇，今考《太平廣記》（《太平廣記》卷一百九十六）「賈人妻」，較此條記載更詳，文末標注採摭自《集異記》。今考之《集異記》，未見此篇。據此篇載，「唐餘干縣尉王立調選，僑居大寧里。文書有誤，爲主司駁放。資財蕩盡，僕馬喪失，窮悴頗甚，每丐食於佛祠。徒行晚歸，偶與美婦人同路。或前或後依隨。因誠意與言，氣甚相得。立因邀至其居，情款甚洽。翌日謂立曰：『公之生涯，何其困哉！妾居崇仁里，資用稍備。倘能從居乎？』立既悅其人，又幸其給，即曰：『僕之厄塞，阽於溝瀆，如此勤勤，所不敢望焉，子又何以營生？』對曰：『妾素賈人之妻也。夫亡十年，旗亭之內，尙有舊業。朝肆暮家，日贏錢三百，則可支矣。公授官之期尙未，

出遊之資且無，脫不見鄙，但同處以須多集可矣。』立遂就焉。閱其家，豐儉得所。至於扃鎖之具，悉以付立。每出，則必先營辦立之一日饌焉，及歸，則又攜米肉錢帛以付立。日未嘗缺。立憫其勤勞，因令傭買僕隸。婦託以他事拒之，立不之強也。周歲，產一子，唯日中再歸為乳耳。凡與立居二載，忽一日夜歸，意態惶惶，謂立曰：『妾有冤仇，痛纏肌骨，為日深矣。伺便復仇，今乃得志。便須離京，公其努力。此居處，五百緡自置，契書在屏風中。室內資儲，一以相奉。嬰兒不能將去，亦公之子也，公其念之。』言訖，收淚而別。立不可留止，則視其所攜皮囊，乃人首耳。立甚驚愕。其人笑曰：『無多疑慮，事不相縈。』遂挈囊逾垣而去，身如飛鳥。立開門出送，則已不及矣。方徘徊於庭，遽聞卻至。立迎門接俟，則曰：『更乳嬰兒，以豁離恨。』就撫子，俄而復去，揮手而已。立回燈褰帳，小兒身首已離矣。立惶駭，達旦不寐。則以財帛買僕（「買僕」原作「僕買」，據明抄本改）乘，遊抵近邑，以伺其事。久之，竟無所聞。其年立得官，即貨鬻所居歸任。爾後終莫知其音問也。」

卷 下
凡一百二節

近代宰相評

　　宰相自張曲江之後，稱房太尉、李梁公為重德〔一〕。德宗朝，則崔太傅尚用〔二〕，楊崖州尚文〔三〕，張鳳翔尚學〔四〕，韓晉公尚斷〔五〕，乃一時之風采。其後貞元末年，得高貞公郢【1】門下，亦足坐鎮風俗〔六〕。憲宗朝【2】，則有杜邠公之器量〔七〕，鄭少保之清儉〔八〕，鄭武陽之精粹，李安邑之智計〔九〕，裴中書之秉持〔十〕，李僕射之強貞〔十一〕，韋河南之堅正〔十二〕，裴晉公之宏達〔十三〕，亦各行其志也。別本，一時之風采下，作「其後天子少，陸忠州每言：『我自教得。』又自賈僕射為識字董秦，故常有別受顧問者，末年得高貞公。」其下並同。

校勘記

【1】《津逮》本、《四庫》本、《學津討原》本均作「鄭」，今考《舊唐書‧高郢傳》，乃知為「郢」之誤，今改作「郢」。

【2】《津逮》本、《學津討原》本作「朝」字。《四庫》本作「廟」，乃「朝」之誤。今從《津逮》本作「憲宗朝」。

箋注

〔一〕按「房太尉」即房琯，「李梁公」則為李峴。按「房、李二人重德」語，考《新唐書‧房琯傳》（《新唐書》卷一百三十九）載，唐名儒多言房琯德器，有王佐之材。「房琯以忠誼自奮，片言悟主，而取宰相，必有以過

人之處。用違所長，遂無成功，然盛名之下，難副其實，名盛則責望備，實不副，則訾咎深。假使房琯遭時承平，從容帷幄，不失爲名宰，而倉卒濟難，事敗隙生，陷於浮虛比周之罪名，爲之所累。」又考《新唐書‧李峴傳》（《新唐書》卷一百三十一）載，至德初，擢爲京兆尹，封梁國公，故稱李梁公。李峴爲政得人心，時京師米騰貴，百姓乃相與謠曰：「欲粟賤，追李峴。」李華嘗爲李峴作傳（《李遐叔文集》卷二《故相國兵部尚書梁國公李峴傳》），於文中評云：「公明賞罰，而隱人過，下吏不逮，上延威伸，令引自謝責而慰安之，推德及人，剛柔皆化，仁矣哉。」又云：「平訟獄刑察，以人情斷，以古義正詞匡上，直法伸下，明矣哉。」「遷吏部尚書平章事，以正直進，以正直退。」

〔二〕按「崔太傅尙用」，崔太傅即崔祐甫，卒時年六十，德宗甚悼惜之，爲之廢朝三日，冊贈太傅，故名崔太傅。據《舊唐書‧崔祐甫傳》（《舊唐書》卷一百十九）載，崔祐甫代常袞爲相，薦延推舉人才，無復疑滯，日除十數人。作相未逾年，凡除吏幾乎達八百員之多，頗稱允當。德宗嘗謂曰：「有人謗卿所除擬官多涉親故，何也？」祐甫奏曰：「臣頻奉聖旨，令臣進擬庶官進擬，必須諳其才行。臣若與其相識，方可粗諳，若素不知聞，何由知其言行？獲謗之由，實在於此。」上以爲然。崔祐甫「謀猷啓沃，多所弘益，天下以爲可復貞觀開元之太平也。」

〔三〕按「楊崖州尙文」，楊崖州即楊炎。考《舊唐書‧楊炎傳》（《舊唐書》卷一百十八）載，楊炎得罪，貶爲崖州司馬。故世人號爲楊崖州。楊炎美鬚眉，風骨峻峙，文藻雄麗，汧隴之間，號爲小楊山人。善爲德音，與常袞文采相伴，自開元已來言詔制之美，時稱常楊。且楊炎樂賢下士，以汲引人才爲己任，人士歸之，嘗爲《李楷落碑辭》甚工，文士莫不成誦之。德宗即位，議用宰相，崔祐甫薦楊炎有文學器用，德宗亦自聞其名，遂拜銀青光祿大夫、門下侍郎同平章事。故言其尙文。

〔四〕按「張鳳翔尙學」，張鳳翔即張鎰。考《舊唐書》卷一百二十五《張鎰傳》載，張鎰爲盧杞所忌，薦爲中書侍郎、鳳翔隴右節度使，代朱泚與吐番相尙結贊等盟於清水，故有此名。按《舊傳》載，張鎰嘗招經術之士，講訓生徒，比去郡升明經者四十餘人，撰《三禮圖》九卷，《五經微旨》十四卷，《孟子音義》三卷。李肇所謂尙學，蓋指此也。

〔五〕按「韓晉公尙斷」，韓晉公，即韓滉，曾封晉國公，故以此名焉。考《舊唐書》卷一百二十九《韓滉傳》載，韓滉潔強直明，於吏道判南曹凡五年，詳究簿書，無遺纖隱，政令明察，然未免傷於嚴急苛刻。《舊唐書》卷一百六十四《楊於陵傳》謂韓滉有知人之鑒，嘗見楊於陵，便知其有令器，遂以愛女妻之，後果富貴妻榮，子孫顯貴。

〔六〕按「高貞公郎坐鎮風俗」，高貞公郎即高郢，高郢卒諡曰「貞」，故曰高
貞公。考《舊唐書·高郢傳》（《舊唐書》卷一百四十七《高郢傳》），高
郢任禮部侍郎時，當時應進士舉者，多務朋遊，馳逐聲名，每歲多州府
薦送後，唯追奉讌集，罕肆其業。高郢性剛正，尤嫉此風，既領職，拒
絕請託，雖同列通熟，無敢言者。志在經藝，專考程試，凡掌貢部三歲，
進幽獨，抑浮華，朋濫之風翕然一變，此蓋坐鎮風俗之言耳。

〔七〕按「杜邠公之器量」，杜邠公即杜悰，杜佑之子，尚公主，嘗加太傅、邠
國公，故稱杜邠公。考《舊唐書·杜悰傳》（《舊唐書》卷一百四十七）
云：「杜悰無他才，常延接寒素，甘食竊位」，然為人「長厚」。李肇所說
器量，蓋指此也。

〔八〕按「鄭少保之清儉」，鄭少保即鄭餘慶，嘗為太子少保，故有此稱。考《舊
唐書·鄭餘慶傳》（《舊唐書》卷一百五十八）稱其人以清儉為時所稱，
砥名礪行，不失儒者之道，清儉率素，終始不渝。四朝居將相之任，垂
五十年，祿賜所得，分給親黨，而其家頗類寒素。卒後諡曰「貞」。詔文
亦言其「以衣冠禮樂，行於山東，餘力文章，遂成志學，出入清近，盈
五十年。再秉台衡，屢分戎律，凡所要職，無不踐更，貴而能貧，卑以
自牧。謇諤聞於臺閣，柔睦化於閨門」云云。《舊唐書·武元衡傳》（《舊
唐書》卷一百五十八）云：「相國鄭餘慶不事華潔，後進趨其門者，多垢
衣敗服以望其知。」由此可知鄭餘慶以清儉聞於時，反為小人所用，所
謂為名所累，過猶不及了。

〔九〕按「李安邑之智計」，李安邑即李吉甫，《國史補》卷中云：「近俗以權臣
所居坊呼之，李安邑最著，如爵邑焉。」李吉甫權幸方熾，故其所居安
邑坊亦被榮耀。考《舊唐書·李吉甫傳》本傳（《舊唐書》卷一百四十八）
稱其「該洽多聞，尤精國朝故實、沿革、折衷」，「性聰敏，詳練物」云
云。

〔十〕按「裴中書之秉持」，裴中書即裴垍，曾拜中書侍郎同平章事，故稱此。
考舊書本傳（《舊唐書》卷一百四十八《裴垍傳》）載，裴垍在翰林承旨，
時憲宗初平吳蜀，勵精思理，機密之務一以委垍，裴垍小心敬慎，甚稱
中旨。及作相之後，懇請旌別淑慝，杜絕蹊徑，齊整法度，考課吏理，
皆蒙憲宗垂意聽納。且在相位時，招賢任能，用韋貫之、裴度知制誥，
擢李夷簡為御史中丞，其後繼踵入相，咸著名跡，其餘量材賦職，皆叶
人望，選任之精，前後莫及，議者謂裴垍作相，才與時會，知無不為，
於時朝無倖人，百度浸理，而不幸遘疾，以至休謝，公論惜之。

〔十一〕按「李僕射之強貞」，李僕射即李絳。考《舊唐書》卷一百六十四《李絳
傳》載，長慶元年，轉吏部尚書，加檢校尚書右僕射，判東都尚書省事，

充東都留守。四年就加檢校司空寶,歷初入爲尙書左僕射,故稱李僕射。李絳性梗直剛訐,多所規諫,每與李吉甫爭論,人多直李絳。憲宗亦察李絳忠正自立,故李絳論奏多所允從。

〔十二〕按「韋河南之堅正」,韋河南即韋見素,嘗任河南府倉曹,故有此稱。考《舊唐書》卷一百八《韋見素傳》載,天寶五年,充江西山南黔中嶺南等黜陟使,「觀省風俗,彈糺長吏,所至肅然」。爲給事中時,「駁正繩違,頗振臺閣舊典」。卒後諡曰「忠貞」。

〔十三〕按「裴晉公之宏達」,裴晉公即裴度,嘗詔加裴度金紫光祿大夫、弘文館大學士,賜勳上柱國,封晉國公,食邑三千戶,故號爲裴晉公。據舊史載(《舊唐書》卷一百七十《裴度傳》),裴度勁正而言辯,尤長於政體,凡所陳論,感動物情。

拜相禮優異

凡拜相禮,絕班行,府縣載沙填路,自私第至子城東街,名曰沙堤〔一〕。有服假,或百僚問疾,有司就私第設幕次排班。每元日冬至立仗,大官皆備珂傘,列燭有至五六百炬者,謂之火城〔二〕。宰相火城將至,則眾少皆撲滅以避之。

箋注

〔一〕沙堤:指唐宰相騎馬官道,蓋以沙鋪路,可防塵泥,亦便馬行走。張籍《沙堤行呈裴相公》(《張司業集》卷二)詩云:「長安大道沙爲堤,早風無塵晚無泥,宮中玉漏下三刻,朱衣導騎丞相至。路傍高樓息歌吹,千車不行行者避,街官閭吏相傳呼,當前十里惟空衢。白麻詔下移相印,新堤未成舊堤盡。」白居易《官牛》(白香山詩集卷四)云:「官牛駕官車,滻水岸邊驅載沙。一石沙,幾斤重,朝載暮載將何用,載向五門官道西,綠槐陰下鋪沙隄。昨來新拜右丞相,恐怕泥塗汙馬蹄。」《舊唐書》卷一百九十下《薛逢傳》:「楊收作相後,逢有詩云:『須知金印朝天客,同是沙隄避路人。』」《新唐書李德裕傳》(《新唐書》卷一百八十)謂其罷京兆築沙堤、兩街上朝衛兵。

〔二〕火城:考《南部新書》卷四載,每歲正旦曉漏已前,宰相、三司使、大金吾,皆以樺燭百炬擁馬,方布象城,謂之火城。仍雜以衣繡鳴珂,焜耀街陌,如逢宰相即諸司,火城悉皆撲滅。此中所記與《國史補》此條相合,可互備參考。張籍《謝裴司空寄馬》詩(《張司業集》卷五)有「長思歲旦沙堤上,得從鳴珂傍火城」之句。案:火城故事,亦行於宋代。據《說郛》卷三十五下載,以燭籠相圍繞聚首,謂之火城。宰執最後至,

至則火城滅燭。大臣自從官及親王、駙馬皆有位次，在皇城外仗舍，謂之待漏院。不與庶官同處火城。宋王元之《待漏院記》（《古文集成》卷十）云：「至若北闕向曙，東方未明，相君啓行，煌煌火城，相君至止，噦噦鸞聲。」

宰相判事目

宰相判四方之事有堂案，處分百司有堂帖，不次押名曰花押〔一〕。黃勑既行，下有小異同曰帖黃，一作押黃。

箋注

〔一〕宰相判四方句：堂案，指宰相判事公文。據顏魯公《宋璟神道碑》（《顏魯公集》卷四），張嘉貞作相，仰宰相宋璟公行事，每閱堂案，見公危言讜論，扼腕長歎。堂帖，《資治通鑑》卷二百四十五胡三省注云：「帖由政事堂出，故謂之堂帖。」同卷載，宋申錫與御史中丞宇文鼎受密詔誅鄭注，使京兆尹王璠掩捕之，璠密以堂帖示王守澄。《夢溪筆談》卷一云：「唐中書指揮事，謂之堂帖子。曾見唐人堂帖，宰相簽押，格如今人之堂箚子也。」《舊唐書》卷十八下《宣宗本紀》：「（大中九年）正月八日，禮部貢院捉到明經黃續之、趙弘成、全質等三人偽造堂印、堂帖。」花押，指古人替代簽名之簽署方式。考《萍洲可談》卷一云：「押字自唐以來方有之，蓋亦署名之類。草書不甚謹，故或謂之草字。韋陟署名五朵雲，此押字所起也，其後不復與名相類。」《名義考》卷七：「今之花押，唐以來之花書也。韋郇公署陟字時號五雲體，王荊公押石字，人有笑押反字者，其用名自唐宋然矣。」

臺省相呼目

宰相相呼為元老〔一〕，或曰堂老。兩省相呼為閣老〔二〕，尚書丞郎郎中相呼為曹長〔三〕。外郎御史遺補相呼為院長〔四〕。上可兼下，下不可兼上，惟侍御史相呼為端公〔五〕。

箋注

〔一〕元老：本指古時稱天子老臣。《舊唐書·宋璟傳》（《舊唐書》卷九十六）：「玄宗謂璟曰『卿國之元老，爲朕股肱耳』」《舊唐書·郭子儀傳》《舊唐書》卷一百二十：「以公（郭子儀）柱石四朝，藩翰萬里，忠貞懸於日月，寵遇冠於人臣，尊其元老，加以崇號。」《舊唐書·顏眞卿傳》（《舊唐書》卷一百二十八）「李勉聞之，以爲失一元老，貽朝廷羞，

乃密表請留。」

〔二〕兩省句：兩省，乃指中書省與門下省。（參見《雍錄》卷八）閣老，指唐代對中書舍人中年資深久者及中書省、門下省屬官的敬稱。五代、宋以後亦用爲對宰相的稱呼。明清又用爲對翰林中掌誥敕學士之稱呼。《舊唐書‧楊綰傳》（《舊唐書》卷一百十九）云：「故事，舍人年深者謂之閣老。」《新唐書百官志》（《新唐書》卷四十七）「以久次者一人爲閣老，判本省雜事。」《池北偶談》（《池北偶談》卷三）云：「明內閣大學士皆於翰林院上任，故院中設閣老。公座於上而掌院學士反居其旁，諸學士稱閣老，曰中堂，以此後遂相沿勿改。《明史‧劉吉傳》（《明史》卷一百六十八）：「時有紙糊三閣老，泥塑六尚書之謠。」

〔三〕曹長：韓愈有詩謂「奉和庫部盧四兄曹長元日朝迴」（《五百家注昌黎文集》卷九），其下注云：「盧四名汀，字雲夫，公時爲考功郎中。」其注又云：「退之呼盧庫部爲曹長，張功曹爲院長，則上下亦通稱也。」

〔四〕院長：韓愈有詩名謂「寒食日出遊夜歸張十一院長見示病中憶花九篇」（《五百家注昌黎》文集卷三），其下注云：「張十一即功曹署。」又云「國史補云外即遺補相呼爲院長。」補注云：「公與張同自御史貶官，又同爲江陵掾公法曹參軍。張功曹參軍，元和元年時也。」又柳宗元有詩名曰《同劉二十八院長述舊言懷感時書事》（《柳河東集》卷四十二），其下注云：「劉二十八禹錫也，初與公同爲監察御史，故曰院長。」唐時亦稱翰林院學士承旨爲院長。《翰林志》云：「元和已後，院長一人，或密受顧問，獨召對。」《新唐書‧沈傳師傳》（《新唐書》卷一百三十二）載：「翰林缺承旨，次當傳師，穆宗欲面命，辭曰：『學士院長，參天子密議。』」

〔五〕端公：《通典》卷二十四謂：「御史之職有四，謂推、彈、公廨、雜事。定殿中監察以下職事及進名改轉臺內之事悉主之，號爲臺端，他人稱之曰端公。其知雜事者，謂之雜端。」《因話錄》卷五：「御史臺三院，一曰臺院，其僚曰侍御史，眾呼爲端公。」杜甫有詩題曰「湘江宴餞裴二端公赴道州」，其下注云：「裴虯，字深源，大曆四年爲著作郎，兼侍御史、道州刺史。」

兩省上事儀

兩省謔起居郎爲螭頭，以其立近石螭也〔一〕。中書門下官竝于西省上事，以便禮儀。五品已上，宰相送之，仍竝廊參。

箋注

〔一〕兩省句：起居郎，考《唐六典》，門下省置起居郎二人，從六品上。其條

下注云：「起居郎因起居注以爲名。起居注者，紀錄人君動止之事，《春秋傳》曰：『君舉必書。』《禮》云：『動則左史書之，言則右史書之。』又曰：『左史記事，右史記言。』」又記其沿革云：「漢時，起居注似在宮中，爲女史之職。魏晉已來，皆中書著作兼修國史。元康二年著作隸入秘書，別名著作省，歷宋、齊、梁、陳，皆掌國史。後魏及北齊集書省領起居注、令史之職，從第七品上。後周春官府置外史，掌書言及動作，以爲國志，即其任也。又有著作二人，掌綴國錄，蓋起居著作，自此分也。隋省內史舍人四員，而始置起居舍人二員，皇朝因之。貞觀二年，省起居舍人，移其職於門下，置起居郎二員。顯慶中，又置起居舍人，始與起居郎分在左右。龍朔二年，改爲左史，咸亨元年復故。天授元年，又改爲左史，神龍元年復故。」按「螭頭」說，考《雲麓漫抄》卷七載，按唐制，起居郎、起居舍人在紫宸內閣，則夾香案立殿下，直第二螭首和墨濡筆皆即坳處，時號螭頭。所謂螭首者，蓋殿陛間壓階石上鐫鑿之飾，今僧寺佛殿多有之。或云唐殿多於陛之四角出石螭首，不應史云殿下第二螭首也。」螭，乃傳說之無角龍。《說文解字》第十三上云：「螭，若龍而黃，北方謂之地螻，從蟲，離聲，或無角曰螭。」《漢書‧司馬相如傳》（《史記》卷一百十七）云：「衍溢陂池，於是乎蛟龍赤螭。」其中「赤螭」一詞文穎的注解稱：「螭，爲龍子。」張揖的注釋稱：「赤螭，雌龍也。」又螭有妖魅之意，如《左傳‧昭公九年》有「先王居檮杌於四裔，以禦螭魅。」又《左傳‧文公十五年》（《春秋左傳注疏》卷二十）謂「流四凶族渾敦、窮奇、檮杌、饕餮，投諸四裔，以禦螭魅」之載，其中「螭」字，據注家稱：「螭魅，山林異氣所生，爲人害者。」

中書參酌院

　　長慶初，上以刑法爲重，每有司斷大獄，又令中書舍人一員參酌而出之，百司呼爲參酌院〔一〕。

箋注

〔一〕長慶句：此條，亦見於《新唐書》。據《新唐書‧刑法志》（《新唐書》卷五十六）載，穆宗雖童昏縱欲，然頗知慎用刑法，每有司斷大獄，令中書舍人一人參酌而輕重之，號「參酌院」。大理少卿崔杞奏曰：「國家法度，高祖太宗制，二百餘年矣。《周禮》正月布刑，張之門閭及都鄙邦國，所以屢丁寧，使四方謹行之。大理寺，陛下守法之司也。今別設參酌之官，有司定罪，乃議其出入，是與奪繫於人情，而法官不得守其職。昔子路問政，孔子曰：『必也正名乎。』臣以爲參酌之名不正，宜廢。」乃

罷之。

論僕射儀注

南省〔一〕故事，左右僕射上，宰相皆送，監察御史捧案，員外郎奉筆，殿中侍御史押門，自丞郎御史中丞皆受拜。而朝論以為臣下比肩事主，儀注太重。元和已後，悉去舊儀，唯乘馬入省門如故。上訖，宰相百僚會食都堂〔二〕。

箋注

〔一〕南省：據《事物紀原》卷六，乃指尚書省，因其設在大明宮南，故稱南省。晉以門下名省，號北省，故以尚書為南省，是則南省之稱始。自晉也，蘇鶚《演義》曰：「省，省也。謂省察天下簿書之所。」又宋葉庭珪《海錄碎事》（《海錄碎事》卷十一上）載，唐時謂尚書省為南省，門下、中書為北省，亦謂門下省為左省，中書為右省，或通謂之兩省。

〔二〕按「會食都堂」，考崔元翰《判曹食堂壁記》（《全唐文》卷五百二十三）云：「古之上賢，必有祿秩之給，有烹飪之養，所以優之也。漢時尚書諸曹郎、太官供膳。春秋時，齊大夫公膳，日雙雞。然則天子諸侯於其公卿大夫，蓋皆日有饔飧。唐太宗文皇帝克定天下，方勤於治命，庶官日出而視事，日中而退朝，既而晏歸，則宜朝食，於是朝者食之廊廡下。遂命其餘官司洎諸郡邑，咸因材賦而興利事，取其奇羨之積，以具庖廚，謂為本錢。」又曰：「凡聯事者因於會食，遂以議政，比其同異，齊其疾徐，會斯有堂矣。則堂之作不專在飲食，亦有政教之大端焉。」堂食乃為宰相所設，故待遇奢厚，規格頗高。據《舊唐書·常袞傳》（《舊唐書》卷一百十九）載，故事，每日出內廚食以賜宰相，饌可食十數人，常袞當政時，特請罷之，迄今便為故事。又將讓堂封，同列以為不可而止。議者以為厚祿重賜，所以優賢才、崇國政。故不能當辭位，不宜辭祿食。又《唐會要》（《唐會要》卷五十三）載，總章二年，諸宰臣以政事堂供饌珍美，議減其料。東臺侍郎張文瓘曰：「此食，天子所以重機務待賢才也。吾輩若不任其職，當即陳乞，以避賢路，不可減削公膳，以邀求名譽也。國家之所以費不在於此，苟有益於公道，斯亦不為多也。」

論尚書丞郎

國初至天寶，常重尚書，故房梁公言李緯好髭鬚〔一〕，崔日知

有望省樓〔二〕，張曲江論牛仙客〔三〕，皆其事也。兵興之後，官爵寖輕，八座用之酬勳不暇，故今議者以丞郎爲貴。

箋注

〔一〕按「故房梁公言李緯好髭鬚」，考《舊唐書·房玄齡傳》(《舊唐書》卷六十六)，載，唐太宗貞觀二十二年，幸翠微宮，授司農卿李緯爲民部尚書，房玄齡時在京城留守。會有自京師來，玄宗問曰：「玄齡聞李緯拜尚書，如何？」對曰：「玄齡但云李緯好髭鬚，更無他語。」玄宗遽改授李緯雒州刺史，可見尚書職位之重，非經緯之才不能任焉，況金玉其外、敗絮其中者。

〔二〕按「崔日知有望省樓」，考《太平廣記》引《國史纂異》云：「崔日知恨不居八座，及爲太常卿於廳事，後起一樓，正與尚書省相望，時號『崔公望省樓』。」足見當時尚書之位勢之重。陸游《老學庵筆記》卷四：「御史久次不得爲郎者，道過南宮，輒回首望之，俗號『拗項橋』，如此之類，猶是謗語。予讀鄭畋作《學士時金鸞坡上南望詩》云：『玉晨鐘韻上空虛，畫戟祥煙擁帝居，極目向南無限地，綠煙深處認中書。』則其意著矣。乃知朝士妄想，自古已然，可付一笑。」

〔三〕按「張曲江論牛仙客」，考《舊唐書·張九齡傳》(《舊唐書》卷九十九)載，李林甫自無學術，以九齡文行爲上所賞，心頗忌之，乃引牛仙客知政事，九齡屢言不可，玄宗不悅。

申明同省敕

元和末，有敕申明【1】，父子兄弟無同省之嫌。自是楊於陵任尚書〔一〕，其子嗣復歷郎署〔二〕，兄弟分曹者亦數家〔三〕。

校勘記

【1】《學津討原》本作「明」，《津逮》本、《四庫》本作「朙」字，今從前者。

箋注

〔一〕楊於陵：其人字達夫，弘農人。有奇志，弱冠舉進士，釋褐爲潤州句容主簿。浙西觀察使韓滉有知人之鑒，見之甚悅，以愛女妻之。歷鄂岳、江南二府從事，累官至侍御史。貞元八年，始入朝爲膳部員外郎，歷考功吏部三員外，判南曹。遷右司郎中，復轉吏部郎中，改京兆少尹，未幾出爲絳州刺史。德宗雅聞其名，詔拜中書舍人。貞元末，遷爲華州刺史，充潼關防禦鎮國軍等使。未幾，遷浙江東道都團練觀察等使，入拜戶部侍郎，復改京兆尹。元和五年，入爲吏部侍郎，改兵部侍郎判度支。

十一年，貶爲桂陽郡守，兼御史大夫，充淄青十二州宣慰使。穆宗即位，遷戶部尚書。長慶初，拜太常卿，充東都留守。年高拜章辭位，寶歷二年授檢校右僕射兼太子太傅，旋以左僕射致仕。太和四年十月卒，年七十八，冊贈司空，諡貞孝。事跡具兩《唐書》本傳（《舊唐書》卷一百六十四；《新唐書》卷一百六十三）。

〔二〕楊嗣復：字繼之，僕射楊於陵之子。進士擢第，明年，登博學宏詞科，釋褐秘書省校書郎，遷右拾遺、直史館，改太常博士。元和十年，累遷至刑部員外郎，再遷兵部郎中。長慶元年十月，以庫部郎中知制誥，正拜中書舍人，知禮部侍郎。文宗即位，拜戶部侍郎。太和四年丁父憂免，七年三月起爲尚書左丞，復檢校禮部尚書。遷梓州刺史、劍南東川節度觀察等使。九年，檢校戶部尚書、成都尹、劍南西川節度副大使，知節度事，觀察處置等使。開成二年十月，入爲戶部侍郎，領諸道鹽鐵轉運使。後貶爲潮州刺史。宣宗即位，徵拜吏部尚書。大中二年，自潮陽還至岳州病，一日而卒，時年六十六，贈左僕射，諡曰「孝穆」。事跡具兩唐書本傳（《舊唐書》卷一百七十六；《新唐書》卷一百七十四）。

〔三〕按此條所記，《舊唐書·楊嗣復傳》（《舊唐書》卷一百七十六）亦有所及。據該傳載，其時，楊嗣復父楊於陵爲戶部侍郎，嗣復上言與父同省非便，請換他官。詔曰：「應同司官有大功以下親者，但非連判及勾檢之官並官長，則不在迴避之限。如官署同職司異，雖父子兄弟無所避嫌。」舊書此處所載與《國史補》相合，可互爲參證。

長名定留放

自開元二十二年，吏部置南院，始懸長名，以定留放〔一〕。時李林甫知選，寧王〔二〕私謁十人，林甫曰：「就中乞一人賣之。」于是放選牓云：「據其書判，自合得留。緣囑寧王，且放冬集〔三〕。」

箋注

〔一〕自開元句：按「吏部置南院」事，考《唐會要》卷七十四載，開元二十八年八月，以考功貢院地置吏部南院，以懸選人文選，或謂之選院。其選院本銓之內，至是移出之東都，至二十一年七月以太常園置之。又據《新唐書·楊國忠傳》（《新唐書》卷二百六）載，吏部故事，每歲揭版於南院，爲選式。選者自通一辭，不如式，輒不得調。故有十年而不得不官職者。楊國忠創押例，無賢不肖用選。深者先補官，牒文謬缺得再通，眾議翕然美之。長名，考《封氏聞見記》卷三云：「高宗龍朔之後，以不堪任職者，眾遂出長牓，放之冬集，俗謂之長名。」《唐會要》卷七

十四：「（開元）十一年十一月，楊國忠爲右相兼吏部尚書，奏請兩京選人，銓日便定留放，無長名。」

〔二〕寧王：乃唐睿宗與肅明順聖皇后劉氏生之子，本封爲宋王，開元七年，宋王憲徙封寧王。開元二十九年，薨，諡爲讓皇帝，葬於惠陵。（見《舊唐書》卷五十一《后妃傳》；《舊唐書》卷八《玄宗本紀》）

〔三〕冬集：指尚未被任職者於冬季集於京師參加吏部銓選。《唐會要》卷七十五：「大曆十一年五月，勅禮部送進士、明經、明法、弘文及崇文生道舉等，準式據書判資蔭量定，冬集授散。」《唐大詔令集》卷一百六：「自今以後，明經習禮記及第者，亦宜冬集。」

就私第注官

裴僕射遵慶【1】〔一〕罷相知選，朝廷優其年德，令就宅注官〔二〕。自宣平坊〔三〕牓引仕子以及東市西街，時人以爲盛事。

校勘記

【1】《津逮》本、《四庫》本及《學津討原》本均作「度」字，今據《舊唐書》及《太平廣記》改正。

箋注

〔一〕裴僕射遵慶：裴僕射遵慶，即裴遵慶，永泰元年，改吏部尚書右僕射，故有此稱。其人乃絳州聞喜人。代襲冠冕，爲河東著族。遵慶志氣深厚，機鑒敏達，自幼強學，博涉載籍，謹身晦跡，不干當世之務，以門蔭累授潞府司法參軍。隨調吏部授大理寺丞遷司門員外、吏部員外郎專判南曹。天寶末爲楊國忠所擠，出爲郡守。肅宗即位，徵拜給事中、尚書右丞、吏部侍郎遷黃門侍郎，同中書門下平章事。久之，爲太子少傅。永泰元年，與裴冕等並於集賢院待制，罷知政事。尋改吏部尚書、右僕射，復知選事。大曆十年十月，薨於位，年九十餘。事跡具兩《唐書》本傳（《舊唐書》卷一百十三；《新唐書》卷一百四十）。

〔二〕注官：指銓敍官職。《唐六典》卷二：「凡注官皆對面唱示。若官資未相當及以爲非便者，聽至三注。三注不伏注，至冬檢舊判注擬。」據舊書《楊國忠傳》（《舊唐書》卷一百六）載，吏部三銓三注三唱，自春及夏才終其事。國忠使胥吏於私第暗定官員，集百寮於尚書省對注，唱一日令畢，以誇神速。資格差謬，無復倫序。明年注擬，又於私第大集選人，令諸女弟垂簾觀之，笑語之聲朗聞於外。故事，注官訖過門下侍中給事中。國忠注官時，呼左相陳希烈於座隅，給事中在列，曰：「既對注擬，

過門下了矣。」

〔三〕自宣平坊句：宣平坊，考《長安志》卷八載，此坊位於朱雀街東第四街，皇城之東第二街之南，西南角有法雲尼寺。東市，據《長安志》卷七及卷八載，萬年、長安二縣以朱雀大街爲界，萬年領街東五十四坊及東市，長安領街西五十四坊及西市。東市位於勝業坊正南，安邑坊正北，南北居二坊之地，東西南北各六百步，四面各開二門，定四面街，各廣百步。北街當皇城南之大街，東出春明門。東西及南面三街向內開北廣於舊街。市內貨財二百二十行，四面立邸，四方珍奇皆所積集。萬年縣戶口減於長安，又公卿以下居止多在朱雀街東，第宅所占甚多。由是商賈所湊多歸西市。西市戶口少，列律寬，自此之外，繁雜稍劣於西市矣。

郎官判南曹

　　長慶初，李尚書絳〔一〕，議置郎官十人，分判南曹〔二〕，吏人不便。旬日出爲東都留守〔三〕，自是選曹成狀，常亦速畢也。

箋注

〔一〕李尚書絳：即李絳，曾歷任吏部、戶部、兵部尚書，故稱李尚書。按新舊本傳載，李絳，字深之，趙郡贊皇人。絳舉進士，登宏辭科，授秘書省校書郎。秩滿，補渭南尉。貞元末，拜監察御史。元和二年，以本官充翰林學士，未幾改尚書主客員外郎。踰年，轉司勳員外郎。五年，遷本司郎中知制誥。六年，以中人之故，罷學士，守戶部侍郎判本司事。俄爲中書侍郎同中書門下平章事。八年封高邑縣男。九年罷知政事，授禮部尚書。十年，檢校戶部尚書，出爲華州刺史。未幾，入爲兵部尚書。丁母憂，十四年檢校吏部尚書，出爲河中觀察使，復爲兵部尚書。長慶元年，轉吏部尚書。是歲，加檢校尚書右僕射，判東都尚書省事，充東都留守。二年正月，檢校本官兗州刺史、兗海節度觀察等使。三年，復爲東都留守。四年，就加檢校司空。寶曆初，入爲尚書左僕射。尋罷僕射，改授太子少師，分司東都。文宗即位，徵爲太常卿。二年，檢校司空，出爲興元尹山南西道節度使。四年爲亂兵所害，時年六十七。事跡具兩《唐書》本傳（見《舊唐書》卷一百六十四；《新唐書》卷一百五十二）。

〔二〕南曹：考《唐六典》（《唐六典》卷二），吏部員外郎一人，掌選院，謂之南曹。每歲選人，有解狀、籍書、資歷，考課必由之，以覈其實，乃上三銓。其三銓進甲，則署其曹。其天下注云：「在選曹之南，故謂之南曹。」

〔三〕旬日句：乃指長慶元年，李絳充東都留守，逾二年，復位東都留守。此前，爲吏部、兵部尚書。（見《舊唐書》卷一百六十四《李絳傳》）

李建論選集

李建〔一〕爲吏部郎中，常言于同列曰：「方今俊秀，皆舉進士。使僕得志，當令登第之歲，集于吏部，使尉緊縣，既罷又集，乃尉兩畿，而升于朝。大凡中人，三十成名，四十乃至清列，遲速爲宜。既登第，遂食祿，既食祿，必登朝，誰不欲也。無淹翔以守常限，無紛競以求再捷，下曹得其修舉，上位得其歷試。就而言之，其利甚博。」議者多之。

箋注

〔一〕李建，兩《唐書》無傳，其人仕履始末不詳，事跡散見於史書中。其人大曆十四年，爲延州刺史。元和十五年，先後任禮部侍郎，刑部侍郎知選事。長慶元年卒於刑部侍郎任上。（《舊唐書》卷十六《穆宗本紀》，《舊唐書》卷二十五《禮儀志》，《舊唐書》卷一百二十九《韓滉傳》）又據《古今紀要》卷十二載，其人嘗客荊州。吏部當補校書者八人，獨不藉貴勢以請。順宗時知制誥。不治垣屋，清儉稱。

朱泚僞黃案

吏部甲庫〔一〕，有朱泚僞黃案〔二〕數百道，省中常取戲玩，已而藏之。柳闢〔三〕知甲庫，白執政，于都堂集八座丞郎而焚之。

箋注

〔一〕吏部甲庫：乃指古代專門保管甲歷的檔案庫，始建於唐。五代、宋亦有甲庫。後周吏部的甲庫，所存制敕逐季抄錄報送史館。宋代甲庫屬吏部，主管收藏官告院所撰黃甲及中書發送門下省的擬官奏狀。至於宋高宗時的御前甲庫，性質則完全不同，屬於向皇帝供應圖畫、酒等雜物的官庫。（《五代會要》卷十四；《文獻通考》卷二十四）北周庾信《周大將軍懷德公吳明徹墓誌銘》（《庾開府集箋註》卷十）：「長沙楚鐵，更入兵欄，洞浦藏犀，還輸甲庫。」據《唐會要》（《唐會要》卷八十二）載，唐中央三省每年銓選官吏，凡參加銓選入仕官員的出身、籍貫、履歷、考績及三省的擬官、解官、委官等皆需記錄存檔，這些記錄檔稱爲甲、甲歷、官甲或敕甲。文官銓選由吏部主持，五品以上制授、六品以下敕授。武

官銓選由兵部主持。甲曆作爲銓選官吏的重要憑證檔複製多份，分別保管在尚書省吏部、中書省和門下省的甲庫內，三省的甲庫總稱「三庫」。尚書省吏部甲庫由員外郎、主事各一人專管；中書、門下省甲庫由主事、錄事各一人專管。甲庫還設令史具體管理。德宗建中元年，甲曆另抄一份送內庫保存。若「三庫」甲曆殘缺，可檢用內庫藏本參考。憲宗時，據吏部侍郎楊於陵奏請，吏部甲庫的甲曆，經檢核考證精確後，依照原件分期分批謄寫修復，以保證銓選時查用。查閱甲曆，須由門下給事中、中書舍人、吏部格式郎中與甲庫令史共同核實，唐代稱爲磨勘、勘合或檢勘。如「三庫」甲曆無異，才能選官。中唐以後政治腐敗，胥吏爲害，甲庫管理日益混亂，甲曆被私下改寫、僞造、毀壞十分嚴重。

〔二〕黃案：考《資治通鑑》卷一百四十二「黃案」下胡三省注云：「案，文案也，藏之以爲案，據尚書用黃箭，故曰黃案。」

〔三〕柳闢，唐史無考，其人世次爵里不詳，闕疑待考。

郎官分判制

郎官〔一〕故事，吏部郎中二廳，先小銓〔二〕，次格式。員外郎二廳，先南曹〔三〕，次廢置。刑部分四覆〔四〕，戶部分兩賦〔五〕，其制尚矣。

箋注

〔一〕郎官：乃指侍郎、郎中等職。據《文獻通考・歷代郎官》（《文獻通考》卷五十二）載，秦代置郎中令，爲皇帝左右親近的高級官員。屬官執掌護衛陪從、隨時建議等。西漢因秦制不變。東漢以尚書臺爲行政中樞。其分曹任事者爲尚書郎，職權範圍擴大。魏、晉、南北朝時，尚書郎官之制，略同於漢。隋分郎官爲侍郎與郎。唐六部郎官，郎中之外，更置員外郎。唐以後郎官的設置，基本上無大變革。

〔二〕小銓：《唐六典》卷二載，「郎中一人掌小選，凡未入仕而吏京師者，復分爲九品，通謂之行署。其應選之人以其未入九流，故謂之流外銓，亦謂之小銓。其校試銓注與流內銓署同。」又據《舊唐書・職官志二》（《舊唐書》卷四十三）：「郎中一人掌小銓，亦分爲九品，通謂之行署。以其在九流之外，故謂之流外銓，亦謂之小選。」

〔三〕南曹：據《唐六典》卷二載，員外郎一人掌選院，謂之南曹。其曹在選曹之南，故謂之南曹。《通雅・官制》（《通雅》卷二十三）云：「選司亦謂之南曹，亦謂左曹。」

〔四〕四覆：蓋指刑部官名，其具體職責不詳。《舊唐書・穆宗本紀》（《舊唐書》

卷十六）載：「刑部四覆官、大理六丞，每月常須二十日入省寺，其廚料令戶部加給。」

〔五〕按「戶部分兩賦」說，《南部新書》卷五所載略有不同，云：「戶部分兩稅，度支案郎中判入，員外郎判出。」

敘諸曹題目

舊說吏部為省眼，禮部為南省舍人，考功度支為振行〔一〕。比部得廊下食，以飯從者，號比盤。二十四曹呼左右司為都公〔二〕。省下語曰：「後行祠屯，不博中行都門；下行刑戶，不博前行駕庫。〔三〕」

箋注

〔一〕舊說句：據《容齋四筆》卷十五載，吏部郎為小選，為省眼。考功、度支為振行。禮部為小儀，為南省舍人，今日南宮。

〔二〕二十四曹句：二十四曹，乃二十四司別稱，指尚書六部二十四司，分別為：吏部吏部司，主爵司，司勳司，考功司。戶部戶部司，度支司，金部司，倉部司。禮部禮部司，祠部司，膳部司，主客司。兵部兵部司，職方司，駕部司，庫部司。刑部刑部司，都官司，比部司，司門司。工部工部司，屯田司，虞部司，水部司。按「曹」之稱謂乃肇於漢代。據《晉書·職官志》（《晉書》卷二十四）載，漢承秦置，及武帝遊宴後庭，始用宦官主中書，以司馬遷為之。成帝建始四年罷中書宦者，又置尚書五人，一人為僕射，而四人分為四曹，通掌圖書、秘記、章奏之事，各有其任。及魏改選部為吏部，主選部事又有左民客曹、五兵度支，凡五曹，尚書二僕射、一令為八座。此曹後演為部，六曹尚書即六部尚書。尚書郎所主之曹，即以後部內之司。地方州郡亦有曹，如戶曹、賊曹等，略當近現代機關之科。據《隋書百官志》（《隋書》卷二十八）載，隋文帝開皇三年，詔佐官改「曹」為司，以司其曹。如司戶、司法等。此後地方政府不再用「曹」。按「左右司」，《太平御覽》卷二百一十三引《隋書》曰：「煬帝三年，尚書都司始置左右司，郎中各一人，品同諸曹郎，從五品，掌都省之職。」《舊唐書》卷四十三《職官志》：「尚書省左右司郎中各一人，從五品上。左右司員外郎各一人，左右司郎中、員外郎各掌付十有二司之事。」《唐六典》卷一：「左司郎中一人，右司郎中一人，並從五品上。左司員外郎一人，右司員外郎一人，並從六品上。郎中、員外郎各掌付十有二司之事，以舉正稽違，省署符目，都事監而受焉。」都公之名蓋出自尚書都司。

〔三〕省下句：此句收入《全唐詩》（《全唐詩》卷八百七十六）。且「郎吏語」
　　　下注云：「尙書郎、吏、兵部爲前行司門，都、比、屯田、虞水膳部主客
　　　皆在後行。」

度支判出入

　　故事，度支案，郎中判入，員外判出，侍郎總統押案而已。貞
元已後，方有使額也〔一〕。

箋注

〔一〕故事句：據《唐會要》卷五十九「別官判度支」條載，貞元已前，他官
　　　來判者甚眾。自後，多以尙書侍郎主之，別官兼者稀矣。故事，度支按，
　　　郎中判入，員外判出，侍郎總統押案而已。官行不言專判度支。開元以
　　　後，時事多故，遂有他官來判者。或尙書侍郎專判，乃曰度支使，或曰
　　　判度支，或曰知度支事，或曰勾當度支使。雖名稱不同，其事一也。建
　　　中初，欲使天下錢穀皆歸金部、倉部，終亦不行。

當直夜發敕

　　郎官當直，發敕〔一〕爲重。水部員外郎劉約〔二〕直宿，會河北
繫囚，配流嶺南，夜發敕，直宿令史不更事，唯下嶺南，不下河
北。旬月後，本州聞奏，約乃出官。

箋注

〔一〕發勅：據《唐會要》卷五十四「中書省」條載，故事，凡王言之制有七，
　　　其四曰發日敕，謂御畫發敕也。增減官員，廢置州縣，徵發兵馬，除免
　　　官爵，授六品以下官，處流以下罪，用庫物五百段，錢二百千，倉糧五
　　　百石，奴婢五十人，馬五十疋，牛五十頭，羊五百口以上，則用之。《舊
　　　唐書》卷四十三《職官志》：中書省，置中書令二員，掌王言之制。凡王
　　　言之制有七，一曰冊書，二曰制書，三曰慰勞制書，四曰發勅，五曰勅
　　　旨，六曰論事勅書，七曰勅牒，皆宣署申覆而施行之。又《新唐書・百
　　　官志》（《新唐書》卷四十七）云：「四曰『發勅』，廢置州縣、增減官吏、
　　　發兵、除免官爵、授六品以上官，則用之。」

〔二〕劉約：其人事跡不詳，兩《唐書》無傳。考元稹《元宗簡權知京兆少尹、
　　　劉約行尙書司門員外郎制》（《元氏長慶集》卷四十六），知其曾授尙書司
　　　門員外郎，並「散官勳賜如故」。

省中四軍紫

貞元末，有郎官四人，自行軍司馬賜紫而登郎署，省中謔為四軍紫〔一〕。

箋注

〔一〕貞元句：唐制，三品以上官公服紫色，五品以上緋色。有時官品不及而皇帝推恩特賜，准許服紫服或服緋，以示尊寵，稱賜紫或賜緋。《國史補》此處所載便是其例。賜紫同時亦賜金魚袋，故亦稱賜金紫。據《舊唐書·德宗本紀》（《舊唐書》卷十二）載，興元元年，車駕次鳳翔府，詔放管內今年秋稅，耆壽侍老八十已上，各與版授，刺史賜紫，其餘版授上佐賜緋。又唐代多有以賜紫與職銜稱其人者，蓋以此顯殊榮耳。據《舊唐書·憲宗本紀》（《舊唐書》卷十四；卷十五）載，元和五年，以朝議郎、守尚書、戶部侍郎、驍騎尉、賜紫金魚袋李絳為朝議大夫、守中書侍郎同中書門下平章事。元和九年，以中大夫、守尚書右丞、上騎都尉、賜紫金魚袋韋貫之本官同中書門下平章事。亦有僧人受紫袈裟者，如《《舊唐書·薛懷義傳》（《舊唐書》卷一百八十三）載，武則天革命稱周，僧人懷義與法明等九人並封縣公，賜物有差，皆賜紫袈裟，銀龜袋。宋初沿唐制，元豐改制後，四品以上服紫，六品以上服緋，除僧人外，道士亦有時賜紫衣。《新唐書·牛叢傳》（《新唐書》卷一百七十四）：「即賜金紫，謝曰：『臣今衣刺史所假緋，即賜紫，為越等。』」

御史臺故事

御史〔一〕故事，大朝會則監察押班，常參則殿中知班，入閣則侍御史監奏。蓋含元殿〔二〕最遠，用八品宣政，其次用七品，紫宸〔三〕最近，用六品，殿中得立五花磚、綠衣、用紫案褥之類、號為七貴。監察院長與同院禮隔，語曰：「事長如事端。」凡上堂絕言笑，有不可忍，雜端大笑，則合座皆笑，謂之烘堂〔四〕。烘堂不罰，大夫中丞入三院〔五〕，罰直盡放，其輕重尺寸由于吏人，而大者存之黃卷。三院上堂有除改者，不得終食，惟刑部郎官得終之。

箋注

〔一〕御史：據《唐六典》卷十三載，唐御史臺，設大夫一人，中丞二人，侍御史四人，主簿一人，錄事二人，令史十五人，書令史二十五人，亭長

六人，掌固十二人，殿中侍御史六人，令史八人，書令史十人，監察御史十人，令史三十四人。御史大夫一人從三品，職掌邦國刑憲典章之政令，以肅正朝列，中丞爲之貳。凡天下之人有稱冤而無告者，與三司詰之。凡中外百僚之事應彈劾者，御史言於大夫，大事則方幅奏彈，小事則署名而已。若有制使覆囚徒，則刑部尚書參擇之，凡國有大禮，則乘輅車以爲之導。

〔二〕含元殿：唐大明宮正殿。《唐六典》卷七謂丹鳳門內正殿曰「含元殿」。其下注云：「即龍首山之東趾也。上高於平地四十餘尺，南去丹鳳門四百餘步，東西廣五百步，今元正冬，至於此聽朝也。」又據《長安志》卷六載，龍朔二年，造蓬萊宮含元殿。大明宮在禁苑之東南。貞觀八年，置爲永安宮，後改名曰「大明宮」。龍朔三年，大加興造，號曰蓬萊宮。咸亨元年，改曰「含光宮」，尋復「大明宮」。崔立之《南至隔仗望含元殿香爐》云「千官望長至，萬國拜含元。」（《全唐詩》卷三百四十七）《文苑英華》卷四十八載有李華《含元殿賦》全文。《唐摭言》卷七謂李華著《含元殿賦》，蕭穎士見之曰：「景福之上，靈光之下。」

〔三〕紫宸：即紫宸殿，大明宮第三大殿。《唐六典》卷七：「宣政殿北曰紫宸門，內有紫宸殿。」《雍錄》卷一：「丹鳳門北則有含元殿，又北則有宣政殿，又北則有紫宸殿。此三殿者，南北相遝，皆在山上。至紫宸又北而爲蓬萊，則山勢盡矣。」《玉海》卷七十：「第三殿曰紫宸，謂之上閤，亦曰內衙，隻日常朝則御之。」

〔四〕凡上句：雜端，考唐趙璘《因話錄》卷五載，御史臺三院，一曰臺院，其僚曰「侍御史」，眾呼爲「端公」，見宰相及臺長則曰「某姓侍御」，知雜事謂之「雜端」。烘堂，同卷載，凡公堂會食，都不談笑，若雜端失笑，則三院皆笑，謂之「烘堂」，悉免罰。

〔五〕按「三院」，考《新唐書‧百官志》（《新唐書》卷四十八）載，御史臺下轄有三院：一曰「臺院」，侍御史隸屬之，二曰「殿院」，殿中侍御史隸屬之，三曰「察院」，監察御史隸之。唐趙璘《因話錄》所載同。

御史擾同州

王某云往年任官同州，見御史出按〔一〕回，止州驛，經宿不發，忽索雜案，又取印曆，鑽驛甚急，一州大擾。有老吏竊哂，乃因庖人以通憲胥，許百縑爲贈。明日未明，已啟驛門，盡還案牘。御史乘馬而去。

箋注

〔一〕御史出按：張九齡《唐六典》（《唐六典》卷十三）載，唐設監察御史十
人，正八品上。掌分察百僚，巡按郡縣，糾視刑獄，肅整朝儀。凡將帥
戰伐大克殺獲，數其俘馘，審其功賞，辨其眞僞。若諸道屯田及鑄錢，
其審功糾過亦如之。凡嶺南及黔府選補，亦令一人監其得失。凡決囚徒，
則與中書舍人、金吾將軍監之。若在京都，則分察尚書、六司，糾其過
失。凡冬至祀圓丘，夏至祭方丘，孟春祈穀，季春祀明堂，孟冬祭神州，
五郊迎氣及享太廟，則二人共監之。若朝日夕月及祭社稷、孔宣父、齊
太公、蠟百神，則一人率其官屬，閱其牲牢，省其器服，辨其輕重，有
不修不敬，則劾之。凡尚書省有會議亦監其過謬。

崔御史巡囚

崔薹【1】〔一〕爲監察，迎囚至神策軍，爲吏所陷。張蓋而入，諷軍
中索酒食，意欲結歡。竇文場〔二〕怒奏，立敕就臺，鞭于直廳而流血。
自是巡囚不至禁軍也〔三〕。

校勘記

【1】《津逮》本、《四庫》本及《學津討原》本均皆作「薹」，今按《太平廣記》、
《舊唐書》改爲「薹」字。

箋注

〔一〕崔薹，兩《唐書》無傳，爵里、始末不可考。今按兩《唐書》，知其曾爲
監察御史，後流配崖州。（見《舊唐書》卷十三《德宗本紀》；《新唐書》
卷五十《兵志》）

〔二〕竇文場，唐朝宦官。德宗爲太子時，竇文場服侍於東宮。魚朝恩誅後，
內官不復典兵，德宗以親軍委白志貞，涇師之亂有功，德宗將其左右禁
旅悉委竇文場主之。德宗還京，頗忌宿將，凡握兵多者悉罷之禁旅，由
竇文場，霍仙鳴分統諸軍。貞元十二年六月，乃以竇文場爲左神策軍中
尉，掌握禁軍，與霍仙鳴權振於天下。後官至驃騎大將軍。貞元十四年，
霍仙鳴病死，竇文場連表請致仕，上許之。事跡具兩《唐書》本傳（《舊
唐書》卷一百八十四；《新唐書》卷二百七）。

〔三〕自是句：據《舊唐書·德宗本紀》（《舊唐書》卷十三）載，貞元十九
年，監察御史崔薹入臺近，不練故事，違式入右神策軍，上怒笞四十，
配流崖州。又《新唐書·兵志》（《新唐書》卷五十）載，貞元十四年，
詔左右神策置統軍，六軍多爲詭辭請遙隸神策軍，稟賜遂贏舊三倍。

緣是塞上往往稱神策行營，皆內統於中人，其軍乃至十五萬。故事，京城諸司諸使府縣皆季以御史巡囚，後以北軍地密，未嘗至。貞元十九年，監察御史崔薳不知近事，遂入右神策。中尉奏之，帝怒杖薳四十，流崖州。

御史給公券

寶應二年，大夫嚴武奏，在外新除御史，食宿私舍非宜。自此乃給公券〔一〕。

箋注

〔一〕公券：乃指古代官府頒發的一種差旅費證券，肇於唐代，延用至宋。《說郛》卷四十四上云：「宋開寶二年，詔西川、山南、荆湖等道舉人皆給來往公券，自初起程以至還鄉費，皆給於公家，令樞密院定例施行。蓋自初起程以至還鄉費，皆給於公家。」公券一詞，屢屢見於唐宋公文史書中，如《唐大詔令集》、《唐會要》等。據《唐會要》（《唐會要》卷二十三；六十一）載，太和三年正月，勅文武常參官回家拜掃，據令式五年一給假，宜本司準令式處分。如登朝未經五年，不在給假限內。開成四年二月，中書門下奏曰：「常參官寒食拜掃，奉進止准往例給公券者，臣等謹按舊制承前，常參官應為私事請假於州往來，並給券牒。又奉前年八月勅，釐革應緣私事，並不許給公券。令臣等商量，伏惟寒食拜掃，著在令式，銜恩乘驛以表哀榮，其應緣私事及拜掃不出府界，假內往來者，並不在給券限。庶存經制，可久遵行。」從之。又太和八年八月，門下省奏云：「常參官私事請假，從來準例並給券牒。今商量或緣家事乞假，各申私志，須約公費，自今後應有此色假官並任私行，門下省不得給公券。如或事出特恩，不在此限。」勅旨依奏。

御史爭驛廳

元和中，元稹為監察御史〔一〕，與中使爭驛廳，為其所辱〔二〕。始敕節度觀察使，臺官與中使先到驛者得處上廳，因為定制。

箋注

〔一〕元和句：元稹，字微之，河南人。八歲喪父，九歲能屬文，十五兩經擢第，二十四調判入第四等，授秘書省校書郎。二十八歲應制舉才識兼茂明於體用科，其時為元和元年四月。制下除右拾遺，為執政所忌出為河南縣尉。丁母憂服除，拜監察御史。元和四年奉使東蜀。明年，貶為江

陵府士曹參軍。歷通州司馬、虢州長史，無何，徵還爲膳部員外郎。長慶初，潭峻薦元稹於穆宗，遂轉祠部郎中知制誥。居無何，召入翰林，爲中書舍人承旨。長慶二年拜平章事，旋爲李逢吉所譖，出爲同州刺史。三年，改授越州刺史、浙東觀察使。大和初，檢校禮部尚書。三年九月，入爲尚書右丞。五年七月暴卒於武昌節度使任上。事跡具兩《唐書》本傳（《舊唐書》卷一百六十六 ；《新唐書》卷一百七十四）。按「元稹爲監察御史」事，考《舊唐書·元稹傳》，元和四年，拜元稹爲監察御史。

〔三〕與中使句：據《舊唐書·元稹傳》載，元和五年，召元稹還京，宿敷水驛，內官劉士元後至，爭廳，士元怒排其戶，元稹襪而走廳後，劉士元追之後，以箠擊稹傷其面部。《新唐書·元稹傳》則載傷元稹之中使乃爲仇士良。又《新唐書·宦者傳》（《新唐書》卷二百七）載云：「仇士良，字匡美，循州興寧人。順宗時，得侍東宮。憲宗嗣位，再遷內給事，出監平盧鳳翔等軍。嘗次敷水驛，與御史元稹爭舍上廳，擊傷稹。」《資治通鑑》不記其人名姓，只云內侍。其條下有注云：「《考異》（《資治通鑑》卷二百三十八）曰《實錄》云中使仇士良與元稹爭廳。按稹及白居易傳，皆云劉士元。而《實錄》云仇士良，恐誤。今止云內侍。」白居易爲拾遺，上疏（《白氏長慶集》卷五十九《論元稹第三狀》）云：「聞劉士元蹋破驛門，奪將鞍馬，仍索弓箭嚇辱朝官，承前已來，未有此事。今中官有罪未聞處置，御史無過，卻先貶官。遠近聞知，實捐聖德。臣恐從今已後，中官出使，縱暴益甚，朝官受辱，必不敢言。縱有被凌辱毆打者，亦以元稹爲戒，但吞聲而已。陛下從此無由得聞。」按此當知擊傷元稹之中使當爲劉士元，《新唐書》以爲仇士良，實誤。

用使下御史

每大朝會〔一〕，監察御史押班〔二〕不足，則使下御史，因朝奏者攝之。

箋注

〔一〕大朝會：據《朝野類要》卷一載，本朝禮制有元日大朝會，如古之諸侯述職也。凡監司帥守悉赴正旦大宴，鄉貢進士亦預焉，諸道之進奏官亦預焉。《玉海》卷七十謂大朝會則御丹鳳門內第一殿含元殿。

〔二〕押班：指朝會時監督百官位次禮儀。《新唐書》卷四十八《百官志》：「朝會則率其屬正百官之班序，遲明列於兩觀，監察御史二人押班，侍御史顓舉不如法者。」《太平廣記》卷二百二十四引《出戎幕閒談》稱顏魯公爲監察御史，因押班，中有誼譁無度者，命吏錄奏次，即哥舒翰也。宋

制中亦有押班，然與唐制略有不同。《宋史》卷三《太祖本紀三》：「庚戌，詔參知政事與宰相趙普，分知印押班奏事。」

臺省相愛憎

諫院以章疏之故，憂患略同。臺中則務苛禮，省中多事，旨趣不一〔一〕，故言：「遺補相惜，御史相憎，郎官相輕。〔二〕」

箋注

〔一〕諫院句：諫院，此處蓋指左、右補闕拾遺等諫官總稱，且諫院另鑄有諫院印。據《唐會要》卷五十五載，貞元十三年八月，左諫議大夫薛之與奏請別鑄諫院印。另據《舊唐書·文宗本紀》（《舊唐書》卷十七下）載，太和九年十二月辛卯，置諫院印。《冊府元龜》卷一百三則稱其緣由云：「諫院舊無印，苟有章疏，各於本司請印，諫官有疏，人多知之。至是特勅置印，兼詔諫官凡所論事有關機密，任別以狀引之，不須以官銜結署。臺中，指禦史臺。據《新唐書·百官志》稱禦史臺屬有三院：一曰「臺院」，二曰「殿院」，三曰「察院」。省中，此處蓋指尚書省。

〔二〕故言句：按「遺補相惜，禦史相憎，郎官相輕」之說收入《全唐詩》，名為《諫院臺省語》。（見《全唐詩》卷八百七十六）按「郎官」，指尚書省郎中與員外郎之統稱。自品秩而言，郎中為從五品上，員外郎為從六品上。（見《唐六典》卷一）

內外諸使名

開元已前，有事于外，則命使臣，否則止。自置八節度〔一〕，十採訪〔二〕，始有坐而為使，其後名號益廣。大抵生于置兵，盛于興利，普于銜命，于是為使則重，為官則輕。故天寶末，佩印有至四十者；大曆中，請俸有至千貫者。今在朝有太清宮使、太微宮使、度支使、鹽鐵使、轉運使、知匭使、宮苑使、閑廄使、左右巡使、分察使、監察使、館驛使、監倉使、左右街使，外任則有節度使、觀察使、諸軍使、押蕃使、防禦使、經略使、鎮遏使、招討使、権鹽使、水陸運使、營田使、給納使、監牧使、長春宮使、團練司使、黜陟使、撫巡使、宣慰使、推覆使、選補使、會盟使、冊立使、弔祭使、供軍使、糧料使、知糴使，此是大略，經置而廢者不錄。宦官內外悉屬之。使舊為權臣所管，州縣所理，

今屬中人者有之。

箋注

〔一〕八節度：據杜佑《通典》卷三十二《職官十四》載，乃指開元中所設八節度使，分別爲磧西、河西、隴右、朔方、河東、幽州、劍南、嶺南八節度，後更增加兼改名號。節度使，據杜佑《通典・職官十四》（《通典》卷三十二）載，唐制，緣邊戎寇之地則加以旌節，謂之節度使。武德初，尚未有節度使，唐境邊緣及襟要地方州置總管府。以本州刺史兼總管，總攬附近數州軍事；武德七年，改稱都督府。貞觀中行軍稱總管，駐守稱都督。唐任節度使始自睿宗景雲二年四月，時以賀拔延嗣爲河西節度使，「加以旌節」，「得以軍事專殺，行則建節，府樹六纛」。肅宗至德以後，天下用兵，中原刺史一例受節度使號。《新唐書・方鎮表》（《新唐書》卷六十四）云：「開元二十二年，朔方節度始兼處置使。」《新唐書・兵志》（《新唐書》卷五十）云：「高宗永徽以後，都督帶使持節者始謂之節度使，然猶未以名官。」又據《資治通鑑》卷二百十六載，天寶元年初，邊帥不久任兼統，至開元中始久任兼統，至天寶六載，邊帥盡用胡人，勢始偏重。天寶初，遂有沿邊十節度（實爲九節度使，一經略使）之制。是時，天下聲教所被之州三百三十一，羈縻之州八百，置十節度、經略使以備邊。初，節度使皆用名臣，不久任，不遙領，不兼統，功名著者往往入爲宰相。天寶時，李林甫爲相，欲杜邊帥入相之路，以鞏固其相位，奏言「文臣爲將，怯當矢石」，不如用胡人，胡人勇決習戰，且族寒無黨，厚待之「必能爲朝廷盡死」。玄宗可其奏請，遂用安祿山、安思順、哥舒翰、高仙芝先後出任平盧、范陽、朔方、河西、安西、河東等道節度使，權傾邊陲，終成尾大不掉之勢。至德以後，天下多征戰，內地要州刺史皆授以節度使，由是方鎮相望於內地，大者連州十餘，小者猶兼三四。

〔二〕十採訪：乃指十道採訪使。開元二十二年初，置十道採訪使。時，張九齡在相位，建議復置十道採訪。《唐大詔令集》卷一百錄有張九齡所撰《置十道採訪使勅》。據杜佑《通典・職官十四》（《通典》卷三十二）載，唐初於各道設按察使，開元時改設採訪處置使，簡稱採訪使，掌舉劾所屬州縣官吏。肅宗以後改爲觀察處置使。宋洪邁《容齋三筆》卷七云：「唐世於諸道置按察使，後改爲採訪處置使，治於所部之大郡。既又改爲觀察，其有戎旅之地，即置節度使。分天下爲四十餘道，大者十餘州，小者二、三州，但令訪察善惡，舉其大綱。」

叙著名諸公

開元日，通不以姓而可稱者，燕公、曲江、大尉【1】、魯公〔一〕。不以名而可稱者，宋開府、陸兗公、王右丞、房太尉、郭令公、崔太傅、楊司徒、劉忠州、楊崖州、段太尉、顏魯公〔二〕。位卑而著名者，李北海、王江寧、李館陶、鄭廣文、元魯山、蕭功曹、張長史、獨孤常州、杜工部、崔比部、梁補闕、韋蘇州、戴容州〔三〕。二人連言者，岐薛姚宋（亦曰蘇宋）、燕許（大手筆）、元王（秉權）、常楊（制誥）、蕭李（文章）〔四〕。又有羅鈐吉（網酷吏羅希奭、吉溫）、員推韋狀（能吏員結、韋元甫）〔五〕。又有四夔〔六〕、四凶〔七〕。

校勘記

【1】《津逮》本作「大尉」，《學津》本、《四庫》本均作「太尉」，今按後者改爲「太尉」。

箋注

〔一〕開元句：燕公，即張說，曾封燕國公。曲江，即張九齡，韶州曲江人，故稱此。太尉，或爲房琯，嘗爲太尉。魯公，即顏眞卿，代宗時官至吏部尚書、太子太師，封魯郡公，故稱「顏魯公」。

〔二〕不以句：宋開府，爲宋璟，玄宗曾授璟開府儀同三司，故名。陸兗公，爲陸象先。王右丞，即王維，因曾任尚書右丞而得名。房太尉，房琯，卒贈太尉。郭令公，即郭子儀，官至太尉中書令，世稱此。崔太傅，即崔祐甫，卒時年六十，德宗甚悼惜之，爲之廢朝三日，冊贈太傅，故名崔太傅。楊司徒，即楊綰，卒後贈司徒。劉忠州，即劉晏。楊崖州，即楊炎，考《舊唐書·楊炎傳》載，楊炎得罪，貶爲崖州司馬，故世人號爲楊崖州。段太尉，即段秀實，曾封太尉。顏魯公魯公，即顏眞卿，代宗時官至吏部尚書、太子太師，封魯郡公，故稱「顏魯公」。

〔三〕位卑句：李北海，即李邕，雖詘不進而文名天下，時稱李北海（見《新唐書·李北海傳》）。王江寧，即王昌齡，江寧人，工詩緒密而思清，時謂王江寧（見《新唐書·王昌齡傳》）。李館陶，不知何人，闕疑待考。鄭廣文，即鄭虔。元魯山，即元德秀，曾爲魯山令，故有此稱。蕭功曹，即蕭穎士。張長史，即張旭。獨孤常州，即獨孤及。杜工部，即杜甫。崔比部，指崔元翰。梁補闕，即梁肅。韋蘇州，指韋應物。戴容州，即戴叔倫。

〔四〕二人句：岐薛，即岐王李範、薛王李業。姚宋（亦曰蘇宋），即姚崇、宋

璟；燕許（大手筆），即蘇頲與張說，二人以文章顯，稱望略等故，時號燕許大手（見《舊唐書・蘇頲傳》）。元王（秉權），即元載、王縉，皆爲宰相。常楊（制誥），即常袞、楊炎，並掌綸誥，常袞長於除書，楊炎善爲德音，自開元已來言詔制之美者，時稱常楊。（見《舊唐書・楊炎傳》）蕭李（文章），即蕭穎士、李華。

〔五〕又有句：羅鉗吉網，據《舊唐書》卷一百八十六下《酷吏傳》載，天寶初，右相李林甫引羅希奭與吉溫持獄，又與希奭姻婭，自御史臺主簿再遷殿中侍御史。自韋堅、皇甫惟明、李適之、柳勣、裴敦復、李邕、鄔元昌、楊慎矜、趙奉璋下獄事，皆與溫鍛鍊故，時稱「羅鉗吉網」，惡其深刻也。員推韋狀，《舊唐書・韋元甫傳》（《舊唐書》卷一百十五）稱韋元甫與同幕判官員錫齊名，元甫精於簡牘，錫詳於訊覆，韋涉推誠待之，時謂「員推韋狀」。

〔六〕四夔：據《舊唐書・崔造傳》（《舊唐書》卷一百三十），崔造，永泰中與韓會、盧東美、張正則爲友，皆僑居上元，好談經濟之略，嘗以王佐自許，時人號爲四夔。

〔七〕四凶：本指共工，驩兜，三苗與鯀，一指饕餮、渾沌（即混沌）、窮奇和檮杌四大魔獸。此指李義府次子李洽及柳元貞等四人，時人稱爲「四凶」。（見《舊唐書》卷八十二《李義府傳》）

敍專門之學

　　大曆已後，專學者有蔡廣成《周易》〔一〕，強象《論語》，啖助、趙匡、陸質《春秋》〔二〕，施士丐《毛詩》〔三〕，刁彝、仲子陵、韋彤、裴茝講《禮》〔四〕，章廷珪、薛伯高、徐潤並《通經》〔五〕。其餘地理則賈僕射〔六〕，兵賦則杜太保〔七〕，故事則蘇冕、蔣乂〔八〕，曆算則董和（名嫌，憲宗廟諱），天文則徐澤，氏族則林寶〔九〕。

箋注

〔一〕蔡廣成周易：蔡廣成，《唐書》無傳，據《舊唐書・德宗本紀》（《舊唐書》卷十三）載，貞元十一年，諸州準例，薦隱居丘園、不求聞達蔡廣成等九人，各受試官，令給公乘，到京日，量才敘用。《新唐書・儒學傳下》（《新唐書》卷二百）謂其以《易》強於時。宋俞琰《讀易舉要》卷四云：「唐太子左諭德蔡廣成撰《周易啓源》十卷，皆設爲問答之辭。其卷首題『德恒、德言、德庸、德翰』。問者不知何義也，或曰恐是其諸子之名。」晁公武引李邯鄲語云（《郡齋讀書後志》卷一）：「唐人田偉置於王昭素之

下，今從李說，卷首『德恒、德言、德膚、德翰』四篇皆設爲問對，凡三十六篇。

〔二〕啖助句：強象，不知何許人，史志無考。啖助，字叔佐，趙州人。後徙關中，淹該經術。天寶末，調臨海尉、丹陽主簿，秩滿屏居，甘足疏糧，善爲《春秋》，考三家短長、縫綻、漏闕，號《集傳》，凡十年乃成，復攝其綱條爲例，統其言。啖助愛公羊、穀梁二家，以左氏解義多謬。卒年四十七。趙匡、陸質乃其門人高弟。又據同書載，陸質與其子陸異曾裒錄啖助所爲《春秋集註總例》，請趙匡損益增減。事跡具《新唐書·啖助傳》（《新唐書》卷二百）。趙匡，字伯循，河東人，歷洋州刺史。陸質稱其爲趙夫子，事跡不詳。陸質，吳郡人，本名淳，避憲宗名改之質。長於經學，尤深於春秋，少師事趙匡。趙匡師啖助。啖助、趙匡皆卓異之人，陸質頗能傳其學，由是知名。陳少遊鎮揚州，愛其才，辟爲從事。後薦於朝，拜左拾遺轉太常博士，累遷左司郎中。坐細故，改國子博士，歷信、台二州刺史。順宗即位，陸質素與韋執誼善，由是徵爲給事中、皇太子侍讀，仍改賜名質。未幾病卒。陸質著《集注春秋》二十卷，《類禮》二十卷，《君臣圖翼》二十五卷，並行於代。貞元二十一年卒。其事跡具《舊唐書·陸質傳》（《舊唐書》卷一百八十九下）。徐潤，史書無考，事跡爵里未詳。宋陳振孫撰《直齋書錄解題》卷六云「《徐氏家祭禮》一卷，唐左金吾衛、謂曹參軍徐潤撰。」朱子《晦庵集》卷八十一《跋古今家祭禮》云：「諸家之書，如荀氏、徐暢孟、馮翊、周元陽、孟詵、徐潤、孫日周等儀有錄而未見者，尚多有之。」可見徐潤此書於當時已散佚無存。

〔三〕施士丐《毛詩》：施士丐，唐史無傳，其人爵里事跡未詳。據韓愈《施先生墓銘》（《唐宋八大家文鈔》卷十五）載，其人卒年六十九，在太學者十九年，由四門助教爲太學助教，由助教爲太學博士。且謂「先生明毛鄭詩，通《春秋左氏傳》善講說，朝之賢士大夫從而執經考疑者，繼往於門。太學生習《毛鄭詩》、《春秋左氏傳》者，皆其弟子」。

〔四〕刁彝句：刁彝，不知何許人，其人事跡無考。三國時吳國有同名者。仲子陵，唐史無傳，事跡未詳。《新唐書·藝文志》（《新唐書》卷五十八）錄有仲子陵《五服圖》十卷。宋黃震《古今紀要》卷十一謂其人舍於峨眉，好古學，通后蒼、大小戴禮，家惟圖書及酒而已。《唐會要》卷七十六載，貞元十年十二月賢良方正能直言極諫科考試，仲子陵與裴垍、王播、裴度、熊執易等及第。韋彤，京兆人，四世從祖韋方質爲武后時宰相。韋彤名於治禮，德宗時爲太常博士。其事跡具《新唐書·韋彤傳》（《新唐書》卷二百《儒學下》）。裴茝，唐書無傳，然據

《唐會要》卷六十五載，元和六年閏十二月，皇太子薨，勅國子司業裴莐權攝太常博士。裴莐通習古今禮儀，嘗爲太常博士，及官至郎中，每兼其職至改國子司業方罷兼領。久居禮官，頗詳國典，舊無太子薨禮，故又命裴莐領之。其廢朝十三日，蓋用期服易月之制。

〔五〕章廷珪句：章廷珪，唐史無考，宋鄧名世撰《古今姓氏書辯證》卷十三稱其爲杭州人。薛伯高，《唐書》無傳。《柳河東集》卷十二：「薛伯高，東郡人，好讀書，號爲長者，後至尙書卒。」白居易（《白氏長慶集》卷四十九）亦稱其爲工部尙書。《太平廣記》卷四十三「薛玄眞」條稱其嘗爲給事中，薛玄眞乃其高祖。《新唐書・王彥威傳》（《新唐書》卷一百六十四）謂其曾爲道州刺史，且記其語云：「夫子稱顏回爲庶幾，其從於陳、蔡者亦各有號，出於一時，後世坐祀十人以爲哲，豈夫子志哉？」《輿地廣記》卷二十六載，元和中，道州刺史薛伯高毀當地象祠。

〔六〕賈僕射：即賈耽，歷右僕射、左僕射，故有此稱。賈耽，字敦詩，滄州南皮人。以兩經登第，調授貝州臨清縣尉。上疏論時政，授絳州正平尉從事、河東檢校膳部員外郎、太原少尹北都副留守。又檢校禮部郎中、節度副使，改汾州刺史。在郡七年，政績茂異，入爲鴻臚卿。大曆十四年十一月，檢校左散騎常侍兼梁州刺史、御史大夫、山南西道節度使。建中三年十一月，檢校工部尙書兼御史大夫、山南東道節度使，尋以本官爲東都留守、東畿汝南防禦使。貞元二年，改檢校右僕射兼滑州刺史、義成軍節度使。九年，徵爲右僕射、同中書門下平章事，進封魏國公。順宗即位，檢校司空守左僕射，知政事如故。永貞元年十月卒，時年七十六，廢朝四日，冊贈太傅，謚曰「元靖」。其人事跡具兩《唐書》本傳（《舊唐書》卷一百三十八；《新唐書》卷一百六十六）。據舊傳載，賈耽好地理學，凡四夷之使及使四夷還者，必訊其山川土地之終始。是以九州之夷險、百蠻之土俗，區分指畫，備究源流。自吐蕃陷隴右積年，國家守於內地，舊時鎮戍不可復知，賈耽乃畫隴右山南圖兼黃河經界遠近，聚其說爲書十卷。貞元十七年，又譔成《海內華夷圖》及《古今郡國縣道四夷述》四十卷。賈耽嘗云己「弱冠之歲，好聞方言、筮仕之辰，注意地理，究觀研考，垂三十年。」

〔七〕杜太保：即杜佑。據《舊唐書・杜佑傳》（《舊唐書》卷一百四十七）載，馭戎應變非其所長，性嗜學，該涉古今，以富國安人之術爲己任。初開元末，劉秩採經史百家之言，取周禮六官所職，撰《分門書》三十五卷號曰《政典》，大爲時賢稱賞。杜佑得其書，尋味厥旨，以爲條目未盡，因而廣之，加以開元禮樂，書成二百卷，號曰《通典》。按此，則李肇此

處所言其長於兵賦，未審何據。

〔八〕故事句：蘇冕，唐史無傳，仕履始末不詳。《新唐書‧藝文志》（《新唐書》卷五十八）著錄蘇冕所撰《會要》四十卷。又《郡齋讀書後志》卷二載，蘇冕嘗撰自高祖至德宗九朝之事，爲《會要》四十卷。敘高祖至德宗九朝沿革損益之制。大中七年，又詔崔鉉等撰自德宗以來事至宣宗大中六年，以續冕之書。宋王溥又採宣宗以後事，共成百卷，即今《唐會要》。蔣乂，字德源，常州義興人。出名儒世家，弱冠博通羣籍，而史才尤長。蔣乂性樸直，不能事人，或遇權臣專政，輒數歲不遷官。在朝垂三十年，前後每有大政事、大議論，宰執不能裁決者，必召以諮訪於蔣乂，徵引典故以參時事，多合其宜，然亦以此自滯。好學不倦，老而彌篤，雖甚寒暑，手不釋卷，旁通百家，尤精歷代沿革，家藏書一萬五千卷。事跡具兩《唐書》本傳（《舊唐書》卷一百四十九；《新唐書》卷一百三十二）。

〔九〕林寶：《唐書》無傳，其人爵里始末不詳。其名見於藝文志、諸家書目，所載並同。《四庫全書總目》卷一百三十五稱其爲濟南人，官朝議郎、太常博士。《新唐書‧藝文志》（《新唐書》卷五十八）著錄其所撰《元和姓纂》十卷。《元和姓纂》序稱元和壬辰歲，蓋指唐憲宗七年。《唐會要》卷三十九載，元和二年詔國子博士林寶等同修《唐德宗實錄》五十卷。《唐會要》卷六十四載，元和六年四月，太常博士林寶停修撰，守本官。《郡齋讀書志》卷二下載，林寶撰《元和姓纂》，元和中憲宗令宰相命林寶纂諸家姓氏，各依四聲類集，每韻之內，則以大姓爲首。

張參手寫書

張參爲國子司業，年老，常手寫九經，以謂讀書不如寫書〔一〕。

箋注

〔一〕張參句：張參，《唐書》無傳，大曆中有儒學高名，與鄭絪、蔣乂、楊綰、常袞等相知往來。（見《舊唐書》卷一百五十九《鄭絪傳》）《新唐書‧藝文志》（《新唐書》卷五十七）著錄其人所撰《五經文字》三卷。嘗聘於李勉幕府。九經，乃指九部儒家經典的合稱。一、隋煬帝以「明經」科取士，唐承隋制，規定《三禮》（《周禮》、《儀禮》、《禮記》）、《三傳》（《左傳》、《公羊傳》、《穀梁傳》），連同《易》、《書》、《詩》，稱爲「九經」。二、宋刻巾箱本九經白文，以《易》、《書》、《詩》、《左傳》、《禮記》、《周禮》、《孝經》、《論語》、《孟子》爲九經。三、明郝敬《九經解》，以《易》、《書》、《詩》、《春秋》、《禮記》、《儀禮》、《周禮》、《論語》、《孟子》爲

九經。四、清納蘭性德《通志堂經解》，以《易》、《書》、《詩》、《春秋》、《三禮》、《孝經》、《論語》、《孟子》、《四書》爲九經。五、清惠棟《九經古義》，解釋《易》、《書》、《詩》、《左傳》、《禮記》、《儀禮》、《周禮》、《公羊傳》、《穀梁傳》、《論語》十經，其中《左傳補注》別本單行，故稱九經。（見《九經古義》目錄）

熊氏類九經

熊執易類九經之義，爲《化統》五百卷，四十年乃就，未及上獻，卒于西川〔一〕。武相元衡欲寫進，其妻薛氏慮墜失，至今藏于家〔二〕。

箋注

〔一〕熊執易句：熊執易，《唐書》無傳，其事蹟散見於各史書。《元和姓纂》卷一稱其爲洪州人。據《唐會要》卷七十六載，德宗貞元元年九月，熊執易參加博通墳典達於教化科考試及第。《文獻通考》卷三十三：「德宗貞元十年十二月，賢良方正能直言極諫科及第。」《新唐書》卷二百十六下謂其嘗爲右補闕。順宗時，任庫部員外郎，與左金吾衛將軍田景度持節往使吐蕃。《唐會要》卷三十九稱憲宗元和二年，爲兵部郎中。《類說》卷十九稱其授西川節推，居武元衡幕下。據《太平廣記》引《唐國史補》（《太平廣記》卷一百七十九）卷下載：「熊執易通於易義。建中四年，侍郎李紓試《易簡知險阻論》，執易端座割析，傾動場中，一舉而捷。」今考《國史補》，並無「侍郎李紓」四字。考《舊唐書·李紓傳》（《舊唐書》卷一百三十七），德宗居奉天之前，其爲禮部侍郎。建中四年十月，涇師之變，德宗出逃奉天。（見《舊唐書》卷十二《德宗本紀》）而此處熊執易應試事亦發生於建中四年，當在德宗出逃之先。其時，李紓爲禮部侍郎，故其身爲考官試熊執易事，實有可能。今本《國史補》此處或有缺漏亦未可知。又《類說》卷十九載：「唐熊執易，通九經。當時設科取士，題目甚多。執易俱中等甲。章武皇帝詔就殿，試以二論。一《簡易而知險阻》，一《五運相承是非》，限三千字。成《簡易前論書》三千字。《五運相承論》於卷首題云：『此非臣末學所知。五運相承出於《遷史》，非經典明文。又唐方承土運，故不對。』」

〔二〕武相句：據《類說》卷十九載，「朝廷賞其（熊執易）才，授西川節推，居武元衡幕下。執易於九經著《化統》五百卷。」武元衡與熊執易友善，有《春日酬熊執易南亭花發見贈》（《全唐詩》卷三百十七）詩云：「千株桃杏參差發，想見花時人卻愁，曾忝陸機琴酒會，春亭惟願一淹留。」

高定易外傳

高定，貞公郢之子也。為《易》，合八出以畫八卦，上圓下方，合則為重，轉則為演，七轉而六十四卦，六甲八節備焉。著《外傳》二十三篇。定，小字董二，時人多以小字稱。年七歲，讀書至《牧誓》，問父曰：「奈何以臣伐君？」答曰：「應天順人。」又問曰：「用命賞於祖，不用命戮於社，豈是順人？」父不能對。年二十三，為京兆府參軍卒〔一〕。

箋注

〔一〕高定句：高定，事跡具兩《唐書》本傳（《舊唐書》卷一百四十七；《新唐書》卷五十七），附在《高郢傳》後。按「高定為《易》」事，考《舊唐書・高定傳》載，高定幼聰警絕倫，年七歲時，讀《尙書湯誓》，問高郢曰：「奈何以臣伐君？」高郢答：「應天順人，不為非道。」又問曰：「用命賞於祖，不用命戮於社，是順人乎？」父不能對。仕至京兆參軍。高定小字董二，人以幼慧多以字稱之，尤精《王氏易》，嘗為易圖，合入出以畫八卦，上圓下方，合則重轉，則演七轉，而六十四卦、六甲、八節齊備，著《易外傳》二十二卷，《新唐書・藝文志》有著錄。李肇所記高定事蹟多與《舊傳》相符，誠為信史，可互相參補。

董和通乾論

董和，究天地陰陽曆律之學，著《通乾論》十五卷成〔一〕。至荊南，節度裴冑〔二〕之問，董生言曰：「日常右轉，星常左轉。大凡不滿三萬年，日行周二十八舍三百六十五度。然必有差，約八十年差一度，自漢文三年甲子冬至日，在斗二十二度，至唐興元元年甲子冬至日，在斗九度，九百六十一年，差十三度矣。」

箋注

〔一〕董和句：董和，唐史無傳。據《新唐書・藝文志》，董和本名董純，避憲宗名改成和。善曆算，裴冑為荊南節度，館之，遂著《通乾論》十五卷（《新唐書》卷五十九）

〔二〕裴冑：字胤叔，其先河東聞喜人。裴冑明經及第，解褐補太僕寺主簿，授祕書省正字。累轉祕書郎。陳少遊奏為試大理司直。後李抱玉奏授監察御史奏檢校主客員外，兼侍御史觀察判官，尋為行軍司馬，遷宣州刺

史。未幾，貶汀州司馬，尋徵爲少府少監，除京兆少尹，以父名不拜，換國子司業，遷湖南觀察都團練使，移江南西道。貞元八年代樊澤爲爲江陵尹荊南節度使。貞元十九年十月卒，時年七十五，贈右僕射，謚曰「成」。事跡具《舊唐書‧裴冑傳》（《舊唐書》卷一百二十二）。按「其爲荊南節度」事，考《舊唐書》卷十三《德宗本紀》，蓋在貞元八年。是年，以江西觀察使裴冑爲江陵尹荊南節度使。

詩賜戴叔倫

貞元五年，初置中和節〔一〕。御製詩，朝臣奉和，詔寫本賜戴叔倫于容州，天下榮之〔二〕。

箋注

〔一〕貞元句：據《舊唐書》卷十三《德宗本紀》載，貞元五年春正月壬辰朔乙卯，詔曰：「四序嘉辰，歷代增置，漢崇上巳，晉紀重陽，或說襄除，雖因舊俗，與眾共樂，咸合當時。朕以春方發生，候及仲月，勾萌畢達，天地和同，俾其昭蘇，宜助暢茂，自今宜以二月一日爲中和節，以代正月晦日，備三令節數。內外官司休假一日。」宰臣李泌請中和節日令，百官進農書，司農獻穜稑之種，王公戚里上春服，士庶以刀尺相問遺，村社作中和酒祭，勾芒以祈年穀，從之。又《新唐書》卷一百三十九《李泌傳》云：「德宗以前世上巳九日皆大宴集，而寒食多與上巳同，時欲以二月名節，自我爲古。李泌請廢正月晦以二月朔爲中和節。因賜大臣戚里尺謂之裁度，民間以青囊盛百穀瓜果種相問遺，號爲『獻生子』。里閭醲宜春酒，以祭勾芒神祈豐年，百官進農書以示務本，帝悅，乃著令與上巳九日爲三令節，中外皆賜繒錢、燕會。」王溥《唐會要》卷二十九謂：「貞元五年五月十一日，勅：『四序嘉辰，歷代增置漢宗上巳，晉紀重陽，朕以春方發生，候維仲月，勾萌悉達。自今以二月一日爲中和節。』二十八日李泌請令文武百寮進農獻穜稑，王公戚里上春服，士庶以刀尺相遺，村社作中和酒，祭勾芒祈年穀，聚會宴樂，名爲『饗勾芒。』」又云「元和二年正月，詔停中和重陽二節，賜宴，其上巳日仍舊。」

〔二〕御製句：戴叔倫，字幼公，潤州金壇人。師事蕭穎士，爲門人冠。劉晏管鹽鐵，表主運湖南至雲安。嗣曹王皋領湖南、江西，表佐幕府，政理人和，期年，詔書褒美，封譙縣男，加金紫服。俄遷容管經畧使，綏徠夷落，威名流聞，其治清明仁恕，多方畧，故所至稱最。德宗嘗賦中和節詩，遣使者寵賜，還卒於道，年五十八。事跡具《新唐書‧

戴叔倫傳》（《新唐書》卷一百四十三）按「德宗詩賜戴叔倫」事，據《北夢瑣言》卷十五載，德宗皇帝好爲詩，以賜容州戴叔倫。文宗宣宗皆以詩賜大臣，昭宗駐蹕華州，以歌辭賜韓建，以詩及楊柳枝辭賜朱全忠，所賜一也，或以敬，或以憚，受其賜者，得不求其義焉。李泌有《奉和聖製中和節曲江宴百寮》（《唐詩紀事》卷二十七）詩云：「風俗時有變，中和節惟新，軒車雙闕下，宴會曲江濱，金石何鏗鏘，簪纓亦紛綸，皇恩降自天，品物感知春，慈恩匝寰瀛，歌詠同君臣。」貞元六年年二月，即第二個中和節，百官以中和節宴於曲江亭，上賦詩以賜之。其年以中和節，始令百官進太后所撰《兆人本業記》三卷，司農獻黍、粟種各一升。白居易有《中和節賦》，載於《白氏長慶集》（《白氏長慶集》卷四十六。）

二文僧首出

　　楚僧靈一【1】〔一〕，律行高潔，而能為文。吳僧皎然〔二〕，亦名晝，盛工篇什，著《詩評》三卷，及卒，德宗降使取其遺文。近代文僧，二人首出。

校勘記

【1】《津逮》本、《四庫》本及《學津討原》本均作「楚僧靈」，今考《新唐書》、《唐詩紀事》，乃知「靈」後漏「一」字，今改正。

箋注

〔一〕楚僧靈一：大曆貞元間僧。（見《唐詩紀事》卷七十二）據《唐才子傳》卷八載，其人自幼出家，除缾鉢外無所有，天性超穎，追蹤謝客隱，居麻源第三谷中，結茅讀書，後白業精進，居若耶溪雲門寺，從學者四方而至。《御選唐詩》卷十六云其俗姓吳氏，廣陵人，居餘杭宜豐寺，禪誦之暇，輒賦詩歌，與朱放張繼、皇甫曾諸人爲塵中友。

〔二〕吳僧皎然：唐代詩僧。生卒年不詳。俗姓謝，字清晝，吳興人。南朝謝靈運十世孫。活動於大曆、貞元年間，居杼山。顏眞卿爲刺史，集文士撰《韻海》，皎然預其論著。貞元中，集賢院取其集藏之，于頔爲序，有詩名，撰有《詩式》，即李肇所言詩評三卷是也。（見《唐詩紀事》卷七十三）。皎然之詩，歷代評價不低。唐于頔《吳興晝上人集序》（《晝上人集》）稱其「得詩人之奧旨，傳乃祖之菁華。江南詞人，莫不楷範。」宋嚴羽《滄浪詩話》謂：「釋皎然之詩，在唐諸僧之上。」宋葉夢得《石林詩話》云：「唐詩僧自中葉以後，其名字斑斑，爲當時所稱者甚多，然詩

皆不傳，中間唯皎然最爲傑出，故其詩十卷獨全。」

韋應物高潔

韋應物〔一〕立性高潔，鮮食寡欲，所坐焚香掃地而坐〔二〕。其爲詩馳驟建安以還，各得其風韻〔三〕。

箋注

〔一〕韋應物：唐著名詩人，唐史無傳，《新唐書‧藝文志》（《新唐書》卷六十）著錄《韋應物詩集》十卷。晁公武《郡齋讀書志》（《郡齋讀書志》卷四上）述其生平云：「唐韋應物，京兆人。天寶時爲三衛，周逍遙公夐之後。左僕射扶陽公待賈生令儀，令儀生鑾，鑾生應物。永泰中，任洛陽丞，京兆府功曹。大曆十四年，自鄠縣制除溧陽令，稱疾辭歸。建中二年，授比部郎中，守滁州。居頃之，改江州，召還擢左司郎中。或媚其進，媒蘗之，出爲蘇州刺史。性高潔，鮮食寡欲，所居焚香除地而坐。」又據《唐才子傳校箋》卷二載，韋應物，京兆人也。尚俠，初以三衛郎事玄宗，及崩，始悔，折節讀書。爲性高潔，鮮食寡欲，所居必焚香掃地而坐，冥心象外。天寶時，扈從遊幸。永泰中，任洛陽丞。遷京兆府功曹。大曆十四年，自鄠縣令制除溧陽令，以疾辭歸，寓善福寺精舍。建中二年，由前資除比部員外郎。出爲滁州刺史。居頃之，改江州刺史。追赴闕，改左司郎中。或媚其進，謀孽之，貞元初，又出爲蘇州刺史。大和中，移太僕少卿兼御史中丞，爲諸道鹽鐵轉運、江淮留後。罷居永定，齋心屏除人事。

〔二〕按韋氏「性高潔，鮮食寡欲」語，《李觀集》引《上應物書》（《四庫全書總目》卷一百四十九）稱其人性「褊躁」，與李肇之說頗異，蓋狷潔之過，每傷峭刻，亦事理所兼有也。《唐才子傳校箋》卷四載，韋應物豪縱不羈，晚歲逢楊開府，贈詩言事曰：「少事武皇帝，無賴恃恩私。身作里中橫，家藏亡命兒。朝持樗蒲局，暮竊東隣姬。司隷不敢捕，立在白玉墀。驪山風雪夜，長楊羽獵時。一字都不識，飲酒肆頑癡。武皇升仙去，憔悴被人欺。讀書事已晚，把筆學題詩。兩府始收跡，南宮謬見推。非才果不容，出守撫孤嫠。忽逢楊開府，論舊涕俱垂。坐客何由識，惟有故人知。」足見其人眞率之妙也。有集十卷，今傳於世。

〔三〕其爲句：朱熹（《朱子語類》卷一百四十）評曰：「其詩無一字做作，直是自在，其氣象近道，意常愛之。」學生問：「比陶如何？」朱子答曰：「陶卻是有力，但語健而意閒隱者，多是帶性負氣之人爲之，陶欲有爲

而不能者也，又好名。韋則自在，其詩直有做不著處。」又曰：「韋蘇州詩高於王維、孟浩然諸人，以其無聲色臭味也。」《唐才子傳校箋》（《唐才子傳校箋》卷四）論云：「詩律自沈、宋之下，日益靡嫚，鏤章刻句，揣合浮切，音韻婉諧，屬對藻密，而嫻雅平淡之氣不存矣。獨應物馳驟建安以還，各有風韻，自成一家之體，清新雅麗，雖詩人之盛，亦罕其倫，甚爲時論所右。而風情不能自己，如贈米嘉榮、杜韋娘等作，皆杯酒之間，見少年故態，無足怪矣。」晁公武《郡齋讀書志》卷四上云：「詩律自沈宋以後，日益靡漫，鏤章刻句，揣合浮切，音韻諧婉，屬對麗密，而嫻雅平淡之氣不在矣。獨應物之詩，馳驟建安以還，得其風格云。」陳振孫《直齋書錄解題》卷十九亦云：「自沈宋以後，日益靡嫚，鏤章刻句，揣合浮切，雖音韻諧婉，屬對麗密，而閑雅平淡之氣不存矣。獨應物之詩，馳驟建安以還，得其風格云。」晁氏與陳氏於韋應物評語完全相同，有襲剿之嫌。《唐才子傳校箋》箋語（《唐才子傳校箋》卷四第 182 頁）云：「陳振孫雖較晁公武稍後，其書於字句間似不致抄襲，頗疑此處所評皆同出一書，爲唐五代人所著者，惜未能得其出處云。」《文獻通考》（《文獻通考》卷二百四十二）引徐師川語云：「韋蘇州，詩人多言其古淡，乃是不知言。自李杜以後，古人詩法盡廢，惟蘇州有六朝風致，最爲流麗。」

李益著詩名

李益詩名早著，有《征人歌且行》一篇，好事者畫爲圖障〔一〕。又有云：「回樂峰前沙似雪，受降城外月如霜。不知何處吹蘆管，一夜征人盡望鄉。」天下亦唱爲樂曲〔二〕。

箋注

〔一〕李益句：李益，唐肅宗朝宰相李揆之族子，登進士第，長爲歌詩。事跡具兩《唐書》本傳（《舊唐書》卷一百三十七；《新唐書》卷二百三），其傳略見前條。據舊傳載，其人與李賀齊名，每作一篇，爲教坊樂人以賂求取，唱爲供奉歌詞。其《征人歌早行》篇，好事者畫爲屏障。「廻樂峯前沙似雪，受降城外月如霜」之句，天下以爲歌詞。按「征人歌且行」句出自李益《送遼陽使還軍》（《唐詩品彙》卷十八）詩，其詩云：「征人歌且行，北去遼陽城。二月戎馬息，悠悠邊草生。青山出塞斷，代地入雲平。昔者匈奴戰，多聞殺漢兵。平生報國憤，日夜角弓鳴。勉君萬里去，勿使虜塵驚。」《舊唐書·李益傳》記此詩爲《征人歌早行》，疑爲「且」字之誤。《全唐詩》不錄此詩。《唐詩紀事》卷三十亦錄有李益《征

人歌》四句,云:「邊風凍合鸕鷀泉,牧馬千羣逐暖川。塞外征行無盡日,年年移帳雪中天。」計敏夫所錄這首《征人歌》似非李肇所指《征人歌且行》。而高棅《唐詩品彙》所收的《送遼陽使還軍》一篇,當爲李肇所言之詩。

〔三〕又有句:按「回樂峰前沙似雪」等四句出自李益《夜上受降城聞笛》詩,今見於《全唐詩》中。(《全唐詩》卷二百八十三)

韓沈良史才

沈既濟撰《枕中記》,莊生寓言之類〔一〕。韓愈撰《毛穎傳》,其文尤高,不下史遷〔二〕。二篇真良史才也。

箋注

〔一〕沈既濟句:沈既濟,蘇州吳人。經學該明,吏部侍郎楊炎雅善之。既執政,薦既濟有良史才,召拜左拾遺、史館修撰。後炎得罪,既濟坐貶處州司戶參軍。後入朝,位禮部員外郎,卒。撰《建中實錄》,時稱其能,子傳師。撰有《枕中記》、《任氏記》。其人事跡具《新唐書》本傳。

〔二〕韓愈句:韓愈撰《毛穎傳》傳,李肇《國史補》此處譽其爲良史才,而《舊唐書・韓愈傳》(《舊唐書》卷一百六十)於其則有菲薄之辭,云:「韓愈所爲文,務反近體,杼意立言,自成一家之言。後學之士,取爲師法,當時作者甚眾,無以過之,故世稱韓文。然時有恃才肆意,亦有盭孔孟之旨,若南人妄以柳宗元爲羅池神,而韓愈譔碑以實之。李賀父名晉不應進士,而韓愈爲李賀作《諱辨》,令舉進士。又爲《毛穎傳》,譏戲不近人情,此文章之甚紕繆者。時謂韓愈有史筆,及撰《順宗實錄》,繁簡不當,敘事拙於取捨,頗爲當代所非。穆宗、文宗嘗詔史臣添改。時韓愈壻李漢、蔣係在顯位,諸公難之,而韋處厚竟別撰《順宗實錄》三卷。」

張登善小賦

張登長於小賦,氣宏而密,間不容髮,有織成隱起往往蹙金之狀〔一〕。

箋注

〔一〕張登句:張登,唐史無傳,《新唐書・藝文志》著錄《張登集》六卷。王士禎《池北偶談》卷十八云:「王彥輔云曾在汴京相國寺得唐漳州刺史張登文集六卷,權文公爲序,云詩賦之外雜文合一百二十篇,又謂《求居》、《寄別》、《懷人》三賦與《證相》一篇意有所激,鏘然玉振,然所得書肆,

鏤版裁六十六篇，已亡其半。彥輔欲續姚鉉文粹錄登之文，不果，惜也。」

敘近代文妖

　　近代有造謗而著書，《雞眼》、《苗登》二文〔一〕。有傳蟻穴而稱，李公佐《南柯太守》〔二〕。有樂妓而工篇什者，成都薛濤〔三〕。有家僮而善章句者，郭氏奴（不記名）。皆文之妖也。

箋注

〔一〕近代句：《雞眼》、《苗登》二文已不可考，蓋唐人所撰神怪類小說。《說略》卷五引《獨異志》云：「唐大曆中，洛陽尉苗登有尾長二尺餘。」

〔二〕李公佐：史書無傳，《雲笈七籤》卷九十九稱其爲隴西人，舉進士，後爲鍾陵從事。又據《舊唐書·宣宗本紀》（《舊唐書》卷十八下），其人曾爲府錄事參軍，後遭貶謫。與白行簡有交往，曾慫恿白行簡作《李娃傳》。所作傳奇今存《南柯太守傳》、《謝小娥傳》、《廬江馮媼傳》、《古嶽瀆經》（一名《李湯》）四篇。（見《唐代文學史》第 25 章）

〔三〕成都薛濤：據《薛濤傳》及《全唐詩》詩人小傳（《薛濤李冶詩集》；《全唐詩》卷八百三）載，薛濤，字洪度，本長安良家女，隨父薛鄖宦流落蜀中，遂入樂籍。薛濤辨慧工詩，有林下風致，韋皋鎮蜀召令侍酒賦詩，稱爲女校書，出入幕府，歷事十一鎮，皆以詩受知。暮年，屏居成都浣花溪，著女冠服，好製松花小箋，時號「薛濤箋」。年近八十卒，有詩五百餘首，名《洪度集》，今編詩一卷。今按其詩集，可見與薛濤唱酬者皆一時名流高士，如韋皋、高崇文、武元衡、王播、李德裕、元稹、劉禹錫等。考薛濤女校書之號，當爲戲稱，實爲營妓，無校書之號，韋皋欲奏之而罷。胡曾贈之曰：「萬里橋邊女校書，枇杷花下閉門居，掃眉才子知多少，管領春風總不如。」另據《薛濤傳》載，元稹聞濤有辭辯，及爲監察使蜀，以御史推鞫，難得見面，嚴司空潛知其意，每遣濤往侍微之，矜持筆硯，薛濤走筆作《四友贊》。元稹驚服其詩才，後二人頻頻寄詩唱和，引爲一段風流佳話。

敘進士科舉

　　進士爲時所尚久矣。是故俊乂實集其中，由此出者，終身爲聞人。故爭名常切，而爲俗亦弊〔一〕。其都會謂之舉場，通稱謂之秀才。投刺謂之鄉貢。得第謂之前進士。互相推敬謂之先輩。俱捷謂之同年。有司謂之座主。京兆府考而升者，謂之等第。外府不

試而貢者，謂之拔解。將試各相保任，謂之合保。羣居而賦，謂
之私試。造請權要，謂之關節。激揚聲價，謂之還往。既捷，列
書其姓名於慈恩寺塔，謂之題名會〔二〕。大醵於曲江亭子，謂之曲
江會〔三〕。籍而入選，謂之春闈【1】。不捷而醉飽，謂之打毷氉。匿
名造謗，謂之無名子。退而肄業，謂之過夏。執業而出，謂之夏
課。挾藏入試，謂之書策。此是大略也。其風俗繫于先達，其制
置存于有司。雖然，賢士得其大者，故位極人臣，常十有二三，
登顯列十有六七，而張睢【2】陽、元魯山有焉，劉闢、元鱎有焉。

校勘記

【1】《津逮》本、《四庫》本、《學津討原》本皆作「關」，乃「闈」之誤，今按《太
平廣記》、《紺珠集》改正。

【2】《津逮》本、《四庫》本及《學津討原》本均作「關」，乃「睢」字之誤，今
從《太平廣記》改正。

箋注

〔一〕進士句：五代王定保《唐摭言》卷一《散序進士》云：「進士科始於隋大
業中，盛於貞觀、永徽之際；搢紳雖位極人臣，不由進士者，終不爲美。
以至歲貢常不減八九人，其推重謂之白衣公卿，又曰一品白衫，其艱難
謂之『三十老明經，五十少進士』其負倜儻之才，變通之術，蘇、張之
辨說，荊、聶之膽氣，仲由之武勇，子房之籌畫，弘羊之書計，方朔之
詼諧，咸以是而晦之，修身愼行，雖處子之不若；其有老死於文場者，
亦所無恨。故有詩云：『太宗皇帝眞長策，賺得英雄盡白頭。』」元稹因
爲明經出身，曾獲辱於李賀。（事見《太平廣記》卷二百六十五引《劇談
錄》）

〔二〕提名會：即雁塔題名。《事物紀原》卷三「題名」條引劉禹錫《嘉話錄》
稱慈恩題名起自張莒，本於寺中開宴偶題，其同年人因爲故事。今考《嘉
話錄》無此記載。《雍錄》卷十亦稱張莒乃始作俑者，然謂其說採自《松
窗雜錄》，今考《松窗雜錄》亦未有載，未知孰是。《南部新書》卷二則
曰：「韋肇初及第，偶於慈恩塔下題名，後人慕效，遂爲故事。」《雲仙
雜記》卷二載，每歲科舉新得第者，畢列姓名於此塔。又據同書卷下載，
唐進士科考試告捷，則列書其中榜者姓名於慈恩寺塔，謂之題名。《唐摭
言》卷三載，神龍已來，杏園宴後皆於慈恩寺塔下題名，同年中推一善
書者紀之。他時有將相則朱書之。及第後，知聞或遇未及第時題名處，

則為添前字，或詩曰：「曾題名處添前字，送出城人乞舊詩。」《全唐詩》中收錄詠慈恩寺塔詩頗多。如杜甫有《同諸公登慈恩寺塔》（《全唐詩》卷二百十六）詩云：「高標跨蒼穹，烈風無時休，自非曠士懷，登茲翻百憂，方知象教力，足可追冥搜，仰穿龍蛇窟，始出枝撐幽，七星在北戶，河漢聲西流，羲和鞭白日，少昊行清秋，泰山忽破碎，涇渭不可求，俯視但一氣，焉能辨皇州，迴首叫虞舜，蒼梧雲正愁，惜哉瑤池飲，日晏崑崙丘，黃鵠去不息，哀鳴何所投，君看隨陽鴈，各有稻粱謀。」其他尚有儲光羲《同諸公登慈恩寺塔》（見《全唐詩》卷一百三十八），崔琮《題慈恩寺塔》（見《全唐詩》卷二百八十一），歐陽詹《早秋登慈恩寺塔》（見《全唐詩》卷三百四十九），盧宗回《登長安慈恩寺塔》（《全唐詩》卷四百九十），張喬《登慈恩寺塔》（《全唐詩》卷六百三十八），楊玢《登慈恩寺塔》（《全唐詩》卷七百六十）又按《宋故左中奉大夫致仕柳公墓銘》（《鴻慶居士集》卷三十三）載，柳瑊好古博雅，於傳記無不通達，遇古法書圖畫至，解衣輟食求之。嘗登慈恩寺塔，顧見唐進士題名，人物風流，筆跡奇麗，慨然懷想，至徘徊其下不能去，遂捐橐金，命工刻石，屬隱士王持第其歲月，釐為十卷，書出，一時賢士大夫爭得之。據《新唐書‧選舉志》（《新唐書》卷四十四）載，唐武宗時，李德裕鑒於當時進士浮薄，附黨背公，自為門生，遂奏有司而止其期集、參謁，曲江、雁塔題名皆罷，遂致雁塔題名一度中廢。《舊唐書‧宣宗本紀》（《舊唐書》卷十八下）載，宣宗時，復舊制如故，自今進士放榜，「杏園任依舊宴集，有司不得禁制。」

〔三〕大醼句：曲江，位於長安朱雀街東第五街、皇城之東第三街昇道坊，龍華凡寺南，有流水屈曲，謂之曲江。此城在秦為宜春苑，在漢為樂遊園。開元疏鑿，遂為勝境。其南有紫雲樓、芙蓉苑；其西有杏園、慈恩寺。江側菰蒲蔥翠，柳陰四合，碧波紅蕖，依映可愛。（見《歷代帝王宅京記》卷七）貞元中，進士周弘亮、李君何、陳翥、曹著等中進士第，皆以《曲江亭望慈恩寺杏園花發》為題賦詩，蓋曲江會上應制而作也。（見《全唐詩》卷四百六十六）

禮部置貢院

開元二十四年，考功郎中李昂〔一〕，為士子所輕詆〔二〕，天子以郎署權輕，移職禮部，始置貢院。天寶中，則有劉長卿、袁成用分為朋頭，是時常重東府西監〔三〕。至貞元八年，李觀、歐陽詹猶以廣文生登第〔四〕，自後乃羣奔于京兆矣。

箋注

〔一〕李昂：唐書無傳，其仕履始末不可考。據《唐才子傳》載，李昂開元二年王丘下狀元及第，天寶間仕爲禮部侍郎，知貢舉，獎拔寒素甚多。工詩，有《戚夫人楚舞歌》，膾炙人口。（《唐才子傳》卷一）《唐會要》卷七十五云：「開元八年七月，王丘爲吏部侍郎，拔擢進士李昂等，不數年登禮闈，掌綸誥。」

〔二〕按「李昂爲士子所輕詆」事，考《新唐書·選舉志》（《新唐書》卷四十四）亦有載，當本自《國史補》。太宗以郎署權輕，移職禮部，禮部選士自此始。據《唐會要》卷五十八及卷五十九載，開元二十四年三月十二日，以員外郎李昂爲舉人李權所訟，乃移貢舉於禮部。由此方知詆辱員外李昂乃進士李權。又據同書載，自考功郎中李昂爲士子所輕詆，太宗遂下詔曰：「每歲舉人，頃年以來惟考功郎所職，位輕務重，名實不倫。欲盡委長官，又銓選委積。但六官之列，體國是問，況宗伯掌禮，宜主賓薦。自今以後，每年諸色舉人及齋郎等簡試，並於禮部集，既眾務煩雜，仍委侍郎專知。」此事原委，悉載於五代王定保《唐摭言》（《唐摭言》卷一），其文甚詳，略云：「開元中考功員外郎李昂主俊秀科，李昂性剛急，集貢士曰：『文之美惡，悉知之矣。如有請託，當悉黜之。』既而，昂外舅薦李權於昂，昂怒召權庭數之，又斥權章句之疵。權曰：『鄙文不臧已聞命矣，執事詩云：「耳臨清渭洗，心向白雲閒。」今天子春秋鼎盛，不揖遜於下，而洗耳何哉？』昂訴於執政，朝廷以郎官權輕，自是改用禮部侍郎。」

〔三〕按「是時常重東府西監」，考《唐摭言》卷一引《太宗實錄》載，西監，乃隋朝舊制。東監，龍朔元年所置。開元以前進士不由此兩監者，深以爲恥。後「物態澆漓，稔於世祿」，以京兆爲榮。爲矯時弊，天寶二十載勑天下舉人不得言鄉貢，皆須補國子學及郡學生。廣德二年，制京兆府進士，並令補國子生。至貞元十年，東府西監已湮沒無聞矣。

〔四〕按「廣文生登第」，考《唐摭言》卷一載，天寶九年七月，詔於國子監別置廣文館，以舉常修進士業者，斯亦救生徒之離散之舉措。始其春官氏擢廣文生者，名第無高下。貞元八年歐陽詹第三人，李觀第五人，爾來此類不乏其例。暨至大中之末，咸通乾符以來，率以爲末第，或曰「鄉貢賓」，「學生主」，主宜下於賓，故列於後。大順二年，孔魯公在相位，思矯其弊，故特置吳仁璧於蔣肱之上。明年孔魯公得罪去職，及第者復循常而已。

曲號義陽子

貞元十二年，駙馬王士平與義陽公主反目〔一〕，蔡南史、獨孤申叔〔二〕播為樂曲，號義陽子，有團雪散雲之歌。德宗聞之怒，欲廢科舉，後但流斥南史、申叔而止。

箋注

〔一〕駙馬句：王士平，王武俊之子。王士平以父勳補原王府諮議。貞元二年，選尚義陽公主，加秘書少監同正、駙馬都尉。元和中，累遷至安州刺史。後出為安州刺史，坐與中貴交結，貶賀州司戶。後因奏報刺殺宰相武元衡盜賊有功，為左金吾衛大將軍，及奪承宗官爵，仍以士平襲父，實封。其事蹟具見《舊唐書·王武俊傳》（《舊唐書》卷一百四十二）後。義陽公主，德宗之女，王士平之妻。據舊傳載，士平以父勳補原王府諮議，貞元二年，選尚義陽公主。《唐會要》卷六則稱貞元十一年十月，義陽公主出降秘書少監王士平。士平，武俊之子也。上慎重其事，先時令宰臣訪於禮官，令參定見舅姑之儀禮。又武俊在鎮，仍定公主遣使儀。今參看《國史補》此條，疑舊傳或有誤，闕疑待考。按「王士平與義陽公主反目」事，考舊傳載，元和中，公主縱恣不法，士平與之爭忿。憲宗怒幽公主於禁中，士平幽於私第，不令出入，後釋之。

〔二〕按蔡南史、獨孤申叔，二人唐史無傳，然考舊書《王士平傳》載，士平與公主反目，時，輕薄文士蔡南獨孤申叔為義陽主歌詞，曰「團雪散雪」等曲，言其遊處離異之狀，往往歌於酒席。憲宗聞而惡之，欲廢進士科，令所司網捉搦得南、申叔貶之。另據《五百家注昌黎文集》韓愈所撰《獨孤申叔哀辭》其條下孫甫注云：「申叔字子重，年二十二，舉進士。又二年，用博學宏詞，為校書郎。又三年，居父喪未練而歿，蓋貞元十八年也。」柳子厚撰有《獨孤君墓碣》，皇甫持正有《傷獨孤賦》（《五百家注昌黎文集》卷二十二）又《柳河東集注》收錄柳宗元《送獨孤申叔侍親往河東序》一文。（《柳河東集注卷》二十二），然不見孫氏注文所言柳子厚《獨孤君墓碣》文。今《文苑英華》收有獨孤申叔所撰《樂理心賦》、《資州獻白龜賦》、《處囊錐賦》、《服蒼玉賦》、《卻千里馬賦》、《終南精舍月中聞磬》等文。《全唐詩》僅錄其《終南精舍月中聞磬》詩一首。

宋濟答客嘲

或有朝客譏宋濟〔一〕曰：「近日白袍子〔二〕何太紛紛？」濟曰：「蓋由緋袍子、紫袍子紛紛化使然也。」

箋注

〔一〕宋濟：唐史無傳，其人事跡未詳。《北夢瑣言》卷五「符載侯翽歸隱」條云：「唐武都符載，字厚之，本蜀人，有奇才。始與楊衡、宋濟樓青城山以習業。楊衡擢進士第，宋濟老死無成，唯符公以王霸自許，恥於常調。」宋濟性喜詼諧。《唐語林》卷六載其一故事，云：「許尚書孟客與宋濟爲布衣交。及許知舉，宋不中第。放榜後，許自愧，累請人致意，兼令門生就見。宋乃謁許，深謝之。因置酒，酣乃曰：『某今年爲國家取卿相，時有姚嗣及第，數日卒。』乃起慰許曰：『國不幸，姚公令薨謝。』」眞可令人絕倒。

〔二〕白袍子：乃指尚未得功名之庶人，即所謂白身。據《舊唐書·輿服志》（《舊唐書》卷四十五）載，隋大業六年規定，庶人以白，屠商以皂，士卒以黃。雖《舊唐書》不載白袍子乃庶人服，蓋因隋舊制，故不再提及。柳三變詞句云「才子詞人，自是白衣卿相。」五代王定保《唐摭言》卷一載，進士科始於隋大業中，盛於唐貞觀、永徽之間，搢紳雖爲輔相，不由此選，終不爲美。其推重則曰：「白衣公卿」，又曰「一品白衫」，其艱難則曰「三十老明經，五十少進士。」唐代進士難考，功名難就，故白袍紛紛攘攘。據《文獻通考》卷二十九引《登科記》云：「雖唐之盛時，每年禮部所放進士及諸科未有及五七十人。」《唐摭言》卷二亦載華良夫語云：「聖唐有天下垂二百年，登進士科者三千餘人，良夫之族未有登是科者，以此慨嘆憤懣，從十歲讀書，學爲文章，手寫之文過於千卷。」又按《舊唐書·輿服志》（《舊唐書》卷四十五）載，唐武德初，因隋舊制，三品已上，用大科紬綾及羅，其色紫，飾用玉；五品已上用小科紬綾及羅，其色朱，飾用金；六品已上服絲布雜小綾交梭雙紃，其色黃；六品七品飾銀，八品九品鍮石，流外及庶人服紬絁布，其色通用黃，飾用銅、鐵。貞觀四年，又置三品已上服紫；五品已下服緋；六品、七品服綠；八品、九品服以青，帶以鍮石。龍朔二年，司禮少常伯、孫茂道奏稱舊令六品、七品著綠，八品、九品著青，深青亂紫，非卑品所服，望請改。八品、九品著碧，朝參之處，聽兼服黃，從之。總章元年，始一切不許著黃。上元元年八月又制，一品已下帶手巾、算袋，仍珮刀子、礪石；武官欲帶者聽之。文武三品已上服紫金玉帶；四品服深緋；五品服淺緋，竝金帶；六品服深綠；七品服淺綠，竝銀帶；八品服深青，九品服淺青，竝鍮石帶，庶人竝銅、鐵帶。

宋五又坦率

宋濟老于文場，舉止可笑，嘗試賦，誤失官韻，乃撫膺曰：「宋

五又坦率矣！」由是大著名。後禮部上甲乙名，德宗先問曰：「宋五免坦率否？」〔一〕

箋注

〔一〕宋濟句：據《太平廣記》引《盧氏小說》（或《盧氏雜記》）載宋濟軼聞，頗爲有趣，曰：「唐德宗微行，一日夏中至西明寺。時宋濟在僧院過夏，上忽入濟院，方在窗下犢鼻葛巾抄書。上曰：『茶請一椀。』濟曰：『鼎水中煎此有茶味，請自潑之。』上又問曰：『作何事業？』兼問姓行。濟曰：『姓宋，第五，應進士舉。』又曰：『所業何？』曰：『作詩。』又曰：『聞今上好作詩，何如？』宋濟云：『聖意不測。』語未竟，忽從輦遞到，曰：『官家、官家。』濟惶懼待罪，上曰：『宋五大坦率。』後禮部放牓，上命內臣看有濟名，使迴奏無名，上曰：『宋五又坦率也。』」按《盧氏小說》所記此事似小說家言，頗類杜撰之文，聊備異聞云爾。

敘時文所尙

元和已後，爲文筆，則學奇詭于韓愈〔一〕，學苦澀于樊宗師〔二〕。歌行則學流蕩于張籍〔三〕。詩章則學矯激于孟郊〔四〕。學淺切于白居易〔五〕，學淫靡于元稹〔六〕。俱名爲元和體。大抵天寶之風尙黨〔七〕，大曆之風尙浮〔八〕，貞元之風尙蕩〔九〕，元和之風尙怪也〔十〕。

箋注

〔一〕按「學奇詭於韓愈」，考《舊唐書・韓愈傳》（《舊唐書》卷一百六十）史官評韓文云：「魏晉已還爲文者多拘偶對，而經誥之指歸，遷雄之氣格，不復振起矣。故愈所爲文務反近體，杼意立言，自成一家新語，後學之士取爲師法，當時作者甚眾，無以過之，故世稱韓文焉。」《新唐書・韓愈傳》（《新唐書》卷一百七十六）評云：「每言文章，自漢司馬相如、太史公劉向、揚雄後，作者不世出，故愈深探本元，卓然樹立，成一家言。其《原道》、《原性》、《師說》等數十篇，皆奧衍閎深，與孟軻、揚雄相表裡，而佐佑六經，云至它文，造端置辭，要爲不襲蹈前人者，然惟愈爲之，沛然若有餘。」韓愈《答李翊書》（《五百家注昌黎文集》卷十六）自稱行文之旨爲「惟陳言之務去，戛戛乎其難哉」。杜牧以爲韓文與杜詩相侔，稱爲「杜詩韓筆」，且云「愁來讀之，似倩麻姑癢處抓」。（見《老學庵筆記》卷九）歐陽修《六一詩話》謂韓愈之詩「因難見巧，愈險愈奇，如《病中贈張十八》之類」。王安石《韓子》（《臨川文集》卷三十四）詩云：「紛紛易盡百年身，舉世何人識道眞，力去陳言誇末俗，可憐無補

費精神。」蘇軾論柳子厚詩（《耆舊續聞》卷十）云：「柳子厚詩在陶淵明下，韋蘇州上，退之豪放奇險則過之，而溫麗靖深不及也。」韓愈亦能詩，風格奇特雄偉、光怪陸離。如《陸渾山火和皇甫用其韻》、《月蝕詩效玉川子作》、《南山詩》、《岳陽樓別竇司直》、《孟東野失子》等。其詩用僻語、押險韻，鉤輈格磔，佶屈聱牙，境界雄奇。

〔二〕按「學苦澀於樊宗師」，歐陽文公嘗作《絳守居園池》（《歐陽文忠公文集》卷二）一詩，嘲謔樊宗師文章云：「嘗聞紹述絳守居，偶來覽登周四隅，異哉樊子怪可籲，心欲獨出無古初，窮荒搜幽入有無，一語詰曲百盤紆，孰云已出不剿襲，句斷欲學盤庚書。」其詩又云：「豈不古奧萬世模，嫉世姣巧習卑汙，以奇矯薄駭羣愚，用此猶得追韓徒，我思其人爲躊躇，作詩聊謔爲坐娛。」元劉壎《隱居通議》批評樊文曰：「唐樊宗師作《絳守居園池記》，好怪者多喜其奇古，以予觀之，亦何奇古之有？磈㝢磊塊，類不可讀。」據《新唐書·樊宗師傳》（《新唐書》卷一百五十九）載，樊宗師，字紹述，仕唐，與韓文公同時。歷金部郎中、綿州刺史，徵拜左司郎中，又爲縣州刺史，徙絳州，遷諫議大夫，卒。韓文公銘其墓（《五百家注昌黎文集》卷三十四《南陽樊紹述墓誌銘》）謂：「紹述文必己出，不蹈襲前人一言一句。放恣橫從，無所統紀，然不煩繩削，而自合其意，已寓抑揚矣。」

〔三〕按「學流蕩於張籍」，蓋指張籍樂府詩而言。白居易《讀張籍古樂府》首句即云：「張君何爲者，業文三十春，猶工樂府詩，舉代少其倫。」（《白氏長慶集》卷一）姚合《贈張籍太祝》云：「妙絕江南曲，淒涼潻女詩，古風無手敵，新語是人知。」張籍，貞元中登進士第。性詭激，能爲古體詩，有警策之句，傳於時，調補太常寺太祝，轉國子助教秘書郎，以詩名當代。公卿裴度、令狐楚，才名如白居易、元稹皆與之遊，而韓愈尤重之。累授國子博士、水部員外郎轉水部郎中，卒，世謂之張水部。事跡具兩《唐書》本傳（《舊唐書》卷一百六十；《新唐書》卷一百七十六）。

〔四〕按「學矯激於孟郊」，蓋指孟郊與韓愈皆硬體詩派開創者，追求硬語盤空，反對圓熟平庸，然韓詩力大思雄，孟郊詩則寒苦矯激。孟郊《夜感自遣》云：「夜學曉未休，苦吟神鬼愁，如何不自閑，心與身爲讎。」宋魏泰《臨漢隱居詩話》評曰：「孟郊詩蹇澀窮僻，琢削不假，眞苦吟而成。」蘇東坡《有讀孟郊詩》二首（《東坡全集》卷九），甚中肯綮，頗得孟詩軟肋。其一云：「夜讀孟郊詩，細字如牛毛，寒燈照昏花，佳處時一遭，孤芳擢荒穢，苦語餘詩騷，水清石鑿鑿，湍激不受篙，初如食小魚，所得不償勞，又似煮彭越，竟日嚼空螯，要當鬥僧清，未足當

韓豪，人生如朝露，日夜火消膏，何苦將兩耳，聽此寒蟲號，不如且置之，飲我玉巵醪。」其二云：「我憎孟郊詩，復作孟郊語，饑腸自鳴喚，空壁轉饑鼠，詩從肺腑出，出輒愁肺腑。」東坡一則以孟郊詩寒苦蹇澀不可卒讀，一則以爲孟郊詩蓋由窮愁苦恨而感發，所謂不平則鳴，出自眞肺腑。按《舊唐書·孟郊傳》（《舊唐書》卷一百六十）載，孟郊，少隱於嵩山，稱處士。李翺分司洛中，與之遊，薦於留守鄭餘慶，辟爲賓佐。性孤僻寡合，韓愈一見以爲忘形之契，常稱其字曰「東野」，與之唱和於文酒之間，鄭餘慶鎮興元，又奏爲從事，辟書下而卒。餘慶給錢數萬葬送，贍給其妻子者累年。

〔五〕按「學淺切於白居易」，宋釋惠洪《冷齋夜話》載：「白樂天每作詩，令一老嫗解之，問曰：『解否？』嫗曰『解』，則錄之，不解，則易之。故唐末之詩近於鄙俚。」此說似爲杜撰，殊不可信。然白樂天詩，的確雅俗共賞，流傳廣遠。據白居易《與元九書》（《白氏長慶集》卷四十五）云：「自長安抵江西三四千里，凡鄉校、佛寺、逆旅、行舟之中，往往有題僕詩者。士庶、僧徒、孀婦、處女之口，每每有詠僕詩者。此誠雕蟲之戲不足爲多然，今時俗所重正在此耳。」趙翼《甌北詩話》（《甌北詩話》卷四）評較元、白二人之詩云：「然香山自歸洛以後，益覺老幹無枝，稱心而出，隨筆抒寫，並無求工見好之意，而風趣橫生。」

〔六〕按「學淫靡於元稹」，按李肇此語蓋指元稹豔情詩而言。杜牧《唐故平盧軍節度巡官隴西李府君墓誌》（《樊川集》卷六）引李戡之語云：「詩者可以歌，可以流於竹鼓於絲，婦人小兒皆欲諷誦，國俗薄厚，扇之於詩，如風之疾速。嘗痛自元和已來有元白詩者，纖艷不逞，非莊士雅人，多爲其所破壞，流於民間，疏於屏壁，子父女母，交口教授，淫言媟語，多寒夏熱，入人肌骨，不可除去。」然李君此語實有失公允，流於刻薄偏激。元和之後淫靡之風，非元稹之罪，乃輕薄文人東施效顰耳。元稹（《唐文粹》卷八十五《上令狐相公詩啓》）嘗云：「江湖間多有新進小生，不知天下文有宗主，妄相倣斅，而又從而失之，遂至支離褊淺之詞，皆目爲元和詩體。」又云：「江湖間爲詩者，或相倣斅，或力不足則至於顛倒語言，重複首尾，韻同意等不異前篇，亦目爲元和詩體。」趙翼《甌北詩話》（《甌北詩話》卷四）云：「中唐詩以韓、孟、元、白爲最。韓、孟尚奇警，務言人所不敢言；元、白尚坦易，務言人所共欲言。試平心論之，詩本性情，當以性情爲主。奇警者，猶第在詞句間爭難鬥險，使人蕩心駭目，不敢逼視，而意味或少焉。坦易者，多觸景生情，因事起意，眼前景，口頭語，自能沁人心脾，耐人咀嚼。此元、白較勝於韓、孟。世徒以輕俗訾之，此不知詩者也。」陳寅恪《元白詩箋證稿》（《元

白詩箋證稿》第 84 頁）云：「微之以絕代之才華，抒寫男女生死離別悲歡之感情，其哀豔纏綿，不僅在唐人詩中不多見，而影響及於後來之文學尤巨。」

〔七〕天寶句：鄭玄曰：「黨，猶親也。」（見《禮記注疏》卷四十二）此句蓋指天寶朋黨之風，文風盛極而衰之兆。

〔八〕大曆句：蓋指大曆十才子文風。大曆中，李虞仲與韓翃、錢起、盧綸等文詠唱和，馳名都下，號大曆十才子。時郭尚父少子曖尚代宗女昇平公主，賢明有才思，尤喜詩人，而端等十人多在曖之門下。（見《舊唐書》卷一百六十三《李虞仲傳》）舊書《錢徽傳》（《舊唐書》卷一百六十八）亦謂十才子「俱以能詩，出入貴遊之門」。新書《盧綸傳》（《新唐書》卷二百三）謂綸與吉中孚、韓翃、錢起、司空曙、苗發、崔峒、耿湋、夏侯審、李端皆能詩，齊名，號大曆十才子。《唐詩紀事》卷三十謂：「大曆十才子，《唐書》不見人數。盧綸、錢起、郎士元、司空曙、李端、李益、苗發、皇甫曾、耿湋、李嘉祐。又云吉頊、夏侯審亦是，或云錢起、盧綸、司空曙、皇甫曾、李嘉祐、吉中孚、苗發、郎士元、李益、耿湋、李端。《唐音癸籤》卷二十五：「十才子如司空附元載之門，盧綸受韋渠牟之薦，錢起、李端入郭氏貴主之幕，皆不能自遠權勢。」且稱「十才子曳裾令公門下」，「可微窺諸人之品矣」。同書卷七又謂：「詳大曆諸家風尚，大抵厭薄開天舊藻，矯入省淨一塗。自劉、郎、皇甫以及司空、崔、耿一時數賢，工於浣濯，自艱於振舉，風幹衰，邊幅狹，專詣五言，擅場餞送，外此無他。大篇偉什，歸望集中，則其所短爾。」《四庫全書總目》卷一百五十《錢仲文集》提要云：「大曆以還，詩格初變。開寶渾厚之氣，漸遠漸漓，風調相高，稍趨浮響，升降之關，十子實爲之職志。」胡震亨《唐音癸籤》卷九評七言詩云：「降而錢、劉，神情未遠，氣骨頓衰。」同書卷十又謂：「唐大曆後，五七言律尚可接翅開元，惟排律大不競，錢劉以降，氣味總薄。」《詩藪內編》卷四云：「開寶諸公用心處，在詩之打端，而好句自得；大曆後，漸漸束心於句，句雖佳，而詩之大端失之。盛唐不巧，大曆以後，力量不及前人，慾避陳濁麻木之病，漸入於巧。」

〔九〕貞元句：蓋指大曆之風之流風遺緒，亦爲後續之元和文風之濫觴。《舊唐書》卷一百三十五《皇甫鎛傳》謂「貞元之風，好佞惡忠。」

〔十〕元和句：蓋指「韓愈、孟郊、李賀」等詩人爲代表的元和時代之文風。據元稹《上令狐相公詩啓》，元和體乃指「元、白諸公」之作，後世推爲不刊之論。然元和尚怪之風其執牛耳者蓋非韓愈、孟郊二人莫屬。元和體之代表人物白居易、元稹亦爲元和時人，故李肇所言元和尚怪之風，

亦當一體沾被，均爲李肇納入此範疇當中。《唐語林》卷二引李珏奏云：「臣聞憲宗爲詩，格合前古，當時輕薄之徒，擒章繪句，聲牙崛奇，譏諷時事，爾後鼓扇名聲，謂之『元和體』，實非聖意好尚如此。」按此可知「元和體」風格爲「擒章繪句，聲牙崛奇」，與李肇「尚怪」二字如出一轍。陳寅恪（《元白詩證稿》第126頁）云：「微之所作，其語句之取材於經史者，如《立伎》之用《小戴‧樂記》、《史記‧樂書》及《蠻朝》之用《春秋》定八年《公羊傳》疏之例，有『終象由文士憲左』及『雲蠻通好鬌長辣』句之類，頗嫌硬澀未融。樂天作中固無斯類，微之晚作，亦少見此種聲牙之語。」則元稹作文亦沾此弊。皇甫提《答李生第一書》云：「來書所謂今之工文或先於奇怪者，顧其文工與否耳。錢仲聯《淺論隋唐五代文學史料》云：「《唐國史補》卻指出它包括詩文兩方面，即由韓愈、樊宗師文筆的奇詭、苦澀，張籍詩的流蕩，孟郊詩的嬌激，白居易詩的淺切，元稹詩的淫靡等共同構成的時代風尚。」

裴冀論試題

建中初，金吾將軍裴冀〔一〕曰：「若使禮部先時頒天下曰某年試題取某經，某年試題取某史，至期果然，亦勸學之一術也〔二〕。」

箋注

〔一〕裴冀，唐史無傳，仕履始末不詳。據《舊唐書‧楊炎傳》（《舊唐書》卷一百十八）載，楊炎冤殺劉晏，李正己上表請殺晏之罪，指斥朝廷。楊炎懼，乃遣腹心分往諸道，其中裴冀被派往東都、河陽、魏博。考此知裴冀與楊炎一黨。又據《新唐書元載傳》（《新唐書》卷一百四十五），元載得罪，其他與元載厚善坐貶者，便有裴冀、楊炎等凡數十百人。又《太平廣記》（《太平廣記》卷四百五十二）載：「建中二年，沈既濟自左拾遺，與金吾將軍裴冀、京兆少尹孫成、戶部郎中崔需、右拾遺陸淳，皆適居東南。」則裴冀爲金吾將軍實有之。

〔二〕若使句：唐時試題不具出處。據《舊唐書‧錢徽傳》載，長慶初錢徽爲考官，取鄭明等三十三人，以所取不當，遂命中書舍人王起、主客郎中知制誥白居易於子亭重試。內出題目《孤竹管賦》、《鳥散餘花落》詩，而十人不中選。孤竹管是祭天之樂，出於《周禮》正經，閱其呈試之文，都不知其本事，辭律鄙淺，蕪累亦多」云云。宋代亦然，據《容齋隨筆》卷三進士試題條稱：「景德二年，御試《天道猶張弓賦》，後禮部貢院言，近年進士惟鈔略古今文賦，懷挾入試。昨者，御試以正經命題，多懵所出，則知題目不示以出處也。」

二崔俱捷事

崔元翰〔一〕為楊崖州〔二〕所知，欲拜補闕，懇曰：「願得進士。〔三〕」由此獨步場中。然亦不曉呈試，故先求題目為地〔四〕，崔敖〔五〕知之。旭日都堂始開，敖盛氣白侍郎曰：「若試《白雲起封中賦》，敖請退。」侍郎為其所中，愕然換其題，是歲二崔俱捷。

箋注

〔一〕崔元翰：博陵人，進士擢第，登博學宏詞制科，又應賢良方正直言極諫科，三舉皆昇甲第。年已五十餘，李汧公鎮滑臺，辟為從事。後北平王馬燧在太原聞其名，致禮命之，又為燧府掌書記。入朝，為太常博士、禮部員外郎。竇參輔政，用為知制誥詔，令故掌誥。因剛直招忌，二年而官不遷，竟罷知制誥，守比部郎中，為時所擯，終於散位。事跡具兩《唐書》本傳（《舊唐書》卷一百三十七；《新唐書》卷二百三）。

〔二〕楊崖州：即楊炎。考《舊唐書・楊炎傳》（《舊唐書》卷一百十八）載，楊炎得罪，貶為崖州司馬。故世人號為「楊崖州」。其傳略參見前條。

〔三〕按「崔元翰願得進士」事，考《唐摭言》（《唐摭言》卷一）載，進士科始於隋大業中，盛於貞觀、永徽之際，搢紳雖位極人臣，不由進士者，終不為美。且有「三十老明經，五十少進士」之說。縱老死於文場，亦所無恨。趙嘏詩云：「太宗皇帝真長策，賺得英雄盡白頭。」（見《畫墁錄》）另據《紺珠集》卷十載，高宗時宰相薛元超嘗歎息曰：「吾不才，富貴過分，然平生有三恨：始不以進士擢第，不得娶五姓女，不得修國史』。」又按《舊唐書・崔元翰傳》（《舊唐書》卷一百三十七）載，崔元翰，性剛褊簡傲，不能取容於時，每發言論，畧無阿徇苟容。且苦心於文章，年七十餘而好學不倦，為人介獨耿直，少與人交遊，唯秉一操，伏膺翰墨，其對策及奏記、碑誌，師法班固、蔡伯喈，而致思精密。按此，則知崔元翰此語，乃其性格使然。

〔四〕然亦句：據《唐會要》卷七十六引長慶元年勅云：「近日浮薄之徒，扇為朋黨，謂之關節，干撓主司。每歲策名，無不先定，永言敗俗，深用興懷。」唐人最重進士科，然主司舉子關節交通，不以為怪。《國史補》下亦謂：「造請權要謂之關節。」

〔五〕崔敖：唐史無傳，爵里履歷不可考，大曆中，為太常博士。按《山西通志》（《山西通志》卷一百六十七）載，大曆十三年，韓滉奏解池產瑞鹽，請置神祠，賜號曰「寶應靈慶池」，神曰「靈慶公」，張濯撰記。貞元十三年修，太常博士崔敖撰頌，貞元十七年四月，韋縱立池神祠頌碑，崔

敖撰文。又宋趙明誠《金石錄》卷九亦載，崔敖撰《鹽池靈應公神祠碑》。又《寶刻類編》卷四載，崔敖撰《召伯祠堂記》石刻碑文，房次卿書，李惟益篆額。

熊執易擅場

　　熊執易通于《易》理，會建中四年，試《易知險阻論》。執易端坐剖析，傾動場中，乃一舉而捷〔一〕。

篯注

〔一〕此條《太平廣記》卷一百七十九有載：「熊執易通於易義。建中四年，侍郎李紓試《易簡知險阻論》，執易端座剖析，傾動場中，一舉而捷。」今考《國史補》，並無「侍郎李紓」四字。據《舊唐書·李紓傳》，德宗居奉天之前，爲禮部侍郎。建中四年十月，涇師之變，德宗出逃奉天。(《舊唐書》卷十二《德宗本紀》)而此處熊執易應試事亦發生於建中四年，當在德宗出逃之先。其時，李紓爲禮部侍郎，故其身爲考官試熊執易事，實有可能。今本《國史補》此處或有脫漏亦未可知。又《類說》卷十九載：「唐熊執易，通九經。當時設科取士，題目甚多。執易俱中等甲。章武皇帝詔就殿，試以二論。一《簡易而知險阻》，一《五運相承是非》，限三千字。成《簡易前論書》三千字。據《類說》卷十九載，熊執易通九經，當時設科取士，題目甚多。執易俱中等甲。章武皇帝詔就殿試，以二論考之，一曰《簡易而知險阻》，一曰《五運相承是非》，限三千字。熊執易遂寫成《簡易前論書》三千字，且《五運相承論》於卷首題云：「此非臣末學所知，五運相承出於遷史，非經典明文。又唐方承土運，故不對。」朝廷賞其才，授西川節推，居武元衡幕下。執易於九經著《化統》五百卷。

第果實進士

　　李直方〔一〕嘗第果實名如貢士之目者，以綠李爲首，楞梨爲副，櫻桃爲三，甘子爲四，蒲桃爲五。或薦荔枝，曰：「寄舉之首。」又問：「栗如之何？」曰：「取其實事，不出八九。」始范曄以諸香品時輩〔二〕，後侯朱虛撰百官本草〔三〕，皆此類也。其升降義趣，直方多則而效之。

篯注

〔一〕李直方：唐史無傳，其仕履、始末不詳，按《文獻通考》卷三十三載，貞元元年九月，李直方，賢良方正能直言極諫科及第，與韋執誼、鄭利用等十四人同榜。按《唐大詔令集》卷六十三《贈高崇文司徒文》一文，知其曾爲國子祭酒副使、司勳郎中。又《唐會要·御史臺》（《唐會要》卷六十）載，貞元十一年二月，李直方時爲監察御史，奉命前往黔州覆按黔中監察御史崔穆貪污案。又《國史補》卷下載，以訛語影帶著名者，有李直方、獨孤申叔。

〔二〕始范曄句：據《宋書·范曄傳》（《宋書》卷六十九）載，范曄性精微，有思致，觸類多善，衣裳、器服莫不增損制度，世人皆法學之。撰《和香方》，其序曰：「麝本多忌，過分必害；沈實易和，盈斤無傷。零藿虛燥，詹唐黏濕。甘松、蘇合、安息、鬱金、捺多、和羅之屬，並被珍於外國，無取於中土。又棗膏昏鈍，甲煎淺俗，非唯無助於馨烈，乃當彌增於尤疾也。」又史官評云：「此序所言，悉以比類朝士。麝本多忌，比庾炳之；零藿虛燥，比何尙之；詹唐黏濕比沈演之；棗膏昏鈍比羊玄保；甲煎淺俗，比徐湛之；甘松、蘇合比慧琳道人；沈實易和，以自比也。」

〔三〕後侯朱虛句：據宋朱勝非《紺珠集》卷七載，唐侯朱虛著《百官本草》，謂「御史云大熱有毒，主袪邪佞，杜奸回，振冤滯，止滛濫，尤攻貪濁。畏遠使惡襪直，忌按權豪，外州出者尤良，用日炙乾硬，可用服之，長精神減姿媚，久服可以令人冷峭。」其流亞者，有賈言忠撰《監察本草》，謂「服之心憂，多驚悸，生白髮，時義云裏行及試員外者爲合。口椒最有毒，監察爲開口椒，毒微歇。殿中爲蘿蔔，生薑雖辛辣而不爲患。侍御史爲脆梨，漸入佳味。遷員外郎爲甘子，可久服」云云。

韓愈引後進

韓愈引致後進，爲求科第，多有投書請益者，時人謂之韓門弟子。愈後官高，不復爲也〔一〕。

箋注

〔一〕按「韓愈引致後進」說，考《舊唐書·韓愈傳》（《舊唐書》卷一百六十）云：「愈性弘通，與人交，榮悴不易。少時與洛陽人孟郊、東郡人張籍友善。二人名位未振，愈不避寒暑稱薦於公卿間。而籍終成科第，榮於祿仕。後雖通貴，每退公之隙，則相與談讌論文賦詩如平昔焉。而觀諸權門豪士如僕隸焉，睊然不顧。而頗能誘屬後進，館之者十六七，雖晨炊不給，怡然不介意。大抵以興起名教弘獎仁義爲事。」《新唐書·韓愈傳》（《新唐書》卷一百七十六）亦云：「愈性明銳不詭，隨

與人交，始終不少變。成就後進，士往往知名，經愈指授，皆稱韓門
弟子。」又按「愈後官高，不復爲也」語，《新唐書》（《新唐書》卷一
百七十六《韓愈傳》）亦評曰：「愈官顯，稍謝遣。」蓋本自《國史補》，
然語氣較李肇已轉輕緩。

宋沇得徵調

宋沇爲太樂令，知音，近代無比。太常久亡徵調，沇乃考鍾律
而得之〔一〕。

箋注

〔一〕宋沇句：宋沇，宋沇生平履歷不可考，《元氏長慶集》、《冊府元龜》、《太
平廣記》等均作宋沇。據《元氏長慶集》（《元氏長慶集》卷二十四），宋
沇嘗傳天寶季法曲胡音《忽相和》。《太平廣記》引《羯鼓錄》（《太平廣
記》卷二百三）記其曾爲太常丞，某日聞光宅佛寺塔上風鐸聲，因辨其
爲姑洗之編鐘。又一日于通化門聞鈴聲而辨其亦爲編鐘。太樂令，《舊唐
書·職官志》（《舊唐書》卷四十四），唐政府設太樂署令一人，從七品下。
其職能是調合鐘律以供邦國之祭祀享宴。另太樂署設太樂丞一人，府三
人，史六人，樂正八人。典事八人，掌固八人，文武二舞郎一百四十人。

李沔公琴名

李沔公〔一〕雅好琴〔二〕，常斲桐，又取漆桶爲之，多至數百張，
求者與之。有絕代者，一名響泉，一名韻磬，自寶于家〔三〕。

箋注

〔一〕李沔公：即李勉，李勉字玄卿，鄭王元懿曾孫，封沔國公。幼勤經史，
長而沉雅清峻。李勉性剛直不阿，嫉惡如仇，不附權幸，先後爲李輔國、
魚朝恩所銜。爲人坦率素淡，好古尚奇，清廉簡易，禮賢下士，爲宗臣
之表。善鼓琴，好屬詩，在相位二十年，後因得罪盧杞，見疏，居相二
歲，辭位以太子太師罷。卒年七十二，贈太傅，諡曰「貞簡」。事跡具兩
《唐書》本傳（《舊唐書》卷一百三十一；《新唐書》卷一百三十一）。

〔二〕按「李沔公雅好琴」，考李沔公好音樂，善操琴，且能自製琴，乃風雅清
俊之高士。兩唐書皆有記載。《舊唐書·李勉傳》（《舊唐書》卷一百三十
一）云：「（李勉）善鼓琴，好屬詩，妙知音律，能自製琴，又有巧思。
善鼓琴，有所自製，天下寶之，樂家傳響泉韻磬，勉所愛者。李勉一時
名士，風流佳話頗有所聞者。據趙璘《因話錄》卷二載，李勉鎮宣武之

時，戎事間隙，以琴書爲娛。自造琴，聚新舊桐材，扣之合律，則裁而膠綴，不中者棄之，故所蓄二琴殊絕，所謂響泉、韻磬者也。性不喜琴兼箏聲，惟二寵妓曰「秀奴」、「七七」，皆聰慧善琴兼箏與歌，時令奏之，自撰琴譜。又唐李綽《尚書故實》稱：「李汧公取桐孫之精者，雜綴爲之，謂之百納琴。用蝸殼爲徽。其間三面尤絕異，通謂之響泉、韻磬，絃一上可十年不斷。」《白孔六帖》（《白孔六帖》卷六十二）亦載李勉所製百衲琴，其條下注云：「李沂公勉，雅好琴，常出絲桐之精者，雜綴爲之，謂之百衲琴，用蝸角爲徽。」

〔三〕按「響泉、韻磬」，馬端臨以爲李勉以「韻磬」二字名琴似爲不妥，其考辯曰：「古之善琴者八十餘家，各因其器而名之。頌琴居其一焉，其弦十有三，其形象箏，移柱應律，宮縣用之，合頌聲也。齊桓公以鐘名之，李汧公以韻磬名之，是不知鐘磬各自有器，非所以名琴也。」（見《文獻通考》卷一百三十七）又《樂書》卷一百四十一亦載李勉所制響泉、韻磬二琴事，稱採自《唐國史補》，然較《國史補》更爲詳贍，云：「李汧公勉者，雅性好琴，嘗斲桐爲之，多至數百張，求者無不與之。其中二者，一名響泉，一名韻磬。張宏靜嘗會名客，觀鄭宥調二琴，各置一榻，動宮宮應，動角角應，眞希代寶也。茂因記之，謂：『余家世所寶，遭廣明之亂，韻磬爲火所燬。響泉，有洛僧自賊中挈去。建中四年，南康王韋皋在蜀得之，用佉陁羅木換臨岳承弦，命李陽冰篆之。至大順中，客遊巴蜀，見攜響泉以行雲然。響泉之奇，世或鮮鑒，但以他琴齊奏，彼音絕而此有餘韻。世又有竊其名者。苟以墨蹤、篆文驗之，則眞僞覿矣。』」馬端臨《文獻通考》卷一百三十七謂《樂書》所載「甚謬」，考辨云：「按響泉、韻磬爲李勉所製，號稱名琴，唐史載之。此段言其首尾尤詳，但既曰『廣明之亂，爲僧所取矣』；而又曰『建中四年，爲韋皋所得』。夫建中先於廣明百餘年，廣明所失之琴，而曰『至建中始得之』，何其繆也。此據《樂書》所採《國史補》之說，疑有誤，當考。」張宏靜即《國史補》所載張相弘靖，然此二琴非彼二琴也，李肇並未言明鄭宥所調二琴乃張勉所造響泉、韻磬，蓋乃《樂書》附會之語，不足爲信。《樂書》「廣明之亂」一說蓋本自張戎樞《響泉記》。《太平御覽》卷五百七十九引《響泉記》（《太平廣記》卷二百三）云：「余家世所寶書、書、圖、畫。廣明之亂，散失蕩盡。其中二琴，一名響泉，一名韶磬，皆希代之寶也。」又《太平廣記》引《盧氏雜說》載：「響泉、韻磬，本落樊澤司徒家，後在珠崖宅，又在張彥遠宅，今不知流落何處。」盧氏乃唐時人，此說較《樂書》所載則更爲可信。又按《夢溪筆談》卷五載：「吳僧智和有一琴，瑟瑟微碧，紋石爲軫。制度、音韻皆臻妙。腹有陽冰篆數十字，其晷云：

『南溟島上得一木名伽陀羅，紋如銀屑，其堅如石，命工斲爲此琴。篆文甚古勁，琴材欲輕、鬆、脆、滑，謂之四善木。堅如石，可以製琴，亦所未諭也。《投荒錄》云：『瓊管多烏櫝呋陀，皆奇木，疑伽陀羅即呋陀也。』」《澠水燕談錄》卷九所載則更詳細，云：「秀州祥符院有僧名知和，蓄一古琴。琴徽碧石細紋軫，製作精巧，音韻清越，琴中刊刻李陽冰篆三十九字，其大略云：『南海夷島產木名伽羅，文橫銀屑，其堅如石，遂用作此臨岳。』此琴即唐相汧公李勉所製，響泉之名見載於《舊唐書·李勉傳》。」此二處所記，大抵相同，然抵牾之處在於，前者以爲南海之木用以製琴，而《李勉傳》以爲用做臨岳。董逌《廣川書跋》卷八稱沈括未嘗見琴，其銘亦不盡見，故而有誤。董逌於太常親眼見過此琴，亦摹寫過琴上所刻銘文，其銘曰：「以爲臨岳。」董逌考證云：「琴首更絃者名臨岳，琴必以堅木藉弦，欲其不刻入也。」至於《澠水燕談錄》稱此琴即唐相汧公李勉所製，未知何據。

京師又以樊氏、路氏琴爲第一，路氏琴有房太尉石枕，損處惜之不理〔一〕。

箋注

〔一〕沈括《夢溪筆談》卷五稱嘗見唐初所製路氏琴，云：「琴雖用桐，然須多年，木性都盡，聲始發越。予曾見唐初路氏琴，木皆枯朽，殆不勝指，而其聲愈清。又嘗見越人陶道眞畜一張越琴，傳云古塚中敗棺杉木也，聲極勁挺。」又據《唐音癸籤》卷十四》載，唐時製琴名家輩出，其斲製之精妙者，除京師樊、路，蜀雷、郭、吳、沈、張諸氏外，尚有汧公之響泉、韻磬，晉公之大小忽雷等。

雷氏琴品第

蜀中雷氏斲琴，常自品第，第一者以玉徽，次者以瑟瑟徽，又次者以金徽，又次者螺蚌之徽〔一〕。

箋注

〔一〕蜀中句：雷氏，唐時蜀中雷氏家族，製琴名手。《茅亭客話》卷十云：「琴最盛於蜀，製斲者數家，惟雷氏而已。」雷氏所制之琴，號爲雷琴。《輟耕錄》云：「唐斲琴名手曰：『雷霄、雷盛、雷珏、雷文、雷迅』。」其條下注云：「皆蜀人。」按此可窺唐時蜀中製琴之盛，而雷氏家族則世代擅其能也。《西溪叢語》卷上稱：「滕達道蓄雷威琴，中題云：『石山孫枝，

樣剪伏羲，將扶大隱，永契神機。』徐浩書，字類石經，今歸居氏矣。」
又同書載曰：「嘗見一琴，中題云：『唐大曆三年仲夏十二日西蜀雷威斲
雜花亭合』。」同書又引李巽伯語云：「先公得雷威琴，錢氏物也，中題
云：『嶧陽孫枝，匠成雅器，一聽秋堂，三月忘味』，故號忘味，云為當
代第一。」同書又引長兄伯聲云：「昔至灄邑，獲一古琴，中題云：『合
雅大樂，成文正音，徽絃一泛，山水俱深。雷威斲，歐陽詢書，陝郊處
士魏野家藏。』後歸灄人溫氏，予得之喜而不寐。」伯聲又謂：「洛中董
氏，蓄雷琴一張，中題云：『山虛水深，萬籟蕭蕭，古無人蹤，惟石嶕嶢。』
其外漆下隱有朱書，云：『洛水多清泚，崧高有白雲，聖朝容隱逸，時得
詠南薰。』」考此詩今見於《宋之問集》。又據《西溪叢語》卷上載：「伊
南田戶店箟簜谷隱士趙彥安，獲一琴，斷文奇古，真蚹蚹也。聲韻雄遠，
中題云：『霧中山』三字。人莫曉也，後得蜀郡《草堂閒話》中載云：『雷
氏斲琴多在峨嵋無為霧中三山，方知為雷琴矣。」何薳《春渚紀聞》卷
八稱蘇東坡家有雷琴，破之中有「八日合」之語，不曉其為何意。蓋古
雷字，從四田，四田拆之是為八日也。又據《澠水燕談錄》卷九載：「錢
塘沈振，蓄一琴名冰清。腹有晉陵子銘云：『卓哉斯器，樂惟至正，音清
韻古，月澄風勁，三餘神爽，泛絕機靜，雪夜敲冰，霜天擊磬，陰陽潛
感，否臧前鏡，人其審之，豈獨知政。大曆三年三月三日上。』底蜀郡
雷氏斲，鳳沼內書：『貞元十一年七月八日。』雷琴名聞天下，故後世得
之者得之如獲至寶。宋劉敞有《雷琴》（《公是集》卷二十八）詩云：「三
百年中天下工，密移山水入號鐘，世間會有孫枝在，自是知音不可逢。」
其詩自注云：「予所寶琴，大曆年中雷震斲，到今三百年矣。」好古之風，
自古有之，自唐迄宋，數百年矣，故宋人以唐物為寶，此風之盛，文人
高士亦在所難免。故有造贗品者，以假亂真，冒稱唐時雷琴，以售巨價，
岳珂以為此風甚弊，其書《桯史》卷十三稱有鬻琴者以所謂雷氏所造冰
清古琴，名「冰清斷紋鱗㼜」者，琴腹有晉陵子題銘曰：「卓哉斯器，樂
惟至正，音清韻高，月苦風勁，璨餘神爽，泛絕機靜，雪夜敲冰，霜天
擊磬，陰陽潛感，否臧前鏡，人其審之，豈獨知政。」又書「大曆三年
三月三日上」。底刻「蜀郡雷氏斲，鳳沼內書，貞元十一年七月八日」。
此琴銘文年月，正與上文所引《澠水燕談錄》記載相符。買家以為真品
不二，方欲中穀。不料岳珂當庭指出造偽者之破綻，原來此琴上銘文竟
然有避本朝諱，豈有二百年前古人預知後世之文禁，故可斷定其為贗品。
製假者據《澠水燕談錄》所載而造此贗品古琴，希圖魚目混珠，有時竟
然連博物知音者亦難於辨其真偽。既然有造假者，故世間所謂雷琴者，
往往真假難辨。如上文《西溪叢語》所載二琴，其一銘文曰「雷威斲，

歐陽詢書」，其一日「唐大曆三年仲夏十二日西蜀雷威於雜花亭」，此二說相互抵牾，前後矛盾。如若前者所言為眞，則雷威乃初唐時人；如後者為眞，則雷威中唐人也。二者必居其一，其中必有一琴為贗品，或二者皆非眞雷琴。何況《輟耕錄》所載斲琴名手並無雷威。按「常自品第」語，雷氏製琴，常自品第其等級。據《茅亭客話》卷十載，有黃處士者，名延矩，眉陽人。少為僧，性僻而簡。常對人言：「家習正聲，自唐以來待詔金門。父隨僖宗入蜀，至某四世矣。琴最盛於蜀，製斲者數家，惟雷氏而已。」又《廣川書跋》卷八云：「雷氏之琴，不必盡善，有瑟瑟徽者為上，金玉者為次，螺蚌者亦又次為。所以為異者，岳雖高而弦低，雖低而不拍面。按之若指下無弦，吟振之則有餘韻，非雷氏者，箏聲絕無琴韻也。」按此處所言岳者，前文所云臨岳也，琴首更絃者名臨岳，乃琴之部件。黃休復此處所記，較《國史補》更詳，「岳高弦低」之說，亦他書所未載。

鄭宥調二琴

張相弘【1】靖〔一〕，少時夜會名客，觀鄭宥〔二〕調二琴至切，各置一榻，動宮則宮應，動商則商應，稍不切，乃不應。宥師董庭蘭〔三〕，尤善汎聲、祝聲〔四〕。

校勘記

【1】《津逮》本、《四庫》本均作「弘」，《學津討原》本作「宏」，今按兩《唐書》、《太平廣記》，知應為「弘」字。

箋注

〔一〕張相弘靖：即張弘靖，字元理，德宗時宰相張延賞之子。張弘靖乃簪纓世冑，事跡具兩《唐書》本傳，《舊唐書》附於其父《張延賞傳》之後，《新唐書》則附之其祖張嘉貞及其父張延賞傳後。(《舊唐書》卷一百二十九；《新唐書》卷一百二十七) 據《唐國史補》卷上載，張弘靖其祖父為張嘉貞生，其父張延賞，祖孫三代俱為宰相，國朝已來，唯此一家。弘靖母苗夫人，其父太師也，其舅張河東也，其夫延賞也，其子弘靖也，其子墀韋太尉也，近代衣冠婦人之貴，無如此者。唐韋絢《劉賓客嘉話錄》云：「杜丞相鴻漸，世號知人。見馬燧、李抱眞、盧新州杞、陸丞相贄、張丞相弘靖、李丞相藩，皆云：『並為宰相。』既而盡然。」

〔二〕鄭宥：唐史無傳，其人不可考。據《唐音癸籤》卷十四載：「唐自高宗製曲以來，文士所作操引多擬古曲為名。可考見者有此，其他名同琴曲非

必譜於琴者，不概錄。於時，楚漢舊聲傳授，猶存一代，精此藝者自趙耶利、董庭蘭、賀若夷、鄭宥以及楊子儒、王敬邀之輩不可指數。」按此可知鄭宥以琴藝名噪於時。今考《全唐詩》，李端前後有《送鄭宥入蜀》詩兩首，其一（《全唐詩》卷二百八十五）云：「寧親西陟險，君去異王陽。在世誰非客，還家即是鄉。劍門千轉盡，巴水一支長。請語愁猿道，無煩促淚行。」其二（《全唐詩》卷二百八十六《重送鄭宥歸蜀因寄何兆》）云：「黃花西上路何如，青壁連天雁亦疎。爲報長卿休滌器，漢家思見茂陵書。詩中可見，鄭宥與李端等詩人交遊往還，嘗遊歷蜀中。」

〔三〕董庭蘭：鄭宥之師。隴西人，開元、天寶之際著名琴師。高適《別董大》（《高常侍集》卷五）詩云：「千里黃雲白日曛，北風吹鴈雪紛紛，莫愁前路無知己，天下誰人不識君。」，此中董大即董庭蘭。由高適此詩可知董庭蘭當時名滿天下的盛況。又《別董大》詩其二云：「六翮飄颻私自憐，一離京洛十餘年，丈夫貧賤應未足，今日相逢無酒錢。」董庭蘭雖享盛名，然境況頗爲窘迫潦倒。董庭蘭嘗爲房琯門客，引以爲同調（見《舊唐書》卷一百十一《房琯傳》）。崔玨詩《席間詠琴客》（《萬首唐人絕句》卷六十四）贊云：「七條弦上五音寒，此樂求知自古難。唯有河南房次律，始終憐得董庭蘭。」李頎《董大彈胡笳聲兼寄語弄房給事》贊董師之琴技云：「董夫子，通神明，深山竊聽來妖精，言遲更速皆應手，將往復旋如有情。空山百鳥散還合，萬里浮雲陰且晴。嘶酸雛鴈失羣夜，斷絕胡兒戀母聲。川爲靜其波，鳥亦罷其鳴。烏孫部落家鄉遠，邏娑沙塵哀怨生。幽音變調忽飄灑，長風吹林雨墮瓦，迸泉颯颯飛木末，野鹿呦呦走堂下。長安城連東掖垣，鳳凰池對青瑣門。高才脫略名與利，日夕望君抱琴至。」

〔四〕按「汎聲」，疑有誤，他書「汎」或作「況」，或爲「沈」。今考《樂書》引《沈遼集》（《樂書》卷一百三十）載云：「大胡笳十八拍，世號爲沈家聲；小胡笳十九拍末拍，爲契聲，世號爲「祝家聲」。所以這裡「汎」「況」二字疑爲「沈」字之誤。戎昱有《聽杜山人彈胡琴》（《全唐詩》卷二百七十）詩云：「杜陵先生證此道，沈家、祝家皆絕倒。」考《太平廣記》引《盧氏雜說》（《太平廣記》卷二百三）載：「況、祝二家聲，謂大小胡笳也。」又同書載：「董庭蘭善以琴彈奏胡笳曲，《樂府詩集》蔡琰《胡笳十八拍》（《樂府詩集》卷五十九）詩注云：「董生以琴寫胡笳聲，爲十八拍，今之胡笳弄是也。」當時與之齊名者有陳懷古，「懷古能況、祝二家聲」。董庭蘭所精汎聲、祝聲，或學自陳懷古亦未可知。

韓會歌妙絕

　　韓會與名輩號為四夔，會為夔頭，而善歌妙絕〔一〕。

箋注

　〔一〕韓會句：韓會，唐史無傳，其仕履事跡不詳。據《柳河東集》卷十二載，
　　　韓會，昌黎人，韓愈之弟。善清言，有文章，名最高，然以故多謗，至
　　　起居郎貶官，卒。又據《舊唐書·代宗本紀》（《舊唐書》卷十一），起居
　　　舍人韓會等十餘人皆坐元載貶官。時為大曆十六年四月，韓會自起居舍
　　　人，貶韶州刺史，卒。（《五百家註柳先生集》卷十二）四夔，據《舊唐
　　　書·崔造傳》（《舊唐書》卷一百三十），韓會與崔造、盧東美、張正則為
　　　友，皆僑居上元，好談經濟之略，嘗以王佐自許，時人號為「四夔」。

李舟著笛記

　　李舟〔一〕好事，嘗得村舍煙竹，截以為笛，鑑如鐵石，以遺李
牟〔二〕。牟吹笛天下第一，月夜泛江，維舟吹之，寥亮逸發，上徹
雲表。俄有客獨立于岸，呼船請載。既至，請笛而吹，甚為精壯，
山河可裂，牟平生未嘗見。及入破，呼吸盤擗，其笛應聲粉碎，
客散不知所之。舟著記，疑其蛟龍也。

箋注

　〔一〕李舟：唐史無傳，事跡不詳。據《柳河東集》（《柳河東集》卷十二）載，
　　　李舟，字公受，隴西人，有文學，聰俊明辯，高志氣，以尚書郎使危疑
　　　反側者再，不辱命，其道大顯。被讒妬，出為虔州刺史，廢痼卒。又梁
　　　肅《處州刺史李公墓誌銘》（《全唐文》卷五百二十一）云：「公姓李氏，
　　　諱某，隴西成紀人也，字曰公受。據《新唐書宰相世系表二》（《新唐書》
　　　卷七十二上）上稱，李舟屬於姑臧房李氏。隴西成紀為其郡望，姑臧為
　　　籍貫。據嚴寅春《李舟年譜考略》（《西藏民族學院學報（哲學社會科學
　　　版）》），李舟生於開元二十八年。李舟少富文學，杜甫《送李校書》（《全
　　　唐詩》卷二百十七）詩云：「李舟名父子，清峻流輩伯」，「十五富文史，
　　　十八足賓客。十九授校書，二十聲輝赫。」梁肅《墓誌銘》（《全唐文》
　　　卷五百二十一）：「天寶十四年以黃老登第。貞元三年卒，年四十八。」
　　　李舟《與齊映書》（《唐摭言》卷四）：「僕所病沉痼，方率子弟力農為世
　　　疎矣。」梁肅《墓誌銘》謂「享年四十有八，以某年月日遘疾捐館。」
　　　又據《五百家註柳先生集》卷十二注云：「建中元年四月，涇原別駕劉文

喜據州叛命。李舟奉命往使，文喜囚之。五月，文喜將劉海賓殺文喜降。二年，梁崇義欲爲變，李舟時爲金部員外郎，遣詣襄州論旨以安之，諸道趦蒩者，謂舟能覆城殺將。及至，襄州崇義惡之，上言軍中疑懼，請易以他使。」撰有《切韻》十卷，已著錄。（見《新唐書》卷五十七《藝文志》）

〔二〕李牟：唐書無傳，其爵里事跡皆未詳。《樂書》卷一百四十九謂「李牟善奏而風至，皆一時妙手也」。此說當採自《國史補》卷下「李牟夜吹笛」條。《類說》卷三十六稱李牟天寶中曾任供奉，有外孫名許雲封，爲樂工，亦善笛，自云學於外祖李牟。韋應物示以古笛，云天寶中得於李供奉。雲封曰：「此非外祖所吹笛。」韋應物問：「何以驗之？」雲封對曰：「取竹之法，以本年七月望前伐。過期則音實，不及期則音浮。浮者，外澤中乾，受氣不全，則其竹夭。此笛其夭者也，遇至音必破。令試吹，雲封舉笛六州遍一疊，未盡，笛忽中裂。李牟事蹟，源自《唐國史補》，它書《類說》、《太平廣記》、《說郛》皆移錄焉。李牟鐵笛，已成典故，乾隆有詩（《御製詩二集》卷二十四《煙雨樓用韓子祁詩韻》）云：「欲倩李牟攜鐵笛，月明度曲水晶宮。」另宋陳暘《樂書》卷一百三十載，開元中有李謩善吹《落梅花》曲，獨步當時。越州刺史皇甫政月夜泛鑑湖，命李謩吹笛，李謩爲之曲盡其妙。時有一老父泛舟聽之，因奏一聲，湖波搖動，笛遂中裂，即探懷中一笛以畢其曲。皇甫政視之，有三龍倚舟而聽，老父曲終以笛付李謩，李謩吹之竟不能聲，而老父亦失所在。大中以來有王六六、王師簡亦妙手也。疑此李謩乃李牟之誤。

李牟夜吹笛

李牟秋夜吹笛于瓜洲〔一〕，舟檝甚隘。初發調，羣動皆息。及數奏，微風颯然而至。又俄頃，舟人賈客，皆有怨歎悲泣之聲。

箋注

〔一〕瓜洲：地名，屬揚州。《唐語林》卷六：「文昌少孤，寓居廣陵之瓜洲。」王荊公《泊船瓜洲》（《容齋續筆》卷八）詩云：「京口瓜洲一水閒，鍾山秖隔數重山。」其地有古渡，名曰瓜洲渡。白香山《長相思》（《全唐詩》卷八百九十）：「汴水流，泗水流，流到瓜洲古渡頭。」高蟾《瓜洲夜泊》（《全唐詩》卷六百六十八）：「一夕瓜洲渡頭宿，天風吹盡廣陵塵。」瓜洲或與瓜州混淆，然一字之別，其實相距不知其幾千里也。《日知錄》卷二十七引劉辰翁注曰「金陵有瓜州」，顧炎武以爲謬甚，且考證云：「瓜

洲，唐時屬潤州，非金陵。且其字作洲，非州也。」按「瓜州」，據《元和郡縣志》卷四十載，本漢酒泉郡。元鼎六年，分酒泉，置敦煌郡，今州即酒泉、敦煌二郡之地。晉惠帝又分二郡，置晉昌郡。周武帝改爲永興郡。隋開皇三年，罷郡，按隋瓜州即今沙州也。大業三年，改瓜州爲敦煌郡。武德五年，改瓜州，別於晉昌，置瓜州地，出美瓜，故取名焉。狐食其瓜不見首尾。大曆十一年，陷於西蕃。

趙璧說五絃

趙璧彈五絃，人問其術。答曰：「吾之于五絃也，始則心驅之，中則神遇之，終則天隨之，吾方浩然，眼如耳，目如鼻，不知五絃之爲璧，璧之爲五絃也。〔一〕」

箋注

〔一〕趙璧句：趙璧，唐史無傳，履歷事蹟不可考。據《同姓名錄》引《樂府雜錄》（《同姓名錄》卷十）云：「唐貞元中有伶官趙璧，妙於五絃彈。」五絃，乃爲古琴一種，有五弦，以宮、商、角、徵、羽比五行金、木、水、火、土。《史記·樂書第二》（《史記》卷二十四）云：「舜彈五絃之琴歌南風之詩。」《樂書》卷十五云：「昔者舜作五絃之琴，以歌南風。」《孔子家語》卷八載《南風》之詩曰：「南風之薰兮，可以解吾民之慍兮；南風之時兮，可以阜吾民之財兮。」1978年，我國在湖北省隨縣曾侯乙墓出土了一張五弦琴，與文獻記載甚爲相近。嵇康詩（《嵇中散集》卷一）云：「目送歸鴻，手揮五絃，俯仰自得，遊心太玄。」嵇康、趙璧，二人雖生異代，然造詣同臻至妙。

李八郎善歌

李袞〔一〕善歌，初于江外，而名動京師。崔昭〔二〕入朝，密載而至。乃邀賓客，請第一部樂〔三〕，及京邑之名倡，以爲盛會。紿言表弟，請登末坐，令袞弊衣以出，合坐嗤笑。頃命酒，昭曰：「欲請表弟歌。」坐中又笑，及囀喉一發，樂人皆大驚曰：「此必李八郎也。」遂羅拜階下〔四〕。

箋注

〔一〕李袞：生平無考，其事蹟僅見於此。白居易《小童薛陽陶吹觱栗歌》（《白氏長慶集》卷二十一）云：「剪削乾蘆插寒竹，九孔漏聲五音足，近來吹

者誰得名，關璀老死李袞生，袞今又老誰其嗣，薛氏樂童年十二。」

〔二〕崔昭：唐史無傳，其爵里始末不詳。代宗時，以左散騎常侍崔昭，爲京兆尹。建中初，命江西觀察使崔昭冊命廻紇可汗。（見《舊唐書》卷十一《代宗本紀》；《舊唐書》卷十二《德宗本紀》）

〔三〕第一部樂：據日本學者岸邊成雄《唐代音樂史的研究》（《唐代音樂史的研究》第 347～348 頁），「部」乃梨園內所設之組織。《唐摭言》卷三載云：「第一部樂官，科地每日一千，第二部五百，見燭皆倍。科頭皆重分，逼曲江大會則先牒教坊請奏，上御紫雲樓垂簾觀焉。時或擬作樂，則爲之移日。」《太平廣記》「崔潔」條（《太平廣記》卷一百五十六）云：「當有第一部樂人來，俄頃紫衣三四人至。」《太平廣記》引《南楚新聞》（《太平廣記》卷二百五十七）（《全唐詩》卷四百三十五）云：「唐宰相張濬常與朝士於萬壽寺閱牡丹而飲，俄有雨降，抵暮不息，臺公飲酣未闌，左右伶人皆御前供奉第一部者，恃寵肆狂，無所畏憚。」白居易《琵琶行》詩云：「十三學得琵琶成，名屬教坊第一部。」

〔四〕此條所記，它書多有抄錄，如《太平御覽》、《太平廣記》等類書。宋胡仔《漁隱叢話後集》卷三十三引李易安語云：「樂府聲詩並著，最盛於唐開元天寶間。有李八郎者，能歌擅天下。時新及第進士開宴曲江，榜中一名士先召李，使易服隱名姓，衣冠故敝，精神慘沮，與同之宴，所曰『表弟』，願與坐末，眾皆不顧。既酒行樂，作歌者進，時曹元謙念奴爲冠歌罷，眾皆諮嗟稱賞。名士忽指李曰：『請表弟歌。』眾皆哂，或有怒者，及轉喉發聲歌一曲，眾皆泣下，羅拜曰：『此李八郎也。』」按李易安所述與《國史補》頗相合，此榜中名士當爲崔昭。

于公嫂知音

　　于頔司空〔一〕，嘗令客彈琴，其嫂知音，聽于簾下曰：「三分中，一分箏聲，二分琵琶聲，絕無琴韻。〔二〕」

箋注

〔一〕于頔司空：即于頔，冊拜司空、平章事。故號于司空頔。事跡具兩《唐書》本傳（《舊唐書》卷一百五十六；《新唐書》卷一百七十二）其傳略見前條。

〔二〕按于頔嫂評琴語「三分中，一分箏聲，二分琵琶聲，絕無琴韻」，蓋指演奏內容而言，而非實指，此說頗與歐陽修評韓愈《聽穎師彈琴》相類。據《說郛》引蘇東坡《歐陽公論琴詩》載，韓愈《聽穎師彈琴》詩有「昵昵兒女語，恩怨相爾汝。劃然變軒昂，勇士赴戰場」句。歐陽修嘗問蘇

東坡：「琴詩何者最佳？」蘇東坡以韓愈此詩答之，歐陽修遂評曰：「此詩固奇麗，然自是聽琵琶詩，非琴詩。」蘇東坡遂退而作《聽杭僧惟賢琴》詩云：「大弦春暖和且平，小弦廉折亮以清。平生未識宮與角，但聞牛鳴盎中雉登木。門前剝啄誰扣門，山僧未閑君勿嗔，歸家且覓千斛水，淨洗從前箏笛耳。」詩成欲寄歐陽修，而歐陽公薨，至今以爲恨。（《說郛》卷一百）按此可知，于頔嫂、歐陽修論琴語皆指琴師彈琴而多雜用琵琶技法，以致失琴之中原正統本音。唐代，西域胡樂流行中土。琴本中土所出，而琵琶則來自胡域。胡樂東漸之前，中國人彈琴多奏中原雅樂。孔子極好雅樂，三月不知肉味，以爲其聲中正平和，「樂而不淫，哀而不傷」；而於鄭衛之音則惡之，以爲「鄭聲淫」，「惡鄭聲之亂雅樂」。（見《論語‧陽貨》）《史記‧樂書》（《史記》卷二十四）亦云：「故云雅頌之音理而民正，嘄噭之聲興而士奮，鄭衛之曲動而心淫。」然唐尤自開元以來，西域胡樂大行於時，中原古音日漸式微。劉長卿《聽彈琴》（《全唐詩》卷一百四十七）詩云「泠泠七絲上，靜聽松風寒，古調雖自愛，今人多不彈。」白居易《廢琴》（《全唐詩》卷四百二十四）詩亦云：「絲桐合爲琴，中有太古聲，古聲淡無味，不稱今日情，玉徽光彩滅，朱琴塵土生，廢棄來已久，遺音尚泠泠，不辭爲君彈，縱彈人不聽，何物使之然，羌笛與秦箏。」眞景元《送琴士蕭長夫序》（《古今事文類聚續集》卷二十二）：「琴之爲技一至此乎？其後官於都城，以琴來謁者甚眾，靜而聽之，大抵厭古調之希微，誇新聲之奇變，使人喜欲起舞，悲欲涕零，求其所謂淳古淡泊者殆不可得。蓋時俗之變，聲音從之，雖琴亦鄭衛矣。」由此可見，自中唐至宋，人情喜新厭舊，太古遺音，曲高和寡，鄭衛之音，趨之若鶩。于頔嫂與歐陽修，蓋有感於「鄭聲之亂雅樂」時俗而作此評云。

于公順聖樂

于司空頔，因韋太尉奉聖樂〔一〕，亦撰《順聖樂》以進。每宴必使奏之，其曲將半，行綴皆伏，獨一卒舞于其中，幕客韋綬笑曰：「何用窮兵獨舞？」言雖詼諧，一時亦有謂也。頔又令女妓爲六佾舞，聲態壯妙，號《孫武順聖樂》〔二〕。

箋注

〔一〕奉聖樂：唐代舞曲。據《舊唐書‧德宗本紀》及《音樂志》（《舊唐書》卷十三；《舊唐書》卷二十八）載，貞元十六年，南詔異牟尋獻《奉聖樂》舞曲，因韋皋以進，德宗觀閱於麟德殿前。又《樂書》卷一百八

十八載，「韋皋鎮蜀時，南詔進《奉聖樂》，在宮調。並進舞伎六十四人，遇內宴於殿前，更番立奏樂。若宮中宴，即坐奉之，故俗樂有坐部伎、立部伎也。」據《新唐書·南蠻傳》（《新唐書》卷二百二十二下）載，貞元中，王雍羌聞南詔歸唐，有內附心，異牟尋遣使楊加明詣劍南西川節度使韋皋，請獻夷中歌曲，且令驃國進樂人。於是皋作《南詔奉聖樂》，用正律黃鍾之均。宮、徵一變，象西南順也；角、羽終變，象戎夷革心也。舞六成，工六十四人，贊引二人，序曲二十八疊，舞「南詔奉聖樂」字。

〔二〕順聖樂：唐代舞曲名。《新唐書·禮樂志》（《新唐書》卷二十二）山南節度使于頔，獻《順聖樂》曲，將半而行綴皆伏，一人舞於中。又令女伎為俳舞，雄健壯妙，號「孫武順聖樂」。

曲名想夫憐

于司空以樂曲有《想夫憐》〔一〕，其名不雅，將改之，客有笑者曰：「南朝相府曾有瑞蓮，故歌《相府蓮》〔二〕，自是後人語訛，相承不改耳。」

箋注

〔一〕想夫憐：古樂曲名。宋郭茂倩《樂府詩集》引《樂苑》（《樂府詩集》卷八十）曰：「想夫憐，羽調曲也。白居易《想夫憐》（《白氏長慶集》卷三十五）詩云：「玉管朱弦莫急催，客聽歌送十分杯，長愛夫憐第二句，倩君重唱夕陽開。」唐崔令欽《教坊記》記有此曲名。王士禎《古夫於亭雜錄》卷一云：「唐于頔以樂府有《想夫憐》，其名不雅，或曰：『南朝相府有瑞蓮，因歌為相府蓮，至今詩餘有相府蓮，頔所改也。』余昔與鄒程邨同定倚聲，集長調有秋思耗者，余嫌其名不雅，改為畫屏秋色，今詩餘遂有此名，余所改也。或是因王儉蓮幕事耳。」

〔二〕相府蓮：《樂府詩集》引《古解題》（《樂府詩集》卷八十）云：「相府蓮者，王儉為南齊相，一時所辟，皆才名之士。時人以入儉府為蓮花池，謂如紅蓮映綠水，今號蓮幕者，自儉始。其後語訛，為想夫憐，亦名之醜爾。」

訛謬坊中語

舊說，董仲舒墓〔一〕門，人過皆下馬，故謂之下馬陵，後人語訛為蝦蟆陵〔二〕。今荊襄〔三〕人，呼提為堤，晉絳〔四〕人呼梭為莝

（七弋反），關中人呼稻爲討，呼釜爲付，皆訛謬所習，亦曰坊中語也。

箋注

〔一〕荊襄：指荊州、襄州，唐時屬山南道。據《元和郡縣志》卷二十三載，荊豫二州之域，於周諸國則榖、鄧、鄾、盧、羅、鄀之地。春秋時，地屬楚秦。自漢以北爲南陽郡，今鄧州南陽縣是也；漢以南爲南郡，今荊州是也。後漢建安十三年，魏武平荊州，置襄陽郡。襄陽北接宛洛，跨對樊沔，爲荊郢之北門，代爲重鎮。

〔二〕晉絳：指晉州、絳州，唐時屬河東道。晉州，據《元和郡縣志》卷十五載，禹貢冀州之域，春秋時，其地屬晉。秦爲河東郡地。後魏太武帝於此置東雍州，孝明帝改爲唐州，尋又改爲晉州，因晉國以爲名也。周武帝平齊，置晉州總管。武德元年罷郡置晉州；三年，爲總管府；四年，爲都督府。貞觀六年，廢府復爲晉州州境。絳州，據《元和郡縣志》卷十四載，禹貢冀州之域，春秋時屬晉。秦爲河東郡地。後魏太武帝置東雍州。周明帝武成二年，改東雍州爲絳州。隋大業三年，廢州爲絳郡。武德元年，罷郡置絳州總管；三年，復爲絳州。

〔三〕董仲舒墓：董仲舒墓址，自古以來眾說紛紜，莫衷一是。如李肇《國史補》所持董墓蝦蟆陵說。《長安志》卷十一引韋述《兩京新記》亦云：「（蝦蟆陵）本董仲舒墓。」《太平寰宇記》卷二十七則云：「（董仲舒墓）在（興平）縣東北二十里。」宋敏求《長安志》卷十一云：「蝦蟆陵在縣南六里，韋述《西京記》本董仲舒墓，李肇《國史補》曰：『昔漢武帝幸芙蓉園，即秦之宜春苑也。每至此墓下馬，時人謂之下馬陵，歲月深遠，誤爲蝦蟆爾。』」

〔四〕蝦蟆陵：據宋宋敏求《長安志》卷十一載，蝦蟆陵在萬年縣南六里。且宋敏求引韋述《西京記》云「本董仲舒墓。」又引李肇《國史補》云：「昔漢武帝幸芙蓉園，即秦之宜春苑也，每至此墓下馬，時人謂之『下馬陵』，歲月深遠誤爲『蝦蟆爾』。」僧皎然《長樂少年行》（《全唐詩》卷二十四）：「翠樓春酒蝦蟆陵，長安少年皆共矜，紛紛半醉綠槐道，蹀躞花驄驕不勝。」謝良輔《憶長安》（《全唐詩》卷三百七）：「憶長安臘月時，溫泉彩仗新移，瑞氣遙迎鳳輦，日光先暖龍池，取酒蝦蟆陵下，家家守歲傳卮。」白居易《琵琶行》（《全唐詩》卷四百三十五）云：「自言本是京城女，家在蝦蟆陵下住。」由眾詩中可見，蝦蟆陵既有京城教坊，又有翠樓春酒，乃煙花柳陌風流之地。據《陝西通志》卷七十稱此地即城內臙脂坡。胭脂坡一名顧名可知其義。胭脂坡在縣治東南，董子祠後，即翡

翠坡或云與翡翠相接，在宣平坊南。

敘諸茶品目

　　風俗貴茶，茶之名品益眾，劍南有蒙頂〔一〕石花，或小方，或散牙，號為第一。湖州有顧渚之紫筍〔二〕，東川有神泉、小團、昌明、獸目，峽州有碧澗、明月、芳蕊、茱萸簝〔三〕，福州有方山之露牙（一作生）〔四〕，夔州有香山，江陵有南木，湖南有衡山，岳州有瀲湖之含膏〔五〕，常州有義興之紫筍，婺州有東白，睦州有鳩坑〔六〕，洪州有西山之白露，壽州有霍山之黃牙，蘄州有蘄門團黃〔七〕，而浮梁〔八〕之商貨不在焉。

箋注

〔一〕蒙頂句：《元和郡縣志》（《元和郡縣志》卷三十三）云：「蒙山在縣南十里，今每歲貢茶，為蜀之最。」《膳夫經手錄》：「元和以前，束帛不能易一斤先春蒙頂，是以蒙頂前後之人，競栽茶以規厚利。不數十年間，遂斯安草市，歲出千萬斤。」劉勤晉《川藏茶路萬里行》（《中國茶葉》2006年第 1 期）引明代蒙頂甘露寺古碑記載云：「西漢有吳氏法名理眞，俗奉甘露大師者，自嶺表來，掛錫茲土，隨攜靈茗之種而植於五峰。」按此可知蒙頂茶可上溯至西漢。

〔二〕紫筍：茶名，一名紫筍。據《新唐書》卷四十一《地理志》載，常州晉陵郡，其土貢有紫筍茶。且同卷稱湖州吳興郡亦產此茶。據《太平寰宇記》卷一百六十四載，封州，屬嶺南道，產春紫筍茶、夏紫筍茶。《續茶經》卷上之一謂：「甲於吳興者為紫筍。」唐時此茶產量驚人，據《南部新書》載：「唐制，湖州造茶最多，謂之顧渚貢焙。歲造一萬八千四百八斤。」張文規《湖州貢焙新茶》云：「鳳輦尋春半醉回，仙娥進水御簾開。牡丹花笑金鈿動，傳奏吳興紫筍來。」《雲麓漫鈔》引《唐重修茶舍記》（《雲麓漫抄》卷四）云：「故事，湖州紫筍以清明日到先薦宗廟，後分賜。近日紫筍生顧渚，在湖、常間。當茶時，兩郡太守畢至為盛集」

〔三〕峽州句：峽州茶亦是茗中上品。鄭谷《峽中嘗茶》（《全唐詩》卷六百七十六）詩云：「簇簇新英摘露光，小江園裡火煎嘗。吳僧漫說鴉山好，蜀客休誇鳥紫香。合座半匝輕泛綠，開緘數片淺含黃。鹿門病客不歸去，酒渴更加春味長。」

〔四〕方山之露牙：茶中名品。陸羽《茶經》謂嶺南茶生福州、建州、韶州、象州諸地。且條下注云：「福州生閩方山之陰縣也。」《續茶經》卷上之

三云：「閩之方山、太姥、支提俱產佳茗。」方山露芽又稱「方山之芽」。同書卷下之四引《合璧事類》云：「建州出大片方山之芽，如紫筍，片大，極硬，須湯浸之方可碾。治頭痛，江東老人多服之。」又據《八閩通志》載，福州諸縣皆產茶，閩之方山、鼓山、侯官之水西、懷安之鳳崗山尤盛。宋淳熙《三山志》引《球場山亭記》載，唐憲宗元和間詔方山院僧懷惲麟德殿說法，賜之茗茶。懷惲奏曰：「此茶不及方山茶佳。」由此則知唐時方山茶已居為上品。

〔五〕含膏：茶名。宋范致明《岳陽風土記》云：「邕湖諸山舊出茶，謂之邕湖茶，李肇所謂岳州邕湖之含膏是也，唐人極重之，見於篇什，今人不甚種植。」

〔六〕鳩坑：茶名。《太平寰宇記》卷九十五稱睦州產鳩坑團茶。睦州，今浙江淳安西南。據《元和郡縣志》卷二十六載，隋始置睦州，後又改為遂安郡。武德四年改為州，取「俗阜人和，內外輯睦」為義。《浙江通志》卷一百六「鳩坑茶」下注引《嚴陵志》稱淳安縣鳩坑產茶。且謂「以鳩坑源水蒸之，香味加倍」。

〔七〕蘄門團黃：茶名。彭大翼《山堂肆考》卷一百九十三稱：「蘄門團黃有一旗二鎗之號，言一葉二芽也。歐公詩：『共約試新茶，鎗旗幾時綠。』王荊公送元厚之詩：『新茗齋中試一旗。』世謂茶之始生而嫩者為一鎗，寖大而開，為一旗。」《格致鏡原》卷二十一稱「一旗二槍」之說出自《茶譜》。

〔八〕浮梁：今屬江西省景德鎮市，唐時屬江南西道饒州。《太平寰宇記》引《郡國志》謂「斯邑產茶，賦無別物」。浮梁茶有「商貨」之稱，各地茶商常乘舟舶至潯陽，經鄱陽湖溯昌江而達浮梁，販茶牟利。白居易《琵琶行》（《白氏長慶集》卷十二）有句云：「商人重利輕別離，前月浮梁買茶去。」劉津《婺源諸縣都制新城記》（《全唐文》卷八百七十一）：「婺源、浮梁、祁門、德興四縣，茶貨實多。」據《太平廣記》卷二百九十載，鄱陽安仁里民呂用之之父，「以貨茗為業，來往於淮荊間」。茶稅亦是唐政府收入之重要來源，據《元和郡縣志》卷二十九載，饒州浮梁縣「每歲出茶七百萬馱，稅十五餘萬貫」。按李肇此條所記茶品茶名，應為當時佳茗之上選。考之於陸羽《茶經》（《茶經》卷下），陸羽將茶分為上、中、下三品，以山南道以峽州上，襄州、荊州次，衡州下，金州、梁州又下。淮南以光州上，義陽郡、舒州次，壽州下，蘄州、黃州又下。浙西，以湖州上，常州次，宣州、杭州、睦州、歙州下，潤州、蘇州又下。劍南，以彭州上，綿州、蜀州次，邛州次，雅州、瀘州下，眉州、漢州又下。浙東，以越州上，明州、婺州次，台州下。黔中，生恩州、播州、費州、夷州。江南，生鄂

州、袁州、吉州。嶺南，生福州、建州、韶州、象州。其恩、播、費、夷、鄂、袁、吉、福、建、泉、韶、象十一州，未詳，往往得之，其味極佳。則陸羽所見大率與李肇契合，蓋爲當時茶界之公論。唐代的優質茶多被朝廷指定爲貢品。據《新唐書·地理志》（《新唐書》卷三十七）載，各地向朝廷貢茶者有河南道之懷州，山南道之峽州、歸州、夔州、梁州，淮南道之壽州、廬州、薪州、申州，江南道之睦州、湖州、常州、福州、饒州、溪州，劍南道之雅州，凡十六州。此與李肇所列大略相同，可互爲參證。

敘酒名著者

酒則有郢州之富水，烏程之若下，滎陽之土窟春，富平之石凍春〔一〕，劍南之燒春〔二〕，河東之乾和蒲萄，嶺南之靈谿、博羅，宜城之九醞〔三〕，潯陽之湓水，京城之西市腔，蝦蟆陵郎官清〔四〕、阿婆清。又有三勒漿〔五〕類酒，法出波斯三勒者，謂菴摩勒、毗梨勒，訶梨勒。（一本作富平之石梁春、劍南之燒香春。）

箋注

〔一〕富平之石凍春：酒名。鄭谷《贈富平李宰》（《全唐詩》卷六百七十四）詩云：「易博連宵醉，千缸石凍春。」王楙《野客叢書》卷十稱：「僕觀鄭谷贈富平宰詩，知富平石凍春信矣。」

〔二〕劍南之燒春：酒名，爲唐時佳釀。據《2004 年綿竹劍南春酒坊遺址發掘簡報》（《四川文物》2007 年第二期），劍南春酒坊遺址是一處分佈面積大、佈局配套、設施齊全、釀酒遺跡保存較爲完整的、遺存特色鮮明的清代釀酒作坊群，其中「天益老號」等作坊數百年傳世運轉，現仍在生產。2004 年四川省文物考古研究院和德陽市文物考古研究所第二次對劍南春酒坊遺址進行考古發掘，清理出酒窖（發酵池）、晾堂、糧倉（晾麴房）、爐灶、水井、浸泡池等釀酒遺跡，還發現有房屋建築基址以及大量瓷質酒具、食具，發掘出的作坊群遺跡，反映出當時的生產規模龐大和釀酒業規模之盛況。古人好以春名酒。《詩經·豳風·七月》云：「爲此春酒，以介眉壽。」案：唐人詩文中，以春名酒之例亦比比皆是。如王績《嘗春酒》（《全唐詩》卷三十七）詩云：「野觴浮鄭酌，山酒漉陶巾，但令千日醉，何惜兩三春。」又李白（《全唐詩》卷一百七十二）詩云：「堂上三千珠履客，甕中百斛金陵春。」杜甫《撥悶》（《全唐詩》卷二百二十九）詩云：「聞道雲安麴米春，才傾一盞便醺人。」韓退之（《全唐詩》卷四十九）詩云：「百年未滿不得死，且可勤買拋青春。」

〔三〕九醞：古之美酒名。《西京雜記》卷一云：「漢制，宗廟八月飲酎，用九
醞太牢，皇帝侍祠，以正月旦作酒，八月成，名曰『酎』，一曰『九醞』，
一名『醇酎』。」《拾遺記》卷九載，張華爲九醞酒，以三薇漬麴蘗。蘗
出自西羌，麴出北胡。胡中有指星麥，四月火星出，麥熟而穫之。蘗則
用水漬麥三夕而得。萌芽以平旦雞鳴時而用之，俗人呼爲「雞鳴麥」，以
之釀酒，清美醇嚳，久含令人齒動，令人肝腸消爛，俗人謂爲「消腸酒」。
或云醇酒可爲長宵之樂。兩說聲同而事異也，閭里歌曰：「寧得醇酒消腸，
不與日月齊光。」白樂天《輕肥》（《白氏長慶集》卷二）詩云：「罇罍溢
九醞，水陸羅八珍。」《太平御覽》卷四百九十七引《世說新語》載，張
華顯貴後，有少時相識來訪，遂與共飲九醞酒。其夜醉眠，張華常飲此
酒，醉眠輒使左右轉側至醒來。是夜，左右依常爲張公轉側，其友則無
轉側。至明起，友人猶不寤，張公曰：「咄！此必死矣。」使就視之，酒
果穿腹，流㶚下滂沱。

〔四〕按「郎官清」，乃唐、宋時之美酒名。黃庭堅《病來十日不舉酒二首》（《山
谷集》卷十一）詩云：「承君折送袁家紫，令我興起郎官清。」陸游詩《次
韻使君吏部見贈時欲遊鶴山以雨止》（《劍南詩稾》卷八）云：「午甌誰致
葉家白，春甕旋撥郎官清。」可見，直至宋時，郎官清仍爲酒之上品。

〔五〕三勒漿：酒名。《證類本草》卷九云：「陀得花味甘溫，無毒，主一切風
血，浸酒服。生西國，胡人將來。胡人採此花以釀酒，呼爲三勒漿。」
來陀花造酒名曰「三勒漿」，一名「打辣酥」。又按「菴摩勒、毗梨勒，
訶梨勒」皆植物名。《通志》卷七十六：「菴摩勒即餘甘也，梵名之異耳。」
《證類本草》卷十三：「菴摩勒味苦甘寒，無毒，主風虛熱氣，一名餘甘。
生嶺南、交廣愛等州。」《南方草木狀》卷下云：「菴摩勒樹，葉細如合
昏，花黃，實似李，青黃色，食之先苦後甘。」《證類本草》卷十四云：
「毗梨勒，味苦寒，無毒功，用與菴摩勒。同出西域及嶺南、交愛等州，
戎人謂之三果。」晉嵇含《南方草木狀》卷中：「訶梨勒樹，似木梡，花
白，子形如橄欖，六路皮肉相著，可作飲，變白髭髮令黑。」李時珍曰：
「古《千金方》補腎鹿角丸，用三果漿吞之。無則以酒代之。」《管城碩
記》卷二十五按《本草》曰：「毗梨勒出嶺南、交愛等州，謂之三果樹，
子形似胡桃，核似訶梨勒而圓短。」又云：「三勒以三果而得名，或曰合
菴摩勒、訶梨勒爲之，故曰三勒。」

敘諸州精紙

紙則有越之剡藤、苔牋〔一〕，蜀之麻面、屑末、滑石、金花、

長麻、魚子、十色牋，揚之六合牋〔二〕，韶之竹牋，蒲之白薄、重抄，臨川之滑薄。又宋亳間有織成界道絹素，謂之烏絲欄、朱絲欄，又有繭紙〔三〕。

箋注

〔一〕越之剡藤、苔牋：古時剡溪之水製紙甚佳，以產藤紙、竹紙著名，古人多歌詠之。《剡錄》卷七引吳淑《紙賦》云：「金花玉骨，剡藤麻面。」同卷又引陸龜蒙詩云：「宣毫利若風，剡紙光如月。」梅聖俞（《宛陵集》卷七）詩云：「巴牋脆蠹不禁久，剡楮薄慢還可怡。」劉禹錫（《劉賓客外集》卷四）詩：「精彩添隃墨，波瀾起剡藤。」顧況《剡紙歌》（《全唐詩》卷二百六十五）云：「雲門路上山陰雪，中有玉人持玉節，宛委山裡禹餘糧，石中黃子黃金屑。剡溪剡紙生剡藤，噴水搗後為蕉葉，欲寫金人金口經，寄與山陰山裡僧。手把山中紫羅筆，思量點畫龍蛇出，政是垂頭蹴翼時，不免向君求此物。」舊時公文多用剡溪紙謄寫，故而公牘往往稱為剡牘。海苔紙，側理紙，剡之藤紙得名最舊，其次苔牋。據李肇《韓林志》，紙之名目不同，其用也各異。「太清宮內道觀薦告詞文，用藤紙朱書，謂之『青詞』；諸陵薦告上儀表內道觀文，並用白藤紙；凡赦書、德徽音、立后、建儲、大誅、討、拜免三公、命相、命將，並用白藤紙，不用印。」

〔二〕蜀之句：據《墨池編》卷六載，蜀中多以麻為紙，有「玉屑」、「屑骨」之號。江浙間多以嫩竹為紙，北地多以桑皮為紙，剡溪以藤為紙，海人以苔為紙，浙右亦以麥篠為之者，尤脆薄焉。以麥膏油藤紙砑之者，尤佳。蜀人造十色牋，凡十幅為一楊，每一幅之尾必以竹夾夾之，和十色水以染之，光彩相宜，不可名也。逐幅於文板之上研之，則隱起花木麟鸞，千萬其態。麻紙亦有專用，李肇《翰林志》對此所記甚詳，曰：「凡賜與徵召宣索臣下曰『詔』，用白麻紙；慰撫軍旅曰『書』，用黃麻紙。宰相官誥並用色背綾金牋；節度使並用白背綾金花牋；命婦即金花羅紙；吐蕃及替補書及別用錄，用金花五色綾紙，上白檀木、真朱瑟鈿函、金鏁鑰；吐蕃宰相摩泥師已下書五色麻紙，南詔及清平官書用黃麻紙」云云。

〔三〕又宋亳句：《齊東野語》卷十引蘇東坡語云：「古者本謂絹紙，近世失之云。蓋古人多以絹為紙，烏絲欄乃織成為卷而書之，所謂璽紙者，亦以璽為紙也。」《負暄野錄》卷下《論紙品》云：「烏絲欄璽紙，所謂璽紙，蓋實絹帛也。烏絲欄即是以墨間白識其界行耳。」《紺珠集》卷三亦云：「宋亳間紙，有織成界道者，謂之烏絲欄。」按上可知，烏絲欄乃指白

絹上用烏絲織成界行，以作書寫之用。蘇東坡《與劉器之》（《東坡全集》卷八十五）云：「志仲本以烏絲欄求某錄雜詩。」可見時人以此種紙爲上品書寫工具，且以其求名人墨寶。《廣川書跋》卷十載，唐許渾以烏絲欄書其詩爲集。

貨賄通用物

凡貨賄之物，侈于用者，不可勝紀。絲布為衣，麻布為囊，氈帽為蓋，革皮為帶，內丘白瓷甌〔一〕，端溪紫石硯〔二〕，天下無貴賤通用之。

箋注

〔一〕內邱白瓷甌：考《太平寰宇記》卷五十九謂其地土產有白瓷器、絲布、綿、鮮玉砂等。據《元和郡縣志》卷十九載，唐時，內邱屬河東道邢州，為古邢國地。在漢為中丘縣，屬常山郡。晉於此立中丘郡，石趙改爲趙安縣，後魏孝文帝復立中丘縣，隋室諱忠改爲內丘。開皇三年屬趙州，大業二年改屬邢州。

〔二〕端溪紫石硯：據《元和郡縣志》卷三十五載，端溪縣屬康州，本漢端溪舊縣，屬蒼梧郡。《能改齋漫錄》卷一謂：「端州石，唐世已知名。」同卷又引李賀《青花紫石硯歌》云：「端州匠者巧如神。」又《說郛》卷九十六上謂：「世傳端溪中有草蒙茸可愛，匠琢石成硯用草裹之。故自嶺表迄中夏而無損。或云水中石，其色青。山半石，其色紫。山絕頂者，尤潤如豬肝色者佳。其貯水處有白、赤、黃色點者，謂之鸚鴒眼，脈理黃者謂之金線紋，其山號斧柯，昔人採石爲硯，必中牢祭之，不爾，雷電失石所在。」唐人以端溪紫石硯貴重，多以之餽贈親友。劉禹錫《贈唐秀才紫石硯》（《劉賓客文集》卷二十四）詩云：「端溪石硯人間重，贈我因知正草元。」唐韓偓《韓內翰別集》稱同年前虞部李郎中自長沙赴行在，以紫石硯贈之賦詩代書。

詼諧等所自

初，詼諧自賀知章〔一〕，輕薄自祖詠〔二〕，顡語自賀蘭廣、鄭涉〔三〕，近代詠字有蕭昕〔四〕，寓言有李紓〔五〕，隱語有張著〔六〕，機警有李舟、張彧〔七〕，歇後有姚峴、叔孫羽〔八〕，訛語影帶有李直方、獨孤申叔〔九〕、題目人有曹著〔十〕。

箋注

〔一〕賀知章：會稽永興人。少以文詞知名，舉進士初授國子四門博士，又遷太常博士。開元十年，兵部尚書、秘書員外、堅監察御史，後轉太常少卿。十三年，遷禮部侍郎加集賢院學士，又充皇太子侍讀，改授工部侍郎兼秘書監同正，依舊充集賢院學士，俄遷太子賓客、銀青光祿大夫兼正授秘書監。年八十六卒。其人事跡具兩《唐書》本傳（《舊唐書》卷一百九十中；《新唐書》卷一百九十六）。據傳載，賀知章，性放曠，善談笑，當時賢達皆傾慕之。其人工部尚書陸象先，即知章之族姑子，與知章甚相親善，象先常謂人曰：「賀兄言論倜儻，眞可謂風流之士。吾與子弟離闊都不思之。一日不見賀兄，則鄙吝生矣。」賀知章晚年尤加縱誕，無復規檢，自號「四明狂客」，又稱「秘書外監」，遨遊里巷，醉後屬詞，動成卷軸，文不加點，咸有可觀。又善草、隸書，好事者供其牋翰，每紙不過數十字，共傳寶之。

〔二〕祖詠：唐史無傳，據《全唐詩》詩人小傳（《全唐詩》卷一百三十一）載，祖詠，洛陽人，登開元十二年進士第，與王維友善，詩一卷。

〔三〕賀蘭廣、鄭涉：賀蘭廣，唐史無傳，其仕履事跡不詳。皇甫冉嘗作詩答張謂、劉方平兼呈賀蘭廣（《二皇甫集》卷四）。另據《文苑英華》卷二百七十四載崔峒《送賀蘭廣赴選》詩云：「而今用武爾攻文，流輩干時獨臥雲，白髮青袍趨會府，定應衡鏡卻慚君。」鄭涉，唐史無考。據《酉陽雜俎續集》卷四稱：「鄭涉好爲查語，每云『公映塚，染豆削棘，不若致餘富貴』。今以爲奇語。」《天中記》卷二十六收錄《善謔集》鄭涉一故事，稱劉玄佐鎮汴，嘗以讒怒欲殺軍將翟行恭，內外哀之，然無敢辨者。處士鄭涉能諧隱，往見玄佐，都無言既將辭曰：「聞翟行恭抵刑，乞令所由付屍一觀。」玄佐怪問之，對曰：「嘗聞枉死人面，一生未識，故借看耳。」玄佐稍悟，乃免。

〔四〕蕭昕：蕭昕，河南人，少補崇文進士。開元十九年，首舉博學宏辭，授陽武縣主簿。天寶初，復舉宏辭，授壽安尉，再遷左拾遺。歷任舉贊善大夫、憲部員外郎、副元帥哥舒翰掌書記，司門郎中、安陸長史、河南等道都統判官等職。累遷秘書監，代宗幸陝，蕭昕出武關，詣行在，轉國子祭酒。貞元初，兼禮部尚書，尋復知貢舉。五年致仕，七年卒於家，年九十，廢朝，諡曰「懿」。其人事跡具兩《唐書》本傳（《舊唐書》卷一百四十六；《新唐書》卷一百五十九）

〔五〕李紓：唐史無傳，考《古今事文類聚前集》卷二十七引《賈公談錄》云：「李紓侍郎放榜未塡榜首四字，疾命吏士昶，昶善書，時醉，以氈筆染不能加墨。追明方覺，字體濃淡相間，反致其妍，後遂爲故事。」則知

其人嘗爲禮部侍郎。

〔六〕張著：唐史無傳，德宗時，爲御史。據《舊唐書》卷十二《德宗本紀》載，建中元年三月，監察御史張著以法冠彈中丞嚴郢浚陵陽渠匿詔不行，削郢官，著賜緋魚。舊書卷《楊炎傳》（《舊唐書》卷一百十八）稱楊炎因嚴郢不附己遂諷御史張著彈郢。另據舊書《梁崇義傳》載，建中二年，遣御史張著齎手詔徵崇義。《唐大詔令集》卷一百十八收錄此手詔，即《諭梁崇義詔》，云：「令殿中侍御史張著與使孟遊仙同往宣諭，佈告軍府，令悉朕懷。」張著撰有《翰林盛事》一卷，《宋史·藝文志》有著錄。（見《宋史》卷二百三）

〔七〕張彧：大將李晟子壻，曾任劍州刺史、檢校戶部郎中、京兆少尹等職。（見《舊唐書》卷一百三十三《李晟傳》）

〔八〕姚峴、叔孫羽：姚峴，唐史無傳，仕履不詳。據《舊唐書·于頔傳》（《舊唐書》卷一百五十六）載，于頔由大理卿遷陝虢觀察使，自以爲得志，益恣威虐。官吏日加科罰，其惴恐重足一跡。掾姚峴不勝其虐，與其弟汎舟於河，遂自投而死。叔孫羽，唐史無傳，事跡不可考。

〔九〕李直方、獨孤申叔：二人唐書皆無傳，事蹟始末不詳。按《文獻通考》卷三十三載，貞元元年九月，李直方，賢良方正能直言極諫科及第，與韋執誼、鄭利用等十四人同榜。按《唐大詔令集》卷六十三《贈高崇文司徒文》一文，知其曾爲國子祭酒副使、司勳郎中。又《唐會要·御史臺》（《唐會要》卷六十）載，貞元十一年二月，李直方時爲監察御史，奉命前往黔州覆按黔中監察御史崔穆貪汙案。獨孤申叔，據《舊唐書·王武俊傳》（《舊唐書》卷一百四十二）載，王武俊子王世平尚義陽公主，夫妻交惡，輕薄文人獨孤申叔爲《義陽主歌詞》，曰：「團雪散雪」等曲，言其遊處、離異之狀，往往歌於酒席。憲宗聞而惡之，欲廢進士科，令所司網捉獨孤申叔，貶之。

〔十〕曹著：貞元進士，《全唐詩》收錄其詩二首（見《全唐詩》卷四百六十六）。《類說》卷六載曹著一趣事，稱曹著機辨，有客試之，因作謎云：「一物坐也坐，臥也坐，立也坐，行也坐，走也坐。」曹著應聲曰：「在官地？在私地？」復作一謎云：「一物坐也臥，立也臥，行也臥，走也臥，臥也臥。」客不能曉，曹曰：「我謎吞得你謎。」客大慚。且稱其事採自《封氏見聞記》。《天中記》卷五十七亦載此事，然謂其出自《盧陵官下記》，未詳孰是。《酉陽雜俎續集》卷四云：「曹著輕薄才長於題目人，常目一達官爲熱鏊上猢猻，其實舊語也。《朝野僉載》云：『魏光乘好題目人。姚元之長大行急，謂之趁蛇鸛鵲；侍御史王旭短而黑醜，謂之煙薰水虷；楊仲嗣躁率，謂之熱鏊上猢猻。』」

敘風俗所侈

長安風俗，自貞元侈于遊宴〔一〕。其後或侈于書法圖畫，或侈于博奕，或侈于卜祝，或侈于服食，各有所蔽也。

箋注

〔一〕長安句：李肇謂「貞元之風尚蕩」（見《國史補》卷下）。《唐鑑》卷十五云：「初，帝以奉天窘乏故，還宮以來，尤專意聚斂，藩鎮多以進奉市恩。」同卷范祖禹評曰：「德宗還，自興元，不知其貪以取亡，而惟貨之求，愈務聚斂，政史駢惡，紀綱大壞，德之不進。」據《舊唐書‧李泌傳》（《舊唐書》卷一百三十）載，及李泌歿，戶部尚書裴延齡巧佞奉上，德宗信任，竊弄威權，舉朝側目。另據《舊唐書‧裴延齡傳》（《舊唐書》卷一百三十五）載，裴延齡繼司邦賦數日之內，遽衒功能，欺奏德宗稱「勾獲隱欺，計錢二十萬貫，請貯別庫以爲羨餘，供御所須，永無匱乏。」德宗欣然信納，因謂委任得人。既賴盈餘之財，稍弘稍弘心意之欲，興作浸廣，宣索漸多。延齡橫征暴斂，而民怨日深。又《新唐書‧順宗本紀》（《新唐書》卷七）載，順宗爲太子時，侍德宗宴魚藻宮。張水嬉綵艦，宮人引舟爲棹歌，絲竹間發，德宗懽甚，顧太子曰：「今日何如？」太子誦詩「好樂無荒」以對。另《舊唐書‧陸贄傳》（《舊唐書》卷一百三十九）云：「贄初入翰林，特承德宗異顧，歌詩戲狎，朝夕陪遊。」按此已見德宗中年後好貨斂財，喜嬉戲恬遊，豪侈無度。

飲酒四字令

古之飲酒，有盃盤狼籍、揚觶絕纓之說，甚則甚矣，然未有言其法者。國朝麟德中，壁州刺史鄧弘【1】慶始剙「平」、「索」、「看」、「精」四字〔一〕令，至李稍雲〔二〕而大備，自上及下，以爲宜然。大抵有律令，有頭盤，有拋打，蓋工於舉場，而盛於使幕。衣冠有男女雜履舄者，有長幼同燈燭者，外府則立將校而坐婦人，其弊如此。又有擊毬、畋獵之樂，皆溺人者也。

校勘記

【1】《津逮》本、《四庫》本作「弘」，《學津討原》本作「宏」，蓋避清朝皇帝諱。今按《劉賓客嘉話錄》、《說郛》，改作「弘」字。

箋注

〔一〕按「平」、「索」、「看」、「精」四字，考劉禹錫《夔州論利害表》（《劉賓客文集》卷十四）載，龍朔中，壁州刺史鄧弘慶進「平」、「索」、「看」、「精」四字，堪爲酒令。高宗嘉之，亦行其言，遷弘慶爲朗州刺史。又《唐語林》卷八謂壁州刺史鄧宏慶飲酒，至「平」、「索」、「看」、「精」四字酒令之設，本骰子卷白波律令，自後聞以鞍馬香毬或調笑拋打時，上酒招搖之號。其後「平」、「索」、「看」、「精」四字與律令全廢，多以劉瞻相「下」、「次」、「據」、「上」酒絕，人罕通者，下次掘一曲子打三曲，此出於軍中邠善師，酒令聞於世。又唐韋絢《劉賓客嘉話錄》載，飲酒四字，著於史氏，出於則天時壁州刺史鄭弘慶。進酒之人或知之以三台送酒，當未盡曉其來歷，蓋因北齊高洋毀銅雀臺，築三箇臺，宮人拍手呼「上臺」，因以送酒。白樂天（《白氏長慶集》卷十六）詩「鞍馬呼教住，骰盤喝遣輸，長驅波卷白，連擲采成盧。」洪邁《容齋續筆》（《容齋續筆》卷十六）注云：「骰盤卷白波莫走鞍馬，皆當時酒令。」洪邁又按皇甫松所著《醉鄉日月》卷三載，聚十隻骰子齊擲，自出手六人，依采飲焉。堂印本采人勸合席，碧油勸擲外，三人骰子聚於一處，謂之酒星。若十隻骰子有三枚都是四點，那麼就稱爲「堂印」，舉座之人皆飲酒一杯。如果十枚骰子三枚都是六點，那麼就稱爲「碧油」，如果三人所擲骰子各有一枚聚在一起，那麼就稱爲「酒星」，雖然各有名號，但是具體怎樣飲酒法不詳。唐時，酒令大行，於唐詩中亦可見一斑。如元稹《贈崔元儒》（《元氏長慶集》卷十九）詩云：「今日頭盤三兩擲，翠娥潛笑白髭鬚。」杜牧詩《骰子賭酒》（《全唐詩》卷七百九十二）云：「骰子逡巡裏手拈，無因得見玉纖纖。」溫庭筠作有《南歌子詞》（《全唐詩》卷五百八十三）云：「玲瓏骰子安紅豆，入骨相思知不知。」

〔二〕李梢云：唐史無傳，事跡不詳。據《天中記》卷四引《廣異記》謂其人乃盧若虛壻也。梢雲輕率縱酒，其妻一夜夢捕梢雲等輩十數人，雜以娼妓，以長繩繫之，連驅而去。驚覺說之，而梢雲夢亦相符會。因大畏惡，遂斷葷持經三年。後以夢滋不驗梢復，縱酒如初。明年上巳，與李蒙、裴士南、梁襃等十餘人泛舟曲江中，盛選長安名倡，大縱歌妓。酒正酣，舟覆，盡皆溺死。

敘博長行戲

今之博戲，有長行〔一〕最盛。其具有局有子，子有黃黑各十五，擲采之骰有二，其法生于握槊，變于雙陸。天后夢雙陸而不勝，

召狄梁公說之。梁公對曰:「宮中無子之象是也。」後人新意,長行出焉。又有小雙陸、圍透、大點、小點、遊談、鳳翼之名,然無如長行也。監險易者,喻時事焉。適變通者,方易象焉。王公大人,頗或耽翫,至有廢慶弔、忘寢休、輟飲食者。及博徒是強名爭勝謂之撩(一作掩)零,假借分畫謂之囊家,囊家什一而取謂之乞(一作子)頭。有通宵而戰者,有破產而輸者,其工者近有渾鎬、崔師本首出。圍棊次於長行,其工者近有韋延祐(一本作韋扈)、楊芃首出。如彈棊之戲〔二〕甚古,法雖設,鮮有為之,其工者,近有吉達、高越首出焉。

箋注

〔一〕長行:唐之博戲,蓋類雙陸。明胡應麟《少室山房筆叢》卷二十四稱李肇所言之長行正與今雙陸合,而李以為生於握槊,變於雙陸,則唐之雙陸或反與今不同。而《洪氏譜》雙合而為一,尚似未妥。總之三者亦小在同異之間,非必相懸絕也。至《國史補》所言博徒、囊家、乞頭、通宵、破產等俗,絕與今類。蓋古昔共然,乃唐人長行之戲,至盛於圍棋,則理之不可喻者,彈棋第聞漢晉間,據此知唐人亦能之。握槊於宋、明兩代尚有流傳,《金瓶梅詞話》與唐寅《譜雙·序》皆曾提及。另據清孔繼涵《長行經》考證,雙陸僅十二棋,分黑白兩色,每種六棋。然長行共三十枚,每種十五枚。其中握槊較為少見,雙陸、長行最為盛行。有關握槊之起源有二說,一說它最早出自胡地。《魏書·術藝傳》稱:「趙國李幼序,洛陽丘何奴並工握槊,此蓋胡戲,近入中國。」一說其自西竺傳入。宋洪遵《譜雙·敘》(《魏書》卷九十一)云:「雙陸最近古,號雅戲,以傳記考之,獲四名,曰握槊、曰長行、曰婆羅塞戲,曰雙陸。蓋始於西竺,流於曹魏,盛於梁齊隋唐之間。」按此可知,握槊乃由西域傳入中原。邢紹宗《握槊賦》(《文苑英華》卷一百)謂:「夫何一杯之內焉,而取之多端。六藝之外兮,其為功乎實難。張維則地理攸載,背兩目則天文可觀。」

〔二〕彈棊之戲:始行於西漢,考《兩漢博聞》引《藝經》(《兩漢博聞》卷八)云:「彈棋,兩人對局,白黑棋各六枚,先列棋相當,更先彈也。其局以石為之。」漢末蔡邕《彈棊賦》(《蔡中郎集》卷四)乃謂此棋賦之濫觴,且云「豐腹斂邊,中隱四企」。意即中間高,四周低,四角微隆。李商隱詩(《全唐詩》卷五百三十九)亦云:「玉作彈棊局,中心最不平。」謂其中間高凸之狀。沈括嘗見唐之棋譜(《夢溪筆談》卷

十八），謂其「綦局方二尺，中心高，如覆盂，其巔爲小壺，四角微隆起。」陸游引呂進伯《考古圖》（《老學庵筆記》卷十）云：「古彈棋局狀如香爐，蓋謂其中隆起也。」則沈陸二人所言彈棋之形制亦與漢代蔡邕所述相符契。白樂天詩《和春深》（《白氏長慶集》卷二十六）詩云：「彈綦局上事，最妙是長斜。」長斜亦爲彈棋之行制。《世說新語》卷下之上云：「彈棋始自魏宮內，文帝於此技特妙。」曹丕《典論自敘》（《漢魏六朝百三家集》卷二十四）云：「余於他戲弄之事少所喜，唯彈棋略盡其巧，少爲之賦，昔京師先工有馬合鄉侯、東方安世、張公子，常恨不得與彼數子者對。」唐代彈棋之戲盛行，屢以彈棋入詩文，如李頎、韋應物皆撰有《彈棋歌》，柳宗元有《彈棋序》，盧諭《彈棋賦》、張廷珪《彈棋賦》、閻伯璵《彈棋局賦》、吳大江《棋賦》等。凡此賦作，或論棋局之形制、行棋之法則、勝敗之規律、人物之神情等。然迄至宋代，此棋戲遂湮沒失傳，沈括《夢溪筆談》卷十八曰：「彈棋，今人罕爲之。」陸游《老學庵筆記》卷十亦云：「今人多不能解，恨其藝之不傳。」

董叔儒博經

　　貞元中，董叔儒進博一局並經一卷，頗有新意，不行于時。〔一〕

箋注

　〔一〕貞元句：董叔儒，唐史無傳，其人仕履不詳，事跡僅見於此。按「其著
　　　《博經》」事，《通志》卷六十九著錄董叔經所撰《博經》一卷。然考《舊
　　　唐書・經籍志》並未著錄此書，無怪乎李肇稱其不行於時。鄭樵於宋代
　　　尚能見到此書，然其所稱「董叔經」者蓋「董叔儒」之誤也。

敍古摴蒲法

　　洛陽令崔師本，又好爲古之摴蒲〔一〕。其法：三分其子三百六十，限以二關，人執六馬，其骰五枚，分上爲黑，下爲白，黑者刻二爲犢，白者刻二爲雉，擲之全黑者爲盧，其采十六，二雉三黑爲雉，其采十四，二犢三白爲犢，其采十，全白爲白，其采八，四者貴采也，開爲十二，塞爲十一，塔爲五，禿爲四，撅爲三，梟爲二，六者雜采也，貴采得連擲，得打馬，得過關，餘采則否，新加進九退六兩采。

箋注

〔一〕樗蒱：古之博戲。始於漢末，盛行於魏晉南北朝。據《舊唐書‧高適傳》（《舊唐書》卷一百十一）載，監軍李大宜與將士約爲香火兄弟，使倡婦彈箜篌、琵琶以相娛樂，樗蒱飲酒，不恤軍務。可見，樗蒱乃當時流行之娛樂遊戲。《格致鏡原》卷五十九引《名義考》云：「樗蒱局，即今雙陸，按《韻會》樗似椿，北人呼山椿，江東呼虎目，葉脱處有痕，如樗蒱子，故名樗虎目，與樗蒱子皆謂葉脱處形跡也。知樗以樗蒱得名，則知樗蒱以骰子爲義，雙陸有骰子也。」漢馬融《樗蒱賦》（《全後漢文》卷十八）云：「杯爲上將，木爲君副，齒爲號令，馬爲翼距，籌爲策動，矢法卒數。……勝貴歡悦，負者沉悴。」《廣博物志》卷二十二：「胡王有弟一人遇罪，將殺之，弟從獄中爲此戲以上之意言孤則易死也。世宗以後大盛於時，曹植作長行局，即雙陸也。胡王作握槊，亦雙陸也。」岑參《玉門關蓋將軍歌》（《唐音》卷三）有句云：「紅牙縷馬對樗蒱，玉盤纖手撒作盧，眾中誇道不曾輸。」則知樗蒱乃當時軍中上級軍官之流行娛樂。薛悰《戲樗蒱頭賦》（《文苑英華》卷一百）云：「分曹列席，促罇舉酒，猶賢博弈。將取適於解頤，乃貴先鳴，故決爭於遊手，終日莫閑，連宵戰酣。……初一擬而純盧，忽連呼而成白，相顧則笑泯然，無隙請傾耳側目，看後來之一擲。」然至於宋，樗蒱失傳矣。宋代薛季宣《樗蒱詩》（《浪語集》卷八）：「一局閑尋五木經，撇盧梟白意冥冥」。李清照《打馬賦》（《歷代賦彙》卷一百三）：「打馬爰興，樗蒱遂廢。」

敍舟檝之利

凡東南郡邑無不通水，故天下貨利，舟檝居多。轉運使歲運米二百萬石輸關中，皆自通濟渠（即汴河也）入河而至也。江淮篙工不能入黃河，蜀之三峽〔一〕，河之三門〔二〕，南越之惡谿〔三〕，南康之贛石〔四〕，皆險絶之所，自有本處人爲篙工。大抵峽路峻急，故曰：「朝發白帝，莫徹江陵。」四月五月爲尤險時，故曰：「灩澦大如馬，瞿塘不可下。灩澦大如牛，瞿塘不可留。灩澦大如襆，瞿塘不可觸。」揚子、錢塘二江者，則乘兩潮發櫂，舟船之盛，盡于江西，編蒲爲帆，大者或數十幅，自白沙泝流而上，常待東北風，謂之潮信。（一本作信風）七月八月有上信，三月有鳥信，五月有麥信，暴風之候有抛車雲，舟人必祭婆官〔五〕而事僧伽。江湖語云：「水不載萬。」言大船不過八九千石。然則大曆、貞元間，

有俞大娘航船最大，居者養生、送死、嫁娶悉在其間，開巷為圃，操駕之工數百。南至江西，北至淮南，歲一往來，其利甚博，此則不啻載萬也〔六〕。洪鄂之水居頗多，與屋邑殆相半，凡大船必為富商所有，奏商聲樂從婢僕以擄，柂樓之下，其間大隱，亦可知矣。

箋注

〔一〕蜀之三峽：考酈道元《水經注》卷三十四載，巴東三峽，謂廣溪峽、巫峽、西陵峽。三峽七百里，中間兩岸連山，略無闕處，重巖疊嶂，隱蔽天日，非亭午、夜分不見日月。

〔二〕河之三門：即今日河南三門峽市。《水經注》卷四云：「昔禹治洪水，山陵當水者鑿之，故破山以通河。河水分流包山而過，山見水中若柱然，故曰砥柱也。三穿既決水流，疏分指狀表目，亦謂之三門矣。」據《徐霞客遊記》卷一下載，「黃河之三門集，津舟不能上下」，自古及今「竟無問津之時」。本擬「沿流窮其險處」，而當地人惟知「踰嶺無能為」，則其險可知也。

〔三〕惡谿：指麗水。據《元和郡縣志》卷二十七載，麗水本名惡溪，以其湍流阻險，九十里間有五十六瀨，名為大惡。隋開皇中改為麗水，故皇朝因之以為縣名。此地本後漢松陽縣地，隋平陳乃分松陽縣之東鄉立括蒼縣，取括蒼山為名，屬處州。後因之不改，大曆十四年，改為麗水縣。又韓愈貶官至潮州，問民疾苦，皆曰：「惡溪有鱷魚，食民畜產，且盡民，以是窮。」韓愈遂作《祭鱷魚文》（《新唐書》卷一百七十六）以逐之。

〔四〕贛石：據《太平寰宇記》卷二十四載，贛石山屬吉州。《輿地廣記》卷二十五云：「唐因此地有有贛石山，遂興水望龍泉縣，五代時置屬吉州。」倪思《延平港灘》（《宋詩紀事》卷五十三）詩云：「長幾贛石三百里，險過瞿唐十八灘，幸有溪旁平穩路，何須欲速冒驚湍。」楊萬里《過皀口》（《誠齋集》卷十五）詩亦云：「贛石三百里，春流十八灘，路從青壁絕，船到半江寒，不是春光好，誰供客子看，猶須一尊渌，並遣百憂寬。」

〔五〕婆官：蓋指傳說中風神孟婆。《說郛》卷三十五下謂江浙間多事一姥，曰「利市婆官」。或言利市波乃神所居地名，非婆也。或謂郡縣令死而為神，又不知緣何得此名邪。據楊慎《升菴集》卷七十四載，北齊李騊駼聘陳，問陸士秀云：「江南有孟婆，是何鄉也？」士秀曰：「《山海經》云：「帝

之女遊於江中，出入必以風雨自隨，以帝女故曰孟婆，猶郊祀志以地神為泰媪。」宋徽宗北狩中作詞長短句云：「孟婆孟婆，你做些方便，吹過船兒倒轉。」（見《說郛》卷二十九下）蔣捷《解珮令》（《竹山詞》）詞云：「春雨如絲繡，出花枝紅裊，怎禁他孟婆合皂。」又《雲麓漫鈔》卷四引段公路《北戶錄》云：「南方祝船神，名曰孟姥、孟公。」元稹《和樂天重題別東樓》（《元氏長慶集》卷二十二）詩云：「鼓催潮戶凌晨擊，笛賽婆官徹夜吹」。

〔六〕南至句：崔融《請不稅關市疏》（《文苑英華》卷六百九十七）謂：「四海之廣，九州之雜，關必據險路，市必憑要津，若乃富商大賈，豪宗惡少，輕死重義，結黨成群」云云。俞大娘之流蓋崔融所謂富商大賈也。同卷又云：「且如天下諸津，舟航所聚，旁通巴、漢，前指閩、越，七澤十藪，三江五湖，控引河洛，兼包淮海。弘舸巨艦，千軸萬艘，交貿往還，昧旦永日。隋煬帝開通大運河，貫通南北，自江都，自揚、益、湘南至交廣、閩中等州，公家運漕，私行商旅，舳艫相繼，隋氏作之雖勞，後代實受其利焉。」（見《元和郡縣志》卷六）杜牧《上李太尉論江賊書》（《樊川集》卷八）云：「江淮草市，盡近水際，富室大戶，多居其間。」

師子國海舶

南海〔一〕舶，外國船也。每歲至安南、廣州。師子國舶最大，梯而上下數丈，皆積寶貨〔二〕。至則本道奏報，郡邑為之喧闐。有蕃長為主領，市舶使〔三〕籍其名物，納舶腳，禁珍異，蕃商有以欺詐入牢獄者。舶發之後，海路必養白鴿為信。舶沒，則鴿雖數千里亦能歸也。

箋注

〔一〕南海：據《太平寰宇記》卷一百五十七載，南海，一作南海郡，治番禺。西漢、東漢、三國、兩晉、南朝因之。隋開皇九年廢。一作廣州，隋大業三年，改廣州為南海郡，任治南海縣，即今天廣州。唐武德五年，廢郡，復立廣州。天寶元年，再改廣州為南海郡，乾元元年又廢郡，復稱廣州。

〔二〕師國：即獅子國，又稱僧伽羅，僧伽羅乃斯里蘭卡國之古稱，來自梵語古名 Simhalauipa（馴獅人），《梁書》稱獅子國。玄奘《大唐西域記》（《大唐西域記》卷十一）稱僧伽羅，即梵語古名 Simhalauipa 的音譯，據《大唐西域記》載，獅子國祖乃獅子王之苗裔，漂泊至斯里蘭卡，

見其地寶貨豐珍，如是留止其地，繁息子孫，遂立君臣，以位上下，建都築邑，據有疆域，以其先祖擒執獅子，因舉元功而爲國號，乃有獅子國之名。宋王溥《唐會要》（《唐會要》卷九十九）作師子國，且云師子國在西海之中，出奇寶，商人到則不見，但署寶物價直，置於洲上，商人依價貨之而去。斯里蘭卡古阿拉伯語作 Sirandib，宋代趙汝適《諸蕃志》（《諸蕃志》卷上）音譯爲「細蘭」。據日本眞人元開《唐大和上東征傳》（《唐大和上東征傳》第 74 頁）載，天寶七載，廣州城外江中有婆羅門，波斯、昆侖等舶，不知其數，並載有香藥、珍寶，記載如山。其舶深六七丈。師子國、大石國、骨唐國、白蠻、赤蠻等往來居住，種類極多。

〔三〕市舶使：官名，掌海外貿易及關稅。據《方洲集》卷十四載，漢初，與南粵通貨貿易，其後閉關絕行。至孝文時，遣陸賈詔喻，復通貢互易。由是廣之財賄，始流於中國。唐有廣州市舶使，宋咸平中泉、明、杭、廣皆有市舶司，以他官兼領。據《冊府元龜》卷一百一載，早在開元二年十二月，右威衛中郎將周慶立爲嶺南市舶使。據《蘇來曼遊記》（《中西交通史料彙編（1）：隋唐五代時期中國與歐洲之交通》第 387～412 頁）載，外國商船抵埠，官吏取其貨物而收藏之，一季之船既全入口，官吏徵百分之三十關稅後，乃將貨交還原主發賣。唐代中後期，地方官吏擅自提高稅率，加重了蕃商、蕃舶的稅務負擔。地方官吏還巧立名目，出現了「澂之稅」。據《舊唐書‧王鍔傳》（《舊唐書》卷一百五十一）載，王鍔遷廣州刺史、御史大夫、嶺南節度史，時廣人與夷人雜居，地徵薄，而叢求於川市。王鍔以兩稅錢上供，時進及供奉外，餘皆自入。西南大海中諸國舶至，則盡沒其利，由是王鍔家財富於公藏，日發十餘艇，重以犀象、珠貝，稱商貨而出諸境。《唐大詔令集》卷十《大和八年疾愈德音》云：「南海蕃舶，本以慕化而來。固在接以仁恩，使其感悅。如聞比年長吏，多務徵求，嗟怨之聲，達於殊俗。」又云：「其嶺南、福建及揚州番客，宜委節度觀察使，常存加問。船舶腳、收市、進奉外，任其往來通流，自爲交易，不得重加稅率。」

舟中鼠有靈

舟人言鼠亦有靈，舟中羣鼠散走，旬日必有覆溺之患〔一〕。

箋注

〔一〕舟人句：不惟中國，西人亦有此說。普萊尼（Pliny the Elder）於《自然

歷史》（Naturalis Historia）卷八《陸地動物》云：「老鼠之爲動物，既非野生，亦非家養，出沒於家舍之中。此種動物不可小覷，以靈怪之徵兆，可預知邦國之興亡。（A creature this is of no small reckoning for presaging somewhat to a state, by some strange and prodigious tokens.）同章又云「卜算者以爲豢養白鼠可預知禍福。（By the learning of the Soothsaiers, observed it is, that if there be store of white ones bred, it is a good signe, and presageth prosperitie.）英諺有諺云：「船沉鼠先離」（Rats desert a sinking ship）。又莎士比亞戲劇《大雷雨》（Tempest）第一幕第二場中普羅斯彼羅云（Prospero）：在海那邊他們已經預備好一隻腐朽的破船，無帆、無纜索亦無桅檣，即便老鼠一見，亦本能逃竄。（In few, they hurried us aboard a bark; Bore us some leagues to sea, where they prepared. A rotten carcass of a butt, not rigg'd, Nor tackle, sail, nor mast; the very rats instinctively have quit it.）

天官所書氣

海上居人，時見飛樓如締構之狀甚壯麗者，太原以北，晨行則煙靄之中，覩城闕狀如女牆雉堞者，皆天官書所說氣也〔一〕。

箋注

〔一〕海上句：按此條說述乃海市蜃樓也，古人以爲蜃所吐之氣。《文昌雜錄》卷二稱：「登州海中時有雲氣，如宮室、臺觀、城堞、人物、車馬、冠蓋，歷歷可見，謂之海市。」《識遺》卷七謂蜃乃大蛤也，且同卷引《韓詩外傳》云：「蜃能吐氣爲樓臺，海中春夏間見。」沈括（《夢溪筆談》卷二十一）頗疑此說，云：「或曰蛟蜃之氣所爲，疑不然也。」東坡《海市》詩序（《東坡全集》卷十五）云：「予聞登州海市舊矣，父老云常出於春夏，今歲晚不復見矣。予到官五日而去，以不見爲恨，禱於海神廣德王之廟，明日見焉，乃作此詩。」其詩云：「東方雲海空復空，羣仙出沒空明中，蕩搖浮世生萬象，豈有貝闕藏珠宮。心知所見皆幻影，敢以耳目煩神工。」

虹蜺颶風母

南海人言，海風四面而至，名曰颶風。颶風將至，則多虹蜺，名曰颶母。然三五十年始一見〔一〕。

箋注

〔一〕南海句：唐劉恂《嶺表錄異》云：「南海秋夏間或雲物慘然，則其暈如虹，長六七丈，比候則颶風必發，故呼爲颶母。忽見有震雷，則颶風不能作矣。舟人常以爲候，預爲備之。」其說大略與《國史補》此條相類。宋袁甫《蒙齋集》卷四云：「七月七日，白虹夜見。虹，颶母也，越二日，而颶風挾雨大肆威虐，人皆曰颶母之見此先兆也。」《太平御覽》卷九引《南越志》曰：「熙安間多颶風。颶者，具四方之風也。一曰懼風，言怖懼也。常以六七月興，未至時三日，雞犬爲之不鳴。大者或至七日，小者一二日，外國以爲黑。」《南越志》南朝宋沈懷遠撰，此書今已不傳。李肇此條蓋本自《南越志》。

人食雷公事

　　或曰雷州春夏多雷，無日無之。雷公〔一〕秋冬則伏地中，人取而食之，其狀類彘。又云與黃魚同食者，人皆震死。亦有收得雷斧、雷墨者，以爲禁藥（一作以爲藥石）。

箋注

〔一〕雷公：據《太平廣記》卷三百九十四引《嶺表錄異》載，雷州之西雷公廟，百姓每歲配連鼓雷車。有以魚彘肉同食者，立爲霆震，皆敬而憚之。每大雷雨後，多於野中得礜石，謂之雷公墨。叩之鎗然，光瑩如漆，又如霹靂處，或土木中得楔如斧者，謂之霹靂楔，小兒佩帶皆辟驚邪，孕婦磨服爲催生藥，必驗。《類說》卷四十一亦有載，以爲出自《南部新書》，又謂出自《投荒雜錄》。又據《說郛》卷二十三上《投荒雜錄》載，嘗有雷民，因大雷電空中有物，豕首鱗身狀，甚異。雷民揮刀以斬，其物踣地，血流道中，而震雷益厲。其夕淩空而去，自後揮刀民居屋頻爲天火所災。雷民圖雷以祀者，皆豕首鱗身。又「雷公墨」條載：「凡訟者投牒必以雷墨雜常墨書之，爲利。」「雷耕」條：「雷人陰冥雲霧之夕呼爲雷耕，曉視田中必有開墾之跡，有是乃爲嘉祥。」又云：「人或有疾，即掃虛室，設酒食，鼓吹幡蓋，迎雷於數十里外。既歸。屠牛彘以祭，因置其門。鄰里不敢輒入，有誤犯者爲唐突，大不敬，出豬牛以謝之。三日又送，如初禮。」

龍門人善游

　　龍門人皆言善游，于懸水接水，上下如神，然寒食拜必于河濱，終爲水溺死也〔一〕。

箋注

〔一〕龍門句：按「寒食拜必於河濱」，乃唐時民間河神祭拜風俗（參見王永
平《論唐代的水神崇拜》）。據《唐六典》卷四載，祠部郎中、員外郎掌
祭祀，分上中下三等：祭昊天上帝、五方帝、皇地祇、神州、宗廟爲大
祀，日月星辰、社稷、先代帝王、嶽鎮海瀆、帝社、先蠶、孔宣父、齊
太公、諸太子廟爲中祀；司中、司命、風師、雨師、眾星、山林川澤、
五龍祠等及州縣社稷釋奠爲小祀。所謂「四瀆」即長江、黃河、淮河、
濟水；「四海」即東海、南海、西海、北海。唐杜佑《通典》卷四云：「天
寶六載，河瀆封爲靈源公，濟瀆封爲清泉公，江瀆封爲廣源公，淮瀆封
爲長源公。天寶十載正月，以東海爲廣德王，南海爲廣利王，西海爲廣
潤王，北海爲廣澤王。」民間多祭拜水神，且名目頗多，姿態萬千，多
爲年輕貌美女神，如《柳毅傳書》中龍女，《靈應傳》女神九娘子，及
宋代女神林默娘等。唐詩中多有描寫民間水神崇拜之詩作。如岑參《龍
女祠》（《全唐詩》卷一百九十八）：「龍女何處來，來時乘風雨。祠堂青
林下，宛宛如相語。蜀人競祈恩，捧酒仍擊鼓。」張籍《春江曲》（《全
唐詩》卷三百八十二）：「欲辭舅姑先問人，私向江頭祭水神。」《江南
春》（《全唐詩》卷三百八十四）：「向晚青山下，誰家祭水神。」《蠻中》
詩：「玉環穿耳誰家女，自抱琵琶迎海神。」（《全唐詩》卷三百八十六）
元稹《採珠行》（《全唐詩》卷四百十八）：「今年採珠由海神，海神採珠
珠盡死。」於鵠《筬筱引》（《全唐詩》卷十九）：「偶向江邊採白蘋，還
隨女伴賽江神，眾中不敢分明語，暗擲金錢卜遠人。」許渾《送客南歸
有懷》（《全唐詩》卷五百三十）：「瓦尊迎海客，銅鼓賽江神。」

杜邠公下峽

近代杜邠公自西川除江陵，五月下峽，官舟千艘，不損一隻
〔一〕。舊語曰：「五月下峽，死而不弔。〔二〕」此特邠公之洪福，自
古未之有也。

箋注

〔一〕近代句：杜邠公，即杜悰，杜佑之孫，尚公主，嘗加太傅、邠國公，故
稱杜邠公。會昌初，以本官罷，出爲劍南東川節度使，徙西川，復鎮淮
南。（見《舊唐書》卷一百四十七《杜悰傳》）按「自西川除江陵」事，
蓋指其自西川改鎮淮南。《新唐書‧杜驚傳》云：「未幾，以本官罷，出
爲劍南東川節度使，徙西川，復鎮淮南」。淮南節度使治在廣陵，《國史
補》此條「除江陵」，蓋「廣陵」之誤。唐孫光憲《北夢瑣言》卷三「杜

邠公不恤親戚」條所載亦可佐證杜悰自西川除廣陵事，云：「杜邠公悰位極人臣，富貴無比，嘗與同列言平生不稱意有三：其一，爲澧州刺史；其二貶司農卿；其三自西川移鎭廣陵，舟次瞿塘，左右爲駭浪所驚，呼喚不暇，渴甚，自潑湯茶喫也。」杜悰「大中初，出鎭西川，降先沒吐蕃維州」。又據《舊唐書·杜悰傳》載，「（杜悰）俄復入相，加司空繼加司徒，歷鎭重藩，至是加太傅、邠國公」。

〔二〕舊語句：《唐國史補》前條云：「大抵峽路峻急，故曰：『朝發白帝，莫徹江陵。』四月五月爲尤險時，故曰：『灩澦大如馬，瞿塘不可下。灩澦大如牛，瞿塘不可留。灩澦大如襆，瞿塘不可觸。』」據《紺珠集》卷三載，水行峽路最險，以灩澦爲則，故曰：「灩澦大如馬，瞿塘不可下；灩澦大如牛，瞿塘不可留；灩澦大如襆，瞿塘不可觸。」又按《北夢瑣言》卷七載，唐乾寧中，學士李嶢挈家自蜀沿流將之江陵，峽水覆舟，一家溺死。《太平廣記》（《太平廣記》卷一百十二）載一故事，謂唐乾符中有僧人下峽，泊舟於白帝城，夜遇龍王。僧曰「峽路險惡，多覆溺之患。盍救諸龍而禁戢之可乎？」龍王答曰：「此類實繁，皆業報所作，非常力所能制也。」僧將復問，龍王忽失。《水經注》卷三十四載漁者歌曰：「巴東三峽巫峽長，猿鳴三聲淚沾裳。」峽水險惡，故時人畏之，遂祈禱於神靈，以求行旅平安。據宋張君房《雲笈七籤》卷一百十九載，歸州有黃魔神，於峽水救船。且稱相國李吉甫自忠州除替，於五月下峽，至峽水之中，波濤極甚，忽有神人湧於水上，爲其扶船，三面六手，醜眸朱髮，袒而虓諕，風濤遽息。李吉甫祝而謝曰：「是何靈神拯危救難？」神曰：「我是黃魔神也。」既而歸州立屋宇於紫極宮，作黃魔堂，言是黃天魔王橫天擔力之神，刻石紀念。相國蕭邁自拾遺左遷峽內，徵還京師，峽水泛漲，舟船將沒，亦見其神捧船以救之，復命修飾其室，刻石爲誌。

魚登龍門化

　　舊言春水時至，魚登龍門，有化龍者〔一〕。今汾晉山穴間龍蛻骨角甚多，人採以爲藥，有五色者〔二〕。

箋注

〔一〕舊言句：考《元和郡縣志》卷十四引《三秦記》云：「河津一名龍門，水陸不通，魚鱉之屬莫能上江海。大魚集龍門下，數千不得上，上則爲龍。故曰：『曝鰓龍門』。」又引《水經注》曰：「其魚出鞏縣鞏穴，每三月則上渡龍門，得則爲龍，否則點額而還。」《格致鏡原》卷九十引林登《博物志》：「鯉魚登龍門，即有風雨隨之，天火自後燒其尾，乃

化爲龍。」

〔二〕今汾晉句：古人多有龍蛻傳說。據《咸淳臨志》卷二十四載，餘杭縣
有龍蛻洞，在大滌洞東一里許。喬木幽隱，巖穴嵌巉，深可數丈，春
夏多蛇虺潛伏。皇祐初，羽人於洞間獲龍骨數肩，齒角皆具，因以名
之。《蜀中廣記》卷十八稱合江墊江裡有龍骨寺，爲龍蛻處。並引《巴
中記》云：「墊江多龍矣。」宋何薳《春渚紀聞》卷二載：「橫海清池
縣尉張居於鄆州東城，夜自莊舍還，而月色昏暗，殆不分道，行遇道
傍木枝，爆然有光，因折以燭路。至家插壁間，醉不復省也。晨起，
怪而取視，則枝間一龍蛻，才大如新蟬之殼，頭角爪尾皆具。中空而
堅，扣之有聲，如玉石且光瑩奪目，遇暗則光燭於室，遂寶之於家。」
一說龍蛻乃蛇蛻。

蠍爲主簿蟲

劍南元無蠍，嘗有人任主簿，將蠍之任，而有之，今呼爲主簿
蟲〔一〕也。

箋注

〔一〕主簿蟲：指蠍蟲或蠍子。吳陸璣《陸氏詩疏廣要》卷下之下《葛洪方》
云：「蠍，中國多此，江南無也。」宋羅願《爾雅翼》卷二十六云：「或
云江南舊無蠍，開元初，嘗有主簿盛過江，至今江南往往有之，俗呼爲
主簿蟲。蜥蝎能食之，故蜥蝎一名蠍虎。又爲蝸牛所食，先以跡規之，
不復去，今人或爲蠍螫者，以蝸牛涎塗之，痛立止。蠍前謂之螫，後謂
之蠆。」《大唐傳載》云：「潤州金壇縣，大曆中北人爲主簿，以竹筒貯
蠍十餘枚，置於廳事之柳樹後，遂孳育至百餘枚，爲土氣所蒸，而不能
螫人。南民不識，呼爲主簿蟲。」唐段成式《酉陽雜俎》（《酉陽雜俎》
卷十七）所載大致相同，蓋唐時「主簿蟲」以爲當時熟典，云：「江南舊
無蠍。開元初，嘗有一主簿，竹筒盛過江。至今江南往往亦有俗呼爲『主
簿蟲』。蠍常爲蝸所食，以跡規之，蠍不復去。舊說過滿百爲蠍所螫，蠍
前謂之螫，後謂之蠆。」

江東吐蚊鳥

江東有蚊母鳥〔一〕，亦謂之吐蚊鳥。夏則夜鳴，吐蚊於叢葦間，
湖州尤甚。南中又有蚊子樹〔二〕，實類枇杷，熟則自裂，蚊盡出而
空殼矣。

箋注

〔一〕蚊母鳥：宋周密《齊東野語》卷十：「江東有蚊母鳥，亦謂之吐蚊鳥，夏夜則鳴，吐蚊於叢葦間，湖州尤甚。」又曰「端新州有鳥類青鶂而觜大，常於池塘捕魚，每一鳴，則蚊羣出其口，亦謂之吐蚊鳥，又謂之鷾然，以其羽爲扇，卻可辟蚊。」宋唐慎微《證類本草》卷十九云：「蚊母鳥，翅主作扇，蚊即去矣。鳥大如鷄，黑色生南方池澤茹蘆中。其聲如人嘔吐，每口中吐出蚊一二升。」《太平御覽》、《太平廣記》所載均同，且皆言本自唐劉恂《嶺表錄異》。宋羅願《爾雅翼》卷十六云：「塞北有蚊母草，嶺南有蟲母草，江東有蚊母鳥，此三物異類而同功也。」經考證，此鳥實爲夜鷹，又稱蚊母，古作蟁母，音義相同。蚊母，飛翔時張口食蚊，古人誤爲吐蚊，故名蚊母，或吐蚊鳥。蚊母白天休息於地上，或將身體平貼於橫、斜樹幹上，故在華北亦名「貼樹皮」。（《中國鳥類野外手冊》第 110 頁）

〔二〕蚊子樹：周密《齊東野語》卷十五云：「嶺南又有蚊子木，實如枇杷，熟則自裂，蚊盡出，而實空。」《太平御覽》卷九百四十五引《嶺南異物志》曰：「嶺表有樹，如多青，實在枝間，形如枇把，子每熟即拆裂，蚊子羣飛，唯皮殼而已。士人謂之蚊子。」太平廣記亦謂此說出自《嶺南異物志》，李肇本條所載蓋亦採自此書。

猓然有人心

　　劍南人之采猓然〔一〕者，獲一猓然，則數十猓然可盡得矣。何哉？其猓然性仁，不忍傷類，見被獲者，聚族而啼，雖殺之，終不去也，噫，此乃獸之狀人之心也。樂羊食其子，史牟殺其甥，則人之狀獸之心也〔二〕。

箋注

〔一〕猓然：據《太平寰宇記》卷一百七十一載，嶺南有猓然，土人號曰「歌」，似獼猴而大手，面目與人無異，皮毛軟氄細滑，堪作褥，此獸有仁義，行則大者前小者後。如得果實，則小者先送與大者，然後自食。夷人將藥箭射之，中一必獲其二，未傷者拔死者之箭自刺而死。又《新五代史》卷五十七載，李從珂使臣李鏻、馬承翰以馬紅裝拂二，猓然皮一。可見時人以猓然皮爲寶貨。李時珍《本草綱目・獸部四》謂猓然乃仁獸也。喜群行，老者前，少者後，食想讓，居相愛，生相聚，死相赴。按此，猓然者蓋今日之金絲猴也。

〔二〕樂羊句：「樂羊食子」之典，考《戰國策》卷二十二云：「樂羊爲魏將而攻中山，其子在中山，中山之君烹其子而遺之羹，樂羊坐於幕下而啜之，盡一盃。文侯謂覩師贊曰：『樂羊以我之故食其子之肉。』贊對曰：『其子之肉尚食之，其誰不食？』樂羊既罷中山，文侯賞其功而疑其心。按「史牟殺其甥」典，源出於李肇本書，云：「史伻榷鹽於解縣，初變榷法，以中朝廷。有外甥十餘歲，從牟擥哇，拾鹽一顆以歸。牟知立杖殺之。其姊哭而出救，已不及矣。」

猩猩好酒屐

猩猩〔一〕者好酒與屐，人有取之者，置二物以誘之。猩猩始見，必大罵曰：「誘我也！」乃絕走遠去，久而復來，稍稍相勸，俄頃俱醉，其足皆絆於屐，因遂獲之。或有其圖而贊曰：「爾形唯猿，爾面唯人。言不忝面，智不周身。淮陰佐漢，李斯相秦。何如箕山，高臥養真。」

箋注

〔一〕猩猩：《山海經》卷十八云：「有青獸人面名曰猩猩。」《華陽國志》卷四）稱永昌郡有猩猩獸能言，其血可以染朱罽。《水經注》卷三十七云：「交趾有猩猩，獸形，若黃狗，人面，頭顏端正，善與人言，音聲麗妙如婦人，好女對語交言，聞之無不酸楚，其肉甘美可以斷穀，窮年不厭。」《太平寰宇記》卷一百七十載猩猩故事頗詳，頗類寓言，稱嶺南道交州界封溪縣有獸名猩猩者，能言嗜酒，形如狗，人面，聲如小兒啼。《淮南子》稱「猩猩知往」。蓋指其能知人家往事及前祖名號。猩猩在山谷中，行無常路，百數爲羣，土人以酒若糟設於路側，又喜著屬子。土人織草爲屬子數十，兩相連結。猩猩見酒及屬，知是人張者，即知張者先祖名字，乃呼其名字而罵云：「奴欲張我？」捨之而去，去而又還，相呼試共嘗酒。初嘗少許，又取屬子著之，若進兩三，便大醉，人出收之。既醉且屬子相連綴不得去，執還內牢中，人欲殺者，到牢邊語云：「猩猩汝可自相推肥者出之。」既擇肥，竟相對而泣。又云昔人以猩猩餉封溪令，令問餉何物，自於籠中曰：「但有酒及僕耳，無他飲食。」聲色妙麗如婦人，其肉甚美，可斷穀不厭也。

甘子不結實

羅浮甘子〔一〕，開元中方有，山僧種于南樓寺〔二〕，其後常資進

貢。幸蜀奉天之歲，皆不結實〔三〕。

箋注

〔一〕羅浮甘子：水果名，指柑子。《太平寰宇記》卷一百五十七引《續南越
志》云：「羅浮山有『御園柑子』，唐元宗幸蜀，子乃不生。德宗幸梁，
亦不實。僖宗狩蜀，花實皆無，樹亦枯悴。」《廣東通志》卷五十二引
《羅浮記》謂：「羅浮香柑有赬、黃二色，以味甘美得名。神湖之側及
山下皆有之，其大有三寸者，王叔之有《柑橘贊》，唐初亦嘗充貢，故
名『御園柑子』。

〔二〕南樓寺：《開元釋教錄》卷九：「循州羅浮山有南樓寺。」且謂：「沙門
釋懷迪，循州人也。住本州羅浮山南樓寺。其山乃仙聖遊居之處。」
據《廣東通志》卷五十六載，梁景泰禪師嘗宿於羅浮。始山中無水，
師卓錫於地，泉湧不竭，人號卓錫泉。廣州刺史蕭譽因建寺於菴所，
題曰「南樓寺」。

〔三〕幸蜀句：據《酉陽雜俎》卷十八載，天寶十年，玄宗謂宰臣曰：「近日於
宮內種甘子數株，今秋結實一百五十顆，與江南蜀道所進不異。」宰臣
賀表曰：「雨露所均，混天區而齊被草木，有性憑地氣而潛通，故得資江
外之珍果爲禁中之華實。」同卷又云：「相傳玄宗幸蜀年，羅浮甘子不實。
嶺南有蟻大於秦中馬蟻，結窠於甘樹甘實，時常循其上，故甘皮薄而滑，
往往甘實在其窠中。多深取之，味數倍於常者。」

揚州江心鏡

揚州舊貢江心鏡〔一〕，五月五日揚子江中所鑄也。或言無有百
鍊者，或至六七十鍊則已，易破難成，往往有自鳴者。

箋注

〔一〕江心鏡：指楊子江心鏡，唐代揚州所製銅鏡，一名水心鏡。據《舊唐
書・德宗本紀》（《舊唐書》卷十二）載，大曆十四年，德宗初即位。
揚州每年貢端午日江心所鑄鏡，幽州貢麝香，皆罷之。《御定月令輯要》
卷十引《原十道志》云：「淮南道眞州，以五月五日江心鑄鏡入貢。」
又引《增鏡龍記》云：「唐天寶三載，揚州進水心鏡，一面縱橫九寸，
青瑩耀目，背有盤龍。鑄鏡時，有老人自稱姓龍名護，謂鏡匠呂暉曰：
「老人解造眞龍鏡。」遂入爐所，扃戶三日後開戶，失所在。爐前獲
一素書云盤龍，盤龍隱於鏡中，分時有象，變化無窮，興雲吐霧，行
雨生風。呂暉遂移爐於揚子江心，以五月五日午時鑄之，帝詔有司掌

此鏡。七載大旱，召葉法善祠鏡龍，忽龍口有白氣，須臾滿殿甘雨如澍。白居易有《百鍊鏡》（《白氏長慶集》卷四）詩云：「百鍊鏡鎔範非常規，日辰置處靈且奇，江心波上舟中鑄，五月五日日午時。瓊粉金膏磨瑩已，化爲一片秋潭水，鏡成將獻蓬萊宮，揚州長史手自封，人間臣妾不合用，背有九五飛天龍。」

蘇州傷荷藕

蘇州進藕，其最上者名曰傷荷藕〔一〕。或云：「葉甘爲蟲所傷。」又云：「欲長其根，則故傷其葉。」近多重臺荷花，花上復生一花，藕乃實中，亦異也。有生花異，而其藕不變者。

箋注

〔一〕傷荷藕：《吳郡志》卷三十云：「唐蘇州進藕最上者名傷荷藕，傷荷之名或云葉甘爲蟲所傷，傷其葉則長其根也。」范成大此說當源自《國史補》。《新唐書・地理志》（《新唐書》卷四十一）載蘇州吳郡土貢，藕列其中。白居易《六年秋重題白蓮》（《白氏長慶集》卷二十六）詩云：「素房含露玉冠鮮，紺葉搖風鈿扇圓。本是吳州供進藕，今爲伊水寄生蓮。移根到此三千里，結子經今六七年，不獨池中花故舊，兼乘舊日採花船。」趙嘏有《秋日吳中觀貢藕》（《全唐詩》卷五百五十）詩云：「野艇幾西東，清泠映碧空，褰衣來水上，捧玉出泥中，葉亂田田綠，蓮餘片片紅，激波纏入選，就日已生風，御潔玲瓏膳，人懷拔擢功，梯山謾多品，不與世流同。」

宣州兔毛褐

宣州以兔毛爲褐，亞于錦綺，復有染絲織者尤妙，故時人以爲兔褐真不如假也〔一〕。

箋注

〔一〕宣州句：兔褐，唐宣州所貢織品。據《元和郡縣志》卷二十九載，宣州貢賦條下云：「開元貢白紵布。自貞元後，常貢之外，別進五色線毯及綾綺等珍物。」《新唐書・地理志》（《新唐書》卷四十一）謂宣州土貢有銀、銅器、綺、白紵、絲頭紅毯、兔褐、簟，紙云云。白居易詩（《白氏長慶集》卷三十四）云：「裘新青兔褐，褥軟白猿皮。」按此條源出於《國史補》，後人據此則有「兔毛褐，眞不如假」之典。王士禎（《居易錄》卷二）曰：「潁川同年劉吏部公勇，在京師與予輩爲詩社，每自詫曰吾詩文

『片叚柴窰』也。予笑應之曰：『良然，兄畫乃兔毛褐耳。』座客皆軒渠。唐時宣州以兔毛爲褐，亞於錦綺，復有染絲織者尤妙，時人以爲兔毛褐眞不如假。公勇喜作畫而不甚工，家常蓄畫師爲捉刀人，予每索畫，輒束之云『勿煩眞作』，故以此戲之。」

越人娶織婦

初，越人不工機杼，薛兼訓〔一〕爲江東節制，乃幕軍中未有室者，厚給貨幣，密令北地娶織婦以歸，歲得數百人。由是越俗大化，競添花樣，綾紗妙稱江左矣。

箋注

〔一〕薛兼訓：唐史無傳，其爵里世次不可考，其事蹟散見於兩《唐書》（《舊唐書》卷十一，一百二十一，一百四十一）及其他史籍中。歷官至浙東觀察使、越州刺史、御史大夫。唐代宗五年，即大曆元年七月，以浙東觀察使越州刺史御史遷爲檢校工部尙書、太原尹、北都留守，充河東節度使。大曆十年，詔兼訓等率軍討田承嗣。據《元和郡縣志》卷二十七載，大曆二年，薛兼訓時爲越州刺史。

造物由水土

凡造物由水土，故江東宜紗綾宜紙者，鏡水之故也〔一〕。蜀人織錦初成，必濯于江水，然後文綵煥發〔二〕。鄭人以滎水釀酒，近邑與遠郊美數倍〔三〕。齊人以阿井煎膠，其井比旁井重數倍〔四〕。

箋注

〔一〕凡造句：考《新唐書・地理志》（《新唐書》卷四十一）「江南道」條載其地土貢云：「厥賦麻、紵，厥貢金、銀、紗綾、蕉葛、綿練、鮫革、藤紙、丹沙。」鏡水，蓋指鏡湖，一名南湖，唐時屬越州。據《元和郡縣志》卷二十七載，鏡湖乃太守馮臻於後漢永和五年創立。在會稽山陰兩縣界築塘蓄水，水高丈餘，田又高海丈餘。若水少則洩湖灌田，如水多則閉湖洩田中水入海，所以無凶年。隄塘周迴三百一十里，溉田九千頃。同卷又引王逸少云「山陰路上行，如在鏡中遊耳」。《太平寰宇記》卷九十六引《輿地志》云：「山陰南湖，縈帶郊郭，白水翠岩，互相映發，若圖畫。故王逸少云：『山陰路上行，如在鏡中遊耳。』唐玄宗朝秘書監賀知章乞爲道士還鄉，勅賜鏡湖一曲。」李白《子夜吳歌》其二（《李太白集注》卷六）云：「鏡湖三百里，菡萏發

荷花，五月西施採，人看隘若耶。」杜甫《壯遊》詩（《九家集注杜詩》卷十二）云：「越女天下白，鑑湖五月涼，剡溪蘊秀異，欲罷不能忘。」

〔二〕蜀人句：元費著《蜀錦譜》序云：「蜀以錦擅名天下，故城名以錦官，江名以濯錦，其《蜀都賦》云：『貝錦斐成濯色江波。』《遊蜀記》：『成都有九璧村，出美錦，歲充貢。』」譙周《益州志》云：「成都織錦既成，濯於江水，其文分明，勝於初成，他水濯之，不如。」《蜀中廣記》卷六十七引李膺《益州記》曰：「錦城在笮橋東流江南岸，昔蜀時錦宮也，號錦里城，墉猶在茲。問錦於蜀中，江城宛然如故，而杼軸已不存矣。」《格致鏡原》卷二十七《丹陽記》云：「錦始蜀地，所謂錦江以此也。」又云：「歷代尚未有錦，而成都獨稱妙故。三國時，魏則市於蜀，吳亦資西蜀，至是始有之。」

〔三〕鄭人句：按《國史補》此條「滎水釀酒」之說，《太平廣記》、《說郛》有抄錄，然與《國史補》略有不同。二書皆謂鄭人滎水釀酒，近邑水重，斤兩與遠郊數倍。然不見「阿井水煎膠」事，殆傳抄時訛脫混淆之故也。

〔四〕齊人句：據《太平寰宇記》卷十三載，東阿有大井，巨若輪，深七八丈，每歲取水煮膠入貢，本草重之。《輿地廣記》卷七：「東阿縣本齊之柯邑，漢時屬東郡，晉屬濟北國，隋屬濟北郡，唐屬濟州。天寶十三載，州廢來屬，有阿井，歲常煮膠以貢。」《太平御覽》卷九百八十八載：「《東水經》曰：『東阿縣有大井，其巨若輪，每歲常煮膠以貢。』《天府本草》所謂阿膠也，故世俗有阿井之名。」庾信《哀江南賦》云：『阿膠不能止黃河之濁。』《夢溪筆談》卷三云：「古說濟水伏流地中，今歷下凡發地皆是流水。世傳濟水經過其下，東阿亦濟水所經，取井水煮膠，謂之阿膠。用攪濁水則清，人服之下膈疎痰、止吐，皆取濟水性趣下、清而重故以。治淤濁及逆上之疾，今醫方不載此意。」蘇軾《與子安兄二首》（《東坡全集》卷八十二）言及「阿膠半斤，眞阿井水煎者」。可見至宋時，用阿井水所煎阿膠依然被推爲上品。按東坡此文，可知當時或有以假阿井水煎阿膠充眞品者。

善和坊御井

善和坊舊御井〔一〕，故老云非可飲之水，地卑水柔，宜用盥瀚。開元中，日以駱駝數十馱入內，以給六宮。

箋注

〔一〕善和句：善和坊，長安坊名，又作善和里。《舊唐書·鄭注傳》（《舊唐書》卷一百六十九）載：「鄭注起第善和里，通於永巷，長廊複壁，日聚京師輕薄子弟、方鎮將吏，以招權利。」《舊唐書·孔緯傳》（《舊唐書》卷一百七十九）：「賜天興縣莊、善和里宅各一區。」柳宗元舊宅亦在善和里，其有小女早夭，撰有《下殤女子墓塼記》（《柳河東集》卷十三）文，首句即云：「下殤女子生長安善和里。」其《寄許京兆孟容書》文曰：「家有賜書三千卷，尚在善和里舊宅。宅今三易主，書存亡不可知。」《雲仙雜記》卷四：「許芝有妙墨八廚，巢賊亂瘞於善和里第。事平取之，墨已不見，惟石蓮匣存焉。」一九五五年西安東郊郭家灘出土的《郭克勤墓誌銘》云：「公諱克勤，其先太原人也。咸通十三年十一月十六日歿於善和里私第，享年五十二」。另《雲谿友議》卷中亦提及善和坊名，然此坊非長安善和坊也。其文頗為有趣，曰：「崔崖、張祐齊名，每題詩倡肆，譽之，則車馬盈門，毀之，則杯盤失錯。嘲李端端云：『黃昏不語不知行，鼻似煙窗耳似鐺，愛把薑芽梳掠鬢，崑崙山上月初生。』端端遂往見二子，再請曰：『端端祇候三郎、六郎，伏望哀之。』乃更贈曰：『覓得黃騮被繡鞍，善和坊里取端端，楊州近日渾成異，一朵能行白牡丹。』於是賓客競臻，其戶或曰李：『家娘子纔出墨池，便登雲嶺，何其一日黑白不均。』」善和坊舊御井，元人駱天驤《類編長安志》卷七引《長安志》云：「善和坊有井水甘美，以供內廚，開元中，日以駱駝駝入內，以給六宮，謂之御井。」

敍祠廟之弊

　　每歲有司行祀典者，不可勝紀，一鄉一里，必有祠廟焉〔一〕。為人禍福，其弊甚矣。南中有山洞，一泉往往有桂葉流出，好事者因目為流桂泉，後人乃立棟宇，為漢高帝之神，尸而祝之。又有為伍員廟之神像者，五分其髯，謂之五髭鬚神〔二〕。如此皆言有靈者多矣。

箋注

〔一〕每歲句：按唐代民間祠廟甚多，且多目為「淫祠」（參見王永平《論唐代的民間淫祠與移風易俗》）。唐趙璘《因話錄》謂：「若妖神淫祀，無名而設，苟有識者固當遠之，雖嶽海鎮瀆，名山大川，帝王先賢不當，所立之處，不在典籍，則淫祀也。昔之為人，生無功德，可稱死無節行可獎，則淫祀也。」唐時，政治文化中心頗集於北，南方遠離

王化，鬼神祭拜之風較北邊更勝。據《隋書・地理志》（隋書卷三十一）記載「大抵荊州，率敬鬼，尤重祠祀之事，昔屈原爲製九歌蓋由此也。」《通典》卷一百八十二亦云「揚州人，性輕揚，而尙鬼好祀。」唐皇甫冉《雜言迎神詞》序（《二皇甫集》卷二）稱：「吳楚之俗與巴渝同風，日見歌舞祀者。」可見唐時四川亦好鬼神崇拜。《太平廣記》卷三百一十五「淫祠類」，則羅列「余光祠」、「鱔父廟」、「鮑君」、「張助」、「著餌石人」、「洛西古墓」、「豫章樹」、「狄仁傑檄」、「飛布山廟」、「畫琵琶」、「壁山神」諸民間淫祠。《國史補》此條所載之「流桂泉」、「五髭鬚神」等便屬於此等淫祠。唐政府於此類淫祠多明令禁止，「斧之火之」。據《資治通鑑》卷一百九十二載，唐高祖武德九年詔令：「民間不得妄立妖祠。自非卜筮正術，其餘雜占悉從禁絕。」《舊唐書・狄仁傑傳》（《舊唐書》卷八十九）稱狄仁傑充江南巡撫使，吳楚之俗多淫祠，仁傑奏毀一千七百所，唯留夏禹、吳太伯、季箚、伍員四祠。《舊唐書・李德裕傳》：「江、嶺之間信巫祝，惑鬼怪，有父母兄弟屬疾者，舉室棄之而去。德裕欲變其風，擇鄉人之識者，諭之以言，繩之以法，數年之間，弊風頓革。屬郡祠廟，按方志前代名臣賢後則祠之，四郡之內，除淫祠一千一十所。」然而唐政府於民間祠廟並非一味打壓，而是分別對待之。天寶七載詔（《唐大詔令集》卷九）云：「其歷代帝王發跡之處，未有祠宇者，宜令所由郡縣置一廟，以時享祭，仍取當時將相德業可稱者二人配祭，仍並以圖畫立像。如先有祠宇，未霑享祭者，亦宜準此式。閭表墓追賢紀善事，有勸於當時，義無隔於異代，其忠臣義士、孝婦烈女，史籍所載，德行彌高者，所在亦置一祠宇，量事致祭。」

〔二〕五髭鬚神：指伍子胥神，蓋因諧音誤讀，故有此稱。《類說》卷四十三謂：「江陵有村民事伍子胥神，誤呼五髭鬚，乃畫五丈夫皆髯腮，祝呼之祭云：『一髭鬚，二髭鬚，五髭鬚。』」《說郛》卷四十一下載一笑談，令人絕倒，稱溫州有土地杜十姨，無夫；五髭鬚相公無婦。州人迎杜十姨以配五髭鬚，合爲一廟。杜十姨爲誰？杜拾遺也。五髭鬚爲誰？伍子胥也。若少陵有靈，豈不對子胥笑曰：「爾尙有相公之稱，我乃爲十姨，何雌我邪？」

菹庫蔡伯喈

江南有驛吏，以幹事自任。典郡者初至，吏白曰：「驛中已理，請一閱之。」刺史乃往，初見一室，署云酒庫。諸醞畢熟，其外

畫一神，刺史問：「何也？」答曰：「杜康〔一〕。」刺史曰：「公有餘也。」又一室，署云茶庫，諸茗畢貯，復有一神。問曰：「何？」曰：「陸鴻漸〔二〕也。」刺史益善之。又一室署云葅庫，諸葅畢備，亦有一神。問曰：「何？」吏曰：「蔡伯喈【1】〔三〕。」刺史大笑，曰：「不必置此。」

校勘記

【1】《津逮》本作「喈」，《四庫》本、《學津》本皆作「喈」，今從後者改作「喈」。

箋注

〔一〕杜康：乃指酒神。魏武帝詩《短歌行》（《文選》卷二十七）云：「何以解憂，惟有杜康。」「杜康」條下有唐李善注文引《博物志》曰：「杜康造酒。」陶潛集述酒詩序（《陶淵明集》卷三）云：「儀狄造酒，杜康潤色之。」又《事物紀原》引《玉篇》（《事物紀原》卷九）云：「酒杜康所作。」又謂：「但不知杜康何世人，而古今多言其始造酒也。一曰少康作秫酒。」

〔二〕陸鴻漸：即陸羽，後世尊為茶神，可參見前條。其人事跡具《新唐書》本傳及《陸文學自傳》。陸羽嗜茶，著經三篇，言茶之原、之法、之具尤備，天下益知飲茶矣。時鬻茶者至陶羽形，置煬突間祀為茶神。趙璘《因話錄》（《因話錄》卷三）言其「始創煎茶法，至今鬻茶之家，陶為其像，置於煬器之間，云宜茶足利。」

〔三〕蔡伯喈：指蔡邕。字伯喈，陳留圉人也。以孝聞，三世不分財，善操琴，博學多才，書法超絕，通曉經史、天文、音律、擅長辭賦。靈帝時召拜郎中，校書於東觀，遷議郎。曾因彈劾宦官被流於朔方。董卓亂時為侍御史，官左中郎將。董卓被誅後，為王允所捕，死於獄中。以詩、賦著名。事跡具《後漢書》本傳（《後漢書》卷九十下）。案：以杜康為酒神，陸羽為茶神，繪其像於酒庫、茶庫外，似所當然。然於葅庫外繪蔡伯喈像，則令人難得其解，蓋蔡邕與「菜傭」同音，「菜傭」者，賣菜傭也。（見《資治通鑑》卷四十六）故有此戲謔耳。

大摩尼議政

　　回鶻常與摩尼議政，故京師為之立寺〔一〕。其法：「日晚乃食，敬水而茹葷，不飲乳酪。〔二〕」其大摩尼數年一易，往來中國，小者年轉。江嶺西市商胡薹，其源生於回鶻有功也。

箋注

〔一〕回鶻句：據《佛祖統記》卷三十九載，延載元年，波斯人拂多誕持二宗經僞教來朝。《唐宋回鶻史論集》（《唐宋回鶻史論集》第 104 頁）謂二宗經，即摩尼教經，拂多誕即小摩尼。按《九姓回鶻可汗碑》載，牟羽可汗頓軍東都洛陽，遇摩尼國師將睿息等四僧，遂帶回西域。其時爲寶應元年，回鶻率軍助唐平叛，收復兩京。回鶻信奉摩尼教當自此始。且碑文贊曰：「闡揚二祀，洞徹三際，況法師妙達名門，精通七部，才高海嶽，辯若懸河，故能開正教於回鶻，以茹葷屛乳酪爲法，立大功績。」劉義棠（《維吾爾研究》第 456 頁）謂回紇民間或已在廣多之信眾，惟自此四位高徒入國後，爲可汗所信奉，始可更爲普遍，以致成爲回紇國教。但唐政府目其教爲僞教。據《通典》卷四十載，開元二十年，唐玄宗詔令禁絕之，曰：「摩尼本是邪見，妄稱佛教，誑惑黎元，宜嚴加禁斷。」然此禁令不行於信奉摩尼教西域胡人，「當身自行，不須科罪。」故廻鶻請求和親時，憲宗以廻鶻信奉摩尼教爲藉口，故使宰臣言其不可。（見《舊唐書》卷一百九十五）然據《舊唐書·憲宗本紀》載，元和二年，廻紇請於河南府、太原府置摩尼寺，唐廷卻允其所請。《日下舊聞考》卷七十一稱元和初，回紇偕摩尼進貢，請置寺太原，額曰「大雲光明」。

〔二〕其法句：按「晚乃食，敬水而茹葷，不飮乳酪」之說，李中和《唐代回鶻宗教信仰的歷史變遷》（《甘肅社會科學》2009 年第 2 期）稱摩尼教三世紀中葉興於波斯，其創教者名摩尼，故稱摩尼教。基本教義爲二宗三際論。二宗指光明與黑暗，三際指初際、中際與後際，即過去、現在與未來。基本教規如禁婚姻、戒殺生、素食、不祭祖、白衣黑冠、裸葬云云。《九姓回鶻可汗碑》云：「開正教於回鶻，以茹葷屛乳酪爲法。」《佛祖統記》（《佛祖統記》卷三十九）亦云：「以不殺、不飮、不葷辛爲至嚴。」

元義使新羅

元義方使新羅〔一〕，發雞林洲〔二〕，遇海島上有流泉，舟人皆汲攜之，忽有小蛇自泉中出，舟師遽曰：「龍怒〔三〕。」遂發。未數里，風雨雷電皆至，三日三夜不絕。及雨霽，見遠岸城邑，問之，乃萊州〔四〕也。

箋注

〔一〕元義方使新羅：元義方，唐史無傳，其人爵里始末不詳。據兩《唐書》（《舊唐書》卷十四，《舊唐書》卷十五）載，其人歷任商州刺史，福建觀察使，京兆尹，鄜州刺史等職。新羅，據《舊唐書·新羅傳》（《舊唐書》卷一百九十九上）載，新羅國本弁韓之苗裔也，其國在漢時樂浪之

地，東及南方俱限大海，西接百濟，北鄰高麗，東西千里，南北二千里，有城邑村落。王之所居曰「金城」，周七八里，衛兵三千人，設獅子隊文武官，凡有十七等。

〔二〕雞林洲：指雞林州，唐時設雞林州大都督府。《太平廣記》作雞林州，《國史補》此條或誤「州」爲「洲」。按雞林之名，考《朝鮮史略》卷一云：「初，王夜聞金城西始林間有雞聲，遣瓠公視之，有小金櫝掛樹梢，白雞鳴於下。開櫝視之，有小兒，王喜養爲子，名閼智，姓金氏，改始林爲雞林，因以爲國號。」同書卷二云：「唐以新羅爲雞林州大都督府，以王爲大都督。」據《舊唐書・新羅傳》載，龍朔元年，新羅王金春秋卒，詔其子太府卿法敏嗣位，爲開府儀同三司、上柱國樂浪郡王、新羅王。龍朔三年，詔以其國爲雞林州都督府，授法敏爲雞林州都督。

〔三〕按「龍怒」之說，古書多有記載。《水經注》卷三十七云：「東南過倎山縣南，縣東十許里至平樂村，又有石穴出清泉，中有潛龍，每至大旱，平樂左近村居輦草穢著穴中，龍怒，須臾水出蕩其草穢，傍側之田皆得澆灌。」《滇畧》卷十載，「唐時，楊都師創洱河東，羅筌寺山下有黑龍，常作風浪覆舟師，以白犬吠之，龍怒而出，師視龍猶蜒蚓，若教誨之。有頃，龍馴俛而去，先是河浪九疊，師以念珠鞭之，去其三疊，河乃翕順可舟。」《集古錄》卷八載，天聖中，歐陽永叔與友人梅聖俞遊嵩山，至山頂武后封禪處有石記，戒人遊龍潭者毋妄語笑以黷神龍，龍怒則有雷。《中興小紀》卷三十一載，南宋時，虔州有統兵官程師回，去師回舟。舟行過大孤山，舟人告毋作樂，恐龍怒。師回故命其徒奏蕃樂，少頃黑雲四合，有物湧波間，目如金盤。師回射中其目，即還入水，風亦息，安流而濟人，皆服其勇也。《畿輔通志》卷一百十七稱，房山北砦有流泉，三疊鳴空，山中注而爲池，土人戒勿濯手，濯則龍怒，雷電且至。

〔四〕萊州：指今山東萊州。考《元和郡縣志》卷十三載，《禹貢》青州之域，即古萊子國也。齊滅之，遷萊子於郳，在齊國之東，故曰東萊。漢高祖時，置東萊郡，屬青州。後魏獻文帝分青州，置光州。隋開皇二年，改光州爲萊州。武德四年，復爲萊州。

李汭不受贈

朝廷每降使新羅〔一〕，其國必以金寶厚爲之贈。唯李汭爲判官，一無所受，深爲同輩所嫉〔二〕。

箋注

〔一〕新羅：乃古代朝鮮半島前三國之一。據《舊唐書・新羅傳》（《舊唐書》

卷一百九十九上）載，新羅國，本弁韓之苗裔也。其國在漢時樂浪之地。東及南方俱限大海，西接百濟，北鄰高麗，東西千里，南北二千里。唐高宗顯慶五年，新羅聯合唐滅百濟。龍朔三年，唐於新羅設雞林州都督府，以新羅王爲「雞林州都督」。總章一年，滅高句麗，統一了朝鮮半島，定都慶州。唐末，新羅分裂爲後三國，五代時，高麗統一三國。

〔二〕李汭：《唐書》無傳。據《冊府元龜》卷九百八十《外臣部》載，元和七年七月，李汭以京兆府功曹任上遷爲殿中侍御史、充入新羅副使。按「新羅國以金厚贈唐使」事，《舊唐書·新羅傳》亦有載，稱新羅國王金興光卒，詔贈太子太保，仍遣左贊善大夫邢璹攝鴻臚少卿往新羅弔祭，並冊立其子承慶襲父開府儀同三司。唐玄宗聞新羅人多善奕碁，因令善碁人率府兵曹楊季鷹爲璹之副，璹等至彼，大爲蕃人所敬，其國碁者皆在季鷹之下，於是厚賂璹等金寶及藥物等。以金厚贈唐使事當肇於此也。

虜帳中烹茶

常魯公使西蕃〔一〕，烹茶帳中，贊普問曰：「此爲何物？」魯公曰：「滌煩療渴，所謂茶也。」贊普曰：「我此亦有〔二〕。」遂命出之。以指曰：「此壽州者，此舒州者，此顧渚者，此蘄門者，此昌明者，此㴩湖者。〔二〕」

箋注

〔一〕常魯公：常魯，唐史無傳，仕履始末不祥，事蹟僅存此使西蕃事。其時，常魯任判官監察御史之職。按「常魯使西蕃」事，兩《唐書》皆有記載。據《舊唐書·吐蕃傳》（《舊唐書》卷一百九十六下）載，德宗建中二年十二月，入蕃使判官常魯與吐蕃使論悉諾羅等至自蕃中。初，魯與其使崔漢衡至列館，贊普令止之，先命取國信敕，既而使謂漢衡曰：「來敕云：『所貢獻物，並領訖；今賜外甥少信物，至領取。』我大蕃與唐舅甥國耳，何得以臣禮見處，又所欲定界，雲州之西，請以賀蘭山爲界。其盟約，請依景龍二年敕書云：『唐使到彼，外甥先與盟誓，蕃使到此，阿舅亦親與盟。』」乃邀漢衡遣使奏定。魯使還奏焉，爲改敕書，以「貢獻」爲「進」，以「賜」爲「寄」，以「領取」爲「領之」。且謂曰：「前相楊炎不循故事，致此誤爾。」其定界盟，並從之。其後二年，即唐德宗建中四年正月，詔張鎰與尚結贊盟於清水壇所，其時，常魯與崔漢衡、樊澤、于頓等七名會盟官等著朝服與俱，結贊與其本國將相論悉頰藏、論臧熱、論利陀、斯官者、論力徐等亦七人，以牂羊、犬、羊爲犧牲，升壇爲盟。（分見《舊唐書》卷一百二十五《張鎰傳》，《舊唐書》卷一百九

十六下《吐蕃傳》）另據《唐會要》卷九十七載，其年十二月入蕃使判官、監察御史常魯，與吐蕃使論悉羅等至，自蕃中奏請改勑書，以「貢獻「爲「進」，以「賜」爲「賞」，以「領取」爲「領之」，優詔降諭曰：「前相楊炎不修故事，致此誤耳。」並從之。

〔二〕按「茶入吐蕃」，據《漢藏史集》（見《漢藏史集》第 92 頁至 93 頁）記載，茶正式輸入西藏乃在吐蕃王朝都松莽布支贊普時期。藏族學者多認可此說，將茶葉傳入西藏時間之上限，定於吐蕃王都松芒波傑（701〜754年）時期，因藏文史籍《凱巴噶吉》、《甲帕伊倉》（即《漢藏文書》）中，皆有都松芒波傑以漢茶做藥醫病的記載。《明史》卷八十云：「番人嗜乳酪，不得茶，則困以病」。《格致鏡原》卷二十一引《滴露漫錄》云：「茶之爲物，西戎土蕃古今皆仰給之。以其腥肉之食非茶不消，青稞之熱非茶不解。是山林草木之葉，而關係國家大經。」

維州復陷事

吐蕃自貞元末失維州〔一〕，常惜其險〔二〕，百計復之。乃選婦人有心者約曰：「去爲維州守卒之妻，十年兵至，汝爲內應。」及元和中，婦人已育數子，蕃寇大至，發火應之，維州復陷〔三〕。

箋注

〔一〕維州：即今四川理番縣，唐時稱維州。考《元和郡縣志》「維州」條載：「初蜀將姜維、馬忠北討北汶山叛羌，此其地也。今居姜維城，即維所築。自晉以後，羌夷或降或叛。隋開皇四年，討叛羌，以其地置薛城，戍屬會州，復又沒賊。武德四年，白狗羌首領內附，於姜維城置維州以統之，其城甚險，固乾元元年，沒西戎。」《舊唐書·代宗本紀》、《新唐書·地理志》（《舊唐書》卷十一；《新唐書》卷四十二）亦謂：「松州、維州，廣德元年沒吐番。」又據《太平寰宇記》卷七十八載，維州屬維州郡，今理薛城縣。唐武德七年，白狗羌降附，乃於姜維故城置維州，領金川定廉二縣。貞觀元年，羌叛，州縣俱罷。二年，生羌首領董屈占者請吏復立維州，移治於姜維城東，始屬茂州，爲羈縻州。麟德二年，進爲正州，尋羌叛，復除爲羈縻州。垂拱三年，又爲正州。天寶元年，改爲維州郡。乾元元年，復爲維州。

〔二〕按「常惜其險」語，考《資治通鑑》卷二百四十七謂維州據高山絕頂，三面臨江，在戎虜平川之衝，是漢地入兵之路。吐蕃覬覦其地甚切，故百計以求收復之。

〔三〕及元和句：按「吐蕃婦人爲內應」事，考《舊唐書·地理志》（《舊唐書》

卷四十一）云：「上元元年後，吐蕃贊普攻維州不下，乃以婦人嫁維州門者，二十年中生二子，及蕃兵攻城，二子內應，城遂陷。吐蕃得之號『無憂城』。」此說與李肇《國史補》合。《元和郡縣志》卷三十三稱「合各書所載，維州沒吐蕃年代互異，當是貞元時復之，元和中再沒。此云乾元元年沒西戎，蓋僅據其始而言。」又據《太平寰宇記》卷七十八載，乾元元年，復爲維州。上元之後，河西隴右州縣皆屬吐蕃，贊普更欲圖蜀州，累急攻維州不下，乃以婦人嫁維州門者。二十年中生二子，及蕃兵攻城，二子內應，城遂陷，吐蕃得之，號爲無憂城。累入兵寇擾西川，韋皋在蜀二十年，收復不遂。至大中朱神悰鎮蜀，維州首領方附復隸西川。

贊普妻名號

西蕃呼贊普之妻爲朱蒙〔一〕。

箋注

〔一〕西蕃句：西蕃，西域諸國之泛稱，此處特指吐蕃。贊普，吐蕃王號。據《新唐書·吐蕃傳》（《新唐書》卷二百十六上）載，其俗謂彊雄曰「贊」，丈夫曰「普」，故號君長曰「贊普」。朱蒙，蓋「末蒙」之訛。上書同卷稱贊普妻曰「末蒙」。王堯考證稱「贊普」乃藏文 btsan po 之對音。吐蕃先民以 btsan 爲原始崇拜之神，後轉謂統治者自稱，以示崇巍之意。王堯又謂「朱蒙」與「末蒙」乃「形近而訛」，亦稱「贊蒙」。（見《敦煌本吐蕃歷史文書》增訂本第 176 頁）

參考文獻

典籍

1. 劉昫等：舊唐書，〔M〕：北京，中華書局，1975。
2. 歐陽修、宋祁：新唐書〔M〕：北京，中華書局，1975。
3. 司馬光：資治通鑒，〔M〕：北京，中華書局，1956。
4. 王溥：唐會要，〔M〕：臺北，世界書局，1982。
5. 李吉甫：唐六典，〔M〕北京，中華書局，1992
6. 李吉甫：元和郡縣圖志，〔M〕北京，中華書局，1983。
7. 李泰：擴地志輯校，〔M〕北京，中華書局，1980。
8. 林寶：元和姓纂，〔M〕：北京，中華書局，1994。
9. 吳廷燮：唐方鎮年表，〔M〕：北京，中華書局，1980。
10. 班固：漢書，〔M〕：北京，中華書局：1964。
11. 范曄：後漢書，〔M〕：北京，中華書局：1965。
12. 鄭樵：通志，〔M〕：北京，中華書局：1987。
13. 司馬遷：史記，〔M〕：北京，中華書局：1998。
14. 曾慥：類說，〔M〕：臺北，藝文印書館，1970。
15. 陶宗儀：說郛，〔M〕：上海，上海古籍出版社，1988。
16. 高彥休：唐闕史，〔M〕：上海，商務印書館，民國38年排印本：
17. 孟棨：本事詩，〔M〕：上海，上海古籍出版社，1991。
18. 馮翊子：桂苑叢談，〔M〕：北京，中華書局上海編譯所，1958。
19. 王定保：唐摭言〔M〕上海：上海古籍出版社，1978：
20. 孫光憲：北夢瑣言，〔M〕：上海，海古籍出版社，1981。

21. 王仁裕：開元天寶遺事，〔M〕：上海，上海古籍出版社，1985。

22. 鄭處誨：明皇雜錄，〔M〕：北京，中華書局：1997。

23. 裴庭裕：東觀奏記，〔M〕：北京，中華書局：1997。

24. 李肇：唐國史補，〔M〕：上海，上海古籍出版社：1979。

25. 張鷟：朝野僉載：韋絢：劉賓客嘉話錄〔M〕：北京，中華書局：1985。

26. 趙璘：因話錄，〔M〕：上海，上海古籍出版社：1979。

27. 張固：幽閒鼓吹，〔M〕：北京，中華書局上海編譯所：1958。

28. 段成式：酉陽雜俎，〔M〕：北京，中華書局，1981。

29. 張讀：宣室志，〔M〕：北京，中華書局，1983。

30. 周勛初校證：唐語林校證，〔M〕：北京，中華書局，1987。

31. 趙彥衛：雲麓漫鈔，〔M〕：北京，中華書局，1997。

32. 邵博：邵氏聞見後錄，〔M〕：北京，中華書局，1997。

33. 李吉甫：元和郡縣圖志，〔M〕：北京，中華書局，1983。

34. 祝穆：方輿勝覽，〔M〕：北京，中華書局，2003。

35. 徐松：登科記考，〔M〕：北京，北京，中華書局，1993。

36. 李昉、扈蒙、徐鉉、宋白等：文苑英華，〔M〕：北京，中華書局，1995。

37. 劉斧：青瑣高議，〔M〕：上海，上海古籍出版社，1983。

38. 徐文靖：管城碩記，〔M〕：北京，中華書局，1998。

39. 胡震亨：唐音統籤，〔M〕：上海，上海古籍出版社，2003。

40. 蘇鶚：杜陽雜編，〔M〕：北京，中華書局上海編譯所，1958。

41. 康駢：劇談錄，〔M〕：北京，古典文學出版社，1958。

42. 牛僧儒：玄怪錄，〔M〕：北京，中華書局，1982。

43. 李復言：續玄怪錄，〔M〕：北京，中華書局，1982。

44. 孫光憲：北夢瑣言，〔M〕：上海，上海古籍出版社，1981。

45. 錢易：南部新書，〔M〕：北京，中華書局，2002。

46. 彭定求：全唐詩，〔M〕：北京，中華書局，1960。

47. 陳尚君：全唐詩補編，〔M〕：北京，中華書局，1992。

48. 董誥：全唐文，〔M〕：北京，中華書局，1982。

49. 陸心源：唐文拾遺，〔M〕：北京，中華書局，1983。

50. 李昉：太平廣記，〔M〕：北京，中華書局，1961。

51. 辛文房：唐才子傳，〔M〕：北京，中華書局，1991。

52. 王仲鏞：唐詩紀事校箋，〔M〕：成都，巴蜀書社，1989。

53. 錢仲聯：韓昌黎詩繫年集釋，〔M〕：上海，上海古籍出版社，1984。

54. 柳宗元：柳宗元集，〔M〕：北京，中華書局，1979。

55. 贊寧：宋高僧傳〔M〕：北京：中華書局，1987。

56. 釋志磐、佛祖統記〔M〕：揚州：江蘇廣陵古籍出版社，1991。

57. 陸游：老學庵筆記，〔M〕：北京，學苑出版社，1998。

58. 王士禎：池北偶談，〔M〕：北京，學苑出版社，1999。

59. 孟棨：本事詩，〔M〕：北京，中華書局，1983。

60. 孫猛：郡齋讀書志校證〔M〕：上海：上海古籍出版社，1990。

61. 王堯臣：崇文總目，〔M〕：臺北，臺灣商務印書館，1967。

62. 陳振孫：直齋書錄解題，〔M〕：臺北，臺灣商務印書館，1978。

63. 趙殿成：王右丞集箋注，〔M〕：上海，上海古籍出版社，1961。

64. 瞿蛻園：劉禹錫集箋證，〔M〕：上海，上海古籍出版社，1989。

65. 楊曄：膳夫經手錄，〔M〕：北京：中華書局，1985。

66. 元稹：元稹集，〔M〕：北京，中華書局，1982。

67. 劉學鍇：溫庭筠全集校注，〔M〕：北京，中華書局，2007。

68. 杜牧：樊川文集，〔M〕：上海，上海古籍出版社，1978。

69. 項楚：王梵志詩校注，〔M〕：上海，上海古籍出版社，1991。

70. 圓仁：入唐求法巡禮行記，〔M〕：顧承甫，何泉達，點校：上海：上海古籍出版社，1986。

71. 眞人元開：唐大和上東征傳，【M〕：北京：中華書局，1979。

著作

1. 向達：唐代文學史，〔M〕：北京，人民文學出版社，1995。

2. 向達：唐人軼事彙編，〔M〕：上海，上海古籍出版社，2006。

3. 向達：唐代長安與西域文明，〔M〕：臺北，明文書局，1981。

4. 向達：正說唐朝二十一帝，〔M〕：臺北，明文書局，1981。

5. 陳寅恪：元白詩箋證稿，〔M〕：北京，三聯書店，2001。

6. 傅璇琮、張枕石、許逸民：唐五代人物傳記資料綜合索引，〔M〕：北京，中華書局，1980。

7. 傅璇琮：唐才子傳校箋，〔M〕：北京，中華書局，1987。

8. 吳在慶：增補唐五代文史從考，〔M〕：北京，黃山書社，2006。

9. 周祖撰：中國文學家大辭典・唐五代卷，〔M〕：北京，中華書局，1992。

10. 吳汝煜、胡可先：全唐詩人名考，〔M〕：南京，江蘇教育出版社，1990。

11. 吳汝煜：唐五代詩人交往詩索引，〔M〕：上海，上海古籍出版社，1993。

12. 周勛初：唐詩大辭典，〔M〕：南京，江蘇古籍出版社，1990。

13. 程溯洛《唐宋回鶻史論集》〔M〕：北京：人民出版社，1994：104。

14. 劉義棠：維吾爾研究 〔M〕臺北：正中書局，1975：456。

15. 陶敏：全唐詩人名考證，〔M〕：西安，陝西人民教育出版社，1996。

16. 馬緒傳：全唐文篇名目錄及作者索引，〔M〕：北京，中華書局，1985。

17. 方積六、吳冬秀：唐五代五十二種筆記小說人名索引，〔M〕：北京，中華書局，1992。

18. 萬曼：唐集敘錄，〔M〕：北京，中華書局，1980。

19. 李劍國：唐五代志怪傳奇敘錄，〔M〕：天津，南開大學出版社，1993。

20. 劉堅、江藍生：唐五代語詞典，〔M〕：上海，上海教育出版社，1997。

21. 郁賢皓：唐刺史考全編，〔M〕：合肥，安徽大學出版社，2000。

22. 方詩銘：中國歷史紀年表，〔M〕：上海，上海人民出版社，2007。

23. 戴偉華：唐方鎮文職僚佐考，〔M〕：桂林，廣西師範大學出版社，2007

24. 程國賦：隋唐五代小說研究資料，〔M〕：上海，上海古籍出版社，2005。

25. 蔡守湘：唐人小說選注，〔M〕：臺北，里仁書局，民國 91〔2002〕

26. 王重民：敦煌古籍敘錄，〔M〕：北京，中華書局，1979。

27. 岑仲勉：唐人行第錄，〔M〕：上海，北京，中華書局，2004。

28. 岑仲勉：隋唐史，〔M〕：北京，中華書局，1982。

29. 余嘉錫：四庫提要辨證，〔M〕：上海，北京，中華書局，1980。

30. 周勛初：周勛初文集，〔M〕：南京，江蘇古籍出版社，2000。

31. 吳企明：唐音質疑錄，〔M〕：上海，上海古籍出版社，1985。

32. 陳飛：中國古典文學與文獻學研究，〔M〕：北京，學苑出版社，2004。

33. 羅聯添：唐代文學論集，〔M〕：臺北，臺灣學生書局，1989。

34. 嚴耕望：唐僕尚丞郎表，〔M〕：上海，上海古籍出版社，2007。

35. 《史記》李姓的地理分佈和唐宋李氏世系系統化的問題〔M〕：隴右文化論叢：第一輯：蘭州，甘肅人民出版社，2004。

36. 許嘉璐：中國古代衣食住行，〔M〕：北京，北京出版社，2002

37. 達倉宗巴，班覺桑布：漢藏史籍，〔M〕：拉薩，西藏人民出版社，1986。

38. 朱金城：白居易年譜，〔M〕：上海，上海古籍出版社，1982。

39. 楊鴻年：隋唐兩京坊里譜〔M〕：上海，上海古籍出版社，1999。

40. 平崗武夫：唐代的長安與洛陽資料，〔M〕：上海，上海古籍出版社，1989

41. 傅璇琮：李德裕年譜，〔M〕：濟南，齊魯書社，1984。

42. 傅璇琮：唐代詩人叢考，〔M〕：北京，中華書局，1980。

43. 周紹良：紹良文集，〔M〕：北京，北京古籍出版社，2005。

44. 傅增湘：藏園群書經眼錄，〔M〕：北京，中華書局，1983。

45. 王重民：中國善本書提要，〔M〕：上海，上海古籍出版社，1983。

46. 中國古籍善本書目，〔M〕：上海，上海古籍出版社，1998。

47. 瞿冕良：中國古籍版刻辭典，〔M〕：濟南，齊魯書社，1999。

48. 岸邊成雄：唐代音樂史的研究，〔M〕：臺北，中華書局，1973。

49. 阮閱：詩話總龜，〔M〕：北京，人民文學出版社，1987。

50. 浦起龍：讀杜心解，〔M〕：北京，中華書局，1961。

51. 侯忠義：隋唐五代小說史，〔M〕：杭州，浙江古籍出版社 1997。

52. 劉葉秋：歷代筆記概述，〔M〕：北京，北京出版社 2003。

53. 程毅中：唐代小說史，〔M〕：北京，人民文學出版社 2003。

54. 徐連達：中國歷代官制詞典，〔M〕：合肥，安徽教育出版社，1991。

55. 王堯、陳踐：敦煌本吐蕃歷史文書，〔M〕：北京，民族出版社，1992。

56. Walter Schumann. Germstones of the World, 〔M〕.New York,Sterling Publishing Co.,Inc, 2002.

57. Edward Schafer.The Golden Peaches of Samarkand.A Study of T'ang Exotics. 〔M〕. University Of California Press, 1985

58. Pliny the Elder.Naturalis Historia , 〔M〕.Penguin Classics. London and New York, Penguin Books,1991

59. King, Rev. C.W. The Natural History of Gems or Decorative Stones. 〔M〕. UK,Cambridge, 1867

論文

1. 裴玲：藏族茶文化芻議〔J〕青海師範大學民族師範學院學報，2008，（2）：37～40。

2. 劉凱：藏族的茶史與茶俗〔J〕西藏藝術研究，2000，（1）：83～84。

3. 張安祖、杜萌若：唐國史補元和之風尚怪說考論〔J〕：文學遺產，2001，（3）：136～139。

4. 張會：從文學角度試析唐代牡丹與佛寺文化〔J〕：南都學壇（人文社會科學學報），2008，（3）：66～68

5. 王一帆、劉小斌：服食金丹的起源及其在魏晉和唐代的盛行〔J〕：中醫文獻雜誌 2003，（2）：7～9

6. 李中和：唐代回鶻宗教信仰的歷史變遷〔J〕：甘肅社會科學：2009，（2）：209～212

7. 趙力光：長安城善和通化兩坊考〔J〕:《文博》1993，(5)：71〜76

8. 吳在慶：杜甫、嚴武「眦睚」詩證及相關問題辨析〔J〕:中國文化研究，2005，(秋之卷)：153〜162。

9. 艾熱提·買提熱依木、李強：對我國古代馬球等幾項傳統體育項目起源與傳播的探析〔J〕:新疆師範大學學報(自然科學版)，2008，27(4)：67〜69。

10. 馮廷佺、湯鳴紹、周玉璠等：方山露芽的方山在何處〔J〕:福建茶葉，2005(3)：40

11. 韓然：飛白新探〔J〕:語文學刊，2003(3)：71〜73。

12. 黃友賢：海南蕃客──中國最早之穆斯林考〔J〕:海南大學學報(人文社會科學)，2008，26(6)：601〜606。

13. 李董男、方曉陽：黃疸外治法的中醫史研究〔J〕:廣州中醫大學學報，2006，23(4)342〜345。

14. 彭武麟：科舉制與古代封建政治之關係簡論〔J〕:吉首大學學報(社會科學版)，2009，30(1)：34〜38。

15. 劉海峰：科舉制與儒學的傳承繁衍〔J〕:中國地質大學學報(社會科學版)，2009，9(1)：7〜13

16. 王則、李成、黃嵐：庫倫遼墓出土雙陸及相關的幾個問題〔J〕:北方文物2000(4)：46〜48。：

17. 嚴寅春：李舟年譜考略〔J〕:西藏民族學院報(哲學社會科學版)，2006，27(5)：62〜67

18. 騰雲：略論唐代舉子的干謁〔J〕:廣西社會科學，2008(6)：162〜165。

19. 周懷宇：論隋唐淮河流域商業發展〔J〕:安徽大學學報(哲學社會科學學版)，2000，24(5)：111〜117。

20. 王永平：論唐代的民間淫祠與移風易俗〔J〕:史學月刊，2000(5)：124〜129。

21. 王永平：論唐代的水神崇拜〔J〕:首都師範大學學報(社會科學版)，2006(4)：12〜17。

22. 王元林：論唐代廣州內外港與海上交通的關係〔J〕:唐都學刊，2006，22(6)：22〜28。

23. 王棟樑，紀倩倩：論唐代士僧交遊的政治動因〔J〕:甘肅社會科學，2009(2)：127〜131。

24. 楊雅芳：論唐代小説中的商賈新形象〔J〕:黔南民族師範學院學報，2007(5)：13〜16。

25. 許鳳儀：論唐代揚州為鑒真東渡提供的社會基礎〔J〕:唐都學刊，2007，

23（4）：55～58。

26. 徐變去：淺論白居易平易淺顯切的詩風〔J〕：西安電子科技大學學報（社會科學版），2008，18（2）：115～120。

27. 王福昌：日人圓仁視野中的唐代鄉村社會〔J〕：華南農業大學學報（社會科學版），2007，1（6）：97～101。

28. 崔莉：三峽古代舟楫文化初探〔J〕：成都教育學院學報，2003，17（2）：29～31。

29. 成亞林：詩僧皎然名字考辨〔J〕：湖北社會科學，2008（12）：130～131。

30. 李鋒敏：試論《唐國史補》在研究唐代歷史中作用〔J〕：甘肅高師學報，2005，10（6）：60～62。

31. 鄭慧霞：試論韓孟詩派之怪〔J〕：河南教育學院學報（哲學社會科學版），2008（1）：86～87。

32. 程東宇：試論唐代巴蜀茶葉經濟〔J〕：重慶三峽學院學報，2008（1）：18～22。

33. 趙旭：試論唐人小説中俠客形象的形成特徵〔J〕：瀋陽教育學院學報，2006，8（1）：19～21。

34. 徐麗娟：隋唐生態管理機構考述〔J〕：新西部，2007（6）：187。

35. 郭文庭：唐代筆記小説中的民族體育〔J〕：西安體育學院學報，2009，26（1）：61～63。

36. 王濤：唐代的城隍神信仰與唐中後期南方城市的發展〔J〕：首都師範大學學報（社會科學版），2006（3）：102～105。

37. 邢恩和：唐代公主的家庭地位〔J〕：濱州學院學報，2009，（1）：62～66。

38. 王永年：試釋唐代諸帝多餌丹藥之謎〔J〕：歷史研究，1999，（4）：178。

39. 李中和：唐代回鶻宗教信仰的歷史變遷〔J〕：甘肅社會科學，2009（2）：209～212。

40. 林憲亮：唐代豪俠小説中的武功描寫及其社會背景〔J〕：西南大學學報（社會科學版），2009，35（2）：42～45。

41. 蕭立軍、韓玉林：唐代將軍裴旻的傳奇經歷〔J〕：文史雜談，2008（5）：76～77。

42. 劉琴麗：唐代舉子科考旅費來源探析〔J〕雲南社會科學，2007（4）：126～129。

43. 汪聚應：唐代任俠風氣與豪俠小説創作〔J〕：天水師範學院學報，2007，27（5）：67～72。

44. 嚴傑：唐代宰相的會食〔J〕：文史知識：58～61。

45. 胡啓文：唐五代僧人與文人交往的文化背景〔J〕：欽州學院學報，2008，

23（1）：22～25。

46. 劉豔玲：俠女刀光劍影裏的一朵雪蓮花〔J〕：中國古代文學研究，2008（1）：34～35。

47. 朱易安、畢偉玉：以春名酒〔J〕：文史知識，2001（10）：102～104。

48. 李福禎：由唐朝送新羅使詩看新羅與唐的往來〔J〕：語文學刊，2006（1）：91～92。

49. 童毅之、張小平：張巡抵抗安史叛軍鬥爭研究〔J〕：安徽廣播電視大學學報，2006（2）：114～116。

50. 李喬：中國行業神崇拜〔J〕：百科知識，2006（6）：42～44。

51. 謝志強：「班馬」之辯〔J〕：齊齊哈爾師範高等專科學校學報，2008（5）：62～63。

52. 曹小莉、謝忠明：《國史補》作者李肇卒年考證〔J〕：湖南教育學院學報，1994（3）：57～58。

53. 崔山佳：「烘堂大笑」「哄堂大笑」和「轟堂大笑」〔J〕：漢字文學，2005（3）：44～45。

54. 田業勝：「食堂」與「堂食」〔J〕：高等函授學報（哲學社會科學版），2005，18（2）：71。

55. 陳世忠：《唐國史補》元稹詩章「淫靡」說考論〔J〕：上饒師範學院學報，2004，24（2）：76～79。

56. 張俊海：「元和體」考論——與張安祖先生商榷〔J〕：許昌學院學報，2008，27（1）：60～62。

57. 郭明生：阿膠與古阿井〔J〕：史跡尋蹤，2003，（3）：52～53。

58. 劉勤晉：川藏茶路萬裏行〔J〕：中國茶業，2006（1）：35～37。

59. 周益、姚麗群：從長安、揚州的繁榮看唐代城市個人消費特點〔J〕：湖南師範大學社會科學學報，2001，（30）：241～243。

60. 于賡哲：從古人求醫心態看古代民間醫人水準〔J〕：學術研究，2005，（9）：93～100。

61. 孫民柱：董促舒墓址辨惑〔J〕：中國歷史地理論叢，2003，（3）：170～183。

62. 吳洪生：對於元稹豔詩的再解讀〔J〕：樂山師範學院學報，2008，23（2）：52～55。

63. 李立：高原茶事〔J〕：民族論刊，2007，（3）：20～22。

64. 伍鈞鈞：隔門摧進打球名——唐代的打馬球詩〔J〕：古典文學知識，2009，（2）：59～62。

65. 魏華仙：官方節日：唐宋節日文化的新特點〔J〕：四川師範大學學報（社

會科學版），2009，36（2）：108～113。

66. 王賽時：略論唐代的茶葉產地與製作〔J〕：古今農業，2000，（1）：20～25。

67. 陳新璋：論「天寶之風尚黨」與杜甫在天寶期間的讜言〔J〕：杜甫研究學刊，2000，（4）：19～26。

68. 翟敏：論《聽穎師彈琴》引發的爭論及内涵〔J〕：天中學刊，2008，23（4）：65～69。

69. 李春光：毛晉和《津逮秘書》〔J〕：圖書館論壇，2002，22（5）：177～178。

70. 程東宇：試論唐代西南地區商業都會〔J〕：樂山師範學院學報，2008，23（8）：96～99。

71. 王昊：試論唐代域外題材小説的繁榮及成因〔J〕：中州學刊，2009，（2）：204～206。

72. 史素昭，張玉春唐初八史與唐傳奇的興起〔J〕湘潭大學學報，2009，33（2）：113～116。

73. 唐黎標：唐代茶葉的產地與名品〔J〕福建茶葉，2003，（1）：48。

74. 邱龐同：唐代長安菜肴漫論〔J〕：揚州大學烹飪學報，2000，（3）：7～8。

75. 韓香：唐代長安中亞人的聚居及漢化〔J〕：民族研究，2000，（3）：63～109。

76. 王賽時：唐代的夜城活〔J〕：東嶽論叢，2000，21（4）：104～108。

77. 袁婧：唐代的住宅與禮法〔J〕首都師範大學學報，2006，（Sup：）：18～24。

78. 李國強、金源雲：唐代范陽盧氏的住宦狀況研究〔J〕：世紀橋，2007，（11）：121～122。

79. 陳金鳳：唐代江西茶葉經濟述論〔J〕：古今農業，2005，（4）：61～66。

80. 項少媚：唐代樂妓類別考辨〔J〕寧波職業技術學院學報，2009，13（1）：97～100。

81. 左漢林、高付軍：唐代梨園的樂官、樂工和組織〔J〕：音樂研究，142～156。

82. 曾建生：唐代詩人的海洋情結廣州航海高等專科學校學報〔J〕，2009，17（1）：35～38。

83. 諸祖煜：唐代揚州的手工業〔J〕揚州教育學院學報，2000，（1）：51～56。

84. 吳淑玲：唐代騷傳與唐詩發展之關係〔J〕文學遺產，2008，（6）：36～46。

85. 吳淑玲：唐人選唐詩及敦煌寫卷中少見杜詩的傳播學因素〔J〕杜甫研究學刊，2009，（1）：17～22。

86. 牛文明、韓鵬飛：唐詩中的長安文化〔J〕西安財經學院學報，2008，21（4）：9～13。

87. 段玉明：唐宋相國寺造像考說〔J〕佛教研究，2004，（4）：69～74。

88. 蘇盈：唐章懷太子墓誌銘文〔J〕：檔案話史，43～45。

89. 于左：玩物尚志一有朝那些玩意兒〔J〕：城市文摘，58～59。

90. 王宜濤：我國大象古今談〔J〕：文史雜談，2000，（1）：18～79。

91. 郜林濤：小議「大曆之風尚浮」〔J〕天中學刊，2003，18（4）：55～59。

92. 曲景毅：張說在後世聲名消解之原因初探〔J〕北京大學研究生學志，2007，（4）：56～64。

93. 傅璇琮、吳在慶：杜甫與嚴武關係考辨，〔J〕：文史哲，2004，（1）：105～110。

94. 劉偉文：茂名荔枝栽培與進貢歷史的考證及其他〔J〕：南方論刊，2008，（1）：31～36

95. 杜文玉：楊貴妃高力士與荔枝的情結〔J〕：南方論刊，2008，（1）：6～9。

96. 何炳武：楊貴妃與茂名荔枝〔J〕南方論刊，2008，（1）：10～13

97. 李軍：唐代醋的文化意蘊〔J〕：華夏文化，2000，（1）：25～27。

98. 李謝莉：劍南春盛世文化凝聚英雄情結〔J〕：管理與財富，2007，（12）：76～77。

99. 丁洪：劍南春數千年輝煌〔J〕中國西部，2001，（1）：88～89。

100. 劉國緯：揭開楊貴妃死亡懸案〔J〕：科學大觀園，2008，（12）：56～57

101. 羅小紅、王勇：唐雁塔題名考述〔J〕，文博，2002，（6）：39～52。

102. 王鬱風：陸羽瓷偶人之迷〔J〕38～39。

103. 吳偉斌：也談元稹與薛濤的「風流韻事」〔J〕：揚州大學學報，1988（3）：94～101。

後　記

　　吳師在慶，余之論文導師也。先生學識淵博、治學嚴謹，性篤厚平易，藹然仁者，頗有古君子之風。先生嘗自言甘願以青春韶華流逝於唐五代文史典籍之爬梳考索中，縱寂寥孤岑，寒窗面壁，亦心之所善而不悔也。周祖譔先生嘗評先生之治學云：「急功近利者不屑爲，心氣浮躁者不能爲。」此實乃先生爲學做人之寫照耳。余性喜文學，好斯文，慕先生之高名，求學於先生之門庭。先生不以學生愚鈍淺陋，悉心傳教，點化愚頑。先生桃李滿天下，家中常有高足上門拜訪請教，竟有因此按壞門鈴者，猶古之踏破門限然。一室之內，常常高朋滿座，先生恬然坐於其中，仿夫子各言其志故事，議論風生，縱橫文史，樂此不疲。余雖不敏，仰玄風而高蹈，挹清流而洗心，耳目之聰明亦爲之漸開，自從師以來，親炙謦欬，耳提面命，受益匪淺也。余之論文題目，先生前後爲之修改者三，初爲「吳融考論」，次爲「《唐詩紀事》研究」，嗣後方定爲「《唐國史補》校箋」。先生授徒，從不板起面孔來說教，常乃片言居要，春風風人，往往於茶煙輕揚之際，已將金針度與人矣。學生資質迂鈍，性懶如嵇，幸蒙吳師不棄，得列儒林清流，敢不發揚蹈厲，努力精進。然三年光陰迅如白駒過隙，忽然而已，率爾操觚，荒唐滿紙，恐不值先生一哂耳。惓惓之心，日月可鑒，師恩如海，莫可言宣，臨紙惘惘，不知所云。余之師妹王甯、高偉，師弟劉萬川，清風雅趣，皆東南一時之選也，師門之誼，同窗至情，雪中常見送炭，錦上亦蒙添花，回首三年來歷歷往事，其感人會心處，一時間分明都到眼前矣，豈敢片刻忘之？尚有余之父母，余之愛妻，三春之暉，結髮之情，私心感激，何以言報？噫！微斯人，吾誰與歸？時己丑年六月六日夜。